广东自由贸易区概论

蒋满元　主编

中南大学出版社
www.csupress.com.cn
·长沙·

前言 Preface

　　为妥善处理好中国经济转型升级阶段的系列关键问题，有效化解经济增长压力与激发市场活力及潜力，切实以开放倒逼改革提速，我国特设立了包括广东自由贸易试验区在内的十多个自由贸易试验区。自由贸易试验区的设立与有效推进，虽然已经取得了丰硕的成果，但因种种因素的影响与制约，实践中有待进一步化解的问题或矛盾也不少。事实上，也正是有鉴于此，现阶段我们推出《广东自由贸易区概论》这一教材，便有了重要的理论意义与实践价值。

　　本教材分九章，既涉及广东自由贸易试验区设立的背景、意义、运行机制、改革取向、经济效应、创新影响及未来的拓展前景等方面内容，也深刻剖析了国内外相关自由贸易区演进历程及其对广东自由贸易试验区可持续发展的启示与借鉴。本教材由广东外语外贸大学南国商学院蒋满元教授拟定编写大纲并负责总体协调、审校及统编定稿工作。广东外语外贸大学南国商学院的胡萍、夏海霞、齐瑞福、李燕飞、余萍、黄跃、钱馨蓓、谢群、肖桂姣、简孝祐、吴丽华、姚晓垠、肖志坚、郭烨等老师参加了相关章节的编写工作。在编写过程中，胡萍老师做了许多协调和校阅方面的工作，特此致谢。

　　作为"国际贸易学"省级特色重点学科及"经济学"校级重点专业建设系列成果之一，本教材既适合大中专院校国际经济与贸易、经济学、国际商务、电子商务、市场营销、商务经济学、金融学、投资学等专业使用，也可作为相关专业的研究生教材和干部培训教材。

　　在本教材的编写过程中，编者参阅了大量文献资料，在此，特对这些文献的作者表示诚挚的谢意。在本教材的出版过程中，中南大学出版社的编辑们提供了许多指导和帮助，在此我们深表谢意！由于编者水平有限，书中难免存在一定的纰漏乃至错误，对此，我们也恳请广大读者不吝赐教，以便今后进一步修改完善。

编者

2019 年 5 月 26 日

目录 Contents

第一章　导论

　　随着世界各国与地区发展过程中彼此间联系的密切以及经济全球化纵深发展所带来的资源全球配置和世界统一大市场的逐步形成，20世纪80年代中期以来，世界各国均尽可能地在紧紧抓住经济全球化和一体化机遇的同时，又不得不采取各种措施来应对全球化和一体化带来的问题和挑战。事实上，20世纪80年代中期以来，不仅欧洲一体化的进程加快了，而且其他国际区域经济一体化组织也应运而生，它们日益在世界经济与政治舞台上发挥着自己的作用并彰显出自身日趋强大的影响力。作为一个发展中的大国，如何在后世界贸易组织时代紧随世界政治经济发展的趋势，积极应对全球经济一体化进程并构建起属于自己的国际区域经济一体化组织，成了摆在我国面前的一项十分紧迫而重要的战略任务。尽管近年来中国与全球部分主要经济体及经济组织建立了一系列双边或多边经济贸易关系，但基于全球贸易保护主义行为抬头以及国内改革开放深层次推进的需求，在国内部分发达地区设立自由贸易区并力争以开放倒逼改革提速，仍有极为重要的理论意义与实践价值。有鉴于此，2013年8月，国务院正式批准设立中国(上海)自由贸易试验区(以下简称上海自由贸易区)。该试验区成立时，以上海外高桥保税区为核心，辅之以机场保税区和洋山港临港新城，实行政府职能转变、金融制度、贸易服务、外商投资和税收政策等改革措施，大力推动上海市转口贸易及离岸业务发展。上海自由贸易区设立的主要目的是经过两至三年的改革试验，加快转变政府职能，积极推进服务业扩大开放和外商投资管理体制改革，大力发展总部经济和新型贸易业态，加快探索资本项目可兑换和金融服务业全面开放，探索建立货物状态分类监管模式，努力形成促进投资和创新的政策支持体系，着力培育国际化和法治化的营商环境，力争建设成为具有国际水准的投资贸易便利、货币兑换自由、监管高效便捷、法治环境规范的自由贸易区，并最终为我国扩大开放和深化改革探索新思路和新途径，以更好地为全国服务。当前，我国经济正处于转型升级的重要阶段，建立和推进自由贸易区发展有助于深化改革开放，提振经济发展水平，强化国际经济贸易合作，提升国际市场竞争力，进而为我国经济转型升级营造良好的发展环境。

第一节　国际区域经济一体化的内涵及拓展态势

"区域"，又称地区（region），在地理学中一般被理解为：区别于临近地区或其他地区的，在自然条件方面具有某些同质性因素的地理范围或行政单位。与地理学概念不同的是，世界经济学中的"区域"概念常常包含两个或两个以上的经济体，它们在实践中往往因某些共同的经济特征或政治利益而联合在一起；而且这种区域经济体还并不一定有着彼此间的陆地接壤处，部分经济体甚至跨越了洲际和国家间的社会性质①。与上述地理学和世界经济学中相关的"区域"概念相比，本书所探讨的国际区域经济一体化中的"区域"主要是指全球经济发展过程中不同的国家和地区间为了实现各自的利益②而形成的相互间能制定共同政策和采取共同行动计划的一种合作形式。

与"区域"的概念相比，"一体化"（integration）一词来自拉丁文 integration，其原本含义是"更新""修复"，后用来泛指把各个部分结合为一个整体的一种态势，并在自然学科和社会学科领域得到了广泛应用。在经济学领域，"一体化"概念首先出现在对企业经营活动的研究中。自20世纪50年代初起，"一体化"又被广泛应用于国际经济活动的研究中，主要是用来形容多个国家独立的经济活动融合为紧密相连的一个整体的经济活动的过程。实践中，按照厂商之间的竞争或互补关系，"一体化"一般可分为"水平一体化"（horizontal integration）和"垂直一体化"（vertical integration）。

经济一体化的概念最早是由荷兰经济学家丁伯根在1954年提出的，他认为："经济一体化就是将有关阻碍经济最有效运行的人为因素加以消除，通过相互协调与统一，创造最适宜的国际经济结构"③。尽管丁伯根的解释已对"经济一体化"的概念进行了比较清晰的说明，然而迄今为止，关于经济一体化的定义仍是众说纷纭。在众多解释中，最具代表性的定义是美国经济学家贝拉·巴拉萨1961年在其名著《经济一体化理论》中所进行的说明："我们建议把经济一体化定义为既是一个过程，又是一种状态。就过程而言，它包括旨在消除各国经济单位之间差别待遇的种种举措；就状态而言，则表现为各国间各种形式的差别待遇的消失"④。巴拉萨的定义乃是从行为或手段的角度来描述经济一体化，并没有指出经济一体化的目的或效果是什么。经济学家保罗·斯特里坦指出："一体化不应该按手段（自由贸易、统一市场、可兑换性、自由化等）定义，而是应该定义为目的、平等、自由繁荣"；皮德·罗波逊则认为，"国际经济一体化是手段不是目的"；而丁伯根则从政府当局促进经济一体化的措施方面把经济一体化区分为消极一体化和积极一体化⑤。尽管各位学者的看法各有侧重，但他

---

① 如美国与以色列、欧盟与墨西哥、日本与新加坡等组成的自由贸易区就都是因彼此间共同的政治、经济、安全利益而组成，因此也就均属于世界经济学范畴中的"区域"。

② 尤其是各自的经济利益。

③ 丁伯根还把经济一体化分为消极一体化和积极一体化两种类型。他认为：消除歧视和管制制度，引入经济交易自由化即是消极的一体化；而运用强制的力量改造现状并建立新的自由化政策和制度则是积极的一体化。

④ 巴拉萨的解释得到了西方学者比较普遍的认同并被广泛引用，因而也就具有了经典意义。

⑤ 前者指"取消各种规章制度"，即消除对有关各国的物质、资金和人员流动方面的障碍；后者指建立新的规章制度纠正自由市场的错误信号，强化自由市场正确信号的效果，从而加强自由市场的一体化力量。

们对"经济一体化"在实践中重要地位的认识是基本相同的①。

由于"经济一体化"问题在实践中不能抛开"区域"问题而单独成立，因而从严格意义上讲，对"经济一体化"问题的探讨必须要结合"区域"问题一同进行研究。总体上看，"区域经济一体化"包含两层含义：其一，是指成员国之间经济活动中各种人为限制和障碍逐步被消除，各国市场得以融合为一体，同时，企业面临的市场也得以扩大；其二，则是指成员国之间签订条约或协议，逐步统一经济政策和措施，甚至建立超国家的统一组织机构并由该机构制定和实施统一的经济政策和措施②。当然，也有学者认为，"区域经济一体化是数个国家在货物、资本、劳务等生产要素方面的联合过程，其目的在于通过一体化过程使成员之间实行政策协调和取得共同依赖和合作的好处"③。此外，还有学者认为，所谓"区域经济一体化"其实是指由若干国家联合而成的一个更大的经济体并在经济体内的成员间保持着某种特殊关系④。然而，由于"区域经济一体化"概念涉及国际经济一体化、经济一体化、世界经济一体化、空间一体化、经济集团化、区域集团化、区域一体化、经济全球化等方面的说法，因而现阶段综观众多区域经济一体化的研究，不仅内涵方面的争论较多，而且概念上的运用也不完全一致。

与国外的相关研究相比，我国学术界关于区域经济一体化的研究可以分为两个层次：一是区域经济一体化理论概念的借鉴与演绎，主要是比较全面地总结国外关于一体化的理论概念及其对我国经济发展的具体影响。二是运用相关的经济学、政治经济学理论，分析区域经济一体化的影响因素、发展过程、制度演变以及社会经济效应等，进而较全面地分析影响区域经济一体化进程的社会、政治、经济、民族等方面的因素。总体上看，此方面研究中比较有代表性的主要有：于光远（1992）认为，区域经济一体化主要是指"两个或两个以上的国家在社会再生产的某些领域内实行不同程度的经济联合和共同的经济调节，向结成一体的方向发展。一般根据国家间的协定建立，有共同的机构"。而张幼文（2001）则认为，区域经济一体化指的是"再生产过程各个阶段上国际经济障碍的消除"。庄起善（2002）认为，"地理位置相近的两个或两个以上的国家（地区），以获取区域内国家（地区）的经济聚集效应和互补效应为宗旨，为促使产品和生产要素在一定区域内的自由流动和有效配置而建立的跨国性的经济区域集团"就属于"区域经济一体化"。

综上所述，我们这里可以把"区域经济一体化"的定义概括为：两个或两个以上的国家或地区，通过协商并缔结经济条约或协议以及实施统一的经济政策和措施来消除商品、要素、金融等市场的人为分割和限制，以国际分工为基础来提高经济效率和获得更大经济效果，进

---

① 经济一体化具有许多经济方面的优点，重要的有：能根据比较优势的原理通过加强专业化来提高生产效率，通过市场规模的扩大达到规模经济提高生产水平的目的，国际谈判实力增强有利于得到更好的贸易条件，增强的竞争带来增强的经济效率，技术的提高带来生产数量和质量的提高。

② 目前，学术界将前者称为功能性一体化，将后者称为制度性一体化。功能性一体化与制度性一体化是经济一体化发展的两种趋势。功能性一体化的发展来自各国市场经济自发的内在要求，当它发展到一定阶段时必然要求制度性一体化给予保障和促进；而制度性一体化则会加深功能性一体化。功能性一体化是制度性一体化的准备，具有一体化的实质性意义；制度性一体化则是功能性一体化的阶段性标志，具有一体化的形态性意义。因此，功能性一体化与制度性一体化具有密切的关系，两者既相互促进，也相互制约。因为从世界区域一体化的实践来看，制度性一体化具有更重要的现实意义，所以人们更多关注的是制度性一体化的进展。

③ 奥兰德斯.一体化概念[J].拉美经委会杂志，1981（15）：154.

④ 阿普尔亚德，菲尔德.国际经济学[M].北京：机械工业出版社，1998：353.

而把相关各国或各地区的经济融合起来，形成一个区域性经济联合体的过程①。区域经济一体化不仅能消除地区之间的经济交流障碍，实现最佳的区际生产分工与合作，而且最终还能实现整个区域在经济和社会等各个方面的融合。作为优化资源配置、实现区域协调发展和共同富裕的重要路径，区域经济一体化要求成员国之间在经济政策上实现一定程度的统一，实质上也就是成员国经济主权在一定程度上的限制和让渡。这种经济主权限制和让渡程度的区别，不仅意味着成员国之间经济结合程度的高低，而且还可据此划分不同层次和水平的区域经济一体化。对成员国经济主权限制和让渡出来的部分，需要有一个组织机构来管理及行使；因而在较高层次和水平的区域经济一体化中，一般都会根据条约或协议组成一个超国家机构，并赋予其一定的权力和职能。随着经济一体化水平的提高，各成员国会逐步向该机构让渡更多的经济主权，并让其行使更多的共同的内部经济政策和一致的对外经济政策。

由于目前的"区域经济一体化"研究主要涉及的是国家与国家之间的经济联系与合作，从严格意义上讲，对"区域经济一体化"问题的探讨其实也离不开对"国际区域经济一体化"问题的关注。换句话说，"区域经济一体化"概念的内涵与"国际区域经济一体化"问题的内涵在许多情况下可以互换。尽管如此，对"国际区域经济一体化"概念的内涵，我们仍需要进行相应的界定。"国际区域经济一体化"主要是指特定区域内的两个或两个以上的经济体通过达成经济合作的某种承诺或者组建一定形式的经济合作组织，谋求区域内商品流通或要素流动的自由化及生产分工最优化，并且在此基础上形成产品和要素市场、经济和社会政策或者体制等统一的过程或者一种以政府的名义通过谈判协商来实现成员之间互惠互利及经济整合的制度性安排。国际区域经济一体化有一个由浅入深的过程，其切入点是区域合作②。

进入 21 世纪以来，随着全球经济一体化进程的加速以及国家与地区间在贸易与资源等各个领域竞争的加剧，国际区域经济一体化的进程不仅加快了，而且其本身也在实践中呈现出一系列新的发展态势。

首先，国际区域经济一体化组织的数量、质量和形式均发生了重大变化。据世界银行 2015 年统计，全球只有 12 个岛国和公国没有参与任何区域贸易协议（RTA），174 个国家和地区至少参加了一个（最多达 29 个）区域贸易协议，平均每个国家或地区即参加了 5 个，而有的成员（如墨西哥）甚至与 40 多个国家或集团签署了自由贸易协定；目前全球生效的区域性贸易协议已有 300 多个。可以说，世界目前已真正进入国际区域经济一体化时代。而在质量方面，由于现阶段的国际区域经济一体化制度安排已不再局限于传统的贸易领域，而是扩大到资本与劳工流动、金融服务、共同的环境标准、知识产权、政府采购、人力资源开发、科技发展以及文化产品等方面③，加之许多一体化组织及制度安排的贸易自由化程度已远超世界

---

① 国家或地区之间经济政策和措施的统一，可以分为两个方面的内容：一个方面是内部经济政策和措施的统一，即有关成员国之间实施统一的经济贸易政策；另一方面则是外部经济政策和措施的统一，即有关成员国之间实施统一的对非成员国的经济贸易政策。在区域经济一体化的实践中，并不是一开始就在这两个方面同时实现统一的。参与一体化的国家往往先在成员国之间取消贸易和其他经济活动中的人为限制，并逐步实施统一的内部经济政策，然后再实现外部经济政策的统一。

② 国际区域经济一体化目标的实现一般要经过四个阶段：一是贸易一体化，即取消对商品流动的限制阶段；二是要素一体化，即实行生产要素的自由流动阶段；三是政策一体化，即区域内经济政策的协调一致阶段；四是完全一体化，即贸易一体化和要素一体化的全面实现、所有政策的全面统一阶段。

③ 有的甚至还提出要具备共同的民主理念等方面的制度安排。

贸易组织的管辖范围①，因此国际区域经济一体化制度安排的质量较以前也有了很大的提高。

其次，国际区域经济一体化的组织形式与机制更显灵活多样。其突出表现在：其一，大多数区域经济集团都对成员资格采取开放式态度，以加速扩大自身的影响。目前，除一些明确由双方构成的区域经济体外②，一般区域经济组织大都经历了成员由少到多的过程。比如，欧盟历经5次大规模扩大，现已发展至近30个成员国；"亚太经济合作组织"14年来也经历了4次扩大，目前达到21个成员。其二，合作形式和层次由低级向高级发展。目前，许多国家开始放弃或基于原有贸易优惠安排而成立自由贸易区或关税同盟，有的还从关税同盟发展成共同市场③。20世纪90年代以来，随着区域经济合作的构成基础发生较大变化，大家又开始着手打破狭义的地域相邻概念并构建起许多跨洲、跨洋的区域合作组织④。不同区域经济集团之间也展开了连横合作；南锥体共同市场与其第二大贸易伙伴欧盟开始探讨建立自由贸易区，而东盟与欧盟外长会议之间就政治、经济领域内广泛的问题进行探讨业已制度化；北美自由贸易区也有意与南锥体共同市场合作，建立从阿拉斯加到阿根廷的整个美洲范围内的自由贸易区；突尼斯、摩洛哥等成员先后与欧盟谈判建立"欧盟与地中海自由贸易区"，并成为欧盟的伙伴国和联系国。南非则正在与印度、澳大利亚、马来西亚等国积极筹建"印度洋经济圈"。其三，区域经济贸易安排开始摒弃过去的封闭性和排他性，使开放性的特色更加鲜明。事实也的确如此。近年来，在国际区域经济一体化的进程中，不仅"开放的地区主义新趋势"日益明显，而且国际区域经济一体化组织中的成员也越来越多地出现交叉重叠的"管道网"现象；可以说，目前的国际区域经济一体化组织正在发挥着相互补充、相互支撑、共同推进世界经济一体化进程的积极催化而非消极对抗的作用。其四，自由贸易协议已被赋予某种"战略价值"并日渐成为优化国家间关系的重要武器。由于在国际区域经济一体化组织发展的进程中，成员之间可以建立广泛而密切的经济，甚至是政治关系，因而这样的一种组织建立与发展就不仅有利于强化彼此的合作，而且有助于优化成员国之间的关系⑤。

再次，区域经济一体化发展的新浪潮也折射出世界经济多极化的发展大势。从发达国家来看，由于目前区域一体化以经济全球化为背景，一方面，全球化伴随着科技进步和生产力发展，生产体系和市场体系在全球范围不断扩张，而充当其载体和推动力量的是跨国公司；另一方面，由于民族国家和利益的存在，全球竞争不断加剧，在经济发展不平衡规律的作用下，美国经济在20世纪中叶的独霸局面已经不复存在，形成了今日世界经济"一超多强"的格局。因此，发达国家企望通过建立区域经济组织来保证自己的生产体系和市场规模不断扩

---

① 比如，北美、欧盟、南南以及其他一些区域一体化协议中，很多都涉及标准、物流、海关合作、服务、知识产权、投资、争端解决机制、劳工权益和竞争政策等条款。

② 如美加自由贸易协议、澳新紧密经济合作关系协议等。

③ 比如，1995年1月，南锥体四国(阿根廷、巴西、乌拉圭、巴拉圭)根据1994年签署的"黑金城议定书"的规定，将自由贸易区提升为关税同盟，并正式运转，从而成为世界上仅次于欧盟的第二大关税同盟。

④ 比如，日本相继与墨西哥、新加坡签署了自由贸易协议。

⑤ 世界银行研究表明，区域贸易协议除了促进贸易流动，对消除政治冲突也起着显著的作用。事实上，欧洲合作的初始动机和最终目标就是政治。经过两次世界大战的磨难，欧洲人意识到不能再发生战争，必须通过合作、一体化与联合，才能实现欧洲的长久稳定、安全和发展。时至今日，欧洲各国终于通过经济合作，为实现地区的和平与发展，实现大欧洲联合的梦想，奠定了坚实的基础。在亚洲，1999年东亚领导人关于东亚合作的联合声明明确提出了开展政治、安全对话与合作的议题。此外，印度和巴基斯坦之间政治紧张局势的缓解，也与正在进行中的南亚自由贸易区协议谈判密不可分。非洲一些国家政局长期不稳，大多数国家经济又不发达，这些因素促使非洲联盟于2002年问世，其目的也是以政治和经济合作来推动地区稳定与经济发展。

大，以增强自身的竞争力，确保在更多获利的过程中立于不败之地。从发展中国家来看，随着经济全球化的深入，新兴工业化国家和包括中国、印度在内的发展中国家的经济，已经逐步在世界经济中各自占据一席之地。在这种态势下，作为世界经济中的"一极"，这些国家参与国际竞争和经济一体化的愿望更加强烈，要求同发达国家平等互利、实现共赢的呼声也更加高涨。然而，发展中国家作为单个经济仍显弱小，因此均希望通过参加区域经济组织来维护自身的经济利益和经济安全。尽管这些区域经济组织往往都由大国主导，并且明知大国主导也是出于其"私利"动机，但发展中国家仍可从参与区域经济一体化中获得自身利益。显然，从某种意义上说，国际区域经济一体化不仅体现了国际经济与政治正朝着平等与民主方向发展的趋势，而且也有利于推动建立公正合理的国际新秩序和促进国际关系民主化。

最后，国际区域经济一体化合作在不断取得新进展的同时，也面临着诸多新挑战。自20世纪90年代至今，国际区域经济一体化进程与过去相比虽取得了相当多的合作成绩[1]，然而，一体化组织在发展过程中也不约而同地面临着诸多挑战：东扩后的欧盟如何处理好大小成员国之间、新旧成员国之间以及穷富成员国之间的关系及利益平衡？"自助餐式"的美洲自由贸易区计划虽是各方妥协的产物，但无形中也给未来美洲自由贸易区的发展带来了诸多的不确定性因素；东盟尽管也提出了自己的"单一市场"计划，但由于其在关键性的服务行业中存在许多争执，因而现实中这种计划如何演化推进同样不容乐观。显然，上述问题不解决，欧盟等国际区域经济一体化组织及其协议就很难在实践中取得真正令人满意的成果。

鉴于现阶段的国际区域经济一体化组织正在全球经济发展中发挥着越来越大的作用，加上这些一体化组织发展中也存在不少问题或挑战，因此，为促进国际区域经济一体化本身作用的充分发挥，实践中应注意如下几点。一是进一步完善一体化组织的利益协调机制和领导协调体制。没有利益的融合，就不可能有经济的融合；没有利益的一体化，就不可能有真正的区域一体化。区域一体化，必须把利益分配作为主要的、根本的、核心的问题来考虑。背离这一条的本质就是违背市场经济规律，一体化也只会是空中楼阁。因此，建立有效的利益协调机制，是区域经济一体化的第一要务[2]。二是积极形成一体化的组织保障和制度保障体系。三是积极推进产业和要素整合，力争建立以市场一体化为核心的区域共同市场。实践中，要积极运用现代信息技术推动各种要素市场的联网，形成各类市场的联合体，进而在各地市场充分发育的基础上，推动区域统一市场的形成。这其中特别重要的是共建区域性的商品物流共同市场、产权交易共同市场、人力资源共同市场、信用征信共同市场以及旅游文化共同市场。

区域经济一体化与经济全球化是并存的两种世界经济发展趋势。这两种趋势都是生产国际化、资本国际化发展到一定阶段的产物，不过经济全球化在范围上比区域经济一体化更广，而区域经济一体化在层次上则比经济全球化更高。经济全球化与区域经济一体化这两种

---

[1]　突出的有：欧盟于2004年5月1日完成第五次东扩后，也一改长期以来坚持的"渐进方式"而变成"突飞猛进方式"，一次性接纳了10个中东欧国家为其成员国；有34个国家参加的美洲自由贸易区计划在经历了美国和以巴西为首的拉美国家激烈的明争暗斗后也终于出台了所谓的"自助餐式"的发展计划。

[2]　构建利益共同体，必须有全新的利益观：一是竞争合作观，真正懂得竞争并不完全是排他的，协作的竞争才能使利益最大化。二是利益分享观，在市场经济条件下，任何独占利益的想法都是不切实际的，必须舍得分享利益。三是发展利益观，真正的利益不是已经得到的，而是未来可能得到的；不是存量的，而是增量的；不是静态的，而是动态的。通过促进发展，得到更多的利益，是建立利益协调机制的重要前提。

趋势是不能相互取代的。世界上所有的国家或地区都要参与全球范围的资源流动，以便在更广阔的国际空间中合理地配置自己的资源，从而更有效地发挥自己的比较优势，得到发展本国或本地区经济的条件和好处，这就是经济全球化得以发展的原动力。与此相适应，全球性的经济组织和协调机制，如世界贸易组织、国际货币基金组织、世界银行等，也逐步发展和完善起来。相比较而言，经济全球化由于范围广泛，参与者众多且差异较大，利益协调比较困难，一体化程度及层次均不易提高。在此情况下，地缘经济关系密切，相对经济差异不大，所以一体化程度较高的区域经济一体化以及相应的区域经济合作组织及其协调机制便迅速发展起来。由此可见，无论经济全球化怎么发展，都是不可能完全取代区域经济一体化的。恰恰相反，经济全球化的发展只能给区域经济一体化的进一步发展带来新的刺激和推动。这就是为什么在 20 世纪 80 年代末和 90 年代初经济全球化迅速发展的同时，区域经济一体化也再掀新浪潮的真正原因之所在。

当然，经济全球化与区域经济一体化这两种趋势之间是对立统一的。其对立的根源，在于区域经济一体化组织经济利益的独享性和排他性，这两种倾向若不加限制地任其发展，就会给经济全球化的发展带来极为不利的影响。同时，区域经济一体化毕竟是经济全球化的组成部分，区域经济一体化组织内部的经济自由度的增强，意味着世界经济整体变得更为自由与开放；而且，区域经济一体化有着范围、广度上的局限性，它总是力图冲破区域的局限，向更广阔的全球空间开放与扩张。因此，只要设法减少区域经济一体化组织的排他性，增加其开放性，作为经济全球化组成部分的区域经济一体化就会促进前者的发展，同时区域经济一体化自身也会得到更好的发展。从这个意义上说，二者是完全可以并行不悖的。

第二节 自由贸易区理论及其在实践中的运用

国际区域经济一体化组织发展过程中的一个重要形态就是自由贸易区。自由贸易区是自由贸易理论的一个具体实践和贸易自由化演进过程中的阶段性表现，它既符合世界多边贸易组织的基本原则和发展方向，也顺应经济全球化日益加强的大趋势。不仅如此，自由贸易区战略，既是一个国家对外开放战略的重要组成部分，也是其拓展对外开放广度和深度、提高开放型经济水平、深层次参与经济全球化进程的重要举措。目前，世界上许多国家和地区都参与了各种类型的自由贸易区建设，包括经济体之间签订的自由贸易协定（FTA）和经济体在境内自主设立的自由贸易区（FTZ），而且发展势头迅猛。我国组建自由贸易区工作是实践在先，战略提出在后。确切地讲，我国首次将自由贸易区建设作为一个国家级战略提出来，是在2007年中国共产党召开的第十七次全国代表大会上。胡锦涛在大会报告中明确提出，要"实施自由贸易区战略，加强双边多边经贸合作"。这为我国未来的自由贸易区建设指出了方向。因此，全面了解自由贸易区战略提出的背景和意义，探索符合我国国情的自由贸易区发展方向，对深入实施自由贸易区战略具有重要意义。

当今的世界经济越来越趋于开放自由，因而自由贸易区的出现，归根结底还是市场全球化、世界经济一体化和自由贸易政策的必然结果。通过对世界贸易组织若干典型成员国在实行自由贸易过程中各项经济指标的变动研究，我们即可得到贸易自由化对宏观经济影响的一些基本结论。首先，各国的经济增长速度显示贸易自由化在大多数情况下对经济增长会起到正面效应。其次，贸易自由化有利于各国企业提高劳动生产率，改善进出口贸易结构，抑制通货膨胀，促进就业，缩小收入分配的差距和不平衡性。再次，贸易自由化对国际收支的影响在短期与长期有所不同，同时与其进出口模式密切相关。多数国家在进口自由化初期往往会引起进口的增加，导致贸易赤字或使贸易收支恶化；但长期来看，随着出口产业国际竞争力的提高，这种状况会有所改变。最后，有些经济指标的数据显示并不总是良性的，这就说明在实施自由贸易政策的过程中需要一定的政府参与来控制贸易自由化的步骤和速度。事实上，也正是有鉴于此，目前的自由贸易政策和自由贸易区战略越来越被大多数国家所接受。

根据国际经济学基本理论，作为区域经济一体化组织的一种初级形式，自由贸易区主要是指两个或两个以上的经济体依据谈判达成协议而建立起来的一种成员之间协商取消贸易壁垒的国际区域经济一体化组织形态。其基本特点是：相关贸易壁垒只在成员之间取消，非成员不能享受同等待遇，从而就又形成了自由贸易区下的对内自由、对外保护的差别态势。但是，从现实自由贸易协定来看，一方面，数量的自由贸易协定并没有实现所有货物贸易的完全自由化，还保留了一定的例外清单[①]；另一方面，由贸易区协定中除了关税和非关税壁垒的消除之外，还包含投资和服务贸易自由化、便利化，以及经济技术合作等更加广泛的内容；因此，自由贸易区协定已经不是传统意义上的 FTA，而是范围更加广泛的特惠贸易和投资安排（preferential trade and investment arrangement）。由于在全世界的关税水平已经大幅度降低的条件下，协定本身涵盖的商品内容决定着自由贸易区的质量，越来越多的国家，特别是发达国家在双边自由贸易区谈判中开始强调"全面协议"（comprehensive or overall arrangement）

---

① 这些例外清单往往是相互贸易中的"敏感商品"。

的概念，即涵盖全部商品和服务。但是，在实际谈判中这一目标很难实现①，而这一点恰恰又是导致自由贸易协定存在很大差异的主要原因②。

在过去的十几年中，全球自由贸易区的发展非常迅猛。根据世界贸易组织的统计，截至2017年，全世界签署的279个区域自由贸易协定中③，不仅有205个为双边自由贸易协定，而且所有的世界贸易组织成员均至少加入了一个自由贸易协定。以亚洲国家及地区为例，从国家角度来看，新加坡和印度是签署自由贸易协定最多的国家，现阶段已签署的协议分别为12个和11个，拟议中的协议分别为15个和9个。到目前为止，我国已经签署的自由贸易协定是16个，涉及24个国家及地区，另外还有多个正在研究或者谈判中；已签署的自贸协定中，零关税覆盖的产品范围基本超过90%，承诺开放的服务部门已从加入世界贸易组织时的100个增至近120个。此外，从表1-1中也可以看出，截至2005年，仅亚洲各个国家或者经济体已签署的自由贸易协议即达90个，而拟议中的协定为92个。这表明在可以预见的未来，仅亚洲的自由贸易安排数量从国别角度看就还会增加一倍左右。

表1-1 亚洲国家和经济体参与的自由贸易安排情况

国家或经济体	协议数量		国家或经济体	协议数量	
	已签署	拟议中		已签署	拟议中
孟加拉国	4	1	马来西亚	3	9
不丹	3	0	马尔代夫	1	0
文莱	3	4	缅甸	4	4
柬埔寨	2	4	尼泊尔	3	0
中国	6	7	巴基斯坦	5	4
印度	11	9	菲律宾	3	5
印度尼西亚	2	6	新加坡	12	15
日本	2	5	斯里兰卡	7	3
韩国	4	4	越南	9	7
老挝	3	4	泰国	3	4
澳门	1	0	总计	90	92

资料来源：Murray Gibbs and Swarnim Wagle, Regional and Bilateral trade arrangements in Asia, UNDP Policy Paper, 2005.
注：协议数量包括可行性研究中的和正在谈判中的。

---

① 因为实现服务贸易以及其他领域的完全自由化对发展中国家来说具有很大的困难。

② 现实中的自由贸易协定一般包括以下几个方面的内容：一是货物贸易自由化，包括关税和非关税壁垒的削减以及与此有关的原产地规则；二是投资和服务贸易自由化，主要是市场准入和国民待遇方面的安排；三是贸易和投资的便利化，其范围非常广泛，而且差异比较大，主要包括海关程序、动植物卫生检疫标准、电子商务、知识产权、政府采购、贸易和投资促进、竞争政策、商务人员流动、技术管制和标准等；四是经济技术合作，这也是不同自由贸易区之间存在差异性的一个重要方面，主要包括能力建设、中小企业合作以及其他项目合作，比如中国与东盟自由贸易区协定中就包括澜沧江—湄公河流域基础设施建设项目合作的内容。此外，自由贸易区所具有的特惠贸易安排的性质，还体现在某些单方面的优惠贸易安排或者早期收获当中。比如在中国—东盟自由贸易区的货物协定中，作为早期收获，中国就不对等地对老挝、缅甸、柬埔寨、泰国在协定签署之后立即开放560种农产品市场。这种做法已经引起其他发展中国家比如海湾合作委员会成员国的关注，这些国家都希望能够从中国的这种单边安排中获得实际利益。

③ 1995年以后签署的就超过200个，而且还在快速增长。

近年来，全球自由贸易区或者区域贸易安排之所以能获得如此迅猛的发展，关键性的原因主要在于如下几个方面。首先，自由贸易区本身经济效应的明显。从贸易的利益效应上看，自由贸易区的贸易利益包括交换利益与专业化分工利益两部分。根据国际贸易理论，贸易自由化可以在比较优势的基础上扩大彼此之间的贸易规模。交换利益是指在不改变产出结构的条件下与自由贸易前相比国民消费水平的提高，而专业化分工利益则是指专业化分工所带来的消费水平的进一步增加。贸易利益分析表明，任何自由贸易无论是采取多边还是单边的形式都会增加国民福利水平。因此，从一个国家的角度来看，自由贸易无疑是最优的选择。从贸易创造与贸易转移效应上看，自由贸易所带来的贸易利益的大小取决于贸易量的变化。当自由贸易采取自由贸易区的形式时，其会在增加成员国之间贸易量的同时改变与非成员国之间的贸易数量，因此会产生与多边和单边自由贸易条件下不同的结果，这就是维纳所指出的贸易创造和贸易转移效应。由于自由贸易区或者关税同盟在带来贸易创造的同时还会产生贸易转移并减少与非成员国之间的贸易数量，导致非成员国的福利损失，在这种情况下，虽然自由贸易对成员国来说仍然是最优选择，但会带来世界福利的损失。因此，贸易创造和贸易转移的大小就成为判别自由贸易区经济影响的一个重要因素。从劳动生产率效应上看，自由贸易可以带来技术或者劳动生产率的提高。从调整成本①效应上看，传统的贸易理论一般假设要素可以在国内各部门之间无成本地自由流动，但实际上要素的流动是有成本的；从这种视角而言，自由贸易区的建立应是有利于调整成本下降的②。其次，全球化的发展客观上要求进一步的经济融合，但是由于世界贸易组织中存在的越来越多的利益冲突和谈判难度的提高，以及多哈回合的谈判进展缓慢，人们对多边贸易体制能否进一步促进贸易自由化失去了信心，在这种情况下，各国更加重视相对比较容易的双边和区域性的优惠贸易安排也就不难理解了。再次，自由贸易区协定的不断增多是各国相互竞争的结果。由于自由贸易区安排会产生贸易的转移，各个国家都不愿意失去原有的市场，导致作为一种防御性策略，纷纷签署自由贸易协定，以防止被排除在相关市场之外。这就是所谓的"竞争性自由贸易政策"的结果③。最后，服从于其他经济和政治目的而导致的自由贸易安排需求。在自由贸易安排中除了一般的经济利益考虑之外，还往往包含特殊的经济目的和政治上的考虑④。

尽管自由贸易区的形成及其自由贸易协议的签订有着诸多长处，然而，相关成员若想在其中得到更多的好处或者便利，还需充分考虑如下相关因素的影响：各自的关税水平和关税

---

① 所谓的调整成本也就是资源重新配置所导致的成本。

② 一般情况下，组成自由贸易区之前的关税水平越高，取消关税之后的产业转移效应就越大，因此调整成本也就越高；由此推论，在发达国家与发展中国家组成的自由贸易区中，发展中国家将承受更多的调整成本。

③ 比如，在中国与东盟就自由贸易区达成协议之后，日本和韩国也加快了与东盟的自由贸易安排的步伐。这不仅是因为日本和韩国与东南亚国家已经存在比较密切的经济联系，而且还是出于竞争性的考虑需求。

④ 比如，我国与海湾合作委员会的自由贸易安排在很大程度上就服务于我国的石油能源需求；在中国与澳大利亚和新西兰的自由贸易区谈判中承认中国的市场经济地位成为自由贸易区谈判的前提条件；而美国到目前为止已经与20多个国家和地区签署了自由贸易协定，主要集中在美洲、中东地区和亚洲，不仅是服务于其地域经济的考虑，而且与美国的全球战略密切相关。

结构①，各自的贸易份额②，劳动生产率效应和调整成本的大小等③。

  自由贸易区的形成及其自由贸易协议的签订既有自身的优势，也存在不足之处。因此，在推进自由贸易区的形成及其自由贸易协议的签订的过程中，如何趋利避害也就成了必须要考虑的一个现实问题。自由贸易区的形成及其自由贸易协议的签订虽然在一定范围内进一步推进了贸易和投资自由化，从而迂回式地实现了多边体制目标，但同时自由贸易区的盲目发展又极有可能会导致个体理性与集体非理性之间的矛盾，从而对多边贸易体制造成一定的损害④。实践中，要避免自由贸易区对多边贸易体制的损害，不仅应对自由贸易区进行必要的规范，而且至少还需坚持两个基本原则。要尽可能在具体规则上保持一致性⑤，坚持自由贸易安排的全面性。其实，对自由贸易区进行整合的必要性主要是出于这样一种考虑，即重复的自由贸易安排会产生所谓的"意大利面条碗"的问题，从而在相当程度上抵消掉贸易自由化的好处。其原因在于：一方面，重叠的自由贸易安排会带来更多的贸易转移；另一方面，重叠的自由贸易安排还会重复增加产业结构的调整成本。自由贸易区形成之后，关税和非关税壁垒的消除会加强各个国家的比较优势，使资源由比较劣势部门向比较优势部门转移，导致具有比较优势的生产部门扩张而不具有比较优势的生产部门缩减，这种生产结构的调整是比较优势得到加强的一种表现。然而，产业结构的调整和资源的重新配置并不是没有成本的，这种调整成本会成为贸易利益的另一个抵消因素⑥。此外，重叠的自由贸易区还会增加政策制定以及执行的成本。

  我国关于自由贸易区问题的系统研究始于 20 世纪 90 年代初。当时，为使国家宏观决策科学化，根据中央领导的指示和钱学森的建议，国务院于 1991 年 9 月成立国民经济和社会发展总体研究协调小组，开展国民经济和社会发展的总体研究工作；而在此方面的研究工作其实也就涉及自由贸易区的建设问题。1999 年，时任总理朱镕基在马尼拉召开的第 3 次中国—东盟领导人会议上提出，中国愿加强与东盟自由贸易区的联系，这一提议得到东盟国家的积

---

① 一般说来，一个部门的关税保护程度越高，降低关税带来的贸易增大效应就越大；关税结构与比较优势越是相同，即具有比较优势的产业关税水平较低，而不具有比较优势的产业关税水平较高，则 FTA 能够带来的贸易量的增加和贸易利益就越小。

② 总体上看，如果关税削减的部门贸易份额比较小，则关税削减的效应就比较小，反之就比较大。

③ 劳动生产率的效应越大，自由贸易就越能够增加本国的福利，而调整成本则是贸易利益的一个抵消因素；因此，关税水平比较高的国家在取消关税之后，竞争所带来的劳动生产效率效应比较大，同时调整成本也比较大。二者的净效应大小情况如何，取决于其他外生变量情况。

④ 除相关积极作用外，区域经济一体化对世界经济的发展也存在一定的消极影响。其一是区域经济一体化组织具有区域化直接利益的独享性和"对内自由，对外保护"的排他性，这两种特性若不加遏制，任其发展，必然会形成对外壁垒，导致国际竞争加剧、贸易保护主义抬头和世界市场的分割，不利于经济全球化的发展。其二是随着区域经济一体化组织的增加、扩大和发展而形成的区域化组织之间的竞争同国与国之间的竞争相比，交锋更多，层次更高，范围更广，内容更复杂，程度更激烈，结果会影响世界经济的稳定和发展。当然，这并不是说区域经济一体化和经济全球化是完全对立、水火不相容的两种趋势，恰恰相反，它们是相伴而生的、具有紧密联系的、缺一不可的两种趋势，一方永远无法取代另一方。

⑤ 以原产地规则为例。在关税相同的情况下，原产地规则的差异会导致贸易和投资的转移；在关税不同的情况下，关税差异和原产地规则的差异相互配合可能会加剧贸易和投资转移，也可能会相互抵消彼此的作用，从而减少贸易和投资转移。如果在自由贸易安排中，各国能够根据关税水平按照一致的方法确定原产地规则，就能够在相当的程度上克服贸易转移。

⑥ 传统的国际贸易理论只是告诉我们按照比较优势原则开展贸易可以产生互利的结果，而没有考虑资源重新配置当中的调整成本问题。因为其假设资本和劳动是同质的并且可以在部门之间完全自由地流动，因此，一个工人在一个部门失业后很快就会在另一个部门就业。但是现实却并非如此。

极回应。2000 年 11 月，朱镕基在新加坡举行的第四次中国—东盟领导人会议上首次提出建立中国—东盟自由贸易区的构想（即"10＋1"），并建议在中国—东盟经济贸易合作联合委员会框架下成立中国—东盟经济合作专家组，就中国与东盟建立自由贸易关系的可行性进行研究。2001 年 3 月，中国—东盟经济合作专家组在中国—东盟经济贸易合作联合委员会框架下正式成立，专家组围绕中国加入世界贸易组织的影响及中国与东盟建立自由贸易关系这两个议题进行了充分研究，认为中国—东盟建立自由贸易区对东盟和中国而言是双赢的决定，建议中国和东盟用 10 年时间建立自由贸易区。这一建议经过中国—东盟高官会和经济部长会的认可后，于 2001 年 11 月，也就是世界贸易组织宣布中国将于 12 月成为正式成员之际，在文莱举行的第 5 次中国—东盟领导人会议上正式宣布。2002 年 11 月，第 6 次中国—东盟领导人会议在柬埔寨首都金边举行，朱镕基和东盟 10 国领导人签署了《中国与东盟全面经济合作框架协议》，自此，中国—东盟自由贸易区建设进程全面启动，并于 2010 年 1 月 1 日正式建成。继中国—东盟自由贸易区之后，我国加快了自由贸易区商谈的步伐，并形成了由近及远、从周边向全球展开的自由贸易区建设态势。截至 2018 年，我国已签署了 16 个自由贸易协定，涉及 24 个国家与地区；同时，2018 年我国还有 10 个自贸协定推进谈判、10 个自贸协定推进可行性研究。

第三节　不同类型的区域经济一体化组织的形成及其比较：典型分析

作为地域相邻的两个或两个以上的国家或地区，在国际分工不断深化，经济联系日益密切的基础上，应通过政府间谈判和签订协议的形式，相互采取比区域外更为开放自由的贸易投资政策，并在体制框架和调节机制协调的基础上结合成经济合作组织和国家经济集团。区域经济一体化组织自形成始，即不仅有自身的拓展路径，而且有自身的发展模式。

从拓展路径上看，由于构建区域经济一体化主要是为了追求静态贸易福利最大化，改善一国贸易条件，追求动态效应最大化和其他非传统经济收益等；因此，目标确定后，通过什么样的路径来参与一体化并达成预期目的就成为关键①。总体上看，区域经济一体化组织的拓展路径主要有如下几类。第一类是由一体化的低级形态向高级形态不断发展的路径，典型的有欧盟，其演进路径是：1952 年欧洲的 6 个国家设立欧洲煤炭钢铁联合体；1957 年 3 月，六国成立欧洲经济共同体；20 世纪 90 年代初期，建成包括 12 个西欧国家在内的统一市场；1993 年 11 月 1 日，欧盟条约正式生效，欧盟成立；2002 年 1 月 1 日，欧元纸币和硬币开始流通，同年 3 月 1 日，欧元成为该区域唯一的法定货币；而现今，欧盟宪章也已进入实施阶段。第二类是针对各国关注的共同战略性资源或物资产品，为协调其生产和出口而建立单个商品的区域经济一体化组织。如 1960 年 9 月 14 日，伊朗、伊拉克、科威特、沙特阿拉伯和委内瑞拉 5 国宣告成立石油输出国组织（OPEC），其宗旨是协调和统一各成员国的石油政策，并确定以最适宜的手段来维护它们各自和共同的利益。第三类为一体化覆盖的内容由少到多。一般来说，在大多数一体化谈判的初期，成员国先将较为成熟的货物贸易产品纳入贸易关税减免的谈判内容中，随着相互贸易和投资关系的不断发展，待时机和条件成熟后，再将其他各国比较关注或敏感的产品和服务贸易纳入一体化进程。第四类为地理位置上不相邻的国家间根据某种目的而建立一体化。如美国和中东国家建立中东自由贸易区。第五类是单个国家与一个国家集团之间建立一体化组织。这一类往往是某个国家申请加入业已存在的一体化组织。如 2000 年 7 月墨西哥与欧盟达成双边 FTA；在加勒比海地区，13 个成员的加勒比共同体与多米尼亚和古巴达成双边 FTA 等。第六类是地理位置上相邻的国家或地区由于相互之间经济、政治关系发展的需要而建立一体化。如 NAFTA（北美自由贸易区）、东盟、西非国家共同体、南非发展共同体和东南非共同市场等，其成员国在地理位置上是相邻的。第七类是单个国家间建立的双边经济一体化组织。如 1983 年澳大利亚—新西兰紧密经贸关系协定、美国 2000 年与约旦达成的双边 FTA（自由贸易协定）以及中国—智利自由贸易区等。第八类是已有的一体化集团与一个国家进行谈判②。第九类是集团与集团之间签订一体化协定进行合并。如 1958 年 1 月 1 日，法国、德国、意大利、比利时、荷兰和卢森堡六国签署的《罗马条约》生效，随后，六国又在布鲁塞尔签订了《布鲁塞尔条约》，决定将欧洲煤钢共同体、欧洲经

① 从现实中的不同侧面来看，各国参与区域经济一体化的路径呈现多样性，且在空间扩展和时间延续过程中并不单纯选择一种路径来构建一体化，往往是在一定时空阶段以一种路径为主，其他路径为辅，各种路径之间并不排斥，反而相辅相成。

② 如中国—东盟自由贸易区谈判。

济共同体和欧洲原子能共同体合并,统称欧洲共同体。

从发展模式上看,区域经济一体化模式主要可从以下四个角度进行划分。一是按照由低级到高级的类型或层级顺序,可分为特惠贸易安排(成员国之间对全部或一些进口相互给予税收优惠)、自由贸易区(实行商品自由流动)、关税同盟(除商品自由流动外,还实行统一关税)、共同市场(除实行关税同盟的政策外,资本等生产要素也能自由流动)、经济联盟(在共同市场的基础上,成员国之间还实行一些共同的经济和社会政策)、完全经济一体化(以经济联盟为基础,建立超国家的组织来管理统一的经济)等六种类型。二是按照组成国的性质来划分,因为发达国家大多位于北半球,而发展中国家位于南半球,所以,习惯上把发达国家之间的区域经济一体化组织称为北北(NN)型,发达国家和发展中国家之间的称为南北(SN)或北南(NS)型,发展中国家之间的称为南南(SS)型。当前,这三种组织模式中,南南型和北北型较多,南北型较少。三是按照是否具有相互之间的排斥性特点,可分为开放性模式和排他性模式。四是按照法源的不同,可分为依照 GATI XXIV(关贸总协定第 24 条)、GATSV(服务贸易总协定第 5 条)、授权条款以及混合条款设立等四种类型。限于篇幅及研究目的,本书只着重探讨北北型、南北型和南南型这三种区域经济一体化发展模式[①]。

一、北北型区域经济一体化运作的典型:欧盟的一体化运作及其思考

北北型区域经济合作是世界上出现最早的区域经济合作形式。据世界贸易组织统计,截至 2017 年 12 月底,在世界贸易组织成员通报的区域贸易协议中,相对成功的大部分是北北型,其中比较著名的有欧洲经济联盟、美加自由贸易区、欧洲自由贸易联盟、澳新自由贸易区等。国际上公认,北北型区域经济合作一般都比较成功,其中欧盟是最典型的例子。欧盟是迄今为止世界上发展最快和一体化程度最高的区域经济一体化组织[②]。北北型区域经济合作之所以能成功,主要原因有三:首先,发达国家经济发达,国内市场需求大,具有较强的相互吸纳对方产品的能力。其次,发达国家产业现代化水平高,规模经济性强,相互间可通过产业内分工来分享更高效率。最后,发达国家财力雄厚,可以设立充足的共同基金,给因市场开放而受冲击的企业和农民以补偿。当然,北北型区域经济合作也并非没有问题[③],如果不处理好合作过程中的相关重大问题,那么,要想实现完全经济一体化的目标,恐怕还有很长的路要走。

以堪称"北北型"区域经济一体化组织典范的欧盟为例。欧盟可追溯至 1958 年成立的欧洲共同体,它先后经历了自由贸易区、关税同盟、共同大市场、经济货币联盟、签署宪法条约

---

① 据统计,有一半以上的区域贸易组织是"北北"型的,15% 左右的区域一体化协议是属于"南南"型的。尽管区域经济一体化组织不断涌现,但其实际成效却差别很大。一般认为,发展最成功的是"北北"型组织如欧盟(EU),其次是"南北"型组织如北美自由贸易区(NAFTA),而由人口占世界 80% 的发展中国家组成的"南南"型区域经济组织则被认为难以成功,目前发展效果也很不明显。根据世界银行《2016 年世界发展指标》提供的数据,目前绝大部分"南南"型区域经济组织的内部贸易比重不超过 15%,一般都在 10% 以下,各成员国的贸易仍然主要依赖于外部贸易。此外,不少学者认为,无论是"北北"合作还是"南北"合作,都不乏成功的区域经济学理论与实例的支撑和引导,而"南南"合作,则尚缺乏有效的区域经济理论的指引。

② 目前,欧盟已经达到经济联盟阶段,发行了统一的货币,建立了统一的中央银行,并正在向完全经济一体化迈进。2017 年,欧盟区内成员国的相互贸易已经超过了欧盟各国对外贸易的 70%。

③ 以过去发展最顺利的欧盟为例,不仅《欧盟宪法条约》的通过步履维艰,而且在应对外部冲击上各成员国也是分歧加重。

等几个经济一体化的关键阶段。伴随着一体化目标的步步深入，欧盟现已成为一个拥有 20 多个成员国、面积达 400 多万平方千米、人口约 5 亿、GDP 总额逾 10 万亿欧元、出口贸易占世界贸易的比重超过 40% 的世界上首屈一指的经济实体和独一无二的政治体以及国际区域经济一体化的领军者。

在欧盟一体化运作的一个较长时期内，成立关税同盟、制定和实施统一的农业政策、建立统一的大市场和经济货币联盟等举措对欧盟的有序运作和相关成果的取得起到了极为重要的促进作用。

就关税同盟及其效应而言，在建立关税同盟的过程中，尽管各种矛盾与问题不断，但各成员国还是提前完成了自己建立关税同盟的各项任务，并最终于 1968 年 7 月 1 日，建成了真正意义上的关税同盟。

关税同盟之所以能克服重重困难建成并在实践中持续有效地推进，与关税同盟本身所具有的经济效应是有着十分密切的关系的。

第一，尽管关税同盟的建成并没有完全排除欧共体成员在贸易方面的所有障碍[1]，但作为欧共体的重要支柱之一，工业品关税同盟对促进各成员国经济贸易的发展以及密切其经济贸易关系还是起到了极大的正面效应作用。据统计，在 1958—1979 年，共同体内部的贸易量便增加了 8 倍，而同一时期共同体与区外的贸易量则仅仅增长了 2 倍[2]。

第二，形成一定的消费效应。由于进口关税的取消，共同体内的消费者能更多地购买与消费区内其他成员国的产品。当然，在此过程中，其福利水平也必将得到相应地提高。此外，由于产业内贸易导致的产品多样化程度的提高，又在使消费者的效用函数得到更大程度满足的基础上，产生了更多的正的福利效应。值得一提的是，针对某些成员国忽视环境保护等方面的行为，欧共体还制定了旨在保护环境和提高福利水平的相关政策，进而从更广泛的意义上提升了成员国的整体消费效应与福利质量。

第三，除了在投资创造和投资转移方面取得一定效应外，在规模经济方面取得的效应更是明显。由于一国企业生产的产品可以在关税同盟建立以后自由地进入其他成员国，这无疑会使其获得从前在贸易限制下的小市场中无法实现的规模经济优势。不仅如此，关税同盟的建立还进一步地提高了劳动生产率与设备的有效利用率；同时，使更彻底地利用副产品以及更快地提高经济效率也成了可能。以获得显著动态效应的欧共体的冰箱工业与汽车工业为例。在欧共体成立之前，德国、意大利、法国等欧洲主要冰箱生产国均拥有数家冰箱制造商，只是每一家的年产量均不足 10 万台。然而欧共体关税同盟建立后，市场的开放与扩大无形中为冰箱工业自动装配线、现场焊接等规模生产方法的应用铺平了道路。结果到 20 世纪 60 年代末时，意大利冰箱厂家的年产量一般都达到了 85 万台，超过了年产 80 万台的冰箱最低有效生产规模。同时，德国与法国冰箱厂家的产量也分别达到了年产 57 万台和 29 万台，其成本较以前也有了大幅度的下降[3]。不仅如此，关税同盟建立后，欧共体每年可以生产约 1000 万辆汽车，其中 90% 的产品都是在共同体的内部销售的。还值得一提的是，就国家而

---

① 因为现实中各成员国之间利用非关税壁垒来排斥他国产品的情况还时有发生。

② 西尔期. 欧元（中文版）[M]. 北京：中国商业出版社，1999：51.

③ Nicholas Ower. Economics of Scale, Competitiveness and Trade Patterns Within the European Community [M]. New York：Oxford University Press，1983：119 – 139.

言，国际区域一体化所产生的额外竞争、投资和规模经济还使得欧共体的成员国，尤其是小成员国获得了更为明显的动态收益①。

第四，竞争促进效应得到提高。其原因在于：关税同盟建立后，企业由于面对激烈的市场竞争，必须进行重组，从而导致了日益加深的企业专业化分工、对研究和开发费用的不断追加、跨国兼并与收购等方面的活动；而这些活动反过来又促进了企业的效益增长和技术革新，并对欧共体内部的产业重组、生产专业化以及区域分工也产生了十分明显的促进作用②。

第五，专业化分工效应得到强化。随着关税同盟的建立，欧共体成员国之间的产业内贸易水平也得到普遍的提高③，而这一点恰恰又是其制造业内部的专业化分工效应不断提高的直接结果。事实上，同一产业内的国际分工与产业内贸易的发展客观上要求撤除国家之间的界线与各种障碍。可以说这一点既是建立国际区域一体化的经济基础，同时也是国际区域经济一体化的动力源泉。在此基础上构建起的国际区域一体化组织不易破裂，因为一旦破裂必将会使成员国蒙受巨大的负面经济效应。

第六，经济增长效应得到相应的提升。由于关税同盟对内取消、对外则筑起了统一的贸易壁垒，因而客观上便在排斥非成员国（当时主要是美国）有竞争力的产品进入和提供市场保护的同时，也在欧共体内部加强了成员国之间工业品生产的竞争激烈程度并促进了其工业部门劳动生产率的大幅度提高，从而最终有利于经济的增长。

就共同农业政策及其效应而言④，起步于 20 世纪 50 年代末的欧共体共同农业政策的形成，对欧共体的巩固与发展也起到了重大的作用⑤。第一，稳定物价的宏观经济效应。事实上，伴随着共同农业政策以及绿色货币、货币补偿金的实施，1968—1974 年，欧共体市场上的小麦价格的月波动率仅为 3%，而同一时期美国的这一指标反而达到了 11% ～ 13%⑥。考虑到农产品是制成品和服务的价格基础，因此，农产品价格的稳定对欧共体成员国低通胀经济目标的实现无疑就有了十分重要的现实意义。第二，生产效应明显。可以说共同农业政策在推动了欧共体成员国农业技术的进步以及提高了农业劳动生产率的基础上，最终推进了欧共体各国的农业发展。据统计，在 1961—1968 年、1968—1973 年、1973—1978 年、1978—1983 年这四个阶段，欧共体农业劳动生产率的平均增长率便分别达到了 7.1%、8.3%、4.3% 与 4.35%，而同一时期欧共体整个国民经济的劳动生产率的年平均增长率才分别为 4.4%、4.1%、2.3% 与 1.4%。此外，化肥与机械工具的大量使用也大大提高了西欧农业土地资源的使用效率与劳动生产率，并使农业劳动生产率的提高速度在一个较长的时期内明显

①　例如荷兰、比利时等国，其国内的许多企业便通过既为本国市场生产又为出口生产，以及减少品种、提高产量等方法实现了规模经济。

②　以占当时西欧工业总产量 1/3 以上的机器制造、机床以及仪表制造部门为例，这些部门的半成品、零部件的内部交易额占世界交易额的比重便从 1964 年的 35% 跃至 1972 年的 45%。另外，在欧共体内部，其成员国企业"相互渗透"的次数，也从 1961 年的 1507 次至 1969 年的 15307 次，增幅高达 10 倍。

③　例如，法、德两国在 1970 年和 1985 年的全部商品贸易中的产业内贸易指数便分别从 0.67 和 0.54 上升到了 0.74 和 0.63。而就制成品而言，两国则显示了更高的产业内贸易水平：法国从 1970 年的 0.78 上升到了 1985 年的 0.82，而德国同期则从 0.60 上升到了 0.67。

④　共同农业政策（Common Agricultural Policy，CAP）也是欧共体的另一项重要成就，其在欧共体发展中占有突出地位——因为其不仅长期与关税同盟并称为欧共体的两大经济支柱，而且也可以说是欧共体经济一体化程度最高的领域。

⑤　当然，我们也并不否认：由于共同农业政策自身存在的种种缺陷，伴随着它的实施，这些缺陷不仅逐渐成了日后欧共体内部矛盾的重要根源，而且也成了加剧世界农产品贸易摩擦的主要原因。

⑥　沈骥如. 欧洲共同体与世界[M]. 北京：人民出版社，1994：77.

高于服务业与工业。第三，提高资源配置效应。因为共同农业政策主要依赖的"价格支持政策"扭曲了市场条件，并违反了以市场为导向的资源配置经济规律，所以共同农业政策的实现不仅造成了较高的经济运行成本，而且也没有实现资源配置的帕累托最优。值得一提的是，从世界的角度看，由于欧共体对农业生产者的过度支持①，也使得各成员国自觉与不自觉地将有效的资源过多地配置到了并不具有比较优势的农业部门，不仅导致大量的农产品过剩，而且提高了其他产业的投入成本，并将不利于整个经济的发展。应该说，这一点对我们在促进与规范国内各地区之间的竞争关系时也是有着重要的借鉴意义的。

就统一大市场及其效应而言，欧共体成立之后，尽管在一个较长时期内一直都把建立关税同盟和实现共同农业政策作为主要的一体化发展目标，然而自 20 世纪 70 年代中期起，由于主要成员国在农业预算等问题上的严重分歧以及为应对两次世界性的经济危机而设置了许多非关税的贸易壁垒，因此所有这些不仅加剧了成员国之间的离散趋势，而且也使得西欧一体化进程一度陷入了停滞不前的境地。由于西欧大多数国家的工业化起步较晚、福利包袱较重、产业结构调整缓慢以及严重依赖石油进口，不仅其出口的市场份额与价格竞争力有所下降，而且与美国一度有了缩小趋势的经济总量差距又有了进一步拉大的趋势。所以，为进一步增强成员国的凝聚力、继续推进一体化进程、提高地区总体经济实力以及增强应对美国等国家的挑战实力，1985 年 6 月，米兰欧共体首脑会议发表了题为《完成内部市场》的白皮书，其后经各成员国的共同努力，目前已基本实现了区内以实施单一市场为目标的统一大市场的建设目标②。

应该说，统一大市场的建立对欧盟的社会进步与经济发展是起到了相当大的促进作用的。按照 1991 年世界银行公布的对欧共体统一大市场经济效应的研究成果，统一大市场至少在以下四个方面是能够为欧盟成员国新福利的增加做出自己的贡献的：因取消贸易壁垒所获得的收益相当于欧共体 GDP 的 0.2%；因取消影响总生产的壁垒而获得的收益相当于欧共体 GDP 的 2.2%；因更充分地利用规模经济而获得的收益达欧共体 GDP 的 1.6%；因内部竞争加剧而获得的收益相当于欧共体 GDP 的 1.6%。以上四项合计，统一大市场给欧共体成员国带来了相当于其 GDP 的 5.6% 的新增经济福利③。

具体说来，欧盟统一大市场建立后所产生的经济效应主要体现在以下几个方面。一是贸易创造与贸易转移效应④。在贸易创造方面，成员国之间边界、技术与财政税务方面障碍的不断消除，不仅扩大了成员国相互之间的绝对贸易量，而且也使其内部出口额占欧共体出口

---

① 1997 年，澳大利亚、加拿大、欧盟、日本、新西兰、美国、经合组织等国家与经济组织的生产者获得的补贴占农产品价格的比例分别为 9%、20%、47%、69%、3%、16%、25%；相比之下，欧盟的补贴水平（47%）虽远不及日本的（69%），但远高于经合组织（OECD）成员国的平均水平（25%）。

② 白皮书认为，实现内部统一大市场建设目标的关键在于消除阻碍商品、资本、服务及人员在欧共体内部自由流动的边界、技术以及财政税务等方面的障碍；而为消除这些障碍，又需要欧共体在原有的政策机制上加强共同的立法和协调成员国各自的法规及政策。

③ 统一大市场建设的经济效应是如此明显，因而在规范国内各地方政府之间的竞争并消除其中的负效应时，我们也就同样有必要在国内统一大市场的建设方面多下功夫。

④ 相比较而言，统一大市场对欧盟的贸易效应不如关税同盟的效应那般显著，其原因主要在于：一方面，从欧盟的内部情况上看，各成员国在国际分工中的位次接近与产业结构趋同情况严重，再加上经过几十年的经济一体化进程，各成员国相互之间的贸易潜力及增长空间已大大缩小；另一方面，从外部情况看，由于 20 世纪 90 年代以来，美国、中国等国家经济的持续快速增长，欧盟区内贸易的增长幅度远远赶不上对区外国家的贸易增长幅度。两方面原因综合起来，便最终导致了统一大市场背景下的贸易效应并不十分显著。

总额的比重进一步上升①。在贸易转移方面，尽管效应不太突出，但毕竟还是在一定的程度上促进了区域内的进出口贸易的发展。二是消费福利效应。据统计，在统一大市场形成后的十年时间里，欧盟的消费者在激烈的市场竞争中获得了从电话到食品等各种商品普遍降价的好处；同时，还创造了 250 万个工作岗位，新增财富总计 9000 亿欧元，平均每个家庭新增财富 5700 欧元②。三是竞争与规模经济效应。随着统一大市场建设的不断推进，欧盟内部企业间的竞争也愈演愈烈；为增加产量、降低成本、提高经济规模、获取更多的经济利益并在竞争中占据主动地位，欧盟内部企业间的并购不仅在数量上呈现出快速增长的态势③，而且在形式上也更趋多样化。此外，随着兼并行动的不断推进，企业的规模经济效应也越来越明显。四是投资效应。这一点不仅表现为欧盟的投资增长加速度要远远高于贸易发展的加速度，而且欧盟接纳全球外国直接投资的比例也由 1985 年的 28% 上升到了 20 世纪 90 年代中期的 44% 左右④。另据联合国的《世界投资报告》披露，自统一大市场建立以来，欧盟在美国对外直接投资东道国中的地位不断上升，其中，1998 年美国对外直接投资的 54% 便流向了欧盟。由此可见，统一大市场的形成还为欧盟成员国带来了十分显著的投资创造效应。五是经济增长促进效应。据 1996 年欧洲委员会对 1985—1995 年单一市场计划实施情况的调查结果显示，仅 1994 年这一年欧盟的 GDP 便因实施单一的市场计划而额外地增长了 1.1% ~ 1.5%，同时还新增了 60 万个就业机会。此外，调查还显示，与发达的成员国相比较，西班牙、希腊、爱尔兰、葡萄牙等欧盟中相对落后国家的受益相对大一些⑤。除个别年代外，整个 20 世纪 90 年代欧盟国家的 GDP 增长速度普遍令人满意。其中，2000 年欧盟地区的经济增长率比上一年度上升了 0.9%，总体达到了 3.4%，创下了自 1974 年以来该地区 GDP 增长的最高水平。六是逐步实现了对欧盟中落后国家的产业重组化和经济结构优化。以爱尔兰和葡萄牙为例，统一大市场建立以后，这两国产值下降幅度最大的便是附加值较低与需求弹性较小的食品、烟草、饮料等生产生活必需品的行业，而化工业、汽车制造业、电子器械、出版印刷等资本密集型的加工业的比重升幅都比较大。这一点其实也从另一个角度说明了统一大市场的建立对产业重组以及经济结构优化的重要影响。七是有利于实现区域内的凝聚效应。事实上，为了达到凝聚的目标，欧盟早在 1994 年 5 月便设立了凝聚基金；而希腊、爱尔兰、葡萄牙、西班牙这四个人均 GDP 尚低于欧盟平均水平 90% 的成员国在满足了《欧盟条约》第 104 条所规定的经济趋同条件后，就都得到了欧盟凝聚基金的投入。总之，凝聚效应不仅较好地体现了欧洲经济一体化实践的特色⑥，而且还在帮助区内经济暂时处于弱势的国家迎接欧盟统一大市场挑战的同时，大大减少了经济一体化道路上的障碍。

就经济货币联盟及其效应而言，尽管早在 1957 年的《罗马条约》中即达成了"在欧共体内实施共同金融政策是必需"的共识，但一直到 1970 年，欧共体理事会才同意在货币一体化的最终阶段建立统一货币的政策建议。后来，由于德国坚持在实现货币联盟的同时必须协调各

---

① 这一比重从 1985 年的 54% 增长到了 2017 年的 76.8%。

② 樊莹. 国际区域一体化的经济效应[M]. 北京：中国经济出版社，2005：160.

③ 1996、1997、1998、1999 年，欧盟企业间兼并在数量上的年增长率分别为 −7.9%、3.6%、19.6% 和 27.7%，增速加快的趋势十分明显。

④ 这种情况相当于同期美国与日本的接纳总和。

⑤ Commission. Economic evaluation of internal market[J]. European Economy, 1996(4)：226.

⑥ 指在注重资源配置效率的同时，也十分关注社会的公平问题。

国的经济政策，这一计划便改称为经济货币联盟。1998 年 7 月 1 日，负责发行新货币的机构——欧洲中央银行在德国的法兰克福成立。1999 年 1 月 1 日，欧盟 15 个成员国中的 11 个通过了《马斯特里赫特条约》中规定的检验指标并成为欧洲经济货币欧盟的创始成员国，至此，货币联盟得以如期顺利启动。2002 年 1 月 1 日，单一新货币欧元正式进入流通领域，此举标志着欧盟终于实现了它在成立之初即定下的单一货币梦想。

欧洲经济货币联盟形成的经济效应也十分明显：一是货币统一以后，由于消除了汇率风险，减少了交易费用，降低了企业的经营成本，提高了产品的价格竞争力，在相当程度上促进了区域内贸易的进一步发展。根据经济学家埃默森等人的推算，欧洲货币联盟的这类利益总计可占欧盟 GDP 总量的 0.2% ~0.4%[1]；另据欧洲委员会的估计，欧洲货币联盟成立后所节省的交易成本相当于欧盟 GDP 的 0.4%。二是消费效应。事实上，实行单一货币既可大大便利各成员国的经济生活，同时也有助于推动成员国之间居民的流动与交往。此外，统一货币还意味着欧元区国家的商品以同一种货币标价，这又为消费者实实在在地比较区内各国产品与服务的价格创造了便利条件。不仅如此，对不同成员国同一产品的价格比较，还能促使生产要素在区域内更加自由地流动与更加合理地配置，最终也必然会有利于成员国之间的物价向着总体降低的方面逐步趋同。三是欧元区各国之间汇率风险的消除，不仅成了有助于欧洲宏观经济发展的一个重要稳定因素，而且还产生了比较显著的投资创造效应。货币同盟形成后，由于相对价格的不确定性消失了，一方面，降低了企业的投资决策与交易成本[2]，大大增加了单一货币区内中小企业在跨国贸易和投资时的成本与收益核算，并产生了"投资创造效应"；另一方面，比节约交易费用更为重要的是，单一货币的建立还彻底消除了区内的汇率风险，并增强了产业界在货币区内长期投资的信心，也有利于推动资本在欧元区内的流动，实现欧元资源的最佳配置以及提高货币区内经济的整体效率。四是竞争刺激效应。由于单一货币消除了一国通常惯用的通过贬值货币来增加出口的可能性，实践中人们便不再把提高欧元区国家出口产品竞争力和降低高失业率的希望寄托于变更汇率水平、增加政府支出或其他宏观政策的组合上，而是将焦点集中到劳动力市场的运作、市场内部的竞争、公司治理体制和企业的创新能力等微观经济领域。事实上，自欧元问世以来，欧元区内的热门话题便已经转向了劳动市场上的立法改革、公司治理体制的新规定、私有化进程以及市场自由化的程度等领域了。五是加快了欧洲金融市场的产业重组，有助于建立统一的欧洲金融市场。欧元的实施促进了欧洲金融市场的一体化，尤其是银行及其他金融机构之间的兼并与联合力度明显增强了；此外，欧元问世以后，欧洲证券市场通过市场连通、共建交易平台和市场合并，也加快了向证券市场一体化方向迈进的步伐，从而又为融资证券化和资产证券化提供了市场条件[3]。六是通过促进单一货币区内各成员国经济指标的进一步趋同，从而又有利于规范各成

[1]　Sylvester. C. W. Infringer, Jakob De Haan. European Monetary and Fiscal policy[M]. New York：Oxford University Press，2000，25.

[2]　尤其是可以省去各种货币兑换的烦琐手续，因此既能节省有关费用，又有利于中小企业在跨国贸易与投资时的成本与收益核算。

[3]　在微观层面上，1998 年，欧盟的 8 个主要股票交易所决定组建泛欧证券交易市场；1999 年，伦敦证券交易所与法兰克福证券交易所结盟建立统一的电子交易系统，并于 2000 年 5 月决定各以 50% 的股份平等合并组成"国际股票交易所"；2000 年 4 月，巴黎、阿姆斯特丹、布鲁塞尔证券交易所又联盟组成了欧洲第二大证券交易所。在宏观层面上，欧洲统一证券上市条件和管理规定的出台以及欧盟委员会在协调了 15 个成员国的法律差异之后，又为建立起一个单一的证券市场奠定了基础。（江涌：《走向一体化的欧洲证券市场》，载《欧洲》，2001 年第 1 期）

员方的财政秩序和减少相关的不对称冲击。此外，欧元的形成不仅使欧洲统一大市场的建设得到了进一步的巩固与完善，而且也增强和提高了欧洲市场的同质化程度以及区内居民对欧洲一体化事业的认同感和对欧洲的认同感；而这种认同感对于动辄以"公投"形式来决定政府是否应进一步参与更高层次的一体化建设等大方针的欧洲国家来说，更是弥足珍贵的①。

作为世界上最大的全部由发达国家组成的区域经济一体化组织，欧盟(欧共体)在其几十年的一体化历程中取得了丰硕成果。从总体上分析，作为区域经济一体化组织，欧盟之所以能取得如此丰硕的合作成果，应该说关键性的原因即在于：与其他形式的一体化组织相比，欧盟一体化运作的基础与条件更为深厚与扎实。

(一)完善与有效的合作机制的形成及实施，为欧盟的成功运作提供了组织与制度上的强大保障

尽管在欧盟内部，各成员国无一例外地将实现自我利益的最大化作为参与地区经济一体化的首要动机；尽管在相互间竞争与合作过程中，各国利益并不能总保持相互一致，且时常还会产生一定的利益冲突；然而每当此时，作为由发达而成熟的市场经济和民主体制组成的一体化组织，欧盟往往更强调以法律、规则和权力为导向，以法律、惯例、协议为基础，通过有效的磋商和协调机制来解决彼此间的利益冲突与诉求。事实上，也正是为了达到此方面的目的，目前的欧盟就拥有非常完善的法律制度与规章条例。据统计，在欧盟范围内，法规一体化的覆盖率已超过60%；而在经济一体化方面，成员国的主权转让共享也已超过85%。可以说，没有完善而有效的合作机制做基础，也就没有欧盟这样成功的区域经济一体化组织。此外，欧盟委员会以及其他一些相关的常设组织机构的建立及其相关权力的赋予，无形中又大大促进了欧盟一体化进程的稳定与有序。

(二)成员国强烈的政治合作意愿和"共同体精神"，成员国之间良好的地缘优势与便利的交通设施，以及宗教与文化的相似性，均在相当程度上夯实了欧盟一体化运作的基础与条件

欧盟一体化思想可以说由来已久，其背景可以追溯至西罗马帝国时代。二次世界大战以后，随着世界格局的深刻变化，西欧国家"生死与共"的理念以及不能过分维护本国利益而阻挠一体化进程的"共同体精神"进一步强化了。不仅如此，欧盟的成员国大部分地域相邻，又大多属于对外贸易依存度较高的外向型经济国家，因而彼此之间既有着比较成熟的加强合作的条件，又有着强烈的合作愿望。此外，相似的宗教信仰与文化传统不仅孕育了欧洲人强烈的"认同感"，而且为欧洲的一体化奠定了坚实而有力的基础。

(三)能产生饱满经济效应的经济学初始条件的具备，也为欧盟的建立及其成功运作奠定了坚实的基础

区域经济一体化组织要想成功地运作下去，就必须要有良好的经济效应做支撑。而恰恰

① 当然，自欧元产生以来，关于欧元的不同声音也不绝于耳。如汇丰银行(香港)控股公司在2005年7月初发表的研究报告中就指出：自欧元推出以来，其成员国经济的两极分化有加强的趋势，意大利、荷兰等欧盟国家的经济目前即处于多年未有的衰退状态，在个别成员国的内部甚至还出现了退出欧元的呼声。尽管许多问题并非因欧元而起，但报告仍警告：如果欧盟不实施鼓励劳动力与资本自由流动的大规模经济改革，欧洲货币联盟便将难以为继。

是在此方面，欧盟的条件十分优越。首先，从产生饱满静态经济效应的条件上看，成员国之间一些产品的原有关税水平较高、相互间产品的供给弹性与需求弹性均较大、工业品劳动生产率普遍较高等一些国际区域经济一体化贸易创造效应发生的必要条件，在欧盟诞生以前的成员国中便已基本具备。尽管在欧盟成员国中，经济规模最大的德国比最小的卢森堡要大183倍，但是德国、英国、法国、意大利这四个欧盟中最大的经济体在人口与人均收入水平方面却又是十分接近的。这一点不仅导致了相似的需求格局与相似的产品交换，而且使得其潜在的贸易范围与贸易规模变得十分巨大。其次，欧盟也具备了产生饱满动态经济效应的良好条件。要想在区域一体化的经济组织中形成饱满的动态经济效应，一个重要条件即是成员国之间具有大致相同的要素禀赋和经济发展水平，而这恰恰又是欧洲成员国之间基本上具备的。不仅如此，欧盟各成员国之间大体相同的人均收入水平、消费偏好与消费结构又决定了其在需求结构、投资水平、技术水平以及生产能力方面也有诸多的相似之处。显然，若无这些能产生饱满经济效应的经济学初始条件，欧盟的持续稳定与健康运行几乎是不可想象的事情。

（四）在区域经济一体化的进程中，有像"法德轴心"这样的领导力量的推动与牵引，同时，"兼顾公平与效率"的政策取向也使得欧盟的一体化进程充满了活力与凝聚力

国际区域一体化的有效运作要求成员国让渡一定的主权，尤其是像欧盟这样的一体化组织，已将成员国的绝大多数经济活动纳入一体化的进程之中，因而也就更需要来自强有力的领导者方面的推动与牵引。

事实上，就欧盟一体化的实践而言，如果缺失了类似"法德轴心"这样能够担当重大主导者责任的核心力量，那么就不可能取得像今天这样巨大的成就。实践中，尽管法德两国在一些领域也时常存在着分歧，然而出于对长期利益和根本利益的考虑，二者之间又常常能够化解矛盾并保持一致。事实上也正是由于这一点，在欧洲一体化的漫长进程中，这两个国家得到了其他成员国的信任与认同。不仅如此，由于欧盟一直以来均把实现内部区域间的"协调和平衡发展"以及"经济与社会凝聚"作为自身的优先目标，结果就又使得欧盟的一体化进程充满了活力与凝聚力[①]。事实上，欧盟的结构基金与凝聚基金自设立之日起就一直是实施欧盟经济与社会凝聚政策的主要工具。考虑到这样的一种经济与社会的凝聚政策涵盖了保持联盟内部团结的思想，加之其主要的政策目标又是为了通过再分配来减少由于市场一体化进程而导致的某些负面影响，因而它们在实践中的推行就既有利于消除区域一体化进程中的不利影响，又有利于加强一体化进程中的活力与凝聚力。

尽管如此，欧盟在发展过程中也并非铁板一块或毫无间隙。至少在现在和未来的一个较长时期内，欧盟围绕以下两方面问题展开斗争的现状仍将继续存在。

一是法、德、英三大国对欧洲的未来有不同的设想。法国的目的是遏制德国，消除战争根源，用集体行动的力量，促进本国经济发展，提高生活质量，维护欧洲的民主与安全；而德

---

① 现阶段，尽管"突飞猛进式"的东扩拉大了欧盟成员国之间的经济差距，也无形中增加了一体化进一步发展的难度；尽管如何为拥有20多个成员国的欧盟制定一整套的组织运转规则给欧盟的进一步发展提出了新的挑战；尽管《欧盟宪法条约》遭到了法国、荷兰等欧盟创始国公民的公投否决，一体化走向何方一度受到了多方质疑；然而我们也不能忽视新老成员之间经济的较强互补性，其同样可以进一步延长欧盟的产业分工链条，并在加强其区域内部的经济大循环的基础上获取更多的经济效应。因此，暂时的困难应是阻挡不了欧盟一体化的发展进程的。

国作为欧洲最具实力的经济和贸易大国，对欧洲本身的繁荣和发展十分关注，认为欧盟的未来与本国的强大息息相关。法、德两国从各自的立场出发，都极力促进欧洲一体化的加强，倡导欧洲贸易自由主义和联邦主义。但法国又担心欧盟最终不是遏制德国，而是被德国所支配。英国人则担心国家主权受损，认为欧盟要保证实行自由贸易和有序的竞争，必须反对"超国家的欧洲"。因此，欧盟的进展总要受到英国的阻挠。此外，欧盟中的小国也各有想法。这些小国并不关心欧洲在世界上的影响，它们关心的主要是从繁荣团结的欧洲得到一份好处。它们对目前欧盟中大小国家不平等的现象极为不满。

二是关于欧盟扩大的方向问题，即"南下""东进"的问题。德国主张中东欧国家早日加盟，尽快实现"东进"。然而，由于"东进"对德国有利，法国为了保持自己在欧盟中的政治主导作用，积极建议欧盟先"南下"，即先同地中海沿岸的国家建立伙伴关系，并力主欧洲南部国家与北非地区建立欧洲地中海经济区。考虑到德国对南下计划表现冷淡，两国将来围绕"东进""南下"问题必将展开一系列斗争。虽然欧盟一体化在发展和范围扩大的过程中充满了矛盾和斗争，有时甚至面临解体的威胁，但共同的利益又决定了欧洲一体化是不可逆转的，其前景也无疑是乐观的。

二、南南型区域经济一体化运作的典型：东盟自由贸易区的一体化运作及其思考

南南型区域经济合作出现的时间比北北型稍晚，但数量众多。根据世界贸易组织的统计，向该组织通报的南南型区域贸易协定有100多个，占总数的一半以上。比较著名的南南型区域经济合作组织有：拉丁美洲的中美洲共同市场、安第斯条约集团、加勒比共同体、拉丁美洲一体化联盟、南方共同市场；非洲的中非关税与经济同盟、西非经济共同体、西非国家经济共同体、大湖国家经济共同体、东南非洲共同市场、马格里布联盟；亚洲的阿拉伯共同市场、东南亚国家联盟、海湾合作委员会和经济合作组织等。

尽管发展中国家追求内部经济一体化的热情很高，南南型区域经济合作组织众多，但真正取得成功的很少。根据世界银行《2006年世界发展指标》提供的数据，绝大部分南南型区域经济组织的内部贸易占各成员对外贸易的比重都不超过15%，一般都在10%以下，只有经济发展水平较高的东南亚国家联盟、南方共同市场和中美洲四国集团的这一比重超过了20%，其中东盟最高，为22%。也就是说，南南型区域经济组织对成员国贸易和经济的促进作用非常有限，大多数南南型组织内部贸易的比重在组织成立后上升幅度很小，有的甚至是下降的。

南南型区域经济合作之所以普遍不成功，其根本原因在于不具备像北北型组织那样成功的条件。首先，大多数发展中国家的经济不发达，人均收入水平低，国内市场狭小，对其他成员的产品吸纳能力很低。其次，发展中国家经济结构单一并且雷同，生产链条也较短，无法形成紧密的产业分工。最后，发展中国家财政普遍困难，根本无力建立共同基金来补偿受市场开放冲击的企业和农民。同时，考虑到关税收入是发展中国家很重要的财政收入来源，如果取消关税，政府财政收入将受到严重影响。因此，南南型区域贸易协定大部分都没有得到真正的实施。

在国际区域经济一体化发展的进程中，尽管南南型的区域经济合作组织不少，然而，基于代表性和典型性的考虑，本书分析中仅以东盟自由贸易区的一体化运作为例。

起步于1967年8月的东南亚国家联盟（简称东盟），其前身是由马来亚（马来西亚）、菲

律宾、泰国于 1961 年在曼谷成立的东南亚联盟；该组织成立后在一个较长的时间内政治意图明显甚于经济意图，直到 1992 年东盟第四次首脑会议提出在 15 年内建成自由贸易区的目标后，其经济一体化的进程才获推动①。

应该说 20 世纪 90 年代初东盟自由贸易区的形成主要是受到了以下三个方面因素的影响。一是 20 世纪 90 年代初随着持续了近半个世纪的美苏冷战体制的终结以及东欧剧变、苏联解体，国际地缘政治均衡发生了重大变化。二是新"经济地区主义"形势的形成，也无形中加速了东盟自由贸易区的建立与发展；尤其是随着欧盟统一大市场、北美自由贸易区的相继问世以及国际区域经济一体化和集团化步伐的日益加快，东盟也更加希望通过加深、加快区内经济一体化的步伐来应对新的挑战。三是东盟各成员在经历了 20 世纪 80 年代中期的经济结构调整之后，国民经济进入高速发展时期；不仅制造业在国民经济中的作用日益突出，而且外向型的经济模式也已初步形成；所有这些均为进一步提升成员国相互间合作的层次和建立自由贸易区奠定了必要的物质基础。

为推动东盟自由贸易区的建立与有序运作，随着条件的逐步成熟，东盟着重推出了以下几个方面的对策措施。一是将《共同有效优惠关税协定》②作为东盟自由贸易区计划的主体。二是为使区内成员国较非成员国有更多的贸易优惠，在 1992 年 12 月的东盟雅加达自由贸易理事会上，又制定了 CEPT 的原产地规则（Rules of origin for CEPT），并规定，一成员国自另一成员国直接进口产品的享有优惠关税的条件为该国出口商须持有由其主管机构核发、表明该产品的东盟产值成分比例不低于 40% 的产地说明书。显然，这样的规定是有利于确保区域内成员国的经济利益的。三是为推进区域内的服务贸易自由化进程，1995 年 12 月东盟又在泰国峰会上签署了《关于服务业框架协议》，该协议要求在不违反《世界贸易组织服务贸易总规定》（GATS）规则的前提下，加强各成员国之间在服务业的合作，并在消除成员国相互间服务贸易限制的基础上，最终达到服务贸易自由化的目标。四是为确保《共同有效优惠关税协定》的有效实施，进一步促进区内资本的流动和吸引更多的区外国际直接投资的流入，1998 年 10 月东盟又在马尼拉经济部长会议上签署了《东盟投资区框架协议》，其目的在于通过取消各成员国对直接投资的各种限制来吸引各方投资，并形成一个统一、自由且透明的"单一投资区"，以增加对区外国际直接投资者的吸引力。

为推动有关行动计划在实践中的落实并产生真正的实效，东盟下了相当大的决心并付出了一定的努力。就《共同有效优惠关税协定》的落实情况而言，自从该协定公布之后，各成员国便都做出了积极反应，并于 1992 年底先后制定公布了各自详细的关税减让计划。尽管这样的一种减让计划曾一度因全球贸易增速放慢、区域内部意见分歧以及某些成员国政府屈从国内利益集团压力等而被迫搁浅，但 20 世纪 90 年代中期以来，经济全球化与国际区域一体化的迅猛发展态势又迫使东盟的各成员国政府不得不考虑继续推动与加速东盟自由贸易区的进程。其实也正是在这种背景下，1994 年第 26 届东盟经济部长会议决定将建立东盟自由贸易区的时间从原定的 15 年缩短为 10 年，也即成员必须在 2003 年 1 月 1 日前将区内进口商品

---

① 现今的东盟由印度尼西亚（以下简称印尼）、新加坡、泰国、菲律宾、马来西亚、文莱、缅甸、越南、老挝、柬埔寨十个成员国组成，从其经济对外开放时间的先后以及经济发展水平上看，新加坡属于新兴的工业化国家，泰国、马来西亚、印度尼西亚、菲律宾属于亚洲地区的准新兴工业化国家，越南属于新经济增长区，缅甸、老挝、柬埔寨则属于欠发达的发展中国家。

② 该协议的全称为《东盟自由贸易区共同有效普惠关税方案协议》，简称 CEPT。

关税率减为 5% 以下。此外，目前作为东盟自由贸易区的主体与主要实施机制，《共同有效优惠关税协定》不仅已在稳步推进，而且还比原计划提早了一年，于 2002 年 1 月 1 日正式建成。随着《共同有效优惠关税协定》的有效推进，2004 年 1 月 1 日东盟自由贸易区又对 11 类优先产品实施了协调价格，与此同时，还对优先取消关税的工业部门进行了协调和有针对性的分工——印尼负责木材制品与汽车产品，马来西亚负责橡胶与纺织品，缅甸负责农业与渔业，菲律宾负责电子产品，新加坡负责电子网络与医疗卫生，泰国负责旅游与航空业。

还值得一提的是，2004 年 9 月在雅加达的东盟经济部长会议上又达成了"6 个创始国于 2007 年率先开放市场，后加入的 4 个国家也在 2012 年最终完成东盟地区经济一体化进程"的共识，同时还就农业、渔业、汽车、机械、木材加工业、橡胶制品、纺织与成衣产品、电子产品、旅游、商业和卫生保健等领域内的上万种产品的市场开放以及关税取消签署了框架协议；此举也意味着东盟在推进区域内的经济一体化方面迈上了一个新的台阶。就服务贸易自由化进程的最新进展情况而言，目前，东盟成员国已就服务贸易进行了两轮谈判，目标主要是在 2020 年以前建成一个完全一体化的地区。从总体上讲，在这个方面做得比较好的应是新加坡与泰国。因为这两个国家不仅相互开放了物流、银行和电信市场，而且还明确表示，要通过显示开放服务业这个敏感而重要的领域中的潜在利益，为其他成员国做一个示范。就《东盟投资区框架协议》的落实情况而言，东盟早在 1995 年的曼谷峰会上就签署了《东盟合作促进国际直接投资行动计划》，接着东盟投资区理事会还先后组织了赴日本、美国、欧盟的招商引资活动并取得了圆满成功。随着《东盟投资区框架协议》的有序推进，目前在东盟除了一些例外清单和敏感清单外，投资者在自由贸易区可以享受国民待遇。与此同时，鉴于服务业在支持工业生产活动中的重要性，《东盟投资区框架协议》还扩展到了服务业。

总之，通过各成员国的共同努力，目前的东盟自由贸易区已经由理想变成现实：6 个老成员国已有 99% 以上的总项目清单（IL）上的产品关税降为 0~5%；4 个新成员国也已将 80% 的产品置于各自的 CEPT 约束计划中，其中还有近 60% 的产品关税降为 0~5%；此外越南、老挝、缅甸、柬埔寨也分别于 2006、2008、2010 年之前将总项目清单上的产品关税降为 0~5%。为了进一步巩固并推进自由贸易区的发展，在 2003 年 10 月的巴厘岛峰会上，东盟成员国又签署了《巴厘第二协定》，其中明确提出了将在 2020 年建立起类似欧盟的包括"东盟经济共同体""东盟安全共同体"以及"东盟社会和文化共同体"等三大支柱的"东盟共同体"的宏伟蓝图。为达到此目的，东盟还计划从以下几个方面进行努力：首先，进一步加强经济合作并尽快制定一个明确的工作计划；其次，成员国同意在包括木材、橡胶、汽车、纺织、电子、农业、渔业等几个经济领域中率先加快市场整合和统一各国条例、秩序与检查标准；再次，通过设立东盟协商机制和一个与政治分开、具有法律约束力的纠纷调解机制来加强东盟成员国彼此间的协调与矛盾化解；最后，采取有效措施以进一步缩小新老成员国之间的经济发展差距，并为共同体的建设扫清障碍。

自东盟自由贸易区建成以来，随着《共同有效优惠关税协定》等的制定与落实，其所产生的静态经济效应主要体现在以下几个方面：一是使区内各成员国之间对外贸易流量的增长速度明显加快。据统计，2002 年东盟区内的对外贸易总额即达 7580 亿美元，与 1992 年的 3870 亿美元相比增加了 96%；而与对区域外的贸易相比，东盟区域内各成员国之间的贸易增长率提高得更快，其中，1994 年和 1996 年东盟区内贸易的年增长率就要高出区外贸易 10 个百分点左右。尽管如此，如果从单个成员国的情况来看，东盟自由贸易区的影响则又各不相同。

马来西亚与文莱的区内贸易比重有所下降，印尼、菲律宾、泰国的区内贸易比重升幅较大，年均增幅分别达 6.67%、7.92% 与 4.79%，这一点其实也说明了东盟自由贸易区的建设已使区内原先贸易保护制度较高的国家因贸易自由化的发展而加强了与区外成员国的贸易往来。二是部分地优化了区内贸易的商品结构，并有助于实现"贸易重整"。伴随着制成品进口关税的下降，在东盟区内贸易中，制成品特别是资本机械设备所占比重上升明显。其中，新加坡从马来西亚、菲律宾、印尼、泰国进口的资本机械设备占其 GDP 的比例，便从 1995 年的 5% 上升到了 2016 年的 38%，超过了同期从日本、美国的进口升幅。与此同时，柬埔寨、越南及老挝等国家的此类设备也主要是从东盟区内进口。三是区域内成员国对外贸易的地理方向并未发生实质性的改变。据统计①，在 1986—1996 年的 10 年中，东盟成员国对外贸易的地理方向主要是区外的东亚、美国、西欧三个地区，其中增长最快的是东亚地区；而同一时期，东盟内部成员国之间的进出口额仅增长了 2.7% 与 6.07%。由此可见，自由贸易区建设对东盟成员国对外贸易的地理方向的影响并不大。四是区域内贸易分布不均衡与成员国对一体化福利的分享不均等。长期以来，东盟的区内贸易大多以新加坡为核心。印尼、马来西亚、菲律宾、泰国等东盟成员国与新加坡之间的进出口一般占东盟内部贸易的 80% 以上；而其中发生在新、马之间以及新、泰之间的进出口分别占 50% 与 20.8%②。由于成员国各自在东盟区内的贸易地位不同，加之各国进出口商品结构也不相同，它们对贸易利益的分享并不均等。一些成员国的获利要多于另一些成员国，某些成员国的某些部门甚至还遭受了一定程度的损失。例如，在目前的新加坡，尽管其区内的进口贸易量很大，但由于其进口关税率本来就很低，自由贸易区对其福利影响并不明显；马来西亚因其出口产品的 60% 属于 CEPT 的关税削减范围，但其 CEPT 的进口份额却只有 12.5%，所以在自由贸易区便获得了较大的贸易创造效应；柬埔寨与老挝由于主要是从东盟区内进口自己需要的制成品，从贸易自由化中获得的贸易创造效应也要大于贸易转移效应；而越南受其多元化进口态势的影响，东盟自由贸易区给它带来的贸易转移效应要明显大于贸易创造效应。不仅如此，区域内的贸易自由化对不同成员国的不同行业的影响也不尽相同，并在短期内产生了一些"赢家"与"输家"③。五是东盟作为一支地区力量的国际地位与日俱增。其实早在冷战时期，东盟国家就因其特殊的地理位置与丰富的自然资源而成为美苏两霸的重要争夺目标之一了。进入 21 世纪之后，东盟更是成了包括中国在内的各大国竞相争夺的贸易伙伴与投资场所——美国相继出台了《东盟合作计划》与《东盟企业倡议》，同时还争相开创与东盟个别成员国之间的双边自由贸易谈判；欧盟提出了"与东盟关系的新战略"及其贸易行动计划（TREATI），其最终目的主要在于达成"欧盟——东盟优惠贸易协定"；日本也加强了与东盟的全面经济伙伴关系，并将其在 2012 年之前建立的"日本——东盟自由贸易及投资区"视为对东盟施加影响的重要渠道；俄罗斯则用签署能源合作、加强军售与向东盟国家的高科技输出协议等手段来努力拓展其与东盟的全

---

① 樊莹.国际区域一体化的经济效应［M］.北京：中国经济出版社，2005：289.

② 其之所以如此，原因在于：新加坡不仅是东盟地区跨国公司总部的聚集地，而且随着 20 世纪 90 年代推行以高科技产业为中心的"经济发展战略计划"（SEP），一些从事劳动密集型装配业务的跨国公司不得不加大了从邻国的进口。可以说，这也是新、马之间的贸易增幅远远超过新加坡与其他成员国之间的贸易增幅的根本原因。

③ 例如，收益较多的包括印尼的水泥、化学产品、药品、纺织品等，马来西亚的陶瓷、化纤产品、电子产品、化肥等，菲律宾的水泥、电子产品、药品、泥浆等，泰国的珠宝与橡胶产品等；而受损较大的有印尼的电子与化肥产业，马来西亚的水泥、纺织与珠宝产业，菲律宾的陶瓷、玻璃、化肥、塑料等产业。

方位合作；印度也日益重视与东盟的经济合作，目前双方不仅签署了《全面经济合作框架协议》，而且还确定与实施了在 2016 年以前建立货物与服务贸易和投资自由化的地区贸易与投资自由化机制计划；此外，澳大利亚也通过向部分东盟成员国提供经济援助，积极推进东盟—澳新自由贸易区进程等手段，加强了与东盟国家的经济合作关系。显然，各国将东盟作为一支重要的地区力量加以重视，无疑也就大大提高了由小国组成的东盟一体化组织的国际地位。

东盟自由贸易区形成与发展的动态经济效应主要体现在以下几个方面：其一是在投资效应方面，尽管东盟特色的区产地规则吸引了区外国际直接投资的流入与区内专业化分工格局的初步形成，然而，因其本身的投资规模偏小以及金融危机等因素的影响，东盟的投资创造效应受到了相当程度的制约。虽然一直以来，区产地规则因其对产品的生产成分设限而被认为是国际区域经济一体化发展中的一个黑箱①，但是，由于东盟此方面的规定只有 41%，远不及欧盟与北美自由贸易区，加之区产地规则又有可能导致贸易偏转②，东盟这样的一种原产地规则反而吸引了区外进行垂直一体化生产的跨国公司③前来投资。而这些跨国公司依据东道国比较优势而在生产价值链的各个阶段更有效地进行资源配置，又使得东盟内部初步形成了专业化的分工格局，其中拥有熟练劳动力与丰富技术资源的新加坡理所当然地被推到了管理中心的角色，而东盟的其他国家则负责零部件的生产与装配。此外，一些跨国公司还在马来西亚、泰国、菲律宾等东盟成员国中建立了一系列的合作项目，并形成了东盟的次区域劳动分工。从东盟各成员国吸引资金的来源上看，东盟国家对区外发达国家的直接投资的依赖程度并未因 1997 年的金融危机而下降，而且从总体趋势上看反而更加严重。与此同时，来自区域内其他成员国的相互投资却因金融危机的影响而遭到重创④。尽管近年东盟各国对外资的需求量依然很大，但由于亚洲金融危机已严重地打击了区外投资者的积极性，加之 20 世纪 90 年代以后来自中国等发展中经济体的竞争影响，东盟近年来外国直接投资的流入反而呈现出比较明显的下滑态势⑤。应该说这一点对东盟经济的持续稳定发展还是有着相当的负面影响的。其二是成员国之间的产业内贸易水平也得到了一定程度的提高。事实上，伴随着东盟自由贸易区的建设，一方面，成员国之间的进口关税水平逐步下降，各国的贸易保护程度也随之降低。这样一来，不仅促进了区域内部资源的重新配置，有利于实现成员国进出口产品的多样化，而且也提高了区域内各成员国的产业分工水平。另一方面，投资东盟的跨国公司以中间产品配件为生产对象的内部贸易也大大促进了区内各成员国之间的产业内贸易⑥。此外，实证研究表明，整体而言，1993—2017 年，东盟自由贸易区的产业内贸易与产业间贸易分别提高了 85% 和 38%。不仅如此，从部门情况分析，除动植物油脂等商品外，其他类别的区内贸易额也都有不同程度的增加。其中，机电音像设备与化工产品的区内贸易增幅

---

① 因为它迫使区外的生产厂商必须以直接投资而不是输出商品的形式来进入一体化的内部市场。
② 例如北美自由贸易区对区内生产份额的要求就达到了 60%。
③ 主要是日本、韩国等东亚新兴经济体中的企业。
④ 从 1985 后的 15.04% 下降到 2001 年的 9.11%。
⑤ 1999 年与 2000 年，外国对东盟的直接投资就分别为 162 亿美元和 138 亿美元。
⑥ 例如，日本丰田汽车公司便按照产业内分工与专业化生产原则将其汽车零部件生产配置到了东盟主要成员国。依据《共同有效优惠关税协定》，这些产品的区内贸易可以享受跨国界的进口关税减免，因而东盟区内汽车工业化跨国生产网络与生产工序从此也就建立起来了。

最大，分别达到了 1.95 倍与 1.82 倍；其他绝大部分商品的产业内贸易的贡献率也高于产业间贸易的贡献率①。其三，以亚洲金融危机为契机，欧美的跨国公司加紧了在东盟自由贸易区内的兼并活动。自 1997 年下半年起，借助东盟国家货币贬值而带来的以美元计价企业的收购成本大幅度下降以及东盟成员国进一步放宽外商投资限制性政策等方面的利好因素，一些欧美跨国公司频频对那些陷入沉重债务危机、资金严重短缺、经常处于困境乃至处在破产边缘的东盟企业进行了收购与兼并②。应该说这一点对东盟的一体化建设也是产生了一定程度的影响的。

自 20 世纪 70 年代中期提出优惠贸易协定，到 1992 年新加坡峰会决定建设自由贸易区，再到 2003 年印尼峰会提出经济共同市场的设想，东盟大致用了近二十年的时间。从总体上看，与欧盟以及北美自由贸易区相比，作为全部由发展中国家组成的区域经济一体化组织，东盟在过去四十多年的经济一体化进程中取得的成效并不明显。

东盟区域经济一体化进展缓慢的主观原因主要体现在以下几个方面。一是对国家主权与互不干涉内政的片面理解，导致东盟成员国在一体化的指导思想上容易出现偏差。20 世纪五六十年代，刚刚摆脱殖民统治的广大发展中国家就总是将独立、自主、互不干涉内政视为对外关系的最高准则；而在此方面，东盟也不例外。由于成员国过于强调建立自力更生的国民经济和主权政府，实践中往往倾向于将国际区域一体化中的主权过渡政策等同于国家的主权丧失与干涉内政。在区域一体化的进程中，一旦遇到要求一国国民经济为一体化的有序进行而做出相应调整甚至是让渡出一部分经济主权时，东盟中的许多成员国往往会倾向于进行暗中的甚至是公开的抵制与对立。此外，由于东盟各国的贸易结构相似，导致了其相互间的需求弹性严重不足；加之区域内市场的狭小，也就更加导致了区域内经济合作的难尽人意。二是成员国的政府缺乏政治意愿与"共同体精神"，严重影响了区域一体化的有序进行。尽管东盟早在 1969 年就已成立，然而在一个相当长的时期内，各成员国的领导人囿于本国利益，仍一直把加强与拓宽与区域外国家，尤其是美、日、欧盟等国家的经济联系置于特别优先的地位来加以考虑，而对区域内部成员国之间的合作则缺乏热情。经济学家阿格拉在《欧洲共同体经济学》一书中曾明确地指出：经济一体化潜在利益的实现，将局限于那些能够并愿意就一体化利益的分配进行合作的国家，如此所有伙伴国就都可以获得更大的好处。恰恰东盟自由贸易区的各成员国之间就缺乏进行这方面有效合作的现实基础。东盟成立以来虽也制定了诸如东盟产业项目计划（AZPs）、东盟产业互助计划（AZPs）、优惠交易协定（AZPs）等一系列国际区域经济合作项目，但大多都因各成员国政府缺乏坚定的政治意愿而以失败告终③。这一情况也恰似新加坡贸易部长杨荣文所说的"东盟在制定内部自由化进程时太过随意。"④

东盟区域经济一体化进展缓慢的客观原因主要体现在以下几个方面。一是产业与贸易结

---

① 陈雯.试析东盟 5 国区域贸易合作的局限性[J].国际贸易问题，2017(3).

② 据联合国贸易和发展会议《1998 年世界投资报告》披露，仅在从 1997 年 7 月到 1998 年 6 月的一年间，欧美跨国公司对泰、马、菲、印尼等 4 个东盟主要成员国的企业兼并金额就高达 131 亿美元。

③ 以优惠贸易协定为例，到了 20 世纪 80 年代末，由于缺乏约束标准，因而也就导致了例外清单上的产品与日俱增又致使优惠贸易协定只能覆盖 5% 的东盟贸易；再加上不断增加的非关税壁垒，就更大大抵销了某些优惠贸易协定的经济效益。

④ 黄建忠，等.曼谷协定与区域经济合作——对我国参与区域性实质优惠制度安排的若干建议[J].国际交贸易问题，2003(11).

构雷同化,经济竞争性有余而互补性不足,这些均在一定程度上影响了一体化贸易创造效应的发挥。在东盟的各成员国之间,从国民经济产业构成的层面上看,目前除新加坡外,印尼、马来西亚、菲律宾、泰国等东盟主要成员国的产业结构十分雷同。利用"显性比较优势"(RCA)[①]方法分析可知:在制成品中,东盟5国只有4种商品存在纯粹的互补性(不存在竞争关系),有18种商品存在纯粹的竞争性(不存在互补关系),另有16种商品既有竞争性又有互补性[②]。也正是因为东盟国家在经济发展的比较优势方面乃互补性严重不足而低端的竞争性又相对有余,依据国际区域经济一体化的理论,区域内成员国经济优势的互补程度是决定一体化贸易创造效应大小的最重要因素,所以导致了在东盟自由贸易区的发展过程中难以形成真正的一体化贸易创造效应。二是成员国相互之间的经济发展水平与发展差距悬殊,以至于相互间的利益难以得到真正的协调。在东盟的10个成员国中,既有像新加坡、泰国、马来西亚这样的新兴工业化国家,也有像缅甸、老挝、柬埔寨这样的世界上最不发达的国家,成员国之间在经济发展水平与发展阶段上存在巨大差距[③];而内部经济与区域发展上的巨大差距,不仅使得东盟各成员国对国际区域一体化的态度冷热不一,而且也在相当程度上限制了其相互间经济发展政策的空间。这也严重制约了东盟经济一体化进程的有序推进。三是区域内市场狭小、资本存量不足、经济基础脆弱等因素也严重制约着区域一体化进程。一方面,东盟10国经济总量与人均占有量均比较有限,因而其国内或区域内的经济增长需要高度依赖出口交易[④];另一方面,东盟内部资金的不充裕既严重限制了东盟内部的一体化发展空间,又使其对区外市场与资金产生过度依赖,严重地削弱了东盟抵御外部冲击的能力,也增加了其在经济一体化进程中的不确定性。四是重大的制度性缺陷的存在以及区域内部缺少能担当重大责任的核心经济力量,也非常不利于东盟一体化进程的有序推进。尽管东盟在一体化的过程中也形成了一定的规范性制度规则,然而相关条约内容的过于简单与缺少法律的严谨性[⑤]、解决机制尚不完善与缺乏可操作性、机构化程度不高与缺乏常设的机构[⑥]、东盟自由贸易区的经济运作缺乏坚实的法律基础等,均严重损坏了东盟作为一体化组织的运作成效。事实上也正是由于缺乏相关方面的强制机制,某些东盟国家,如新加坡等,干脆就去积极寻求多边与双边的贸易协定,以至于其他的东盟国家也纷纷效仿。因此,从国际区域一体化的制度性角度来分析,与欧盟、北美自由区等一体化组织内部的"规则导向"及"权力导向"相比,东盟自由贸易区更倾向于重人际关系、重协商解决,而轻法律规则和诉讼程序。显然,东盟自由贸易区与一个成熟的国际区域一体化组织尚有较大差距,在实践中更像一个松散型的合作组织,而非一个紧密型的一体化联盟。还值得一提的是,区域一体化组织的成功运作还需一个起核心作用的强大的政治与经济力量的存在。事实上也正是由于存在"法德轴心"与美

---

① 所谓显性比较优势主要是指一国某产品的出口占该国总出口的份额与世界该产品出口占世界总出口份额的比值。

② 樊莹.国际区域一体化的经济效应[M].北京:中国经济出版社,2005:307.

③ 2003年时,新加坡的人均GDP便已达到了27330美元,跨入了世界上富裕国家的行列;而同年越南、老挝、缅甸、柬埔寨四国的同一指标尚不足400美元,与新加坡相差近27000美元。

④ 对出口交易的依赖程度,泰国高达56.7%,马来西亚为109.6%,印度尼西亚为40.5%,菲律宾为49.6%。

⑤ 以《共同有效特惠关税计划协定》为例,该协定共有10个条文,且始终笼罩在东盟这一原本为政治性组织的阴影下,缺乏一个国际条约应有的独立法律地位。

⑥ 作为一个自由贸易区,东盟至今尚无一个正式的、独立的、常设的组织机构,而是基本依赖于其现有的作为一个政府经济同盟的常设机构来兼职运行,这也是导致东盟自由贸易区组织机构软弱、松散、不够正式和紧密的一个关键性原因。

国这样的核心力量，欧盟与北美自由贸易区的一体化运作才有可能取得像今天这样的成就。然而迄今为止，东盟尚缺少一个愿意而且有能力担当这种核心力量重任的成员国；而中坚力量的缺失，无形中又降低了东盟各成员国之间的凝聚力。

三、南北型区域经济一体化运作的典型：北美自由贸易区的一体化运作及其思考

按照传统的理论，发达国家主导的世界经济体系是发达国家剥削发展中国家的工具，发展中国家不可能与发达国家发展经济一体化；但自 20 世纪 90 年代以来，这种理论开始被打破。以 1994 年墨西哥加入北美自由贸易区为开端，越来越多的南北型区域经济一体化组织建立起来了。据世界贸易组织的统计，世界贸易组织成员向其通报的 214 个区域贸易协定中，有 83 个是南北型的①。从目前情况看，南北型区域经济合作效果普遍良好。以北美自由贸易区为例，其区内贸易的比重由成立之初的 45.8% 上升到了 2017 年的 72.5%，增加了近 30 个百分点。北美自由贸易协定使成员国普遍受益，但国际上公认墨西哥是最大的受益者。东欧 10 国加入欧盟后，贸易和经济也普遍获得了较快发展。从未来趋势看，南北型区域经济合作将成为今后世界各国发展区域经济合作的主要形式。尤其是对于发展中国家来说，发达国家是其最主要的出口市场、资本和先进技术来源，参与南北型区域经济合作，对于它们的贸易和经济发展具有至关重要的意义②。考虑到北美自由贸易区在南北型区域经济合作中具有重要意义，在分析南北型的区域经济一体化运作时，我们以对北美自由贸易区的分析为主。

尽管早在 20 世纪 80 年代初，美国即有建立美、加、墨自由贸易区的设想，然而，由于种种原因，该设想一直未能变成现实。不过自 20 世纪 90 年代初起，鉴于乌拉圭回合多边贸易谈判进展缓慢以及欧盟统一大市场的冲击，美、加、墨三国加快了它们的一体化进程。1992 年 8 月，美、加、墨三国签订自由贸易协定，1994 年 1 月 1 日，该协定开始生效实施③。此后，全球第一个由南北国家共同组成的区域经济一体化组织——北美自由贸易区（NAFTA，North American Free Trade Area）便诞生了。北美自由贸易区建立后，美、加、墨三国协议今后将消除相互间的关税障碍。由于墨西哥经济实力弱，美、加将允许实行普遍优惠制；同时，三国还就消除相互间的某些非关税障碍，特别是在取消农牧业和纺织业非关税限制方面，达成了协议。此外，三国还就环保、劳工标准进行了磋商，并就环保问题达成了协议。

就贸易情况而言，北美自由贸易区建立以后，随着美、加、墨三国间贸易壁垒的不断撤除和相关商业规则的不断规范，三国间的贸易流量增长迅速且屡创新高④。截至 2002 年北美自由贸易协定生效 9 年时，三国不仅三边贸易总额翻了一番多——由 1993 年的 3010 亿美元猛增至 2002 年的 6220 亿美元，而且原来争议很多的农产品贸易也获得了迅速发展⑤。此外，

---

① 严格来说，自 2004 年 5 月 1 日起，随着东欧 10 国的加入，欧盟也开始由北北型转变成南北型的区域经济一体化组织。
② 例如，罗马尼亚之所以急切地加入欧盟，最根本的原因就在于国内经济对欧盟的依赖性，其就业总人口的 460 万中，在欧盟打工的就有约 200 万。
③ 协定的宗旨是：取消贸易壁垒；制造公平竞争的条件，增加投资机会；保护知识产权，建立执行协定和解决贸易争端的有效机制，促进三边和多边合作。此外，该协定还具体规定，在 15 年内分三个阶段取消进口关税及其他贸易壁垒，实现商品劳务的自由流通。应该说，协定的实施，对促进三国经贸发展起了重要作用。
④ 从相对增幅上看，三国 2000 年相对于 1994 年的进出口增幅均在 55 个百分点以上。
⑤ 三国间的农产品贸易仅在协议实施的头两年就增长了 35 亿美元。

北美自由贸易区的建立也加速了三国间的贸易集中度和市场依赖度。如今，美墨间贸易总量的 2/3 以上、美加间贸易总量的几乎全部，已完全实现自由贸易。可以说，今天的美、墨、加三国已形成完整的三角自由贸易区。

就福利情况而言，北美自由贸易区建立后，美、墨、加三国间贸易、投资、生产的扩大也相应地给三国增加了不少的就业机会和收入。仅 1994—2000 年，墨西哥的就业机会就增加了 28%，同时还创造了 270 万个新职位；加拿大的就业机会增加了 16%，同时创造了 210 万个新职位；美国的就业机会增加了 12%，同时也创造了 1500 万个新职位。此外，就工资水平而言，美国国内凡与出口相关的职位，其工资水平都要比全国的平均工资水平高 13% ~ 18%，而墨西哥国内以出口为导向的制造行业的工资水平也要比该行业的一般职位工资高出近 40%。还值得一提的是，随着北美自由贸易区的建立以及低成本、低关税的影响，三国居民和家庭消费不仅选择余地更宽了，而且相应的支出也无形中下降了不少。这一点也恰似美国当年的贸易谈判代表罗伯特·佐立克在《自由贸易的好处》一书中所说的那样："在美国，随着乌拉圭回合市场开放的深入和北美自由贸易区协议的实施，为每个 4 口之家带来了 1300 ~ 2000 美元的收益。其中，最大的受益者是那些对价格昂贵的食品、服装或家用电器缺乏购买力的低收入家庭。"

就国家间的关系与地位而言，首先，通过与发达国家结成经济联盟，墨西哥提高了自己的国际地位。其突出表现在：1994 年 4 月，在美国的高度重视与大力支持下，墨西哥加入有"富人俱乐部"之称的经合组织（OECD）；2003 年，墨西哥又与欧盟达成了《欧墨自由贸易协定》。其次，美国进一步增强了对墨西哥国内事务的影响力，同时，加拿大也无形中获得了制定国际惯例的发言权。最后，北美自由贸易区的建立及发展也为美、加、墨三国间关系的稳定奠定了坚实的基础。随着一体化进程的加速，现在的美、加、墨三国甚至还逐渐出现了一种超越经济领域的政治、军事一体化趋势①。

就生产、投资和竞争方面的情况而言，首先，北美自由贸易区建立后，相关方面的生产要素的自由流动与重新配置即在相当程度上促进了成员国的经济增长②。其次，北美自由贸易协定在法律文本上不仅为美、加、墨三国构筑了一个稳定的、能促进相互交叉投资和与贸易的地区一体化框架，而且由于其为区域内企业的跨国经营提供了便利，又加速了区域内企业的资产重组和生产的一体化进程。再次，北美自由贸易区的建立还大大推动了三国间投资（尤其是私人投资）的进一步互动③。最后，北美自由贸易区的建立也进一步深化了美国与墨西哥间的熟练劳动与非熟练劳动间的产业链分工。

然而，美、加、墨三国之间也存在着一些分歧，如美国要求墨西哥放松对石油的管制，向美开放其石油市场，墨不同意。又如在关于原美、加汽车协定的修改问题上，它们也有分歧。北美自由贸易区成立后，也促进了内部贸易，但迄今经济和社会效益尚不明显。美、加、墨都抱怨自己失去了一些就业机会，并引发了 1994 年 12 月的墨西哥金融危机。此外，三国经济发展不平衡的问题，将是今后三国之间矛盾和摩擦的主要根源。值得一提的是，对于美国

---

① 事实上，成立于 2002 年 10 月的美国北方司令部便是以保护北美大陆、天空和 500 英里海洋范围内的安全为己任的军事机构。

② 例如，在北美自由贸易区协定生效后的 7 年（1994—2000 年）间，三国的产出增长就均在 30% 以上，而在此前的 7 年（1987—1993 年）里，三国的产出增长就均不足 20%。

③ 例如，仅在北美自由贸易协定生效后的 5 年内，加与美、墨间的投资就分别增长了 73% 和 296%。

而言，目前面临的问题还有是继续深化北美自由贸易协定还是先将它扩大到美洲其他地区的选择问题。由于美国最担忧来自墨西哥的移民，而加拿大和墨西哥最担心被美国支配或是自己的资源被美国控制，如何深化美、加、墨三国间的合作无疑是一个复杂而困难的过程。

作为世界上第一个由最富有的发达国家与发展中国家组成的区域经济一体化组织，北美自由贸易区的建立不仅有利于促进美国与拉美国家的双边或多边贸易协定的谈判，为美国实现"所有拉美国家贸易自由化"和建立"美洲自由贸易区"的倡议计划创造了极为有利的条件，而且由于北美自由贸易协定涉及的范围广、约束程度高，其的建立又为不同发展水平国家间国际区域经济一体化的实践，做出了积极而有效的尝试。

第四节　中国自由贸易区的发展历程

随着改革开放的不断深入，中国经济国际化程度不断提高，与世界各国的区域经济贸易也有了很大的发展。尤其是加入世界贸易组织以来，随着各种入世政策的逐步放开，中国经济取得了飞速的发展，不仅跃居全球经济总量第二，更成为世界第一大出口国和第二大进口国。但自2008年世界经济危机以来，中国经济也遇到了前所未有的困难；为切实有效地拉动经济发展，积极推进国内的自由贸易区建设，便成了题中应有之义。

一、自由贸易区的概念及作用

（一）自由贸易区的概念

自由贸易区有两个本质上存在很大差异的概念：一个是FTA，另一个是FTZ。FTA（Free Trade Area）是指在两个或两个以上独立关税主体之间，就贸易自由化取消关税和其他限制性贸易法规而达成相关协议。其特点是由两个或多个经济体组成集团，集团成员相互之间实质上取消关税和其他贸易限制，但又各自独立保留自己的对外贸易政策。FTZ（Free Trade Zone）是缔约方境内的一部分，进入这部分的任何货物，就进口关税而言，通常被视为关境之外。其特点是一个关境内的一小块区域，是单个主权国家（地区）的行为，一般需要进行围网隔离，且对境外入区货物的关税实施免税或保税，而不是降低关税。

中国自由贸易区（China Free Trade Region）主要是指在我国国境内关外设立的，以优惠税收和海关特殊监管政策为主要手段，以贸易自由化、便利化为主要目的的多功能经济性特区，其原则上是指在没有海关"干预"的情况下允许货物进口、制造及再出口。中国自由贸易区是政府全力打造中国经济升级版的最重要举动[1]，其核心是营造一个符合国际惯例的、对内外资的投资均具有国际竞争力的国际商业环境[2]。

2013年8月17日，国务院批复成立上海自由贸易区；2015年4月20日，国务院批复成立中国（广东）自由贸易试验区（以下简称广东自由贸易区）、中国（天津）自由贸易试验区（以下简称天津自由贸易区）和中国（福建）自由贸易试验区（以下简称福建自由贸易区）；2017年3月31日，国务院批复成立中国（辽宁）自由贸易试验区（以下简称辽宁自由贸易区）、中国（浙江）自由贸易试验区（以下简称浙江自由贸易区）、中国（河南）自由贸易试验区（以下简称河南自由贸易区）、中国（湖北）自由贸易试验区（以下简称湖北自由贸易区）、中国（重庆）自由贸易试验区（以下简称重庆自由贸易区）、中国（四川）自由贸易试验区（以下简称四川自由贸易区）、中国（陕西）自由贸易试验区（以下简称陕西自由贸易区）等7个自由贸易区；2018年4月13日，党中央决定支持海南全岛建设自由贸易区，支持海南逐步探索、稳步推进中国特色自由贸易港建设。2018年10月16日，国务院批复同意设立中国（海南）自由贸易试验区（以下简称海南自由贸易区），并印发《中国（海南）自由贸易试验区总体方案》。

---

① 其力度和意义堪与20世纪80年代建立深圳特区和20世纪90年代开发浦东两大事件相媲美。
② 中国自由贸易区属于FTZ类型。

（二）中国自由贸易区的作用

首先，可以充分利用自由贸易区作为商品集散中心的地位，进一步扩大地区和国家的出口贸易和转口贸易，从而提高其在全球贸易中的地位和能级，并创造更多的外汇收入。

其次，可以充分利用自由贸易区作为国际投资中心的地位，利用区内税收、外汇使用等优惠政策，进一步吸引外资，引进国外先进技术与管理经验，进而促进国内经济的发展与国际市场竞争力的提升。

最后，可以充分利用自由贸易区作为国际物流中心的地位。一般来讲，通过在港口、交通枢纽和边境地区设立自由贸易区，可起到繁荣港口、刺激所在地区和国家交通运输、物流业发展的作用。

二、中国自由贸易区的建设历程

为顺应全球化经济治理新格局，对接国际贸易投资新规则，把握对外开放主动权，积极参与全球经济治理，为中国开放发展赢得有效空间，中国做出了建设自由贸易区的战略决策。自由贸易区的设立，就是要在特定的区域内先行试验高水平对外开放，先行先试国际经贸新规则、新标准，积累新形势下参与双边、多边、区域合作的经验，先行先试新体制，释放更多的制度红利，促进中国经济全面融入世界经济体系，从而为中国参与新国际经贸规则的制定提供有力支撑。

2013 年 8 月至 2018 年 4 月，国务院先后批复成立了上海、广东、天津、福建等 12 个自由贸易区，并赋予了自由贸易区大胆创新、深化改革、形成经验、复制推广的使命。

（一）建设历程

1. 起步阶段（2013 年）

2013 年 8 月 17 日，国务院正式批复同意设立上海自由贸易区；8 月 30 日，第十二届全国人大常委会第四次会议通过《关于授权国务院在中国（上海）自由贸易试验区暂时调整有关法律规定的行政审批的决定》；9 月 18 日，国务院印发《中国（上海）自由贸易试验区总体方案》（国发〔2013〕38 号）；9 月 29 日，上海自由贸易区（以下简称上海自由贸易区）挂牌成立。这既是中国首个自由贸易区，也是新一轮区域开放的排头兵，意在探索中国新一轮对外开放的新路径和新模式；推动加快转变政府职能和行政体制改革，促进转变经济增长方式和优化经济结构，实现以开放促发展、促改革、促创新；形成可复制、可推广的经验，服务全国的发展；培育中国面向全球的竞争新优势，构建与各国合作发展的新平台，拓展经济增长的新空间。

2. 扩围深化阶段（2014—2016 年）

2014 年 12 月，国务院决定推广上海自由贸易区的经验，设立广东、天津、福建三个自由贸易区，并扩展上海自由贸易区的范围，从原来的 28.78 平方千米扩展到 120.72 平方千米。2015 年，国务院政府工作报告明确要求"积极探索准入前国民待遇加负面清单管理模式"和"积极推动上海、广东、天津、福建自由贸易区建设，在全国推广成熟经验，形成各具特色的改革开放高地"。2015 年 3 月 24 日，习近平总书记主持召开中央政治局会议，审议通过广东、天津、福建自由贸易区总体方案。2015 年 4 月 8 日，国务院正式印发广东、天津、福建三个自由贸易区总体方案。随后，三个自由贸易区正式挂牌运作。

3. 探索创新阶段(2016年至今)

2016年8月，国务院决定，在辽宁省、浙江省、河南省、湖北省、重庆市、四川省、陕西省新设立7个自由贸易区，标志着自由贸易区建设进入试点探索的新航程。新设的7个自由贸易区，继续依托现有经国务院批准的新区、园区，紧扣制度创新这一核心，进一步对接高标准国际经贸规则，在更广领域、更大范围形成各具特色、各有侧重的试点格局，推动全面深化改革扩大开放。

2017年3月15日，国务院正式印发了辽宁、浙江、河南、湖北、重庆、四川、陕西等7个自由贸易区总体方案。总体方案指出，建立辽宁等自由贸易区，是党中央、国务院做出的重大决策，对加快政府职能转变、积极探索管理模式创新、促进贸易投资便利化、深化金融开放创新，为全面深化改革和扩大开放探索新途径、积累新经验，具有重要意义。

2017年3月，国务院印发《全面深化中国(上海)自由贸易试验区改革开放方案》，标志着上海自由贸易区进入全面深化改革阶段。按照党中央、国务院对上海自由贸易区"继续积极大胆试、大胆闯、自主改"的要求，须加强改革系统集成，建设开放和创新融为一体的综合改革试验区；加强同国际通行规则相衔接，建立开放型经济体系的风险压力测试区；进一步转变政府职能，打造提升政府治理能力的先行区；创新合作发展模式，成为服务国家"一带一路"建设、推动市场主体走出去的桥头堡。

2018年4月13日，中共中央总书记、国家主席、中央军委主席习近平宣布，党中央决定支持海南全岛建设自由贸易区，支持海南逐步探索、稳步推进中国特色自由贸易港建设。

(二)建设布局

2013年8月—2017年3月，自由贸易区经过两次扩容，形成了"1+3+7"的东中西协调、陆海统筹的全方位、高水平对外开放新格局，覆盖11个省和直辖市，多区块、多领域、复合型综合改革态势初步形成。2018年4月海南全岛自由贸易区的获批，进一步丰富了我国自由贸易区的建设内容。

我国自由贸易区的三次扩围，使新一轮改革开放高地形成"雁形阵"，进而既与国家区域经济发展总体战略布局相一致，也利于更好地服务于"一带一路"建设、京津冀协同发展、长江经济带发展三大战略以及西部大开发、振兴东北老工业基地、中部崛起等区域战略。包括海南在内的8个新设自由贸易区还将结合自身特点，探索推进国企改革、以油品为核心的大宗商品投资便利化和贸易自由化、构建多式联运国际物流体系、促进产业转型升级、创新现代农业交流合作机制、创建人文交流新模式等特色试点工作，与上海、广东、天津和福建等现有自由贸易区形成对比试验、互补试验。

三、中国自由贸易区的基本情况

(一)上海自由贸易区

上海自由贸易区设立于2013年9月27日，实施范围为120.72平方千米，涵盖上海外高桥保税区、上海外高桥保税物流园区、洋山保税港区、上海浦东机场综合保税区4个海关特殊监管区域(28.78平方千米)以及陆家嘴金融片区(34.26平方千米)、金桥开发片区(20.48

平方千米)、张江高科技片区(37.2 平方千米)。上海自由贸易区秉持国务院"继续积极大胆闯、大胆试、自主改"的要求,深化完善以负面清单管理为核心的投资管理制度、以贸易便利化为重点的贸易监管制度、以资本项目可兑换和金融服务业开放为目标的金融创新制度、以政府职能转变为核心的事中事后监管制度,形成与国际投资贸易通行规则相衔接的制度创新体系,充分发挥金融贸易、先进制造、科技创新等重点功能承载区的辐射带动作用,力争建设成开放度最高的投资贸易便利、货币兑换自由、监管高效便捷、法制环境规范的自由贸易区。

(二)广东自由贸易区

广东自由贸易区设立于 2015 年 4 月 20 日,其战略定位为:紧紧依托港澳、服务内地、面向世界,经过三至五年改革试验,营造国际化、市场化、法治化的营商环境,构建开放型经济新体制,实现粤港澳深度合作,形成国际经济合作竞争新优势,力争建成符合国际标准的法制环境规范、投资贸易便利、辐射带动功能突出、监管安全高效的自由贸易区,最终将广东自由贸易区建设成粤港澳深度合作示范区、"21 世纪海上丝绸之路"重要枢纽和全国新一轮改革开放先行地。

广东自由贸易区的实施范围为 116.2 平方千米,涵盖三个片区:广州南沙新区片区 60 平方千米(含广州南沙保税港区 7.06 平方千米)、深圳前海蛇口片区 28.2 平方千米(含深圳前海湾保税港区 3.71 平方千米)及珠海横琴新区片区 28 平方千米。

按区域布局划分,广州南沙新区片区重点发展航运物流、特色金融、国际商贸、高端制造等产业,建设以生产性服务业为主导的现代产业新高地和具有世界先进水平的综合服务枢纽;深圳前海蛇口片区重点发展金融、现代物流、信息服务、科技服务等战略性新兴服务业,建设我国金融业对外开放试验示范窗口、世界服务贸易重要基地和国际性枢纽港;珠海横琴新区片区重点发展旅游休闲健康、商务金融服务、文化科教和高新技术等产业,建设文化教育开放先导区和国际商务服务休闲旅游基地,打造促进澳门经济适度多元发展的新载体。

(三)天津自由贸易区

天津自由贸易区设立于 2015 年 4 月 20 日,其战略定位为:以制度创新为核心任务,以可复制可推广为基本要求,努力成为京津冀协同发展高水平对外开放平台、全国改革开放先行区和制度创新试验田以及面向世界的高水平自由贸易区。其总体目标是:经过三至五年改革探索,将自由贸易区建设成贸易自由、投资便利、高端产业集聚、金融服务完善、法制环境规范、监管高效便捷、辐射带动效应明显的国际一流自由贸易区,在京津冀协同发展和我国经济转型发展中发挥示范引领作用。

天津自由贸易区的实施范围为 119.9 平方千米,涵盖三个片区:天津港片区 30 平方千米(含东疆保税港区 10 平方千米)、天津机场片区 43.1 平方千米(含天津港保税区空港 1 平方千米和滨海新区综合保税区 1.96 平方千米)及滨海新区中心商务片区 46.8 平方千米(含天津港保税区海港部分和保税物流园区 4 平方千米)。按区域布局划分,天津港片区重点发展航运物流、国际贸易、融资租赁等现代服务业;天津机场片区重点发展航空航天、装备制造、新一代信息技术等高端制造业和研发设计、航空物流等生产性服务业;滨海新区中心商务片区重点发展以金融创新为主的现代服务业。

（四）福建自由贸易区

福建自由贸易区设立于2015年4月20日，其战略定位为：围绕立足两岸、服务全国、面向世界的战略要求，充分发挥改革先行优势，营造国际化、市场化、法治化营商环境，把自由贸易区建设成为改革创新试验田；充分发挥对台优势，率先推进与台湾地区投资贸易自由化进程，把自由贸易区建设成为深化两岸经济合作的示范区；充分发挥对外开放前沿优势，建设"21世纪海上丝绸之路"核心区，打造面向"21世纪海上丝绸之路"沿线国家和地区开放合作新高地。其发展目标是：坚持扩大开放与深化改革相结合、功能培育与制度创新相结合，加快政府职能转变，建立与国际投资贸易规则相适应的新体制；创新两岸合作机制，推动货物、服务、资金、人员等各类要素自由流动，增强闽台经济关联度；加快形成更高水平的对外开放新格局，拓展与"21世纪海上丝绸之路"沿线国家和地区交流合作的深度和广度。经过三至五年改革探索，力争建成投资贸易便利、金融创新功能突出、服务体系健全、监管高效便捷、法制环境规范的自由贸易区。

福建自由贸易区的实施范围为118.04平方千米，涵盖三个片区：平潭片区43平方千米、厦门片区43.78平方千米（含象屿保税区0.6平方千米、象屿保税物流园区0.7平方千米、厦门海沧保税港区9.51平方千米）及福州片区31.26平方千米（含福州保税区0.6平方千米、福州出口加工区1.14平方千米、福州保税港区9.26平方千米）。按区域布局划分，平潭片区重点建设两岸共同家园和国际旅游岛，在投资贸易和资金人员往来方面实施更加自由便利的措施；厦门片区重点建设两岸新兴产业和现代服务业合作示范区、东南国际航运中心、两岸区域性金融服务中心和两岸贸易中心；福州片区重点建设先进制造业基地、"21世纪海上丝绸之路"沿线国家和地区交流合作的重要平台、两岸服务贸易与金融创新合作示范区。

（五）辽宁自由贸易区

辽宁自由贸易区设立于2017年3月31日，其战略定位为：以制度创新为核心，以可复制可推广为基本要求，加快市场取向体制机制改革、积极推动结构调整，努力将自由贸易区建设成为提升东北老工业基地发展整体竞争力和对外开放水平的新引擎。其发展目标是：经过三至五年改革探索，形成与国际投资贸易通行规则相衔接的制度创新体系，营造法治化、国际化、便利化的营商环境，巩固提升对人才、资本等资源要素的吸引力，努力建成高端产业集聚、投资贸易便利、金融服务完善、监管高效便捷、法治环境规范的高水平高标准自由贸易区，引领东北地区切实转变经济发展方式，提高经济发展质量和水平。

辽宁自由贸易区的实施范围为119.89平方千米，涵盖三个片区：大连片区59.96平方千米（含大连保税区1.25平方千米、大连出口加工区2.95平方千米、大连大窑湾保税港区6.88平方千米），沈阳片区29.97平方千米，营口片区29.96平方千米。按区域布局划分，大连片区重点发展港航物流、金融商贸、先进装备制造、高新技术、循环经济、航运服务等产业，推动东北亚国际航运中心、国际物流中心建设进程，形成面向东北亚开放合作的战略高地；沈阳片区重点发展装备制造、汽车及零部件、航空装备等先进制造业和金融、科技、物流等现代服务业，提高国家新型工业化示范城市、东北地区科技创新中心发展水平，建设具有国际竞争力的先进装备制造业基地；营口片区重点发展商贸物流、跨境电商、金融等现代服务业和新一代信息技术、高端装备制造等战略性新兴产业，建设区域性国际物流中心和高端装备制造、高新技术产业基地，构建国际海铁联运大通道的重要枢纽。

（六）浙江自由贸易区

浙江自由贸易区设立于 2017 年 3 月 31 日，其战略定位为：以制度创新为核心，以可复制可推广为基本要求，将自由贸易区建设成为东部地区重要海上开放门户示范区、国际大宗商品贸易自由化先导区和具有国际影响力的资源配置基地。其发展目标是：经过三年左右有特色的改革探索，基本实现投资贸易便利、高端产业集聚、法治环境规范、金融服务完善、监管高效便捷、辐射带动作用突出，以油品为核心的大宗商品全球配置能力显著提升，对接国际标准初步建成自由贸易港区先行区。

浙江自由贸易区的实施范围为 119.95 平方千米，由陆域和相关海洋锚地组成，涵盖三个片区：舟山离岛片区 78.98 平方千米（含舟山港综合保税区区块二 3.02 平方千米），舟山岛北部片区 15.62 平方千米（含舟山港综合保税区区块一 2.83 平方千米），舟山岛南部片区 25.35 平方千米。按区域布局划分，舟山离岛片区的鱼山岛重点建设国际一流的绿色石化基地，鼠浪湖岛、黄泽山岛、双子山岛、衢山岛、小衢山岛、马迹山岛等地区重点发展油品等大宗商品储存、中转、贸易产业，海洋锚地重点发展保税燃料油供应服务；舟山岛北部片区重点发展油品等大宗商品贸易、保税燃料油供应、石油石化产业配套装备保税物流、仓储、制造等产业；舟山岛南部片区重点发展大宗商品交易、航空制造、零部件物流、研发设计及相关配套产业，建设舟山航空产业园，着力发展水产品贸易、海洋旅游、海水利用、现代商贸、金融服务、航运、信息咨询、高新技术等产业。

（七）河南自由贸易区

河南自由贸易区设立于 2017 年 3 月 31 日，其战略定位为：以制度创新为核心，以可复制可推广为基本要求，加快建设贯通南北、连接东西的现代立体交通体系和现代物流体系，将自由贸易区建设成为服务于"一带一路"建设的现代综合交通枢纽、全面改革开放试验田和内陆开放型经济示范区。其发展目标是：经过三至五年改革探索，形成与国际投资贸易通行规则相衔接的制度创新体系，营造法治化、国际化、便利化的营商环境，努力将自由贸易区建设成为投资贸易便利、高端产业集聚、交通物流通达、监管高效便捷、辐射带动作用突出的高水平高标准自由贸易区，引领内陆经济转型发展，推动构建全方位对外开放新格局。

河南自由贸易区的实施范围为 119.77 平方千米，涵盖三个片区：郑州片区 73.17 平方千米（含河南郑州出口加工区 A 区 0.89 平方千米、河南保税物流中心 0.41 平方千米），开封片区 19.94 平方千米，洛阳片区 26.66 平方千米。按区域布局划分，郑州片区重点发展智能终端、高端装备及汽车制造、生物医药等先进制造业以及现代物流、国际商贸、跨境电商、现代金融服务、服务外包、创意设计、商务会展、动漫游戏等现代服务业，在促进交通物流融合发展和投资贸易便利化方面推进体制机制创新，打造多式联运国际性物流中心，发挥服务"一带一路"建设的现代综合交通枢纽作用；开封片区重点发展服务外包、医疗旅游、创意设计、文化传媒、文化金融、艺术品交易、现代物流等服务业，提升装备制造、农副产品加工国际合作及贸易能力，构建国际文化贸易和人文旅游合作平台，积极打造服务贸易创新发展区和文创产业对外开放先行区，促进国际文化旅游融合发展；洛阳片区重点发展装备制造、机器人、新材料等高端制造业以及研发设计、电子商务、服务外包、国际文化旅游、文化创意、文化贸易、文化展示等现代服务业，进一步提升装备制造业转型升级能力和国际产能合作能力，打造国际智能制造合作示范区，推进华夏历史文明传承创新区建设。

（八）湖北自由贸易区

湖北自由贸易区设立于 2017 年 3 月 31 日，主要是落实中央关于中部地区有序承接产业转移、建设一批战略性新兴产业和高技术产业基地的要求，发挥其在实施中部崛起战略和推进长江经济带建设中的示范作用。其战略定位为：以制度创新为核心，以可复制可推广为基本要求，立足中部、辐射全国、走向世界，努力建设成为中部有序承接产业转移示范区、战略性新兴产业和高技术产业集聚区、全面改革开放试验田和内陆对外开放新高地。其发展目标是：经过三至五年改革探索，对接国际高标准投资贸易规则体系，力争建成高端产业集聚、创新创业活跃、金融服务完善、监管高效便捷、辐射带动作用突出的高水平高标准自由贸易区，在实施中部崛起战略和推进长江经济带发展中发挥示范作用。

湖北自由贸易区的实施范围为 119.96 平方千米，涵盖三个片区：武汉片区 70 平方千米（含武汉东湖综合保税区 5.41 平方千米），襄阳片区 21.99 平方千米（含襄阳保税物流中心〔B 型〕0.281 平方千米），宜昌片区 27.97 平方千米。按区域布局划分，武汉片区重点发展新一代信息技术、生命健康、智能制造等战略性新兴产业和国际商贸、金融服务、现代物流、检验检测、研发设计、信息服务、专业服务等现代服务业；襄阳片区重点发展高端装备制造、新能源汽车、大数据、云计算、商贸物流、检验检测等产业；宜昌片区重点发展先进制造、生物医药、电子信息、新材料等高新产业及研发设计、总部经济及电子商务等现代服务业。

（九）重庆自由贸易区

重庆自由贸易区设立于 2017 年 3 月 31 日，主要是落实中央关于发挥重庆战略支点和连接点重要作用、加大西部地区门户城市开放力度的要求，带动西部大开发战略深入实施。其战略定位为：以制度创新为核心，以可复制可推广为基本要求，全面落实党中央、国务院关于发挥重庆战略支点和连接点重要作用、加大西部地区门户城市开放力度的要求，努力将自由贸易区建设成为"一带一路"和长江经济带互联互通重要枢纽、西部大开发战略重要支点。其发展目标是：经过三至五年改革探索，努力建成投资贸易便利、高端产业集聚、监管高效便捷、金融服务完善、法治环境规范、辐射带动作用突出的高水平高标准自由贸易区，努力建成服务于"一带一路"建设和长江经济带发展的国际物流枢纽和口岸高地，推动构建西部地区门户城市全方位开放新格局，带动西部大开发战略深入实施。

重庆自由贸易区的实施范围为 119.98 平方千米，涵盖三个片区：两江片区 66.29 平方千米（含重庆两路寸滩保税港区 8.37 平方千米），西永片区 22.81 平方千米（含重庆西永综合保税区 8.8 平方千米、重庆铁路保税物流中心〔B 型〕0.15 平方千米），果园港片区 30.88 平方千米。按区域布局划分，两江片区着力打造高端产业与高端要素集聚区，重点发展高端装备业、电子核心部件、云计算、生物医药等新兴产业及总部贸易、服务贸易、电子商务、展示交易、仓储分拨、专业服务、融资租赁、研发设计等现代服务业，推进金融业开放创新，加快实施创新驱动发展战略，增强物流、技术、资本、人才等要素资源的集聚辐射能力；西永片区着力打造加工贸易转型升级示范区，重点发展电子信息、智能装备等制造业及保税物流中转分拨等生产性服务业，优化加工贸易发展模式；果园港片区着力打造多式联运物流转运中心，重点发展国际中转、集拼分拨等服务业，探索先进制造业的创新发展。

（十）四川自由贸易区

四川自由贸易区设立于 2017 年 3 月 31 日，主要是落实中央关于加大西部地区门户城市开放力度以及建设内陆开放战略支撑带的要求，打造内陆开放型经济高地，实现内陆与沿海沿边沿江协同开放。其战略定位为：以制度创新为核心，以可复制可推广为基本要求，立足内陆、承东启西，服务全国、面向世界，将自由贸易区建设成为西部门户城市开发开放引领区、内陆开放战略支撑带先导区、国际开放通道枢纽区、内陆开放型经济新高地、内陆与沿海沿边沿江协同开放示范区。其发展目标是：经过三至五年改革探索，力争建成法治环境规范、投资贸易便利、创新要素集聚、监管高效便捷、协同开放效果显著的高水平高标准自由贸易区，在打造内陆开放型经济高地、深入推进西部大开发和长江经济带发展中发挥示范作用。

四川自由贸易区的实施范围为 119.99 平方千米，涵盖三个片区：成都天府新区片区 90.32 平方千米（含成都高新综合保税区区块四〔双流园区〕4 平方千米，成都空港保税物流中心〔B 型〕0.09 平方千米），成都青白江铁路港片区 9.68 平方千米（含成都铁路保税物流中心〔B 型〕0.18 平方千米）及川南临港片区 19.99 平方千米（含泸州港保税物流中心〔B 型〕0.21 平方千米）。按区域布局划分，成都天府新区片区重点发展现代服务业、高端制造业、高新技术、临空经济、口岸服务等产业，建设国家重要的现代高端产业集聚区、创新驱动发展引领区、开放型金融产业创新高地、商贸物流中心和国际性航空枢纽，打造西部地区门户城市开放高地；成都青白江铁路港片区重点发展国际商品集散转运、分拨展示、保税物流仓储、国际货代、整车进口、特色金融等口岸服务业和信息服务、科技服务、会展服务等现代服务业，打造内陆地区联通丝绸之路经济带的西向国际贸易大通道重要支点；川南临港片区重点发展航运物流、港口贸易、教育医疗等现代服务业，以及装备制造、现代医药、食品饮料等先进制造和特色优势产业，建设成为重要区域性综合交通枢纽和成渝城市群南向开放、辐射滇黔的重要门户。

（十一）陕西自由贸易区

陕西自由贸易区设立于 2017 年 3 月 31 日，主要是落实中央关于更好发挥"一带一路"建设对西部大开发带动作用、加大西部地区门户城市开放力度的要求，打造内陆型改革开放新高地，探索内陆与"一带一路"沿线国家经济合作和人文交流新模式。其战略定位为：以制度创新为核心，以可复制可推广为基本要求，全面落实党中央、国务院关于更好发挥"一带一路"建设对西部大开发带动作用、加大西部地区门户城市开放力度的要求，努力将自由贸易区建设成为全面改革开放试验田、内陆型改革开放新高地、"一带一路"经济合作和人文交流重要支点。其发展目标是：经过三至五年改革探索，形成与国际投资贸易通行规则相衔接的制度创新体系，营造法治化、国际化、便利化的营商环境，努力建设成为投资贸易便利、高端产业聚集、金融服务完善、人文交流深入、监管高效便捷、法治环境规范的高水平高标准自由贸易区，推动"一带一路"建设和西部大开发战略的深入实施。

陕西自由贸易区的实施范围为 119.95 平方千米，涵盖三个片区：中心片区 87.76 平方千米（含陕西西安出口加工区 A 区 0.75 平方千米、B 区 0.79 平方千米，西安高新综合保税区

3.64 平方千米和陕西西咸保税物流中心〔B 型〕0.36 平方千米），西安国际港务区片区 26.43 平方千米（含西安综合保税区 6.17 平方千米），杨凌示范区片区 5.76 平方千米。按区域布局划分，自由贸易区中心片区重点发展**战略性新兴产业**和高新技术产业，着力发展高端制造、航空物流、贸易金融等产业，推进服务贸易促进体系建设，积极拓展科技、教育、文化、旅游、健康医疗等人文交流的深度和广度，打造面向"一带一路"的高端产业高地和人文交流高地；西安国际港务区片区重点发展国际贸易、现代物流、金融服务、旅游会展、电子商务等产业，建设"一带一路"国际中转内陆枢纽港、开放型金融产业创新高地及欧亚贸易和人文交流合作新平台；杨凌示范区片区以农业科技创新、示范推广为重点，通过全面扩大农业领域国际合作交流，打造"一带一路"现代农业国际合作中心。

（十二）海南自由贸易区

海南自由贸易区设立于 2018 年 4 月 13 日，这是党中央着眼于国际国内发展大局，深入研究、统筹考虑、科学谋划做出的重大决策，是彰显我国扩大对外开放、积极推动经济全球化决心的重大举措。

党中央赋予了海南自由贸易区六个新定位：覆盖全岛的自由贸易区、中国特色自由贸易港、全面深化改革开放试验区、国家生态文明试验区、国际旅游消费中心以及国家重大战略服务保障区。中国目前已经拥有 11 个自由贸易区，面积都在 120 平方千米左右，而海南省全岛总面积为 3.54 万平方千米，如果海南自由贸易区覆盖全省，那无疑将成为中国面积最大的自由贸易区。不仅如此，海南自由贸易区还是继上海之后第二个国家宣布支持建设的自由贸易港。海南的特色是地理位置离岛，但其经济基础和其他自由贸易区还无法比较，也没有很强的制造业和高科技行业。这就决定了海南作为自由贸易区和自由贸易港的产业特色将非常明显：基于现有自身基础的热带农业和海洋渔业等传统优势以及面向现代服务业方向拓展的未来优势。

传统优势方面，国家已经要求海南加强国家南繁科研育种基地（海南）建设，打造国家热带农业科学中心，要求做强做优热带特色高效农业，打造国家热带现代农业基地，还要求提高海洋资源开发能力，支持海南建设现代化海洋牧场，加强深海科学技术研究。

现代服务业方面，中央也对海南服务业开放制定了十分具体的扶植政策，不仅支持海南设立国际能源、航运、大宗商品、产权、股权、碳排放权等交易场所，还明确指出要重点发展旅游、互联网、医疗健康、金融及会展等现代服务业，加快服务贸易创新发展，形成以服务型经济为主的产业结构①。在高科技行业方面，党中央也要求海南积极发展新一代信息技术产业和数字经济，推动互联网、物联网、大数据、卫星导航、人工智能同实体经济深度融合，支持海南布局建设一批重大科研基础设施和条件平台，打造空间科技创新战略高地，设立海南国际离岸创新创业示范区。

四、中国自由贸易区建设存在的问题及化解对策

自由贸易区是国家战略，对外不仅是为了破解和应对相关发达国家对中国的遏制，积极探索新贸易规则、经济发展模式和政府管理模式，而且也是为了培育和促进中国产业参与全

---

① 特别要实施更加开放便利的离岛免税购物政策，实现离岛旅客全覆盖，推进全域旅游发展。

球价值链的需求以及与"一带一路"发展战略形成联动效应。

自由贸易区推行以来，在投资便利化、贸易便利化、通关环境、政府服务态度等方面都有改善，特别是"负面清单""一口受理"和"单一证照"等已经成为普遍实施的改革措施。自由贸易区虽然取得了很大成绩和轰动效应，但与期望的目标仍有一定距离。其运营过程中存在的相关缺陷如不及时纠正和解决，必将阻碍自由贸易区建设目标的有效达成。

（一）自由贸易区建设存在的问题

1. 自由贸易区的管理体制问题

自由贸易区的推进机构是国家商务部，各省份的自由贸易区管理机构自然是由商务厅来牵头，并成立自由贸易区管理办公室，负责推进自由贸易区工作。

自由贸易区的管理体制分为两类：一类是分离型，即管委会和政府机构是分离的；另一类是合署型，即政府和管委会合署办公融为一体[1]。从实施效果看，分离型管理模式运营效率较低，在推进改革过程中仅仅发挥协调政府部门的作用，本身没有推进改革的权力和职能；而合署型使政府目标和自由贸易区管委会目标融为一体，管委会完全可以借助政府资源和权力来推进改革，因而能够取得较好的实施效果。

首先，行政权力存在分割。部分自由贸易区管委会本身没有行政权力，只是一个协调机构，而真正的权力归地方政府。自由贸易区管委会有心推动自由贸易区的发展，但却乏力和无奈。由于自由贸易区管委会的权力和责任不对等，在缺乏实质性权力的情况下，易造成相关工作流于形式和效率低下。

其次，多重区域和政策叠加。由于自由贸易区建立之初就定位在改革探索，而不是政策洼地。在这种情况下，企业看中的就是试验区的发展能不能给企业带来实质性好处，能不能降低企业运营成本以及改善运营的商务环境。自由贸易区如果做不到这一点，对企业的吸引力就会十分有限。此外，由于自由贸易区与现有的经济开发区、高新技术园区、综合试验区等都存在交叉和重叠；在多重政策叠加的背景下，自由贸易区的改革创新能不能具有吸引力，也面临更大的挑战[2]。

最后，自由贸易区建设缺乏强有力的推进机构。在中国行政体制和社会背景下，若缺乏强有力的推进机构就很难完成很大的任务。很多地区都在观望，等待上面能出台具体的发展细则。由于在推进改革的过程中，涉及很多政府部门，需要求助相关部门才能出台创新政策，并且很多时候需要中央部委来进行创新决策，在当前行政条块分割的情况下，仅仅凭自由贸易区管委会很难推进实质性的改革，甚至主推自由贸易区改革的商务部都没有能力完全解决这个问题。

2. 自由贸易区的创新问题

自由贸易区推进以来，尽管进行了诸多改革创新，但因种种影响，实际效果有待进一步

---

[1] 例如，上海自由贸易区目前完全实行与浦东政府合署办公，具有较高的行政效率和行政权力；而福建自由贸易区的福州片区则是分离型的，其管委会是独立运作的，缺乏行政权力和资源，没有和地方政府紧密结合，地方政府及相关部门还是独立行使行政权力。厦门自由贸易区是合署型，自由贸易区管委会和厦门地方政府机构紧密融合在一起，厦门市政府从行政权力和组织安排上积极推进自由贸易区的建设，因此管委会能借助政府的行政权力来推动自由贸易区的改革。

[2] 如在福建平潭、深圳前海、珠海横琴，这些地区已经是国家级的综合试验区，拥有了较大的探索改革的权力和优惠政策；而自由贸易区仅仅是给当地又多戴了一项"帽子"，并没有实质性的效果。

提升。

首先，在创新方向方面，创新主要集中在操作层面①，真正具有实质意义的重大创新不多。创新没有紧紧围绕企业的需求进行，企业的期望与现实自由贸易区的情形还存在较大的差距。制度创新与企业需求的结合紧密度不够。

其次，在创新的主体方面，按说自由贸易区管委会应该积极推动创新，但管委会只是一个协调机构，不是真正的创新主体，真正的创新主体是政府机构及相关部门。创新主体是国家各部委以及执行自由贸易区战略的地方政府，这些政府部门需要积极地参与到自由贸易区的发展过程中来，并授予执行部门②更大的实质性权力，否则自由贸易区的发展就会受阻。

再次，在创新的动力方面，由于部分创新主体游离于自由贸易区建设之外，自由贸易区的运营与地方政府之间的关系不紧密，地方政府的考核也不涉及自由贸易区，导致创新的主体没有太多动力进行创新。

最后，在创新的界限方面，在有关法律法规面前，自由贸易区不可以违反，这是红线；国家有关主管部门的管理，自由贸易区也不能摆脱。比如海关管理、检验检疫等，只能由有关部门来制定方案和操作实施，和地方要求、市场要求必然存在相当的距离；金融等领域的市场准入和扩大开放，必须经国家有关部门首肯，而这些部门，往往都有法律依据，要想放宽限制也必须先推动法律法规修订或履行不在自由贸易区实施的批准程序。

3. 自由贸易区的考核机制问题

自由贸易区的运营状况和效果如何考核是一个大问题，因为考核就是指挥棒。现在考核自由贸易区的效果，主要是用制度创新，甚至简化为创新条例的数量。

目前的考核标准易造成两方面的问题：一是自由贸易区管委会在创新过程中过分追求数量，不断推出创新措施，以条来计算，而对创新的质量问题，却往往忽视了。二是自由贸易区管委会的很多工作就是为了整理材料和归纳创新成果，以应付上级部门的考核。实践证明，以创新项目来评价自由贸易区的运行效果既不科学，也容易产生扭曲和误导。

首先，自由贸易区的考核体制与发展目标之间存在不匹配现象。实践中，被考核的对象不恰当和遗漏，易造成无人对自由贸易区的发展负责③。

其次，自由贸易区的考核机制扭曲还易造成自由贸易区片区之间的恶性攀比和非正常竞争。部分自由贸易区的片区，相互之间都心存戒心，对很多新思想往往保密，唯恐其他片区知晓或被其他片区抢先创新，从而影响了联合创新。在理想状态下，片区之间应该相互配合，相互合作，相互借鉴，形成一个整体，共同推进自由贸易区的发展。

（二）化解对策选择

1. 进一步明晰管理体制

首先，要明确管理体制和权力配置，赋予自由贸易区管委会相应的行政权力，而不只是一个协调机构。其次，自由贸易区的推进需要一个强有力的主体，应通过一个明确的主体来构建有序的管理模式和运营体制。上海自由贸易区的管理模式充分表明，将相关自由贸易区

---

① 如流程的优化、便利程度的提升、时间的缩短等。
② 如自由贸易区管委会。
③ 如应该根据职权来考核管委会，而推进自由贸易区发展的权力部门不应被排除在考核之外。

管委会和地方政府合署办公，可以提高推进效率。实践证明，如果缺乏一个高效执行的行政机构，就会造成随意应付的局面。

2. 进一步明确发展定位

考虑到自由贸易区的定位在执行过程中容易被忽略，因此，应该简化和明晰自由贸易区的定位和目标。自由贸易区是一种高级的口岸经济，而不是传统的口岸经济；自由贸易区是探索中国新一轮改革开放的重要支点，需在中国整体战略和全球经济格局的大背景下谋划其发展。自由贸易区既要对标国际高标准的投资贸易规则和通行惯例，也承担着探索政府管理经济的模式和手段、促进政府职能转型及实施服务型政府等重任。

3. 进一步提高政策支持力度

自由贸易区应在政策上给企业带来实实在在的好处，如果没有好处，就很难真正吸引企业来自由贸易区经营，而只是增加了在自由贸易区注册的企业的数量。

首先，积极进行实质性创新，促进资源的高效配置，有效提升企业生存环境，改善政府管理经济的手段和模式。其次，有效实施与全球自由贸易区离岸业务相同的优惠税收，降低企业所得税，免征所有间接税，缩小与中国香港、新加坡等国际离岸业务中心在税收方面的差距。唯有如此，才能吸引跨国公司或离岸公司来我国的自由贸易区开展离岸业务。

4. 积极培育新的发展载体

首先，积极打造高端对外经贸平台，培育产业军团，融入全球价值链。其次，重构基于现代产业体系的价值链和经贸产业关系，整合企业赖以生存的资源和快速发展的产业关联、循环体系，奠定产业转型升级和经济持续高速发展的基础。为了突出核心优势、降低成本，在实践中，结合比较优势，可以将一些在国内相对附加值较低、非核心的制造业生产模块外包给"一带一路"沿线的发展中国家，充分利用沿线国家的劳动力优势和市场潜力，提高生产效率，促进产业结构优化升级。通过模块分解，中国相关制造业应致力于开发核心技术模块，增加核心模块的附加值，不断强化和巩固核心模块的控制地位，占据价值链的高端环节，形成中国"智"造优势。同时，中国还可以在充分了解沿线各国资源优势、生产制造能力的基础上，协调价值链成员国共同为客户提供更加丰富的产品服务组合，集合所有成员国的力量吸引更多的客户，进而形成规模经济，推动工业化进程，实现互利共赢。最终，通过价值链条的紧密分工合作，深化中国和"一带一路"沿线国家间的经济关系，形成利益共同体。

5. 注重与当地经济发展的充分融合

自由贸易区要与当地经济和产业充分融合，形成特色优势。每个地方都有自己的特点，不能搞一刀切，要体现出区域差异性。在风险得到一定程度控制的情况下，适度放开，降低管控水平。各地要充分把握自己的地域情况、模式和发展思路①。脱离当地经济，或者当地没有产业基础，则不仅自由贸易区将很难得到充分的发展，而且自由贸易区的效果也将大打折扣。

6. 注重与"一带一路"的有机融合

自由贸易区建设要和国家战略相结合，积极对接和融入"一带一路"并成为其支撑点和"珍珠链"。"一带一路"与自由贸易区建设是"一体两面，相互配套"的关系，二者共同构成

---

① 比如上海自由贸易区就是与上海全球城市战略充分融合在一起，支持上海四个中心和科创中心的发展，并且已取得相对较好的效果。

了我国新对外开放格局，前者侧重以基础设施为先导促进沿线经济体互联互通，而后者则以降低贸易门槛、提升贸易便利化水平、加快域内经济一体化为主要内容。如果说"一带一路"是从构建对外开放新格局的高度出发，那么自由贸易区则是在投资自由化、贸易便利化、金融国际化、行政管理简化等具体方面先行先试，为中国与国际贸易谈判积累经验。如果我们将"一带一路"倡议作为改革开放新格局的核心，那么自由贸易区的贸易便利化、自由化、国际化、管理简化就是改革开放关注的重点。中国现行的 12 个自由贸易区打开了对外开放的全新窗口，既形成了中国自由贸易区的"雁阵"，也为"一带一路"倡议带来了巨大的支撑效应。

本章小结

　　随着世界各国与地区发展过程中彼此间联系的密切以及经济全球化纵深发展所带来的资源全球配置和世界统一大市场的逐步形成，20 世纪 80 年代中期以来，世界各国均尽可能地在紧紧抓住经济全球化和一体化机遇的同时，又不得不采取各种措施来应对全球化和一体化带来的问题或挑战。作为一个发展中的大国，如何在后世界贸易组织时代紧随世界政治经济发展趋势，积极应对全球经济一体化进程，并构建起属于自己的国际区域经济一体化组织，也成了摆在我国面前的一项十分紧迫而重要的战略任务。尽管近年来中国与全球部分主要经济体及经济组织建立了系列双边或多边经济贸易关系，然而基于全球贸易保护主义行为抬头以及国内改革开放深层次推进的需求，在国内部分发达地区设立自由贸易区并力争以开放倒逼改革提速，也就有了极为重要的理论意义与实践价值。事实上，也正是有鉴于此，自 2013 年 8 月至今，国务院已正式批准设立了包括上海自由贸易区在内的 12 个自由贸易区。自由贸易区的设立及建设既取得了诸多成绩，也存在系列不足。采取有效措施来化解相关问题，无疑对中国自由贸易区建设的高水平推进具有重要意义。

思考与练习

1. 简要分析国际区域经济一体化的内涵及拓展态势。
2. 简要分析欧盟一体化运作的成功经验。
3. 简要分析中国自由贸易区的建设历程及其改革取向。

案例分析

案例 1：着眼简政放权

　　福建自由贸易区的三个片区就都建立了综合服务大厅，80% 以上的省级行政许可事项已下放至自由贸易区实施，企业办事基本实现不出区。企业设立全面实行"一表申报、一口受理、一照一码、一章审批、一日办结"服务模式，由 29 天缩短到最快 1 天。聚焦提升服务，福州片区通过全国首创的"一掌通"3A移动税务平台，让企业无论身处何地都能轻松快捷地处理各类涉税事项；平潭片区则在全国率先实行商事主体名称"自助查重、自主选用"，使企业足不出户即可通过网络查询和选择名称；推进监管创新，梳理出55个监管风险点、88条防控措施，信用信息共享平台实时公示失信被执行人，对其联动惩戒，在任职、股权变更和转让质押、银行贷款、招投标等方面进行限制。

【案例来源：福建自由贸易试验区网站（《创新发展意义重大》）；作者：林钟敏】

案例2：注重配合国家的"一带一路"倡议

作为"一带一路"倡议的核心区，福建自由贸易区的设立为对接"一带一路"倡议提供了一种可行且有效的方式。福建是"海上丝绸之路"的重要发源地，福建的泉州港、厦门港、福州港等都为"海上丝绸之路"的繁荣发展做出了重要贡献，其中泉州还是联合国教科文组织认定的"海上丝绸之路"的起点。可以看出，福建自由贸易区对接"一带一路"倡议具有深厚的历史渊源。实践证明，福建自由贸易区通过寻找新的经济增长点，可以辐射更广阔的地区，加强与"一带一路"沿线国家经贸伙伴的联系，进而实现"一带一路"区域经济共同发展繁荣的宏伟目标。

【案例来源：福建自由贸易试验区网站（《创新发展意义重大》）；作者：林钟敏】

案例3：自由贸易区建设的历史决策

改革开放初期，就有设立"自由港"的提法。但是自由港、自由贸易区在中国的实践并不是一帆风顺的。保税区是有着中国特色的一个称呼。1990年9月8日，全国第一个保税区上海外高桥保税区被中央正式批准设立。1990年6月12日，当时的上海市市长朱镕基访问香港时也提到了这一点，他指出："和现有的经济特区和经济技术开发区相比较，浦东开发开放有四个特点。第一个特点，我们以建立一个'自由港'为目的，建立一个保证商品、人员、商船关税豁免，自由出入的自由贸易工业区。在这个区内，可以允许外商来进行转口贸易，发展批发业。这一点在其他经济特区是没有的"。

自1990年设立外高桥保税区以来，我国已先后建立起保税区、出口加工区、保税物流园区、跨境工业园区、保税港区、综合保税区等6类保税区。保税区到2016年，中国的保税区已经有120个，现在的统一名称叫作海关特殊监管区域。这是因为它们都有一个共同的特征，就是拥有物理围网。

2010年前后，在中国生产力协会组织下，国内著名发展战略管理专家李泊溪带领的专家小组形成了建议上海浦东建设自由贸易区的研究报告。评审委员会对研究报告给予了很高评价，并上报给了时任总理温家宝。这时的浦东作为上海国际贸易中心的核心区，贡献了2009年上海全市外贸进出口总额2700亿美元的一半，其中口岸贸易占到全市的88%。而这些贸易主要集中在浦东的外高桥保税区，并形成了汽车、钟表、医药分销、酒类交易等十大高税收行业的专业贸易平台。

2013年3月，李克强出任国务院总理之后，首站调研就在上海。2013年7月3日，国务院批准了上海自由贸易区总体方案。

其实，自由贸易区不是一个新名称，根据汇丰银行的研究，全球119个国家已建立2300多个自由贸易区，出口总额超过2000亿美元，创造了1亿多个直接和间接就业岗位。但中国

（上海）自由贸易试验区（本书简称为上海自由贸易区）则是一个新名称。重要的还有在自由贸易区的名称里上海是加了括号的。这就为第二批乃至第三批自由贸易区埋下了伏笔。2015年4月，第二批自由贸易区获批；2016年9月，第三批自由贸易区获批；2018年4月13日，党中央决定支持海南全岛建设自由贸易区，支持海南逐步探索、稳步推进中国特色自由贸易港建设。

【案例来源：中国商务部网站（《自由贸易试验区建设的历史决策》）；作者：周浩强】

第二章　广东自由贸易区的形成

第一节　广东自由贸易区形成的动因

一、广东自由贸易区的建设背景

中国设立广东以及其他的自由贸易区，除了潜在的世界经济规则威胁、中国全面深化改革以及区域发展的要求之外，还需考虑推动高水平的对外开放、寻求新的经济增长点的需要。因此广东自由贸易区的建设背景主要分为以下几个层面。

从全球层面看，全球贸易的竞争日益加剧，新的国际分工格局正在形成与发展，全球经济区域化特征逐渐明显。

从国家层面看，设立广东自由贸易区有着重大的战略意义。一是有利于国家推进新一轮对外开放战略，为我国全面提高开放型经济水平探索新路径；二是有利于进一步深化粤港澳全面合作，保持港澳地区长期繁荣稳定；三是有利于促进珠三角地区转型升级，打造带动区域发展的对外开放新高地。

从广东省层面看，广东有着得天独厚的优势：一是开放基础好。广东省毗邻港澳，通过40多年的改革开放，积累了良好的经济基础、市场基础、政策基础，已基本形成全方位、多层次、宽领域的开放格局。二是营商环境规范。广东省在行政审批、投融资、商事登记、园区管理等方面开展了系列改革尝试，制定了《建设法治化国际化营商环境五年行动计划》，正致力于形成公平正义的法治环境、透明高效的政务环境、竞争有序的市场环境、和谐稳定的社会环境以及互利共赢的开放环境。三是监管条件具备。广东省正在构建智能化信息资源共享平台，以实现各单位的信息交换、资源共享、执法联动，促使监管严密高效。广东省内海关等执法部门创新监管理念，在传统监管模式的基础上，以现代信息技术为主要手段，综合运用智能视频监控、红外检测、雷达检测等高新技术，积极构建电子信息围网监管模式。

（一）全球贸易竞争加剧

21世纪的钟声敲响之后，中国的经济迎来了高速发展的新时期，同时国际的产业分工也出现了一些新特点，各个国家之间的联系日益密切，当代世界经济的发展进入全球化的新时代。

世界各国经济相互联系不是从来就有的，而是随着近代资本主义生产的对外扩张逐渐形成的。从资本主义的初期至今，社会生产力不断发展，全球化的过程也经历了由低级到高级的不断发展。第一次世界大战（以下简称一战）之后诞生了世界上第一个社会主义国家，使统一的资本主义市场经济体系出现了裂痕。第二次世界大战（以下简称二战）之后，多个民族国家先后独立，社会主义从一个国家发展到多个国家，发达资本主义国家间的发展差距进一步扩大，使发达国家之间的竞争性关系越来越突出。全球经济形成了以国别经济为主体，计划经济与市场经济两大经济体系并存、斗争的局面。但两个经济体系之间也存在相互联系、相互渗透，且资本主义经济在世界经济体系中仍居主导地位。二战之后，在两大体系的并存、斗争中，在快速发展的科学技术的直接推动下，国际分工、国际贸易和国际金融的大发展，把各国经济卷入世界经济全球化进程，各国在生产、分配、消费等领域的经济联系日益紧密。世界经济逐步成为一个统一的有机整体，各国的经济都成为世界经济的组成部分。20 世纪90 年代，苏联解体直接宣告了冷战的结束。冷战结束使世界长期存在的不同性质和相互隔离的两大平行市场的局面基本被打破，美国成为当今世界唯一的超级大国，尽管世界上仍然存在恐怖活动、地区冲突等不安定因素，但和平发展已经成为主流，各国也都从冷战的敌对思维转向了重视合作共赢的协调发展思维。这个时期，不仅是世界政治动荡剧变的时期，也是世界经济体系和格局大调整的时期。美、日、欧经济的三足鼎立局面扩大为三大区域集团——北美自由贸易区、以欧元区为中心的欧盟区和亚太经济区，世界进入美国主导、欧元区迅速膨胀和新兴国家快速发展的新全球化经济竞争时代。这是一个以经济全球化日益加深为显著特征的世界经济发展新时代。

从全球化经济的发展历程及表现看，全球化经济建立在世界各国经济之上，但并不是各国国民经济的简单的总和，而是不同发展水平的国家与地区通过相互联系、相互依赖、共同运动而形成的经济有机整体。企业、跨国公司、国家、区域和国际经济组织都是当今世界经济的行为主体。各国的生产力水平、经济结构、科学技术、国际分工体系、国际经济制度以及世界政治环境，都是影响当今世界经济发展的重要因素。经济主体对利益的追求是各国展开经济合作和竞争的根本驱动力。

（二）中国的深度改革

中华人民共和国成立到改革开放之前，我国社会主义经济一直采用计划经济体制。这种高度集中统一的经济管理体制曾对我国社会主义建设发挥了重要作用，在财力不足、技术落后、工业基础薄弱的情况下，通过国家的集中统一管理，初步建立了完整的社会主义工业体系，巩固了社会主义政权。然而，改革开放之后，随着经济规模的不断扩大，经济成分日益多样化，经济关系日益复杂，计划经济体制的弊端日益显现，社会主义经济的发展和改革开放事业的日益深入急切呼唤经济体制的改革。1978 年安徽凤阳小岗生产队的大包干拉开了我国经济体制改革的大幕，从农村到城市，以经济体制改革为重点的社会主义改革形成燎原之势。

第一，初步建立了社会主义市场经济体制的基本框架，告别了由国家计划统配一切社会资源的时代。我们确立了以公有制为主体、多种所有制经济共同发展的基本经济制度，市场经济的微观基础逐步具备；建立和完善社会主义市场经济体制，建立以家庭承包经营为基础、统分结合的农村双层经营体制，形成公有制为主体、多种所有制经济共同发展的基本经济制度，形成按劳分配为主体、多种分配方式并存的分配制度，形成在国家宏观调控下市场对资源配置发挥基础性作用的经济管理制度。在不断深化经济体制改革的同时，不断深化政治体制、文化体制、社会体制以及其他各方面体制改革，不断形成和发展符合当代中国国情的、充满生机活力的新体制机制。经济的市场化为中国经济的高速发展提供了体制保障。

第二，成功实现了从封闭半封闭到全方位开放的伟大历史转折。40多年来，我们坚持对外开放的基本国策，打开国门搞建设，加快发展开放型经济。从建立经济特区到开放沿海、沿江、沿边、内陆地区再到加入世界贸易组织，从大规模"引进来"到大踏步"走出去"，利用国际国内两个市场、两种资源的水平显著提高，国际竞争力不断增强。从1978年到2007年，我国进出口总额从206亿美元提高到21737亿美元，跃居世界第三，外汇储备跃居世界第一，对外投资大幅增长，实际使用外资额累计近10000亿美元。我国对外开放不断扩大，全方位、宽领域、多层次的对外开放格局已经形成。广泛深入的国际合作加快了我国经济发展，也为世界经济发展做出了重大贡献。

第三，坚持以经济建设为中心，综合国力迈上新台阶，2008年一跃成为世界第三大经济体。从1978年到2007年，我国国内生产总值由3645亿元增长到24.95万亿元，年均实际增长9.8%，是同期世界经济年均增长率的3倍多，2007年，我国国内生产总值为24.6万亿元，是改革初期的15倍，年均增长率为9.8%，远远高于同期世界经济平均3%的增长速度。2008年，我国经济总量由世界第十跃居世界第三，超过德国成为世界第三大经济体。而2009年至2018年，我国GDP的平均年增长率仍高达7.6%，2018年的GDP总量达90.03万亿人民币，稳居全球第二大经济体地位。

我们依靠自己的力量稳定解决了13亿人口的吃饭问题。我国主要农产品和工业品产量已居世界第一，具有世界先进水平的重大科技创新成果不断涌现，高新技术产业蓬勃发展，水利、能源、交通、通信等基础设施建设取得了突破性进展，生态文明建设不断推进，城乡面貌焕然一新。

第四，保障和改善民生，人民生活总体达到小康水平。这40多年是我国城乡居民收入增长最快、得到实惠最多的时期。我国彻底结束了"短缺经济"，城乡居民收入大幅增长，人民生活从温饱不足发展到总体小康水平。从1978年到2007年，全国城镇居民人均可支配收入由343元增加到13786元，实际增长6.5倍；农民人均纯收入由134元增加到4140元，实际增长6.3倍；农村贫困人口从2.5亿减少到1400多万。我们初步建立了社会主义市场经济体制的基本框架，告别了由国家计划统配一切社会资源的时代；确立了以公有制为主体、多种所有制经济共同发展的基本经济制度，市场经济的微观基础逐步构建；建立和完善了社会主义市场经济体制，家庭承包经营面积和农村人均住房面积成倍增加。群众家庭财产普遍增多，吃穿住行用水平明显提高。改革开放前长期困扰我们的短缺经济状况已经从根本上得到改变。

居民电话、电脑和多种家用电器从无到有，迅速普及。覆盖城乡的义务教育体系全面建立。城乡社会卫生服务体系不断完善。文化事业和文化产业共同发展的格局初步形成。基本公共服务正朝着均等化方向发展。政治体制改革稳步推进，基层民主活力不断增强，与社会主义市场经济相适应的法律法规体系逐步完善。

第五，新时代经济增长由高速向中高速转变。2008年金融危机以来，尽管世界各主要经济体都积极采取了应对措施，在一定程度上减缓了危机的破坏力，平稳了全球经济的波动幅度。但是，这在另一方面也使得危机的积垢在过去的一段时间之内并没有完全被消弭，而这种现象也必然会为全球的经济前景增添很多不确定性。

不盲目追求经济增长的高速度，有利于优化配置和充分利用各种资源，提高经济发展质量和效益，切实使经济发展成果惠及全体人民。经济增速换挡只是相对于以往高增长的适度降低，目前我国经济增速仍然大大高于发达经济体和许多新兴市场国家，而且具有更加稳定的经济结构，经济的增长也更加合理。我国在进行经济体制改革的过程中必须更加全面和协调，只有这样才可以在未来很长的一段时间内仍然保持经济的可持续稳态增长。

党的十八大召开以来，习近平总书记提出的经济建设观点和理论已经通过他的几次讲话为人们所熟知了，他在关于经济建设的一系列重要讲话当中，已经为人们梳理了一套相对完整的理论体系，这些理论大多是关于经济发展的理论，也是我国正在进行的社会主义市场经济建设和改革的最新成果。十八大召开后不久，习近平同志就在新一批中央委员会的委员以及候补委员当中开设了一个专门用于学习和贯彻党的十八大精神的研讨班，而在开班式的讲话中，他十分明确地指出："在未来的发展过程当中，继续坚持和不断发展具有中国特色的社会主义发展模式是一篇大文章，对于这篇文章来说，邓小平同志在二十世纪的80年代已经为它确定了一个发展的基本思路，并定下了几个经济发展的基本原则，而以江泽民同志为领导人的第三代中央领导集体以及以胡锦涛同志为领导人的党中央则在邓小平的基础上，为这篇大文章又写下了非常华丽和精彩的篇章。而对于现在的情况来说，我们这一代共产党人所面临的主要经济任务，就是要在这篇大文章的基础之上，去不断地摸索，将更加精彩的内容写下去。"习近平总书记从"坚持和发展中国特色社会主义是一篇大文章"的高度，提出了要把"这篇大文章写下去"的神圣使命。

（三）区域建设发展

自1979年以来，我国实行的是从沿海到内地、从东向西、由局部到全面，逐步推进的渐进式开放战略，基本完成了由区域非均衡战略到均衡战略的转变。当下，我国将进一步优化经济发展空间格局，实施重点区域带动发展战略。

1. 上海自由贸易区

上海自由贸易区是中国政府设立在上海的区域性自由贸易区，位于浦东境内，属中国自由贸易区范畴。2013年9月29日，上海自由贸易区正式成立。

上海自由贸易区通过扩大投资领域开放、推动贸易方式的转变、开拓金融创新等一系列重要举措，确定了新的重点建设领域，从而推进了自由贸易区内部的改革创新，并为未来其他自由贸易区的成立和发展积累了宝贵经验。自由贸易区重点发展总部经济，使跨国公司地区总部数量逐渐增长，亚太营运商计划也吸引着更多的跨国公司亚太总部来此落户。自由贸易区还简化了直接投资外汇登记的相关手续，通过大力扩张平台经济等方式，推进非大宗产品的交易。另外，上海自由贸易区试点跨境电子商务的建设，"跨境通"电子商务平台运行良好，此平台的建设有利于国内外知名企业开展长期合作。

上海自由贸易区的成立释放出我国加快改革、深化改革、积极融入国际贸易的强烈信号。建设上海自由贸易区，是顺应全球经贸发展新趋势，实行更加积极主动开放战略的一项重大举措。它的主要任务是探索中国对外开放的新路径和新模式，推动加快转变政府职能和行政体制改革，促进转变经济增长方式和优化经济结构，实现以开放促发展、促改革、促创新，形成可复制、可推广的经验，服务全国的发展。建设上海自由贸易区有利于培育中国面向全球的竞争新优势，构建与各国合作发展的新平台，拓展经济增长的新空间，打造中国经济"升级版"。

2. 天津自由贸易区

天津自由贸易区，是中国政府设立在天津市滨海新区的区域性自由贸易区。

作为北方首个自由贸易区，天津自由贸易区并不主要承担类似上海自由贸易区的综合改革功能，而是要发挥其在北方经济发展中的功能，其战略定位挂钩京津冀协同发展。在学习和复制上海经验的基础上，它将重点摸索天津特色，包括：用制度创新服务实体经济；借"一带一路"契机服务和带动环渤海经济；突出航运，打造航运税收、航运金融等特色。天津自由贸易区的建立和发展对我国尤其是北方地区有着重大的影响。

首先，建成天津自由贸易区有利于进一步深化改革开放，不断完善自由贸易区模式。国务院总理李克强在天津考察时表示，天津可以不叫自由贸易区，要形成和上海不一样的特色，叫投资和贸易便利化综合改革创新区，享受并超过上海自由贸易区所有政策，让天津在新一轮改革开放中成为北方地区的"排头兵"和"领军者"，走在全国"最前列"。因此，天津自由贸易区的建成可以为我国经济领域的拓宽和与区域及多边合作经验的积累打下更深的基础，可加快投资贸易便利渠道的规范化建设，为与其他发达国家谈判做好充足准备。这不仅有利于继续深化国内经济体制改革，形成标准化自由贸易区模式，还可以体现我国积极创立完善新的经济制度和想要参与国际分工的重大决心。

其次，建成天津自由贸易区有利于打造促进中国经济升级的新引擎。天津自由贸易区的落成会带动并推进我国环渤海地区金融、税收、贸易、政府管理等一系列改革措施的出台，为全国性的经济改革提供标准化的示范效应。在这个进程中，改革红利会逐步释放，推动中国经济实现转型升级。当前，京津冀以及环渤海地区经济正处于转型升级的重要阶段，在世界经济全球化的大背景下，地区经济合作显得更加重要，而加速资源要素的流通也势在必行。建成天津自由贸易区有助于提振周边大区域的外贸，稳定大区域经济发展，最终为中国经济转型升级营造良好的发展环境。

最后，对于国内市场来说，天津自由贸易区的建成也有着非常重大的积极意义。这是因为天津自由贸易区可以作为中心辐射我国北方环渤海经济圈，对我国北方经济的整体发展有着巨大的长期的发展潜力，辐射区域内的上市公司（与这些公司有业务关系的区域外公司）可获得经营方面实质性的积极影响，这些上市公司会受到场内外资金的重点关注，对于其业绩提升有明显的裨益。由此，天津自由贸易区概念会成为国内市场的又一条投资主线，有利于加快我国资本的良性融合，实现我国资本运作的健康发展。

3. 广东自由贸易区

中国在上海成立第一个自由贸易区一年之际，又批准设立了包括广东在内的 3 个自由贸易区，这不仅发挥了中国传统的"摸石头技术"，符合我国自由贸易区发展"循序渐进"的总体思路，而且体现了自由贸易区发展"前承后继"的切实需求。第二批自由贸易区选择广东和其他城市主要是考虑中国区域发展战略，也是为了充分发挥地缘合作优势，着力实施"一带一路"倡议。广东作为早期改革开放的前沿阵地，在对外开放和先行先试方面积累了丰富经验，既是第二批自由贸易区的首要选择地，也是新一轮改革开放的重点区域。

广东省的独特优势有：首先，广东自由贸易区所处地理位置优越。向南沿海，有利于航运和出口。向北在广袤无垠的腹地，有"世界工厂"东莞作为工业和服务业的支撑，在资源和经济学价值上有着独树一帜的优点。其次,广东地处中国东南沿海一带,毗邻港澳台,能为引入先进机制、政府管理经验提供便利。在经济方面,广东汇聚了众多优秀的加工制造和服务型企业,发展速度和效率节节攀升。同时,广东的进出口贸易需求不断增多,倒逼上层建筑改革。广东省是改革开放的前沿阵地,GDP连续多年排名全国第一,其对外贸易总量也接近全国的25%。广东省建立自由贸易区的最大优势在于地理位置。深圳前海蛇口和珠海横琴区分别与香港、澳门接壤,而港澳一直以来就是广东省对外开放的桥梁与纽带。广东对港澳的进出口额占全省进出口总额的近60%,港澳投资占全省外商在广东投资总额的近60%,广东企业联合港澳企业的"走出去"投资占全省对外投资的近60%,粤港澳合作是广东自由贸易区最大的特色。

二、广东自由贸易区的运行基础

(一)广东省改革开放后的发展

广东是市场经济体制改革的探索者。过去40年,其依托临近港澳的独特区位优势,通过改革开放成为全国外向型程度最高的省份。同时,香港和澳门在广东的改革开放和经济发展中发挥了重要作用,港资企业的直接投资不仅提升了广东的生产技术,而且通过经营方式和经济管理体制的潜移默化,促进广东经济高速发展,并使广东成为中国改革开放的试验区和排头兵。其在我国经济体制从传统计划经济向社会主义市场经济的转型中完成了先行先试的使命,积累了对外开放和内部改革的经验,比如率先探索价格改革,建立市场经济调节机制;探索分配制度改革,建立社会主义市场机制的分配制度,让一部分人先富起来;探索企业和产权制度,构建社会主义市场经济的微观基础,也正是这些经济体制改革和创新促使广东经济持续高速发展。

另外,经过40多年的改革探索与发展,广东已具有国际视野和特区模式,以深圳为例,伴随40多年的改革开放,深圳从小渔村到出口加工区,到经济特区,再到经济中心城市,经历了中国改革开放进行中出现的所有争论,并在探索中取得了巨大发展,具备了中国全面深化改革的先行先试经验。

新时期,在以习近平同志为核心的党中央坚强领导下,广东省委省政府全面贯彻落实党中央、国务院决策部署,坚持稳中求进工作总基调,贯彻新发展理念,以供给侧结构性改革为主线,着力推动结构优化、动力转换和质量提升,国民经济运行好于预期;经济活力、动力和潜力不断释放,稳定性、协调性和可持续性明显增强,继续保持平稳健康发展,为未来经济高质量发展打下了坚实的基础。

1. 经济运行稳定性逐渐增强

2017年,广东实现地区生产总值89879.23亿元,按可比价格计算,同比增长7.5%(具体见图2-1),增幅与2016年持平;其中,第一、二、三产业实现增加值3792.40亿元、38598.55亿元、47488.28亿元,分别增长3.5%、6.7%和8.6%,第一、二产业增幅同比提高0.4个百分点和0.6个百分点,第三产业回落0.6个百分点(见表2-1)。广东地区生产总值总量连续29年居全国首位,人均地区生产总值超过8万元,达到81089元,是全国平均水平的1.36倍。

表 2 - 1　2017 年广东主要经济指标对比情况表（%）

指标	2017 年累计增速	2016 年同期累计增速	变化幅度
地区生产总值	7.5	7.5	0
第一产业	3.5	3.1	0.4
第二产业	6.7	6.1	0.6
第三产业	8.6	9.2	-0.6
规模以上工业增加值	7.2	6.7	0.5
固定资产投资	13.5	10.0	3.5
社会消费品零售总额	10.0	10.2	-0.2
进出口总额	8.0	-0.8	8.8
金融机构（含外资）本外币存款余额	8.2	12.1	-3.9
金融机构（含外资）本外币贷款余额	13.6	16.0	-2.4
地方一般公共预算收入	10.9	10.3	0.6
地方一般公共预算支出	11.9	5.0	6.9
全社会用电量	6.2	5.6	0.6
其中：工业用电量	5.9	4.5	1.4

数据来源：广东统计年鉴。

广东近两年的地区生产总值季度增幅波动主要集中在 7.3% ～7.8%（见图 2 - 1）。经济景气度有所提升，2017 年以来，广东制造业 PMI 指数基本保持在 51.0 ～52.0 区间内运行；工业生产者出厂价格指数全年在 103.3 ～104.3 之间，已实现趋势性转正。经济数据间的匹配性较强，全社会用电量的电力弹性系数为 0.83，其中规模以上工业的电力弹性系数为 0.82，高于 2016 年的 0.75 和 0.67；经济与税收呈现协调增长的良好关系，税收总收入与现价地区生产总值的弹性系数为 1.12，高于 2016 年的 0.73；2017 年新登记市场主体增长 20.7%，年末全省市场主体总量超过 1000 万户，居全国首位。

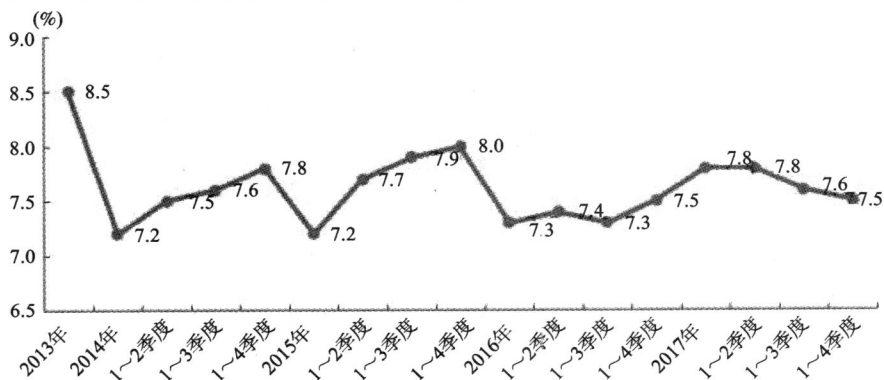

图 2 - 1　2014—2017 年广东地区生产总值增速

数据来源：广东统计年鉴。

2. 保持经济第一大省的地位

2017 年以来，广东大部分主要指标的增速都高于或与全国平均水平持平。与全国平均增速相比，广东地区生产总值同比增速继续高于全国水平，广东地区生产总值同比增速比全国高 0.6 个百分点。其他主要指标增速也大多高于全国平均增速，规模以上工业增加值、固定资产投资、金融机构贷款增速分别比全国高 0.6 个、6.3 个和 1.5 个百分点。从部分主要指标在全国的排位情况看，广东地区生产总值、规模以上工业增加值、固定资产投资额、社会消费品零售总额和进出口总额增速在全国的排位分别为第 16 位、第 16 位、第 7 位、第 18 位和第 26 位。与上年相比，地区生产总值上升 5 位，规模以上工业增加值上升 3 位，固定资产投资额上升 12 位，社会消费品零售总额上升 1 位，进出口总额后退 14 位。

与江苏的经济总量相比，广东优势扩大。从地区生产总值总量来看，2017 年广东的地区生产总值比江苏多 3978.29 亿元(均含 R&D 数据)，经济总量优势比上年扩大 511.66 亿元。从地区生产总值增速看，广东与上年持平，浙江提高 0.3 个百分点，江苏和山东则分别回落 0.6 个百分点和 0.2 个百分点。其他指标中，广东的固定资产投资额和中外资金融机构本外币贷款余额增速最高；地方一般公共预算收入增速高于江苏和山东，低于浙江；规模以上工业增加值和社会消费品零售总额均高于山东，低于江苏和浙江；进出口总额增速则靠后(相关情况见表 2-2)。

表 2-2　2017 年全国与粤鲁苏浙地区主要经济指标对比表(%)

分省	时期	地区生产总值	规模以上工业增加值	固定资产投资	社会消费品零售总额	进出口总额	地方一般公共预算收入	中外资金融机构本外币贷款余额
全国	2017 年	6.9	6.6	7.2	10.2	14.2	—	12.1
	2016 年	6.7	6.0	8.1	10.4	-0.9	—	12.8
广东	2017 年	7.5	7.2	13.5	10.0	8.0	10.9	13.6
	2016 年	7.5	6.7	10.0	10.2	-0.8	10.3	16.0
山东	2017 年	7.4	6.9	7.3	9.8	15.2	6.6	8.6
	2016 年	7.6	6.8	10.5	10.4	3.5	8.5	10.5
江苏	2017 年	7.2	7.5	7.5	10.6	19.0	4.6	11.9
	2016 年	7.8	7.7	7.5	10.9	-0.7	5.0	14.5
浙江	2017 年	7.8	8.3	8.6	10.6	15.3	11.5	10.3
	2016 年	7.5	6.2	10.9	11.0	3.1	9.8	7.0

3. 与粤港澳的深入合作

香港、澳门回归祖国后，粤港澳合作成为我国区域经济合作中的一颗耀眼明珠，"一国两制"的强大生命力在粤港澳的区域合作中得到充分展现。特别是面对近年来国际金融危机带来的严重冲击，粤港澳区域经济合作仍然保持平稳发展势头。

经过改革开放 40 多年的发展，从近期的粤港澳合作情况来看，三地的合作又进入新的发展阶段：一是合作层面从区域战略上升为国家战略，合作地位和作用愈显重要。二是合作动力从单方面积极主动向粤港澳三方积极主动转变，合作动力和合力更加强大。三是合作领域从以经贸为主向经贸、社会民生合作并重转变，合作范围不断扩大。四是合作区域从珠三角核心区域向粤东西北全方位合作转变，合作空间不断拓展。五是合作战略从致力于产业合作向共同打造亚太地区最具活力和国际竞争力的城市群转变，合作内涵不断深化。

2011年3月，国家出台"十二五"规划纲要，从"建设中华民族共同家园"的战略高度，首次单列港澳内容专章，要求打造更具综合竞争力的世界级城市群，把粤港澳合作提升到新的高度。2014年12月，中国宣布增设3个自由贸易区，在谈到广东自由贸易区时，李克强总理明确指出，"广东自由贸易区要利用毗邻港澳的区位和专业人才优势，加强同港澳深度融合，优先发展金融、科研等高端服务业"。这不仅突出了广东自由贸易区的特有优势，也进一步指出广东应借助港澳合作先行地再出发，探讨与港澳经济的深度融合，为中国全面参与新一轮全球竞争进行压力测试。广东自由贸易区涵盖广州南沙新区片区、深圳前海蛇口片区和珠海横琴新区片区，纳入这些片区主要是考虑了毗邻港澳的区位优势。

首先，在投资合作方面，港澳为广东吸收境外投资的最大来源地，截至2010年12月底，广东经核准累计在香港、澳门分别设立企业约1490家、150家。2010年，广东来自香港、澳门的直接投资项目分别约为4000宗、130宗，合同金额约为180.4亿美元，实际投资129.3亿美元，分别占全省实际利用外资总额的60%、1.5%。

其次，在贸易合作方面，广东是香港主要的进口货物供应地，同时也是香港最大的转口市场及产品出口市场。香港的转口货物约有六成来自广东的珠江三角洲地区。同时，香港一直是广东外销产品的主要转口港。2011年，粤港、粤澳进出口贸易（含转口）总额分别为5280亿美元、28亿美元，同比增长15%、7%。

再次，在旅游合作方面，港澳旅游兼具中西特色，是很多内地游客的首选。近年来，在CEPA政策和"自由行"的作用下，前往港澳旅游的内地游客大幅增长。内地游客对港澳旅游业贡献巨大，港澳旅游收入也因此"井喷"。2012年，经广东口岸入境香港游客7700多万人次，入境澳门游客2100多万人次；全省口岸出境赴香港游客3100多万人次，同比增长约21%，赴澳门游客2100多万人次，同比增长约11%；广东全省接待入境过夜旅游人数约3500万人次，比上年增长5%，其中香港同胞2100多万人次，增长6%，澳门同胞240多万人次，增长7%，港澳入境过夜游客占到了广东全省入境过夜游客的近70%。

最后，在服务业合作方面，通过CEPA补充协议九的签署，争取到17项政策在广东先行先试，目前对港先行先试政策已达64项，对澳先行先试政策已达53项。2012年香港对粤第三产业投资项目有2332个，实际利用外资67.68亿美元，分别占香港对粤投资总额的51.54%和45.78%。一是金融合作全面开展。目前已有汇丰、恒生、东亚、永亨、南商和大新等6家银行申请在广东19个地市设立37家异地支行。二是教育合作取得新突破，香港中文大学（深圳）已于2012年9月27日获教育部批准筹建，并于10月11日正式开工建设。三是医疗服务合作有新进展。2012年7月，香港大学深圳医院开业，全面采用香港医院管理模式。9月，香港服务提供者在深圳举办第一家外资专科医院得到卫计委批准。截至目前，香港服务提供者在广东省独资设置诊所、门诊部共19家。

4. 珠三角的经济依托

珠江三角洲作为中国内地的第二大三角洲，是广东自由贸易区的经济腹地，它由北向东南和西南呈扇形构成，囊括广州、深圳、珠海、佛山、江门、东莞、中山、惠州、肇庆9个城市。珠三角是广东经济发展的龙头，呈现工业化、城市化、信息化和国际化互动共进的良好格局，是国内最具生机活力、经济增长最快的地区之一。

（1）经济高速增长。

在改革开放以前，珠三角以及其所在的整个广东省的工业基础都相当薄弱，工业的发展也相当缓慢，当时的工业主要在广州及其周边的佛山等地区，还没有大型的工业进驻。但是自 1979 年以后，珠三角地区凭借着改革开放的制度优势和毗邻香港、澳门的地理位置优势，创造了一个个惊人的经济发展宏伟业绩。经过 20 世纪 80 年代的迅猛发展以后，第二产业和第三产业在经济结构的调整和优化中也得以高速发展，珠江三角洲因此很快实现了工业化，并逐渐成了我国加工生产制造业的发展龙头。

党的十八大以来，珠三角始终坚持稳中求进的工作总基调，紧紧抓住珠三角规划纲要重要战略机遇，推动珠三角优化发展和转型升级，使经济增长换挡不失速，始终运行在合理区间，为全省经济企稳回升贡献重要力量。2013—2016 年，珠三角地区生产总值年均增速达 8.5%，比全省平均增速高 0.6 个百分点，对全省经济增长的贡献率达 78.9%。经济总量稳步攀升，2013 年突破 5 万亿元，2015 年突破 6 万亿元。2016 年珠三角 GDP 总量达 6.78 万亿元，占全省 GDP 总量的 79.3%。人均地区生产总值突破 11 万元大关。珠三角经济持续快速发展，带动人均 GDP 稳步提升。2012 年突破 8 万元，2013 年突破 9 万元，2014 年突破 10 万元，基本上一年一个万元台阶，2016 年更是迈上 11 万元大关，达 11.43 万元，按当年平均汇率折算为 17205 美元，参照世界经合组织 2016 年最新划分标准，已达到高等收入水平标准（具体情况见图 2-2）。

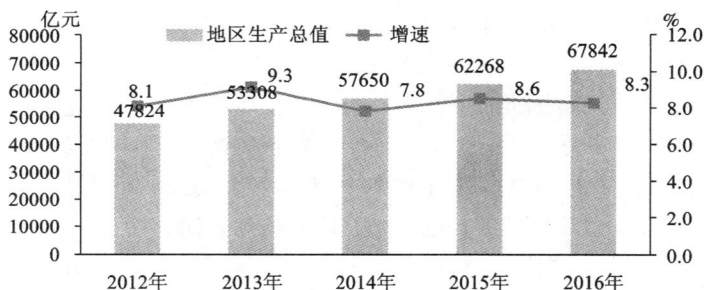

图 2-2　2012—2016 年珠三角地区生产总值及增速

（2）以制造业发展为主。

20 世纪 80 年代末，珠江三角洲地区利用改革开放中获得的外汇资源，全力引进国外的生产线，建成了大量的规模可观的洗衣机、冰箱等家用电器生产基地。20 世纪 90 年代初期，随着我国国内居民生活条件的改善，珠三角地区的建材和家电行业快速发展，并出现了许多享誉全国的知名品牌，比如万家乐热水器、容声冰箱、格兰仕微波炉、威力洗衣机、科龙电器、美的电器、格力电器、佛山陶瓷等。

近年来，珠三角推动产业向高端方向发展，并立足现代服务业和先进制造业"双轮驱动"，大力发展战略性新兴产业，现代产业新体系基本形成。珠三角地区通过深入实施广东工业转型升级三年行动计划和新一轮技术改造，大力推进智能制造，建设珠江西岸先进装备制造产业带，提升珠江东岸电子信息产业带。2016 年，珠三角先进制造业、高技术制造业占规模以上工业的比重分别达 54.9% 和 32.5%，比 2012 年提高 3.0 个和 4.5 个百分点。新一代移动通信设备、新型平板显示、新能源等战略性新兴产业蓬勃发展，战略性新兴产业占规模以上工业的比重为 22.2%，比 2012 年提高 9.6 个百分点。骨干企业培育取得新进展，2016 年，珠三角年主营业务收入超百亿元的企业达 233 家，比 2012 年增加 85 家。

（3）开放性经济特征明显。

从 20 世纪 80 年代开始，珠三角经济区就利用毗邻港澳的先天地理优势，在"引进来"以及国家出口政策的指引下，就近承接港澳地区的劳动密集型产业专业工作，同时吸引东南亚以及欧美等地的外资来珠三角投资，创办一大批劳动密集型企业，承接国际订单做代加工。在此之后相当长的一个时期内，珠三角经济区的海外订单一直占据多数，且投资也多属外资。

在 20 世纪 80 年代中期，珠三角经济区又抓住了台湾地区的传统制造业和电子产业转移的契机，吸引了大量的台资来珠三角投资办厂和贴牌生产，由此进一步壮大了以生产加工为主导的外向型电子加工和制造业基地。到 20 世纪 80 年代中期，伴随着第三次全球性质的产业转移，亚洲其他国家的制造业也开始向珠三角经济区转移，慢慢地推动了珠三角工业由劳动密集型向技术资本的转型。在这样的产业转移背景下，珠三角地区的开放性经济特征日益明显。

党的十八大以来，珠三角以广东自由贸易区建设和参与"一带一路"建设为新契机，大力推进粤港、粤澳合作，全面深化对外开放合作，开放型经济发展水平不断提升。对外贸易结构不断得到优化，2016 年，珠三角一般贸易进出口总额占全省的比重达 41.9%，比 2012 年提高 9.6 个百分点。加工贸易企业转型升级步伐加快。"委托设计 + 自主品牌"方式出口比重达 71.3%。服务贸易占进出口总额的比重达 13.8%。贸易伙伴更趋多元化。率先实现粤港澳服务贸易自由化。2013—2016 年，珠三角与"一带一路"沿线国家进出口额累计达 5.5 万亿美元，2016 年占比达 20.2%，比 2012 年提高 4.0 个百分点。利用外资形势稳定。2013—2016 年，珠三角累计实际利用外商直接投资年均增长 1.2%。外商投资领域向高技术产业、服务业特别是金融、保险、民生等服务领域拓展的趋势明显。2016 年，珠三角服务业利用外商直接投资的比重达 68.9%。"走出去"战略加快实施，2013—2016 年，珠三角对外实际投资年均增长 51.7%。

第二节　广东自由贸易区形成的意义

一、创造优质营商环境

外源型经济对国际市场的高度依赖，常常受世界经济环境的制约，往往容易受到国际市场波动的影响和国际垄断资本的控制，具有很大的风险。外源型经济也使地区缺乏自主技术创新的动力，会极大地影响内生增长机制的加速形成。广东是我国典型的依靠外源型经济增长的地区。

目前广东对外资的依赖程度非常高，而这种外源型经济反而会限制内生力量的发展，因此迫切需要通过自由贸易区建设营造法治化、国际化的营商环境。

二、推动粤港澳深度融合

广东自由贸易区的立足点就在于粤港澳深度融合，如实现货物贸易、服务贸易、与贸易有关的投资、与贸易有关的知识产权等全方位对接；在贸易、投资、金融等方面互联互通，形成合力，共同发展；人员、资金、信息等经济发展要素无障碍流通和共享，在经贸规则层面实现互认和互鉴。

一是深入推进粤港澳服务贸易自由化，进一步扩大对港澳服务业的开放。推进粤港澳管理标准和规则相衔接，实现三地人员、资金、信息等要素便捷流动。二是强化粤港澳国际贸易功能集成，推进贸易发展方式转变。建立与粤港澳海空港联动机制，建设"21世纪海上丝绸之路"物流枢纽。三是搭建粤港澳金融合作新机制，推动与粤港澳跨境人民币的业务创新。扩大人民币跨境使用，开展双向人民币融资；推动适应粤港澳服务贸易自由化的金融创新。探索建立与港澳金融产品互认、资金互通、市场互联的机制；推动粤港澳投融资汇兑便利化。探索实行本外币账户管理新模式，设立面向港澳和国际的新型要素交易平台。

三、增强自由贸易区辐射带动功能

近年来，广东一直强调珠三角的辐射带动作用，并不是要把原属于珠三角的产业"搬"到东西两翼和山区，而是希望通过转移为珠三角的产业和技术升级提供足够的空间，从而实现珠三角地区和东西两翼及山区的双赢发展。自由贸易区成功申报以后，要增强自由贸易区的辐射带动功能。以广东自由贸易区为中心，具体辐射：第一层次，向北辐射"珠三角"，向南辐射港澳；第二层次，向北辐射"泛珠三角"，向南辐射东盟；第三层次，向北辐射全国，向外辐射至全球。

从广东自由贸易区方案的空间布局来看，南沙片区重点发展航运物流、特色金融、国际商贸、高端制造等产业，建设以生产性服务业为主导的现代产业新高地和具有世界先进水平的综合服务枢纽。未来南沙新区还有建设实施 CEPA 先行先试综合示范区核心功能区、泛珠江三角洲经贸合作区、"海上丝绸之路"节点（国际经贸合作区）等部署。深圳前海蛇口片区应充分发挥联通深港的优势，重点发展金融、现代物流、信息服务、科技服务等高端服务业，建设我国金融业对外开放试验示范窗口、世界服务贸易重要基地和国际性枢纽港。在自由贸易区的框架下，前海希望通过与香港进行服务业合作，不仅成为粤港服务贸易自由化的先行地，也为中国加入新型服务贸易规则谈判提高议程设置能力和话语权。珠海横琴片区要充分发挥毗邻澳门的优势，重点发展旅游休闲健康、商务金融服务、文化科技和高新技术等产业，建设文化教育开放先导区和国际商务服务休闲旅游基地，打造促进澳门经济适度多元化发展的新载体。广东自由贸易区的空间布局具有很强的辐射带动功能，建成之后可以真正实现使珠三角和东西两翼及山区双赢发展的多年愿望。

第三节　广东自由贸易区的成立过程

一、申报

国家发改委副主任张晓强于 2013 年 5 月底在澳门做专题讲座时表示，他已向国务院副总理汪洋汇报，希望提早一两年先在广东实现港澳地区服务贸易自由化。据国家发改委副主任张晓强讲，对于南沙新区的建设，国家发改委将积极推动多方面的工作，如强化规划引领；加快基建，发展高端产业；加强港澳合作，加快优质生活圈建设，强化基础设施对接，产业合作及推进机制创新等。

广东省政府下发《实施珠三角规划纲要 2013 年重点工作任务》的通知，在南沙新区 2013 年建设目标进度一栏中，明确提出"启动申报自由贸易区"，这是广东官方公开文件中首次提及此事。

二、选址

南沙新区官方网站显示，2013 年 5 月 5 日，广东省副省长招玉芳同广州市市长陈建华一行调研广东自由贸易区申报选址工作，试验区选址规划面积为 24.52 平方千米，包括龙穴岛南部、北部和南沙湾三个区域。

南沙也面临着广东省内其他地方的竞争，除了广州南沙，深圳前海蛇口、珠海横琴、汕头华侨试验区也在努力向自由贸易区迈进。2011 年 10 月，《深圳前海湾保税港区管理暂行办法》明确指出，前海湾保税港区应当借鉴国际自由贸易区、自由贸易港通行的规则，坚持体制创新、先行先试，加强深港合作，探索建设功能完善、运行高效、法制健全，具有国际竞争力的自由贸易港区。

2014 年 12 月，横琴确定进入广东自由贸易区，横琴新区管委会主任牛敬在接受南都记者采访时称，国家正在加速推进广东、福建、天津有关自由贸易区设立、审批、筹备等方面的工作，横琴方面也在全力以赴，按广东省的部署安排做好与自由贸易区有关的政策、法律法规等相关工作的跟进、完善。

三、审批

2014 年 12 月，国务院决定设立广东自由贸易区（前称《粤港澳自由贸易区》）。

四、获批

2014 年 12 月 12 日，国务院总理李克强主持召开国务院常务会议，会议指出，将在广东、天津、福建特定区域再设三个自由贸易区，以上海自由贸易区试点内容为主体，结合地方特点，充实新的试点内容。

五、建成

2014 年 12 月，国务院决定设立广东自由贸易区，广东自由贸易区涵盖三个片区：广州南沙新区片区（广州南沙自由贸易区）、深圳前海蛇口片区（深圳蛇口自由贸易区）、珠海横琴新区片区(珠海横琴自由贸易区)，总面积为116.2平方千米。

✎ 本章小结

中国自由贸易区，原则上是指在没有海关监管、查禁、重加关税的"干预"下允许货物进口、制造、再出口的特定区域。中国自由贸易区是政府全力打造中国经济升级版的最重要的举动，其力度和意义堪与20世纪80年代建立深圳特区和90年代开发浦东两大事件相媲美。

中国首个自由贸易区设在上海。在上海自由贸易区运行一年后，中国决定在广东、天津、福建特定区域再设三个自由贸易区，在更大范围推广上海自由贸易区的试点经验，同时发挥地缘合作优势进一步推动新一轮高水平的对外开放。

探索更加有效的发展方式，推进我国改革开放的进程，是广东自由贸易区未来发展的主要任务。

🔍 思考与练习

1. 广东自由贸易区建设的国际背景有哪些？
2. 试分析珠港澳大湾区的建设对广东自由贸易区发展有何推动作用。

☞ 案例分析

2018年10月24日，中共中央总书记、国家主席、中央军委主席习近平日前对自由贸易区建设做出重要指示指出，建设自由贸易区是党中央在新时代推进改革开放的一项战略举措，在我国改革开放进程中具有里程碑意义。5年来，各自由贸易区认真贯彻党中央决策部署，锐意进取，勇于突破，工作取得重大进展，一大批制度创新成果推广至全国，发挥了全面深化改革的试验田作用。

习近平强调，面向未来，要在深入总结评估的基础上，继续解放思想、积极探索，加强统筹谋划和改革创新，不断提高自由贸易区发展水平，形成更多可复制可推广的制度创新成果，把自由贸易区建设成新时代改革开放的新高地，为实现"两个一百年"奋斗目标、实现中华民族伟大复兴的中国梦贡献更大力量。

中共中央政治局常委、国务院总理李克强做出批示指出，5年来，有关地方和部门密切配合，推动自由贸易区在改革开放的"深水区"积极探索创新，勇于攻坚克难，在多方面取得重大进展，成绩应予充分肯定。望以习近平新时代中国特色社会主义思想为指导，认真贯彻党中央、国务院决策部署，坚持新发展理念，更大力度推动自由贸易区改革开放创新。要着眼解决深层次矛盾和结构性问题，强化改革统筹谋划和系统集成，继续狠抓制度创新，加快形成发展和竞争新优势。积累更多可在更大范围乃至全国复制推广的经验，进一步发挥改革开放"排头兵"的示范引领作用。

中共中央政治局常委、国务院副总理韩正 24 日出席自由贸易区建设五周年座谈会并讲话。韩正表示，建设自由贸易区是以习近平同志为核心的党中央在新形势下全面深化改革、扩大对外开放的一项战略举措。5 年来，在党中央、国务院坚强领导下，有关地区和部门共同努力，使自由贸易区建设取得重大进展。要以习近平新时代中国特色社会主义思想为指导，认真贯彻党中央、国务院决策部署，继续解放思想、提高认识，牢牢把握制度创新这个核心，进一步推动自由贸易区改革开放和高质量发展。

韩正强调，自由贸易区是国家的试验田，不是地方的自留地，要一切服从服务于国家战略进行探索和试验。自由贸易区是制度创新的高地，不是优惠政策的洼地，要紧紧依靠制度创新激发市场活力。自由贸易区是"种苗圃"，不是"栽盆景"，要加快形成更多可复制可推广的制度创新成果。自由贸易区是"首创性"的探索，不是简单优化程序，要坚持大胆试、大胆闯、自主改，彰显改革开放试验田标杆示范带动引领作用。

韩正要求，有关地区和部门要认真贯彻落实习近平总书记重要指示精神，突出重点领域和关键环节，做好自由贸易区各项工作。要加快转变政府职能，扎实推进"证照分离"改革，深化负面清单制度改革，推进贸易监管制度创新，加强改革系统集成。要紧密团结在以习近平同志为核心的党中央周围，增强"四个意识"，坚定"四个自信"，奋力开创自由贸易区建设新局面，为全面建成小康社会、实现中华民族伟大复兴的中国梦做出新的贡献。

中共中央政治局委员、国务院副总理胡春华出席会议并讲话。中共中央政治局委员、上海市委书记李强出席会议。国务院推进政府职能转变和"放管服"改革协调小组成员单位、国务院自由贸易区工作部际联席会议成员单位、中央有关部门、12 个自由贸易区所在省市和自由贸易区管理机构负责同志参加会议。

【案例来源：中国自由贸易区服务网(《继续解放思想，积极探索创新》)；作者：秦晓青】

第三章 广东自由贸易区运作的内容框架（一）

第一节 广东自由贸易区运作的管理体制

一、管理运作的基础

中国渐进式、局部性的内地市场开放初期建立的 4 个经济特区有 3 个在广东，其中 2 个位于珠三角区域，紧邻港澳地区。广东与港澳的经济贸易往来密切，在制造业领域形成了"前店后厂"式的产业分工体系，这种经济合作不仅使得珠三角成为"世界制造业基地"，也使得香港成为国际金融、贸易和航运中心。这些均为广东自由贸易区的建设奠定了良好基础。

（一）广东是中国最早改革的试验田

广东是市场经济体制改革的探索者。过去 40 多年，其依托临近港澳的独特区位优势，通过改革开放成为全国外向型程度最高的省份。同时，香港和澳门在广东的改革开放和经济发展中发挥了重要作用，港资企业不仅通过直接投资提升了广东的生产技术，而且通过经营方式和经济管理体制的潜移默化，促使广东经济高速发展，并使广东成为中国改革开放的试验区和排头兵，在我国经济体制从传统计划经济向社会主义市场经济的转型中完成了先行先试的使命，从而积累了对外开放和内部改革的经验。

（二）广东是内地与港澳合作的先行地

中国政府于 2014 年 12 月宣布增设 3 个自由贸易区，在谈到广东自由贸易区时，李克强总理明确指出，"广东自由贸易区要利用毗邻港澳的区位和专业人才优势，加强同港澳深度融合，优先发展金融、科研等高端服务业"。这不仅突出了广东自由贸易区的特有优势，也进一步指出了广东应借助港澳合作先行地再出发，探讨与港澳经济的深度融合，为中国全面参与新一轮全球竞争进行压力测试。广东自由贸易区涵盖广州南沙新区片区、深圳前海蛇口片区和珠海横琴新区片区，纳入这些片区主要是考虑毗邻港澳的区位优势。同时，从表 3-1 中可以看出，相较于其他三个自由贸易区，在核心趋势方面，广东自由贸易区也更加突出同香港与澳门的合作。在定位方面，广东自由贸易区依托自身基础和条件，将打造粤港澳全面经济一体化示范区。

表 3 – 1　广东与其他三个自由贸易区的比较分析

指标	上海自由贸易区	广东自由贸易区	天津自由贸易区	福建自由贸易区
占地面积	116.2 平方千米	28 平方千米	119.9 平方千米	118.04 平方千米
区域位置	广州南沙新区，深圳前海蛇口新区，珠海横琴新区	上海外高桥保税区，外高桥保税物流园区，洋山港保税区，空港综合保税区	天津港片区，天津机场片区，滨海新区	象屿保税区，象屿保税物流园，海沧保税区
经济腹地	珠三角经济群	长三角经济群	京津冀区域	海西经济区
定位	粤港澳经济一体化示范区	国际金融中心	京津冀区域合作发展	两岸经贸合作示范区
新趋势	港澳合作优势，国内首个经济特区之一，改革开放的先行地	对外样本，金融基础良好，国内首例自由贸易区的先发优势	京津冀制造业体系	两岸经贸合作

　　自 1978 年粤港澳形成"前店后厂"式的产业分工体系开始，香港充分发挥自由港的制度优势，粤港之间的投资与贸易快速增长。在内地全方位开放的背景下，CEPA（Closer Economic Parenership Arrangement，《关于建立更紧密经贸关系的安排》）作为促进内地与港澳发展经贸关系的一种制度性安排，在深化内地与港澳合作中起到了积极作用。2014 年 1 月，签订了 11 份 CEPA 的补充协议，并签署了 CEPA 在广东省对港澳基本实现服务贸易自由化的协议。这主要是因为，首先，广东与港澳在地理上是相连的，经合作水平高，联系度高，同时从 CEPA 实施以后，陆续在广东已经采取了很多先行先试的措施。在广东积累经验的基础之上，这些先行先试的措施又有很多已经在整个内地推广；其次，内地和香港之间的经贸合作很大一部分都是广东和香港之间的经贸合作，那么香港的服务提供者要开拓内地市场，第一步肯定是选择在广东，然后通过广东再到其他地区甚至整个内地；最后，近年来广东已经开始了行政审批制度的改革试点工作，为新一轮改革开放先行先试。这次协议的最大特点是它是中国内地第一次以准入前国民待遇和负面清单的形式对外签署的自由贸易协议，且这次协议和深化改革同步进行。广东和香港之间实现服务贸易的自由化，就是在广东已经具备基础的条件下更加开放。同时这种开放还能为今后内地和香港、澳门实现服务贸易的自由化积累经验和创造条件，而在自由贸易区框架下，"负面清单"管理模式已是标配。因此，在 CEPA 框架下，广东依靠港澳合作优势为服务贸易自由化积累了一定经验，为自由贸易区运行奠定了良好基础。值得注意的是，上海自由贸易区成立之时所提供的建设方案其实借鉴了很多 CEPA 在服务业上开放的经验，因此，CEPA 也对广东自由贸易区的建设和加快发展有着重要的推动作用。

（三）广东拥有珠三角庞大的制造业体系

　　过去 40 多年，得益于制造业崛起推动的高速经济增长和经济结构转型，珠三角地区取得了巨大的经济发展成就。

　　一方面，珠三角地区制造业的发展与承接港澳地区制造业的转移密切相关。自 20 世纪

80 年代开始，珠三角依托改革开放先行一步的制度创新优势和毗邻港澳的区位优势，集聚了一批具有市场竞争力和创新能力的制造业集群体，并通过引入外商投资和培育地方产业，积极发展和壮大制造业，逐步发展成为"世界制造业基地"。珠三角制造业基地分为东、中、西三部分，它们各具特色，位居珠江东岸的深圳、东莞、惠州，是以电子及通信设备制造业为主的全国最大的电子通信制造业基地，被称为"广东电子信息产业走廊"，其中，深圳从小渔村发展成为现代化的国际都市，成为信息产业和高科技产业基地，拥有华为、腾讯、中兴等著名企业，惠州则成为中国重要的彩电制造业基地。位居珠江西岸的珠海、中山、顺德、江门，以家用电器和五金制品为主，其中，顺德拥有国内闻名的科龙、格兰仕、美的等企业。位居珠江中部的广州、佛山、肇庆，以汽车、钢铁和电气机械为主，其中，广州汽车工业发展迅速。上述产业集聚带动了珠三角制造业的快速发展，使珠三角拥有庞大的制造业体系。虽然近几年由于劳动力成本上升、资源和环境限制以及人民币升值等因素的影响，珠三角制造业行业三分之一的企业被淘汰或者被迫转移。但是改革开放 40 多年来，珠三角地区形成的制造业生态环境不可复制，积累的经验也有利于广东制造业的转型与发展，这为广东自由贸易区提供了产业基础。

另一方面，广东拥有的珠三角庞大的制造业体系与香港服务业发展形成优势互补。2000年以来，香港与广东的经贸往来呈现较大变化，投资、贸易、科技等方面的合作增多，产业合作进入一个新的阶段。据广东统计年鉴的数据显示，广东承接香港投资额从 2001 年的 7019 亿美元上升至 2013 年的 10101 亿美元，呈逐渐上升趋势，对粤港服务贸易产生促进作用。服务市场的扩大将进一步提升香港服务业的竞争力，并与广东产业结构转型升级、服务业发展形成良性互动。另外，内地与香港服务业存在较大差异，就整体竞争力而言，香港服务业发展水平高于内地；就分行业竞争力而言，香港旅游业、计算机与信息服务业的竞争力低于内地，交通运输业、文娱和文化服务业、专利与特许业、金融业、保险业与通信业的发展水平均高于内地。由此可见，内地传统服务业，如旅游业、计算机与信息服务业的发展水平较发达，而现代服务业，如金融业、保险业的发展水平则较落后。从服务业的内部构成来看，内地传统服务业发展水平高，而为制造业提供服务的现代服务业如金融保险、信息咨询、专业服务等发展水平不足，使得服务业与制造业的互动和关联程度较低；而香港服务业主要集中在为生产提供服务的现代服务业，如金融、保险、通讯、文娱和文化服务等行业，这类服务业必须以制造业为基础。从制造业与服务业的分工程度来看，内地的专业分工程度较低，一些本可以通过社会分工来节省成本的机会还没有被恰当运用，如会计服务、审计服务、市场调研等本该由外在化、市场化的服务企业去解决的任务，却不得不由企业自己来解决。值得注意的是，由于内地改革开放，以比较成本形成的分工体系促使香港制造业从 20 世纪 90 年代开始大量转移到内地，香港经济呈现产业空洞化，使香港服务业失去了作为实体经济的制造业的支撑。近几年来，粤港服务业合作成为内地与香港经济合作的重点，而与制造业相比，服务业更需要良好的制度环境才能生存与发展。在此基础上，广东自由贸易区的设立为不断完善广东制度环境、深化改革提供了机遇，也为港澳服务业发展提供了更大的空间与腹地。

二、管理运作的总则

广东自由贸易区管理体制的总体要求是自由贸易区应当依托港澳、服务内地、面向世界，以制度创新为核心，促进内地与港澳经济深度合作，深入推进粤港澳服务贸易自由化，强化国际贸易功能集成，深化金融领域的开放创新，创新监管服务模式，建立与国际投资和贸易规则体系相适应的管理体制，培育国家化、法治化、市场化的营商环境，为全国全面深化改革和扩大开放探索新途径、积累新经验。

根据《中国（广东）自由贸易试验区管理试行办法》的规定：

首先，广东自由贸易区按照统筹、分级负责、精干高效的原则，设置省自由贸易区管理机构和自由贸易区各片区管理机构。

其次，省人民政府成立自由贸易区工作领导协调机构，负责统筹研究自由贸易区法规政策、发展规划，研究决定自由贸易区发展重大问题，统筹指导改革试点任务，统筹协调与国家有关部门、港澳及有关市自由贸易区事务。

再次，省人民政府设立广东自由贸易区工作办公室，依照本办法履行以下职责：

（1）贯彻执行国家有关自由贸易区建设的方针、政策、法律、法规和制度；

（2）研究、推动出台自由贸易区综合改革、投资、贸易、金融、人才等政策并指导实施；

（3）具体协调与国家和省相关部门、港澳及有关市自由贸易区事务；

（4）推动各片区管理机构建立健全事中事后监管体系；

（5）检查各片区自由贸易区法规政策的落实情况，综合评估自由贸易区运作情况；

（6）统计发布自由贸易区公共信息，组织自由贸易区对外宣传和交流工作；

（7）承担自由贸易区工作领导协调机构日常工作；

（8）承担省人民政府赋予的其他职责。

最后，依托现有管理机构，设立自由贸易区各片区管理机构，负责自由贸易区各片区的具体事物。各片区管理机构职责分别由广州、深圳、珠海市人民政府依照本办法另行规定。

省人民政府有关部门按照各片区管理机构在行使省一级管理权限的同时下放管理权限，加强对自由贸易区各片区的协调和指导，支持自由贸易区各项工作。

三、管理体制的典型实践

（一）法定机构试点

深圳前海自由贸易区设置的前海管理局是全国首个采用法定机构模式主导区域开发治理的政府机构。2010年2月，前海管理局作为深圳市政府直属派出机构正式挂牌成立，实行企业化管理、市场化运作。2010年8月，国务院批复《前海深港现代服务业合作区总体发展规划》，明确提出"按照精简高效、机制灵活的原则成立管理机构，探索完善法定机构运作模式，负责前海管理、开发工作；组建前海开发公司，负责区内土地一级开发和基础设施建设"。2011年7月，深圳市五届人大常委会第九次会议行使特区立法权，表决通过《深圳经济特区前海深港现代服务业合作区条例》和《深圳市前海深港现代服务业合作区条例》，深圳市政府随后颁布《深圳市前海深港现代服务业合作区管理局暂行办法》和《深圳市前海湾保税港区管理执行办法》。

前海管理局行政管理体制改革的亮点主要有：一是建立工作机制。设立了前海蛇口片区及前海开发建设领导小组。二是完善机构设置。借鉴上海自由贸易区合署办公经验，前海管理局与片区管委会实现一体化运作。目前片区管委会（即前海管理局）设置15个处室，组织架构高度精简，实行扁平化运作。三是探索合营模式。前海管理局与招商局集团成立合资公司，大力推进市场化运作模式，探索片区管理运营新模式。四是强化日常监管。深圳市委专门成立前海廉政监督局，集中履行纪检、监察、检察、公安经侦、审计等职能，实现日常化全方位监督，致力打造与国际接轨的廉洁示范区。

（二）大部门制改革

大部门制改革也是中国行政管理体制改革的一般路径，从中央政府到地方政府，再到自由贸易区实践，大部门制改革都是行政管理体制改革的方向。上海自由贸易区、广东自由贸易区南沙新区片区等都推行了市场监管大部门制改革。大部门制一方面能够有效地缩减市场主体办事的对口部门，另一方面也有助于实现政府的扁平化管理，缩短政府内部管理链条，提升政府行政管理效能。然而，天津自由贸易区的大部门制改革存在归口和权力过于集中等问题。纵观自由贸易区推行的大部门制改革，笔者认为，前海管理局的大部门制架构设计更符合中国行政管理体制改革的总体方向。

前海管理局作为开发、建设、发展、协调的行政管理部门，在设立之初就遵循了大部门制和扁平化管理的原则。目前，前海管理局下设 15 个处室中，组织人事处兼备人才工作处职能，香港事务处兼备对外合作处职能，产业促进处兼备总部型企业招商职能，企业服务处兼备办事和引导职能。行政管理体制改革的目标是提高效能和建设服务型政府，但是从逻辑上深入分析，在具体问题或短期目标实现过程中，建设服务型政府和提高行政效能之间存在一定的冲突，但根据实践需要人为地进行调整又会偏离行政管理体制改革的初衷。前海管理局的大部门制架构设计具有鲜明的服务导向，行政职能虽专注于片区管理，但实际运行更倾向于园区运营，作为运营者，一切以市场主体入驻和入驻市场主体的需求为导向，整合或新创对口部门，专注审批和市场监管，为市场主体提供引导式服务。以市场主体的需求为导向，是政府行政架构扁平化改革的关键着力点，以解决改革实践中遇到的问题为导向，是行政运行机制创新的关键着力点，只有坚持需求导向和问题导向，才能够兼备大部门制改革和服务型政府改革的优势。

（三）成立专责对外部门

广东自由贸易区三大片区都成立了专责对外部门。广州南沙新区片区专门成立了投资贸易促进局，负责外资的洽谈和引进；深圳前海蛇口片区除总部型企业引进外，还专门成立了香港处，负责粤港合作；珠海横琴新区片区根据实际发展诉求，高度关注知识产权的跨境交易和科技合作，取得了一系列的事中事后监管改革和配套改革创新成果。为进一步对接国际高标准投资贸易规则，各自由贸易区政府不仅创新了自身的行政管理架构，还从立法司法方面开展了一系列的改革创新。各自由贸易区相继成立了仲裁中心等维权机构。预计随着中国自由贸易区改革的深入，自由贸易区必将成为中国对外开放的高水平门户枢纽，对标国际标准和国际化发展诉求的行政管理体制改革也必将成为行政管理体制改革的核心内容。

第二节　广东自由贸易区运作的投资管理

一、投资管理的总则

广东自由贸易区对外商投资实行准入前国民待遇加负面清单管理模式。对负面清单之外的领域，外商投资项目实行备案制（国务院规定对国内投资项目保留核准的除外）；对外商投资企业的设立、变更及合同、章程实行备案管理。自由贸易区各片区管理机构负责本片区外商投资事项的备案管理，依法履行负面清单之外的外商投资事项的备案工作，备案后按国家有关规定办理相关手续。

第一，自由贸易区内投资者可以开展多种形式的境外投资。自由贸易区内企业境外投资一般项目实行备案管理，国务院规定对境外投资项目保留核准的除外。

第二，自由贸易区各片区管理机构组织实施企业准入并联审批，将外商投资项目核准（备案）、外商投资企业设立和变更审批（备案）、商事主体设立登记、组织机构代码证、税务登记证（国税、地税）、社保登记号、公章刻制备案等事项纳入"一口受理"机制实行并联办理，逐步推行工商营业执照、组织机构代码证、税务登记证等"多证合一""一照一号"。

第三，自由贸易区推进工商注册制度便利化，依法实行注册资本认缴登记制。投资者在自由贸易区设立外商投资企业，可以自主约定营业期限。在自由贸易区内登记设立的企业（以下简称区内企业），可以到自由贸易区外再投资或者开展业务，需要办理相关手续的，按照规定办理。

第四，自由贸易区实行"先照后证"。区内企业取得营业执照后，即可从事一般生产经营活动；从事需经审批方可开展的生产经营活动的，在取得营业执照后，应当依法向有关部门申请并取得批准文件、证件。从事需前置审批的生产经营活动的，应当在申请办理营业执照前，依法办理审批手续。

二、负面清单制度的背景及典型做法

广东自由贸易区于2015年4月与天津、福建自由贸易区一同挂牌成立并同时试点负面清单制度。广州南沙片区总面积为60平方千米，是广东省面积最大、地理位置最优越、最被外界重视的自由贸易区，在全面推动珠三角转型升级、促进港澳地区长期繁荣稳定、构建我国在开放型经济新格局中发挥重要作用。其具体要求是：减少政府对市场的干预，尽可能放宽投资市场的准入条件，从根本上提高市场准入的自由化程度，引进国外高端技术要素，优先发展高技术产业、金融业和高科技服务业。负面清单管理模式作为广州南沙片区改革的一大核心，跨出了我国政府继上海自由贸易区之后与国际贸易体制接轨的关键一步，为我国参与国际产能合作提供了政策机遇。

2015年7月，广州市政府审议通过《广州市人民政府关于在中国（广东）自由贸易试验区广州南沙新区片区暂时调整实施本市有关政府规章规定的决定（草案）》，规定南沙对内外资项目统一实施负面清单管理制度。外商投资项目负面清单按照国务院印发的自由贸易区外商投资负面清单执行，内资投资项目负面清单根据省政府制定的负面清单执行。

广州南沙片区负面清单制度的具体做法是：（1）复制推广上海自由贸易区投资准入措施。

一方面，广州南沙片区负面清单制度的制定依据是我国批准的《中国(上海)自由贸易试验区总体方案》《中国(上海)自由贸易试验区进一步扩大开放的措施》《外商投资产业指导目录(2011年修订)》等文件。此外，广州南沙片区复制了上海自由贸易区的外商投资项目备案管理办法、外商投资企业备案管理办法和境外投资项目备案管理办法。(2)改革自由贸易区内行政审批制度。据统计，南沙开展广州市第五轮行政审批制度改革工作时清理行政审批事项和取消行政审批67项、备案43项，决定转移、调整行政审批15项、备案7项，行政审批事项减少了37.6%，减少了区内企业投资的政府管制。(3)建立全区统一的市场监管信息平台。广州南沙片区在减少市场准入的同时，建立了全区统一的市场监管信息平台，逐步形成了"各司其职、联动监管、全面共享、信息公开"的监管信息化局面，初步形成了"宽进严管"的工作机制，并实行"先办理后监管"改革。自挂牌以来，广州南沙片区全面实施负面清单管理制度，投资项目备案事项实现了统一网上全程办理，极大地提升了广州南沙新区片区投资便利化水平，对外开放水平显著提升。

不仅广州南沙片区，深圳前海蛇口和珠海横琴片区在外商投资制度方面也在不断创新。广东自由贸易区对标高标准国际经贸规则，探索制定了全国最短的负面清单。一是对内外资项目全面实施负面清单管理制度，实现内外资投资项目、投资企业备案事项统一网上全程办理。二是市场准入门槛进一步降低。建立并优化"一口受理、统一在线申报、后台并联审核"的外资准入管理模式。启动e站通政务服务改革，形成"一口受理、一门审批、一网服务、一枚印章"的"一门式"行政审批服务机制。探索拓宽企业登记"多证合一"范围，推进"一照一码"营业执照加载海关备案信息工作。圆满完成"证照分离"2.0版改革试点任务，进一步降低企业投资门槛。为全国"证照分离"改革探索了新路子，积累了新经验，形成了自由贸易区商事登记制度改革系统推进、自由贸易区改革与商事制度改革"双叠加"的示范样本。三是构建智能化企业纳税平台。运用"互联网＋"打造智慧电子税务局，全国首创微信缴税和自然人税务局，构建数据化"全管事"税收管理模式，落实各项税收优惠政策，有效降低企业成本。首创跨境缴税、完善多元化缴税平台，有效改善投资环境；实现外资各案后置，基于系统对接实现协同申报及数据共享；推动前海企业住所托管制度改革，完善商事主体退出机制。

三、投资便利化的典型案例

(一)企业专属网页政务服务新模式

1. 典型做法

"企业专属网页"是广东自由贸易区探索推进"互联网＋政务服务"改革的一项重要举措，其建设理念是将传统的"企业找政府"变为"政府找企业"。通过为每家企业配备一个定制版专属网页，提供企业网上政务服务唯一入口，依托政务服务综合信息平台，为企业提供便捷化、个性化、一体化的政务服务。截至2018年3月31日，已为广东自由贸易区内近30万家企业开通企业专属网页，并在全省13个地市推广使用，大大提升了企业办事便利度。同时，依托企业专属网页对风险企业进行实时跟踪和重点防控，为事中事后监管提供有效支撑。

2. 改革亮点

一是涉企事项"一网通办"。将企业专属网页与网上办事大厅、政府部门业务申办受理系统对接整合。企业登录专属网页即可办理工商、国土、商务、税务、建设等多个部门的各类行政审批事项，不需在各部门电子政务平台之间反复切换登录。二是个性化服务信息精准推送。运用企业的特征标签功能，实现政策咨询、办事提醒、通知公告、信用警示等个性化政策信息的推送，为企业量身定制个性化服务信息套餐。三是通过数据共享对企业实施信用监管。引入信用体系，为企业推送企业自身信用数据及评价结果。政府各部门通过企业专属网页后台的信用管理分析系统，对存在失信或有信用风险的企业进行实时跟踪检查和重点防控。四是创新智能应用。实践中，注重以现代信息技术为基础和手段，积极开发应用智能导办服务、投资贸易通关项目的全流程跟踪、微信身份证"网证"、融合智能终端等服务，打造智慧化政务服务模式。

（二）在全国率先推出"商事主体电子证照银行卡"

1. 典型做法

广东自由贸易区在全国率先推出商事主体电子证照卡，该卡以营业执照信息为基础，集合企业其他登记、许可、备案、资质认证等证照基础信息，具有政府服务社会"一卡多用"功能，主要应用于行政办事、金融服务和商务应用三大领域，区内所有商事主体均可自主申请。通过实施商事主体电子证照卡，来区内投资发展的企业，可直接在商业银行办理工商登记注册相关手续，同时免费申领，至少可节省1/3的办事时间。目前，中国银行、中国建设银行、中国农业银行、广发银行等近10家银行纷纷加入电子证照银行卡体系。该卡入选"2015年全国自由贸易区八大最佳实践案例"。

2. 改革亮点

一是电子证照银行卡实现了传统证照的集成化和电子化，一张卡片即可集成企业的营业执照及其他登记、许可、备案、资质认定等证照基础信息，企业办理政务服务及日常经营无须携带多张证照，实现了"一卡在手、服务全有"。二是电子证照银行卡与纸质营业执照和其他证照具有同等效力，将逐步取代纸质营业执照和其他证照。三是电子证照银行卡经国家密码管理局认证，是可作为数字证书使用的"企业电子身份证"。四是电子证照银行卡同时还是银行发行单位结算卡，企业凭卡可享受支付结算等企业金融服务。五是综合运用"互联网＋管理"理念，有效整合企业的登记信息和各类信用信息，建立企业大数据库，实现政府部门间、银行间的信息共享及对企业失信的联合惩戒。

（三）实行"一颗公章管审批"

1. 典型做法

广东自由贸易区南沙片区成立行政审批局，首批将发展改革局、国土资源和规划局、工业科技和信息化局等7个部门的主体审批业务共76大项143子项审批划转至南沙行政审批局统一实施，率先在企业登记注册、投资项目备案（核准）和企业投资建设工程审批等领域实施"一颗公章管审批"。南沙行政审批局自2017年12月18日运作以来，共完成接件32015件，办结率达95.7%。企业设立、投资项目审批用时缩减了2/3，其中企业设立审批24小时办结，企业投资类建设工程项目审批时间由88个工作日压缩为最短25个工作日，争创全国最快速度。政府行政效能大幅提高，企业获得感不断增强。

2. 改革亮点

一是创新审批模式。与区内相关部门协同建立"前台综合窗口管收发、后台一颗公章管审批、事中事后协同监管"的受理、审批、监管相对分离运行机制,确保审批服务专业化的同时,堵住审批权力寻租空间,实现廉洁审批。二是实行审批事项标准化。对 143 项审批事项逐项制定标准化审批操作样本,规范行政许可事项的"要件标准、流程标准和裁量标准",减少行政审批过程中的主观性、随意性和差异性。三是实行"即审即办"。充分发挥一个部门集中审批的优势,初步实现 16 项审批(备案)事项现场迅速办结。

(四)"三单一平台"事中事后市场监管新模式

1. 典型做法

横琴片区以大数据监管平台为依托,在市场监管领域创新性地引入市场违法经营行为提示、轻微违法经营行为免罚、失信商事主体联合惩戒等清单管理模式,重点解决企业便利营商、高效监管问题,实现企业监管全覆盖,逐步构建起了与商事登记制度改革"宽进"相适应的市场"严管"新体系。

一是为企业经营"标地雷"。率先发布市场违法经营行为提示清单,将涉及工商部门监管执法的 153 部法律规章的 1810 种违法经营行为,按国民经济 96 个类别及 15 个市场主体类型进行分类汇总,并开发专门应用软件方便社会大众查询下载。二是为企业发展"排地雷"。率先发布"轻微违法经营行为免罚清单",公布了涉及 13 部法律法规 19 项法律条款共 30 种工商行政管理类免罚措施,采取提示、警告、信用公示等方式,对企业首次触犯公布的轻微违法行为免予行政处罚或罚款。三是打好信用监管"协同战"。出台失信商事主体联合惩戒办法、失信行为认定及联合惩戒标准规范,将全区行政和司法机关、金融机构及经依法授权的社会组织纳入失信联合惩戒部门,实现多个部门多个领域对失信商事主体共同实施惩戒。四是破解商事主体"信用信息孤岛"。成立并投入运行首家商事主体信用信息管理服务专业机构,统一制定信用信息管理规范和技术标准,统一制定全区的商事主体失信行为认定及联合惩戒标准,实现智能化信息管理,推动信用信息统一归集和运用。

2. 改革亮点

一是实现对失信行为分类"纵到底"。根据商事主体的失信行为性质、情节以及社会危害后果,创新性地将其划分为"轻微""较重"和"严重"等三个失信行为层级,并明确对商事主体失信行为认定的方法、流程和时限,有效弥补因国家政策空白而导致的操作缺陷。二是实现对失信联合惩戒"横到边"。将全区行政机关、司法机关以及相关社会组织均纳入失信联合惩戒部门,实现多个部门多个领域对失信商事主体共同实施惩戒,构建大惩戒格局,让失信企业"一处违法、处处受限"。三是实现失信惩戒措施"全覆盖"。《联合惩戒清单》从行政、市场、行业、社会等不同角度进行梳理、汇总,整合形成 3 个层级 5 个大类 80 条具体措施,实现了失信惩戒措施"全覆盖"。

(五)社会投资类项目全流程审批改革新模式

1. 典型做法

广东自由贸易区借鉴港澳工程建设管理领域先进经验,大胆创新社会投资类(企业投资)建设工程管理模式,探索以施工许可分阶段发放降低工程建设成本,以搭建跨部门一站式审批平台大幅压缩获得施工许可证审批时限，目前其"施工许可证获得"在世界银行营商环境评价中的排名一举跃升到70名。

施工许可办事手续更加便捷。优化改进后，企业办理施工许可证与政府对接部门由20多个缩减至1个，施工许可办理手续个数从35个缩减为16个，缩减比例超过50%；政府部门行政审批更加高效。采用并联审批、限时审批、透明审批后，政府审批时间由原来的30天缩短至13天，缩短比例超过50%。投资方110天便能开展地下基础施工，压缩比例超过30%；实现企业减负和质量安全双增效。广东自由贸易区社会投资各类项目中，投资额达到7亿元，基本提前动工6至10个月，单个项目每月直接成本可节约164万元到250万元，审批类费用降幅更是超过20%。其中从横琴片区已完成的18个分两阶段发放的施工许可项目来看，累计建设规模达283.36万平方米，涉及融资金额130亿元，建筑安全质量实现"零投诉"和责任边界"零纠纷"，节约资金成本合计11.57亿元，节约时间为3个月到2年。

2. 改革亮点

一是分段备案，分段报建。允许社会投资类建设工程分阶段报建施工，由发改部门推行分阶段立项备案，投资方可自主选择地下基础与地上主体结构分别立项备案；促进地下基础施工与地上主体结构设计及技术审查由串联改为并联进行，大大缩短了项目整体建设周期。二是一口受理，集中审批。专门打造具有"一站式集中审批平台"或依托行政审批局，提供从建设工程立项备案、规划许可、设计审查、施工许可、联合竣工验收全过程的"一站式"对接服务。对无须开展独立审查、评估的非土木工程技术性审查，当即申报当即备案；对已明确需要独立审查的特殊项目，由一站式集中审批平台组织集中联合审查。三是联合验收，诚信监管。参照港澳地区企业投资建设工程管理模式，采用联合验收和第三方评估双管齐下的方式，强化事后监管。在地下基础完工验收交接阶段，明确主体结构与地基工程承包单位间的质量责任划分，在验收阶段实施土建、消防、环评等多部门集中联合验收。同时，借鉴香港工程质量监管经验，积极打造诚信监管平台，逐步探索工程项目负责人质量终身责任制。

（六）探索一般企业商事登记确认制改革

1. 典型做法

广东自由贸易区南沙新区片区率先于2017年7月出台《深化商事制度改革先行先试若干规定》，对标国际高标准投资贸易规则，对不涉及准入负面清单、商事登记前置审批事项的一般企业设立登记，改革商事登记许可制，实行登记确认。登记机关对申请人提交的商事登记申请材料进行形式审查，材料齐全且符合法定形式的，即时予以登记并发放营业执照。通过率先试点启用"人工智能＋机器人"（AIR）商事登记系统，运用人脸识别、电子签名、智能校验审核、智能地址比对、智能推荐经营范围等手段，对企业商事主体资格进行自动审查确认，实现"无人审批"。申请人办理营业执照只需10分钟，便利度比肩国际顶尖水平。

2. 改革亮点

在国内率先探索企业设立审批制度改革，将企业登记由核准制改为与国际接轨的商业登记模式，实行登记确认。大幅度放宽市场准入，进一步激发市场主体活力和社会创造力，促进政府职能从以微观管理、直接管理为主向以宏观管理、监督管理为主转变。

（七）全国首创跨境缴税

1. 典型做法

全国首创"跨境电子支票缴税"、V－Tax 远程可视自助办税系统等，为港澳纳税人提供导航式智能流程指引和税务人员远程服务，实现跨境办理涉地方税费业务。

2. 改革亮点

港澳和异地纳税人实现涉税业务办理"零跑动"、跨境办税"同城同质"，以及随时随地查询和打印税收票证。

（八）电力供应体制改革新模式

1. 典型做法

发布全新的《供用电营业规则》，推行低压供电模式、全面实施预购用电等电力供应机制创新并成立全国首家增量配电网混合所有制供电企业。

2. 改革亮点

远景供电可靠率高达 99.9995%，客户年平均停电时间小于 2.5 分钟。单一用户一次性受电工程投资节约率达 80%，用电报装从 59 天压缩为 10 天。

（九）打造"微警认证"应用服务平台

1. 典型做法

2017 年 12 月 25 日，借助"微警认证"平台在微信上签发全国首张"身份证网证"，在手机端提供国家法定证件及身份认证服务。

2. 改革亮点

累计注册用户逾 360 万人，提供各类身份认证服务逾 1800 万次，如退休人员养老待遇领取资格移动端认证业务惠及 70 万人次。

（十）蛇口实行"前港—中区—后城"综合开发模式

1. 典型做法

深圳前海蛇口片区首创港口、园区、城市三位一体综合开发模式，以合作机制调动社会资源，实现了港、产、城联动，可协同政府、企业和各类资源。

2. 改革亮点

该模式不仅推广至漳州、重庆、天津、青岛等地，更"走出去"拓展到白俄罗斯、吉布提、斯里兰卡等国。

第三节　广东自由贸易区运作的贸易发展与便利化

一、广东自由贸易区的贸易优势

（一）地理位置优越

1. 位于东部沿海

广东自由贸易区占地总面积为 116.2 平方千米，共设三大片区，分别是广州南沙片区、深圳前海蛇口片区以及珠海横琴片区，均位于东部沿海城市。在这三个片区中，广州南沙片区占地总面积为 60 平方千米，位于广州市最南端，地处珠江出海口，是公认的大珠江三角洲的地理几何中心。更值得一提的是，它不仅是珠江流域通向海洋的通道，而且是州市唯一的出海通道，拥有 25 千米长的海岸线。深圳前海蛇口片区占地总面积为 28.2 平方千米，位于深圳市南山半岛西部，伶仃洋东侧，珠江口东岸，是珠江入海口的咽喉要地，具有长 260 千米的"颜值爆表"的海岸线。珠海横琴片区占地总面积 28 平方千米，位于珠海市南部，珠江口西侧，依托面积达 106.46 平方千米的横琴岛，沿海优势十分明显。此外，珠海全市拥有海域面积 6030 平方千米，以及 146 个海岛，海岸线更是长达 691 千米。

2. 毗邻港澳

广东自由贸易区之所以能够继上海自由贸易区之后，受到国家和政府的青睐，在众多申报地区中脱颖而出，与福建自由贸易区、天津自由贸易区一起获批成为第二批自由贸易区成员，最大的特色之一就在于其毗邻港澳，和香港、澳门有密切的地缘关系和经济来往。其中，从水路上讲，广州南沙片区距离香港 38 海里，距离澳门 41 海里。南沙的定位就是"粤港澳全面合作示范区"。深圳前海蛇口片区在地缘上毗邻香港，占据地理要冲，是珠三角整体发展中的重心区域。这一优势将使其与香港的合作更加紧密和多样，从而成为我国最具"港味"的自由贸易区和"深港合作"的先导区。珠海横琴片区距离香港 34 海里，与澳门一河相望，最近处相距仅 187 米。随着港珠澳大桥的建成和通车，横琴成为唯一陆桥连接港澳两地的区域，其地理优势更为凸显，必须充分发挥其"促进澳门经济适度多元发展新载体、新高地的作用"。

（二）交通极为便利

1. 海运港口星罗棋布

由于具有运量大、成本低、时效保障性强等优点，海洋运输特别是班轮运输一直是国际贸易中使用最频繁最常见的运输方式。因此，广东自由贸易区与包括港澳在内的世界各个国家或地区的国际货物贸易往来也主要依赖于海洋运输，这就需要强有力的海运或水运港口作为保障。作为贯穿广东境内的主要江流，珠江发源于云贵高原乌蒙山系马雄山，流经中国贵州、广西等中西部省区及越南北部，最后注入南海。珠江水系西、北、东三大支流从不同的方向贯穿珠江，河道交叉，互相联通。整个水系河道弯曲，汛期长，含沙量少，水量十分丰富，居于全国第二名，仅次于长江，具有发展航运业的天然优势。广东省港湾众多，是全国河港口最多的城市，这对广东国际贸易的发展具有巨大的促进作用。

在珠江水系众多港口中，作为我国沿海主要港口和集装箱干线港，广州港既是我国华南地区最大的对外贸易港，也是我国华南地区功能最全、规模最大、辐射范围最广的综合性枢纽港。截至 2016 年底，广州港已经拥有各类码头泊位 807 个，锚地 88 个，浮筒 23 个，万吨级以上泊位 76 个，最大靠泊能力达 30 万吨。

广州港港区由内港、黄埔、新沙和南沙等 4 大港区和珠江口锚地组成。其中南沙港位于珠江西岸，南向南海，东望深圳，西靠南海、番禺、顺德，地处珠江三角洲的地理几何中心，是广佛经济圈和珠三角西翼城市通向海洋的必由之路。此外，南沙港方圆 100 千米覆盖包括香港、澳门在内的整个珠三角城市群，是连接珠三角两岸城市群的枢纽性节点，也是粤港澳全面合作的首选地。值得一提的是，南沙港区的集装箱码头是珠江西岸唯一的深水码头，其改变了广州港缺乏大型集装箱、粮食、汽车滚装和油品专业深水泊位的历史，实现了广州港由河口港向海港转变的具有历史性意义的跨越式发展。2017 年，南沙港区集装箱三期工程全面建成投产，包含 6 个万吨级深水泊位（包括 4 个 10 万吨级泊位）和 24 个驳船泊位。加上一、二期集装箱码头工程连在一起，其主岸线长达 5718 米，驳船岸线长达 2730 米，并拥有16 个万吨级专业化集装箱深水泊位。这样南沙港区不仅有足够的能力形成规模化运作，而且可以接卸世界上最大型的集装箱船。特别值得一提的是，南沙港邮轮码头自 2016 年起全年接待出入境旅客超过 32 万人次，已稳居全国第三大邮轮港。按照之前公布的广东自由贸易区三大片区方案，广州南沙片区被定位为"支持广州形成国际航运中心"，其港口运输能力必将得到进一步的提升。

深圳港位于珠江入海口，伶仃洋东岸，南海大亚湾以西的深圳市两翼，分为东部港区和西部港区。其中，东部港区主要包括盐田、沙鱼涌等港区，海面开阔，水平浪静，是华南地区公认的优质天然海港；西部港区主要包括蛇口、赤湾、妈湾、东角头和福永等港区，拥有广阔的深港和天然屏障，不仅可以通过珠江水系与珠三角各城市连为一片，而且毗邻香港九龙半岛，可通过香港这个世界著名贸易港与世界各地主要港口相互连通。这两个港区均与香港九龙半岛隔海相望，海运优势十分明显。从 2013 年开始，深圳港已连续五年成为全球第三大集装箱枢纽港。其中，2017 年深圳港完成货物吞吐量 2.41 亿吨，同比增长 12.73%；完成集装箱吞吐量 2520.87 万标箱，同比增长 5.13%。2018 年 1—7 月，深圳港累计完成货物吞吐量 1.43 亿吨，同比上涨 6.34%；完成集装箱吞吐量 1443.33 万标箱，同比上涨 1.64%。

目前深圳港共开通国际集装箱班轮航线 239 条，覆盖了世界十二大航区，通往 100 多个国家和地区的 300 多个港口，形成了完善的航运网络。尤其是深圳港拥有 8 个 20 万吨级靠泊能力的集装箱泊位，成为华南地区超大型集装箱船舶的首选港。全球超过 1 万标箱以上的集装箱船舶80%靠泊深圳港，其中 1.8 万标箱 3E 级以上的超大型船舶更是 100%挂靠。

珠海港则位于珠海南，珠江口的右岸，珠江八大出海口的五门（金星门、磨刀门、鸡啼门、虎跳门和崖门）汇流入海处，距离大西国际水道仅 1 海里，具备江海联运的天然优势。珠海港目前以高栏港区（东区）和桂山港区（西区）两个深水港区为主，并同时拥有九洲、香洲、唐家、前山、井岸、斗门（市区）等诸多中小泊位港口群体。珠海港也是全国 24 个沿海主要港口之一。据其官网发布的信息，2017 年珠海港完成集装箱吞吐量 227 万标箱，同比增长37.3%；完成港口货物吞吐量 1.3 亿吨，同比增长 15.3%，其增速在全国亿吨级沿海主要港口中位居第二。此外，根据珠海港航运计划，珠海高栏港还将在 2021 年前投入 10 艘 1.2～2.5 万吨海船、2 艘 4.5 万吨海船以及 40 艘 3500 吨级双燃料节能环保型驳船，合并 43 万吨的以"高栏"命名的自有新运力用于国内沿海及内河干散货运输,运输能力将极大地提高。

2. 综合交通体系四通八达

为了进一步加强南沙与广州及珠三角地区的紧密联系,推进南沙片区与周边省市的合作与发展,南沙地区已经出台了以高速和快速公路为骨架,以铁路、地铁、航运为支撑的综合交通体系规划。其中,在公路运输网络方面,主要通过京珠高速公路东线、广州南沙港快速路、东部快速干线、西部快速干线等与广州连接,通过 G105 国道、S362、S257、S111(省道)与佛山、中山、顺德等多个进出口发达城市连通,为实现江海联运等水路联运方式奠定了坚实的基础。在铁路运输网络方面,规划中的南沙港铁路通过广珠铁路向北连接京广铁路,辐射湖南、湖北、河南等中南地区,向西连接贵广高铁、南广高铁、柳肇铁路等,辐射贵州、广西等西南地区,向东连接广深铁路、广九铁路等,辐射连接深圳、香港地区,是实现南沙片区铁水联运的重要通道。该铁路项目总投资为 115.63 亿元,预计建设总工期为 4 年,计划 2020 年 8 月全线完工,目前进展顺利。在航空运输网络方面,南沙片区不仅通过地铁与白云机场相连,而且修建开通了专门的机场快线,实现了两者间的直达无缝衔接,大大提高了运输的便捷和高效。

在深圳港方面,根据深圳市"十三五"规划、交通"十三五"规划,深圳将建设国际航空枢纽、全国综合铁路枢纽和世界级集装箱枢纽港,打造"海陆空铁"全方位立体化战略通道。在公路运输网络方面,不仅有广深高速、深汕高速、惠盐等省内高速公路通往广州、惠州、汕头等珠三角发达城市,而且有长深高速通往吉林、内蒙古、辽宁、河北、天津、山东、江苏、安徽、浙江、福建、广东 11 个省(直辖市),还可以通过罗湖、沙头角、皇岗路和文锦渡这 4 个口岸直通香港,实现陆海联运,极大地加强和拓展了自身的运输能力。在铁路运输网络方面,则通过京九铁路、广深铁路与全国铁路网相互连通,特别是与湖北、湖南、江西、广西等的联系紧密,实现了铁海联运。在航空运输网络方面,更是有深圳宝安国际机场这一集海、陆、空联运为一体的现代化国际空港,其国际航线通航城市已经多达 45 个。

珠海市各港的交通也很便捷,不仅可以通过广珠西线高速等干线公路直达中山、江门、广州等珠三角城市,而且可通过国家重点公路太澳公路(太原—澳门)辐射山西、河南、湖北、湖南这些广大的内陆地区。此外,广珠城轨(广珠澳高铁)的建设也结束了珠江西岸多座城市不通铁路的历史,打破了单一公路运输方式的格局,为实现陆海联运、铁海联运奠定了坚实的基础。特别是 2018 年 10 月 24 日珠港澳大桥的正式开通,对于促进自由贸易区的经济发展,全面推进内地、香港、澳门的互利合作更是具有重大意义。

3. "海上丝绸之路"

"海上丝绸之路"自秦汉开通以来,不仅成了古代中国与东西方文化交流的重要通道,而且使之融入了世界性贸易网络,促进了中国与世界的货物交换,特别是茶叶、丝绸、陶瓷的持续热销,掀起了海上经济热潮。值得一提的是,有一条称之为"广州通海夷道"的海上航路,就是古代"海上丝绸之路"的最早叫法。

2013 年 10 月,习近平总书记在东盟访问时,提出了建设"21 世纪海上丝绸之路"的伟大战略构想。一般而言,依据三条不同的航线,"21 世纪海上丝绸之路"主要分为三个部分:中国到东南亚诸国如马来西亚、菲律宾、新加坡等国家的航线,中国到南亚、阿拉伯和东非沿海诸国的航线,以及中国到朝鲜、日本的航线。由于东盟不仅是"海上丝绸之路"的必经之地,而且处于其十字路口,"21 世纪海上丝绸之路"的工作重点之一就是要"充分发挥深圳前海、广州南沙、珠海横琴、福建平潭等开放合作区作用，深化与港澳台合作，打造粤港澳大湾区"。因此，作为"海上丝绸之路"经济发展的直接受益者，广东自由贸易区可以紧紧抓住这一重大历史机遇，充分发挥带头作用，大力促进和发展与东盟的贸易往来和经济合作，为本地经济发展注入巨大的生机和活力。

(三)经济基础雄厚

1. GDP 实力强劲

广东特别是珠三角，是广东自由贸易区的经济腹地。广东自由贸易区的建立，离不开其强大的经济基础。2010 年以来，广东凭借优越的地理位置和改革开放的春风，GDP 排名始终居于全国首位(如表 3 - 2 所示)。2011 年，广东 GDP 突破 5 万亿元，增长率达到 10%；2013 年，广东 GDP 突破 6 万亿元大关；2015 年，广东 GDP 超过 7 万亿元；2016 年，广东 GDP 更是首次突破 8 万亿元，并一直平稳保持 7%以上的增长率，远远超过全国平均水平。省内而言，广州、深圳和珠海的 GDP 不仅位于全省前列，而且增速远超广东省平均水平。作为广东经济领头羊的广州和深圳，GDP 长期居于我国发达城市的第三、第四位，并双双于 2017 年突破 2 万亿元。珠海也在 2017 年实现了 9.2%的高速增长，经济形势一片喜人。

表 3 - 2　2010—2017 年广东省 GDP

年份	GDP(亿元)	增长率(%)	全国排名(位)
2010	46013	12.4	1
2011	53210	10	1
2012	57068	8.2	1
2013	62475	8.5	1
2014	67810	7.8	1
2015	72813	8	1
2016	80855	7.5	1
2017	89879	7.5	1

数据来源：国家统计局。

2. 工业体系发达

经过长期的政府培育和创新能力的不断提升，广东特别是珠三角地区已经形成以广州、深圳、东莞、珠海、佛山、中山为中心，包括珠江两岸等各个城市在内的规模大、能力强的以轻工业为主的全面发展的综合性工业体系，特别是形成了众多优质的制造业产业集群，逐步成为我国乃至世界的制造业基地和产业集群。根据其产业特色，主要有以格力空调、美的小家电、格兰仕微波炉为代表的门类品种齐全的家电产业集群，以广州新塘、中山沙溪、佛山南海、东莞虎门为代表的具有完整产业链的纺织产业集群，以华为、腾讯、TCL 为代表的以深圳、东莞、惠州为中心的电子信息产业集群，以深圳、东莞、广州、中山为中心的具有高投入、高附加值等为特色的机械工业和机械装备工业产业集群，以广州汽车、丰田汽车、本田汽车为龙头的以广州、江门、佛山为代表的汽车、摩托车产业集群,以佛山建筑陶瓷、开平卫浴、顺德涂料为代表的品种齐全的建材产业集群。据广东统计年鉴显示,2017年广东实现规模以上工业产值13.55万亿,占全国的11.64%,其中先进制造业增加值占规模以上工业比重达53.2%,且主营业务收入超百亿、千亿元的企业分别达到了260家、25家,进入世界500强的企业从4家增加到11家,上市公司总市值达14万亿元。

3. 进出口贸易繁盛

进出口贸易一直是广东经济最靓丽的一张名片。迄今为止,广交会(中国进出口商品交易会,即广州交易会,简称广交会)已经成功举办了125届。虽然受到国际金融危机和电子商务的冲击,传统外贸一度呈现下行趋势。但是自119届广交会以来,境外采购商到会数量已实现连续增长。此外,海关总署广东分署统计结果显示,2017年广东进出口贸易总值为6.82万亿元人民币,比2016年增长了8%,其中一般贸易进出口额为3.14万亿元,增长率为14.3%。在出口产品类型中,机电产品和劳动密集型产品依然是主导产品。其中,机电产品出口额为2.86万亿元,比2016年增长了6.6%;劳动密集型产品出口额为9108.5亿元,比2016年增长了6.3%。由于劳动力成本优势和科技优势在今后一段时间的还将继续存在,广东出口贸易还将继续维持良好的发展态势。

互联网科技的飞速发展,使得跨境电商作为近年来崛起的一种新型贸易业态,获得了快速发展。2017年广东跨境电子商务进出口额高达441.9亿元人民币,不仅与2016年相比增长率高达93.8%,且贸易规模稳居全国首位。

(四)政策叠加优势明显

广东一直是改革开放的先头兵和试验田。广东能够实现经济的飞速发展,与其享有的政策优势是分不开的。广东自由贸易区成立之前,珠海横琴和深圳前海就实施了各种优惠的财政政策,并简化了各项审批步骤和手续,从而吸引了大量的外资企业进驻,经济拉动效应十分明显。广东自由贸易区成立以后,对外开放和政策改革的广度和力度进一步加大。在相关法律法规方面,国家对自由贸易区也给予了更大更多的自主权,涉及投资类、贸易类、金融类、财税类、综合类等方面(如表3-3所示),并且允许其因地制宜,采取更加灵活有效的政策措施。这不仅为自由贸易区的稳健运营创造了良好的外部环境,而且为完善市场机制、保障社会主义市场经济体制的高效运转提供了重要支撑。

表3-3 广东省自由贸易区优惠政策示例

类别	优惠政策示例
投资类	商务部办公厅工商总局办公厅关于实行外商投资企业商务备案与工商登记"单一窗口、单一表格"受理有关工作的通知
	广东省人民政府关于在广东自由贸易区和"证照分离"改革试点区域调整实施有关省政府规章规定和改革事项的决定
	自由贸易区外商投资准入特别管理措施(负面清单)(2018年版)
	广东省食品药品监督管理局关于在广东自由贸易区珠海横琴新区片区开展进口非特殊用途化妆品备案管理试点工作有关事项的通告

续表 3－3

类别	优惠政策示例
贸易类	广东检验检疫局关于发布《广东检验检疫局自由贸易区进口"CEPA 食品"检验检疫监督管理规定》的通告
	质检总局关于广东自由贸易区广州南沙新区片区开展毛坯钻石多种贸易方式进出口的公告
	海关总署关于进一步做好汽车平行进口试点工作的通知
金融类	中国人民银行关于扩大全口径跨境融资宏观审慎管理试点的通知
	国家外汇管理局广东省分局关于印发《进一步推进中国（广东）自由贸易试验区广州南沙新区、珠海横琴新区片区外汇管理改革试点实施细则》的通知
	国家外汇管理局深圳市分局关于印发《前海深港现代服务业合作区资本项目收入支付审核便利化试点实施细则》的通知
财税类	深圳市国家税务局关于创新自由贸易区税收服务 10 项措施的通告
	广东省人民政府办公厅关于印发境外旅客购物离境退税政策实施方案的通知
	深圳市前海深港现代服务业合作区管理局关于印发《深圳前海深港现代服务业合作区总部企业认定及产业扶持资金申报指南》的通知
综合类	关于印发《关于推动珠三角国家自主创新示范区与中国（广东）自由贸易试验区联动发展的实施方案（2016—2020）》的通知
	广州市人民政府关于将一批市级行政职权事项调整由区实施的决定
	广东省自贸办关于开展广东自由贸易区外籍及港澳台高层次人才推荐工作的通知

数据来源：广东省自由贸易区官网。

二、广东自由贸易区的贸易便利化

（一）贸易便利化的含义

贸易便利化是一个国际贸易术语，自 1923 年国际联盟议程第一次提出以来，就变成了国际经贸领域的一个热门议题，在各种国际组织会议、政府文件和研究文献中屡见不鲜。但是令人遗憾的是，迄今为止，还未形成一个在世界范围内被普遍接受的统一定义，目前影响比较广的定义主要包括世界贸易组织（WTO）、联合国贸易和发展会议（UNCTAD）、世界经济合作与发展组织（OECD）和联合国欧洲经济委员会（UN/ECE）给出的定义。具体而言，WTO（1998 年）和 UNCTAD（2001 年）都认为，贸易便利化是指"包括国际货物贸易流动所需要的收集、提供、沟通及处理数据的活动、做法和手续在内的国际贸易程序的简化和协调"。而 OECD（2002 年）认为贸易便利化是指"国际货物从卖方流动到买方并向另一方支付所需要的程序及相关信息流动的简化和标准化，即提高国际贸易每个阶段和程序的效率、降低其成本的政策和措施"。UN/ECE（2002 年）则认为贸易便利化是指"用全面的和一体化的方法减少贸易交易过程的复杂性和成本，在国际可接受的规范、准则及最佳做法的基础上，保证所有贸易活动在有效、透明和可预见的方式下进行"。通过对比我们不难发现，一方面，UN/ECE（2002 年）的定义是最狭义的，其重点在于创造和提高交易效率，降低国际贸易的成本。因为世界贸易组织不仅是世界范围内被广泛认可和接受的国际贸易组织，而且是国际贸易规则的主要制定者，所以其定义的接受范围是最广泛的。另一方面，尽管上述定义的内容和范围不尽相同，但是从基本精神和主要思想来看，却又是相同的，那就是"简化"和"高效"。也就是说，通过简化各种贸易程序，提高包括生产要素在内的各种货物的流通效率和速度，降低国际贸易的交易成本。

近年来，随着国际贸易壁垒的逐步减少、各国贸易规模的扩大以及各国（地区）间贸易联系的加强，人们逐步突破交易程序的狭义思维，开始更多地从影响国际贸易的整个交易环境这个广义范围来考虑贸易便利化的问题。世界贸易组织也随之提出了贸易便利化的主要影响因素，包括相关文件要求、官方程序、通关的行政管理的现代化、信息技术的使用等。因此，广义的贸易便利化涉及的范围和内容是十分广泛的，几乎包括国际货物运输、保险、支付、海关报关、检验检疫、电子数据传输等在内的各个贸易流程。其中，海关与跨境制度被公认为最核心和关键的一项内容。这些促进贸易便利化的措施虽然表现形式有所不同，但目的都是为了给国际贸易活动创造一个简化的、协调的、透明的、可预见的环境，促进国际贸易更快更好地发展。

（二）贸易便利化的措施

2016 年 4 月 26 日，广东自由贸易区工作办公室（以下简称广东省自贸办）下发了《关于印发依托中国（广东）自由贸易试验区降低国际贸易成本促进贸易便利化的若干意见》的通知，从加快企业通关、完善新型贸易业态监管、降低企业运营成本、收费成本和融资成本等多个方面着手，不断提高广东自由贸易区内的贸易便利化水平，促进国际贸易的发展。根据2018 年 4 月 25 日由上海财经大学自由贸易区研究院课题组编制，广东自由贸易区发布的《2017 年度广东自由贸易区运行第三方评估报告》的评估结果显示，2017 年，广东贸易便利化指数为 102.33，比 2016 年提高了 2.33，整体贸易便利化水平实现了连续三年提升。

1. 推进智能通关体系改革

广东自由贸易区自成立以来，一直致力于不断推进自由贸易区片区内的通关便利化改革。毕竟，随着经济全球化和世界经济一体化程度的不断加强，各国之间在贸易联系日益加强的同时，贸易竞争也在不断加剧。如果在自由贸易区片区内不断加强通关制度改革，简化通关手续，提高通关速度，加快货物流转速度，就能降低企业的通关时间和通关成本，使企业的通关活动更加便利，从而促进企业外贸的发展。其措施主要有以下几点：

第一，积极推进海关登记备案改革。2015 年 8 月 7 日，深圳海关在前海蛇口片区取消了报关企业注册登记行政许可，并施行报关企业注册登记备案。同时，对于区域内的双重身份企业的注册登记制度，也由许可制变为登记制，也就是说，将传统的许可制改为备案制，大大简化了报关企业和双重身份企业的注册登记手续。

第二，积极推进广东自由贸易区各片区国际贸易"单一窗口"建设。国际贸易单一窗口是联合国认定的促进全球贸易便利化战略的核心措施，已经被世界上 70 多个国家采用。上海自由贸易区自 2014 年启动国际贸易单一窗口以来，对外贸的促进作用非常显著。广东自由贸易区虽然成立时间稍晚一点，但在积极推进"单一窗口"这一方面也不甘落后，不仅完善了"单一窗口"平台现有的进出口货物申报、运输工具申报、跨境贸易电子商务、信息查询这 4 个模块的功能，而且加快开发了国际支付结算、进出口许可、加工贸易、国际会展、物流商务等新功能模块，将设计进出口货物报关的诸多行政部门如海关、工商、质检等纳入同一平台，实现了多个部门间的"一口受理、并联审批、信息共享、结果互认"，大大提高了行政效率。2018年7月，南沙开发区国税局顺利完成"单一窗口"出口退税在线申报试点工作。出口企业可通过"单一窗口"平台"一键式"自动提取出口报关单等第三方数据，简化申报数据采集与录入，大大缩短了企业退税申报前期准备时间。

第三，积极实施"互联网+易通关"改革。广东自由贸易区积极顺应互联网经济的潮流，引领通关制度的便利化改革。其中，广州南沙片区走在了前列。广州海关在南沙片区率先实施了"互联网+易通关"改革，陆续实施"自助报关""提前归类审价""自助缴税""电子自动进口许可证"等17项快速通关措施，取消了交验纸质材料或者纸面签注这些烦琐的手续。2017年，广州海关又进一步加大互联网建设力度，将南沙片区的171项主要通关业务都搬到了"线上"。这样，南沙片区内的所有进出口企业都可以随时随地通过互联网自助办理各项通关业务，而不必往返于海关通关业务大厅，节省了大量的时间和精力。据统计，2017年进出口货物在南沙片区的通关时间比2016年分别压缩了48.5%、53.3%。

深圳海关在前海蛇口片区实施国际中转货物自助通关，进一步简化企业申报手续，实现24小时无纸化自助办理国际中转货物通关手续。深圳海关还在前海蛇口片区创新性地推出了"先装船后改配"的新政策，改革传统的先申报改船后装船的传统做法，允许出口货物先装船再向海关补发改船报文，为每票货物节约了平均8小时的物流通关时间。拱北海关在横琴片区推动经澳门中转确认书无纸化改革，使经横琴口岸进境的澳门中转货物，可以通过系统审核确认书电子信息，从而减少货物中转耗时0.5~2天。

第四，建设和完善"智检口岸"。"智检口岸"是一个同时包含对内综合业务管理和对外公共服务的平台。通过提供第三方采信、企业诚信管理、企业及商品备案、企业办证状态查询、个性化统计、消费者查询、消费者投诉等功能和服务，不仅实现了企业远程和无纸化申报，而且通过产品风险判别、质量大数据库比对等功能，提高了风险评估和诚信管理的针对性，使得风险预警机制更加有效。

第五，建设"智慧海事"系统。"智慧海事"系统是一个运用海事物联网、云计算、大数据三大核心尖端技术，集VTS（船舶交通服务系统）、AIS（船舶自动定位系统）、CCTV（视频监控系统）、VHF（无线电甚高频）等系统于一体的提供海事服务的平台。它不仅可以对自由贸易区内的水域、船只实施24小时不间断的全天候、全方位的实时监控，提供更加优质和高效的监控、救援等服务，而且可以与其他口岸单位实现互联互通、共享共用，以及信息共享。

第六，创新检验检疫模式和监管机制。首先，针对企业不同的通关信用级别，实施差别化的"智检通"口岸通关模式。在信用管理和风险评估的基础上，实施直通放行、直通报检的通关协作模式和申报放行、验证放行、抽样放行、合格放行的监管放行模式。其次，根据货物的特点，实行分线监督管理模式。其中，对于"一线"实施检疫和重点敏感货物，在进出口"二线"实施检验和监管。但是在货物进境入区时，仅实施简单必要的卫生检疫、动植物检疫、环保检验和放射性检测，从而加快检验的效率。再次，推进第三方检验检测结果采信和检验检测认证结果互认。加强境内外产品检验检测技术和标准的研究合作，特别是粤港、粤澳检验检测部门的合作。另外，以合格评定为基础，建立完善第三方检验检测机构资质标准、监管验证、准入退出等管理机制，从而进一步扩大第三方采信的产品和检验检测机构的范围，特别是支持港澳检验检测机构在广东自由贸易区设立进出口商品检验鉴定机构，积极推动强制性产品检验检测认证、食品农产品认证的结果互认，并重点推进与港澳和相关国家检验检疫证书联网核查，提高证书核查效率，加快口岸通关速度。又次，实行自由贸易区内的货物流转，即与境内其他自由贸易区、保税区、出口加工区、保税港区、综合保税区、保税物流园区、跨境工业区之间进行流转时，只要不涉及货物的实际使用，均实施免于检验的制度。同时，对区内物品免予强制性产品认证制度。最后，根据外贸企业的实际业务的需要，主动在自由贸易区设立相关职能部门，就近为相关企业提供服务。如2016年10月8日，国家质检总局指定南沙出入境检验检疫局作为金伯利进程证书制度实施机构，并进驻广州钻石交易中心，负责南沙辖区内工业毛坯钻石的一般贸易、加工贸易、保税贸易的单证签发以及整个通关工作，大大缩减了南沙辖区内钻石类外贸企业的办证成本和通关成本。

2. 完善新型贸易业态监管模式

（1）完善跨境电商商品的监管模式。

受2008年金融危机，以及各种生产要素成本不断上升的影响，广东传统进出口贸易增速放缓，但是其跨境电商却飞速发展，与之形成了鲜明的对比。针对跨境电商这种新型的贸易业态，海关总署特别是广东分署在充分调研的基础上，推出了一系列创新的监管措施，主要包括：第一，利用互联网平台，优化跨境电商企业备案、商品备案、风险监测等流程，简化报关商品归类，实现企业在三个片区内的互认互通。第二，摒弃和突破传统的"先报关后放行"的监管模式，在片区内允许对跨境电商货物采用"先进区，后报关"的方式，对电商网购保税进口采用"提前备案、保税监管、分类审核、清单核放、汇总申报"的方式，对电商特殊区域出口采取"暂存入区、区内监管、批量出区、集中报关"方式实施监管。这样就可以针对跨境电商商品种类多、数量少、报关烦琐的特点，大大提高通关的效率。第三，以大数据技术为支撑，采取以风险分析为基础的质量安全监管方式，建立"事前备案、事中监测、事后追溯、放管结合"的检验检疫监管机制，提升跨境电商商品的整体通关效率。第四，加强跨境电商企业的质量管理。一方面，监督跨境电商企业在电商网站上真实全面地展示电商商品名称、规格、品牌、功能、用途、价格、生产国家、生产企业、注意事项等详细信息，并对其真实性和准确性进行抽查。另一方面，健全跨境电商质量追溯体系，使消费者能够通过条形码、二维码或其他追溯方式对商品信息、通关信息、销售流向等进行追溯，并对追溯情况进行抽查。第五，根据跨境电商商品的不同质量安全风险等级，实行清单分类管理，并通过智检口岸公共服务平台对外公布跨境电商商品的负面清单和高风险清单，从而对其实施质量安全风险重点监测。此外，建立质量安全投诉举报渠道，方便消费者参与监督管理。第六，公布货物平均放行时间，进一步压缩进出口商品和跨境邮件、快件的放行时间。在符合监管要求的前提下，支持大型快递企业设立快件中心，支持邮政快递企业跨境电子商务渠道建设。

（2）深入推进汽车平行进口。

平行进口汽车指的是未经品牌厂商授权，而由非原厂总代理之外的其他贸易商直接从海外市场购买，并直接在中国市场进行销售的汽车。因为它的进口渠道和品牌厂商的进口渠道是一样的，所以称之为平行进口车。因为平行进口车流通环节较少，绕过了总经销、大区经销以及4S店经销等销售环节，所以其价格较品牌销售渠道的中规车要便宜很多，而且可以根据客户需求对其配置进行个性化定制，甚至还有一些国内未引进的车型。此外，平行进口汽车基本都是现车，不用像在4S店购买时那样经常排队等车。因此，平行进口车在国内广受追捧，但其缺点也是显而易见的，最大的困扰就是售后三包问题。售后三包是零售商业企业作为卖方对其出售的商品实行"包修、包换、包退"服务的简称。由于不是原厂总代理，平行进口车不能享受一般的中规车所享受的官方质量保障服务，而只能到经销商所指定的汽车修理厂享受相应的售后服务。由于汽车修理厂的规模千差万别，所提供的服务也参差不齐，其售后服务不像官方质量保障的那样优质和稳定，而且维修的成本和费用也相对比较高。其次，虽然平行进口车因为流通渠道优势可以以较低的价格售卖，但是由于缺乏统一指导价，定价比较混乱，就算是同一价格，配置也可能完全不同。此外，为了凸显价格优势，许多平行进口车经销商往往会进口同一车型中配置很低的版本，然后在国内加装或者改装，并以此冒充其高配版。至于加装或者改装的配件，有许多都可能不是原厂配件。更令人气愤的是，一些不良经销商甚至会进口一些翻新车，然后冒充新车进行销售，导致很多消费者被骗。

为了推进汽车平行进口的健康发展，2018年海关总署决定在广东分署、上海海关等管辖范围内落实《商务部等八部门关于促进汽车平行进口试点的若干意见》，进一步规范汽车平行进口试点保税仓储业务管理。其要点主要有：第一，支持发展多渠道、多元化的汽车流通模式，为汽车平行进口试点企业向商务部申请汽车产品自动许可证提供便利。第二，制定和完善平行进口汽车售后服务方案，探索引入第三方保险机制解决平行进口汽车的售后服务、召回、三包等问题。第三，协同推进海关、检验检疫和交通管理部门简化平行进口汽车上牌程序。第四，支持在区内建设汽车检测线、改装厂，开展保税检测维修及展示交易。第五，以汽车平行进口为突破口，试点发展高端商品平行进口。最后，取消平行进口汽车保税仓储业务时限，完善平行进口汽车审价机制，推动试点企业试用预审价、汇总征税等通关便利化措施。

（3）推动融资租赁业健康发展。

融资租赁是目前世界流行的一种集融资与融物、贸易与技术更新于一体的新型金融产业。它指的是出租人与供货商签订相关设备（由承租人选定）供货合同，然后出租人与承租人签订有关该设备的租赁合同，由出租人将设备出租给承租人使用，并收取一定的租金。对承租人而言，融资租赁的资金压力比直接购买设备的小，因此，其筹资速度相对较快，可以使承租人更加迅速地获得所需要的设备。至于租金，不仅可以分期负担，财务风险相对较小，而且还可以在税前扣除，税务负担也相对较轻。还有非常吸引人的一点是，由于现代科技日新月异，新技术和新设备层出不穷，旧设备会加速折旧，遭遇淘汰的年限也越来越短。在这种情形下，融资租赁作为一种减少设备淘汰风险的有效途径，无疑是非常明智的选择。但是融资租赁也有其无法规避的缺点，主要是租金较高，资金成本比较大。而且融资租赁合同一般都会规定固定的租金金额和租金支付期限，因此企业面临固定的租金成本支出，会增加在运行和管理中筹集资金的弹性和难度。

为了更好地推进融资租赁的健康发展，广东自由贸易区在区内开展了两项试点工作，一是实施统一的内外资融资租赁业管理改革试点，着力于推动实现外资融资租赁企业的经营范围、交易规则、监管指标、信息报送、监督检查等相关管理制度的统一；二是实施租赁资产证券化试点，以支持租赁资产及相关权益进行跨境转让。同时，采取多方举措，鼓励融资租赁的发展。首先，将租赁贸易方式进口纳入广东省进口贴息政策支持范围，鼓励区内企业通过融资租赁方式引进国外先进设备。其次，允许区内融资租赁类公司办理融资租赁业务时，用以购买租赁物的资金的50%以上源于自身国内外汇贷款或外币外债，而且在境内可以以外币形式收取租金。同时，创新融资租赁监管模式，对注册在广东自由贸易区海关特殊监管区域内的融资租赁企业进出口飞机、船舶和海洋工程结构物等大型设备涉及跨关区的，在执行现行相关税收政策前提下，根据物流的实际需要，实行海关异地委托监管。

（4）实施货物状态分类监管。

借鉴美国的通关模式和上海自由贸易区的成功经验，海关总署、海关分署积极调研和协调，努力探索在广东自由贸易区开展试点，在其三个片区推出关于实施货物状态分类监管的统一的业务操作指引和具体的监管措施，并动员和组织片区内的企业积极参与相应的改革工作。特别是加强网络和信息建设，打造与之相适应的海关端和企业端信息化管理系统，以实现对保税货物、口岸货物和非保税货物的"状态分类、分账管理，标识区分、实时核注，联网监管、信息共享，安全便利、风险可控"。同时，研究出台各种举措支持保税加工转型升级和保税物流、保税贸易加快发展。在此基础上，进一步深化改革，探索开展贸易多元化试点，将分类监管的试点从物流仓储企业逐步扩大到符合条件的贸易企业和生产加工企业。

（5）支持邮轮游艇经济发展。

根据片区内的经济优势和港口优势，积极建设南沙邮轮母港、深圳蛇口太子湾邮轮母港以及和区内的各游艇口岸相配套的通关基础设施，建立快速通关查验机制，制定粤港澳游艇便利进出的管理办法，探索实施港澳游艇"定点停靠、就近联检"新型口岸管理模式，进一步促进商业、旅游等配套公共服务体系的发展。

2017年6月2日，交通运输部、公安部、海关总署、质检总局四部委联合发函，同意在广东自由贸易区内实施粤港澳游艇"自由行"，深入探索创新香港、澳门特别行政区籍游艇在出入境通关、监管查验、码头设置、牌照互认、航行区域规划等方面的政策。12月16日上午，"中国广东自由贸易区粤港澳游艇自由行深圳首航"仪式在深圳湾游艇会隆重举行，其中深圳3艘游艇实现了首航香港，香港2艘游艇实现了首航深圳。这是一次形成和推行便于操作、规范清晰的游艇出入境政策体系、管理机制和操作指引的重要实践和探索，为在广东乃至全国推进港澳游艇"自由行"积累了宝贵的经验。

3. 规范进出口环节收费

（1）实行收费目录清单管理。

为了防范和杜绝乱收费行为，广东自由贸易区对所有进出口环节行政事业性收费、政府性基金以及实施政府定价或指导价的经营服务性收费实行目录清单管理，并对社会进行公开，如收费项目名称、收费依据、收费标准等，使得相关企业和公众对收费项目一目了然。由于未列入清单的一律按乱收费查处，企业还可以对政府的收费行为进行监督，进一步提高政府收费行为的透明度。

（2）逐步减免部分服务费用。

为了减轻企业负担，增强企业竞争力，广东自由贸易区采取多种措施逐步减免各种服务费用，进一步降低了区内企业的成本。具体而言，免除的费用主要涉及以下几个方面：一是针对海关查验没有问题的外贸企业，免除吊装、移位、仓储等费用。这不仅可以激励企业遵纪守法，享受资信良好的企业所特有的优惠待遇，而且可以增强通关查验的有效性和便利性。二是逐步降低企业通关数据信息处理过程中产生的"IC卡信息处理费""系统安装及维护费""数据传输处理费"等收费标准。三是逐步免除港务监督管理费、来往港澳小型船舶快速通关系统收费、跨境电商商品的二维码费用、加工贸易手册管理全程信息化改革无纸化系统电子认证KEY卡制卡费和年费等。四是积极争取国家部门支持，适时降低港口建设费、港口设施保安费、引航费、拖轮费等项目收费标准。五是取消"进出口舱单信息传输和网络服务费""出口货物运抵报告信息传输和网络服务费""走私货物仓储费"等收费项目。

（3）规范实行市场调节价的收费项目。

对于船代、货代、港口码头等实行市场调节价的收费项目，由于市场价格经常发生波动，收费也随之经常发生变化。为了规范这些收费项目，杜绝乱收费、随意收费，不仅出台规定了劳务费收费的具体计费方式，加强港口收费行为监管，而且进一步简化港口收费项目，取消了1992年《内贸费规》中规定的起舱机械使用费、困难作业费、工时费、（部分）杂项作业费、驳运费、减加载作业费、铁路线使用费、货车取送费、倒载费、轨道衡费、尺码丈量费、除尘费等收费项目，将工时、拆包、倒包、灌包、集装箱拆箱和装箱等原单独收费的多个作业环节并入港口作业包干费收费，提高收费透明度。此外，还进一步规范船舶收费项目，减少政府定价项目，归并国内、国际航线船舶停泊费。

（4）加强对进出口环节收费的监督和检查。

由价格主管部门牵头，会同口岸联检单位、交通主管部门，联合对进出口环节所涉及的各项收费行为进行监督和检查，并将收费的设计依据、收费标准等内容向社会公开，主动接受舆论和社会监督。对于不规范的收费行为，特别是违规收费问题，一旦发现，即依法快速和从严查处。加强电子口岸平台建设和互联网政务建设，畅通企业的投诉渠道，确保举报投诉案件能够得到切实有效的调查、核实和处理，依法保障企业的合法权益。

4.提高跨境贸易金融服务水平

（1）拓展企业跨境贸易融资渠道。

与一般的信贷业务不同，跨境贸易融资是一项集中间业务与资产业务于一身的综合性业务，是衡量金融机构国际化的主要标志。跨境贸易融资不仅准入门槛较低，可以有效解决中小企业因财务指标达不到银行评级授信的要求而无法得到融资的难题，而且金融机构只要调查清楚企业单笔贸易背景和企业历史信用记录即可，审批流程相对简单。更为重要的是，跨境贸易融资注重贸易背景的真实性和贸易的连续性。金融机构会在企业贸易合同所确定的销售收入的基础上，综合考虑企业信用记录、客户违约成本等多种因素来确定融资额度，因此其风险要远远低于一般贷款项目。正是基于跨境贸易融资渠道的诸多优势，且能同时促进银行和进出口贸易的共同发展，其已经成为许多国际性银行的一项主要业务。

为了促进跨境贸易融资的快速发展，国家出台了各种举措鼓励拓展企业跨境贸易的融资渠道，主要包括：第一，支持广东自由贸易区内的商业银行、金融机构和企业在宏观审慎管理框架下，从境外借入人民币资金，并按规定开立专用存款账户，专门存放从境外借入的资金，但必须专款专用，只用于片区内或者境外的相关业务，如区内项目建设、区内生产经营等。第二，以粤港澳金融合作为重点，支持广东自由贸易区金融机构在宏观审慎管理框架下与港澳地区金融同业开展跨境人民币借款业务，允许其在净资产的一倍内借用外债，但融资资金只能用于与国家宏观调控方向相符的领域。第三，支持广东自由贸易区金融机构与港澳地区同业合作开展人民币项下跨境担保业务。第四，支持片区内外资企业的境外母公司或子公司按规定在境内银行间市场和资本市场发行人民币债券，区内金融机构和企业在香港资本市场发行人民币股票和债券，进一步推动与港澳金融市场的对接。第五，推动开展本外币一体化的全口径跨境融资宏观审慎管理试点，支持区内企业在跨境融资上限内自主开展本外币跨境融资。

（2）促进跨境贸易和投融资的结算便利化。

第一，适时实行限额内资本项目可兑换，探索建立与广东自由贸易区相适应的账户管理体系，为符合条件的区内主体办理跨境经常项下结算业务、政策允许的资本项下结算业务、经批准的广东自由贸易区资本项目可兑换先行先试业务。第二，在广东自由贸易区注册的、负面清单外的境内机构，且每自然年度跨境收入和跨境支出均不超过规定限额的，可以自主开展跨境投融资活动。目前这个限额暂定为等值1000万美元，国家将根据宏观经济和国际收支状况进行适当调节，待条件逐步成熟后再全面推进。符合条件的境内机构，可以在片区所在地的外汇分局的辖内银行开立投融资账户，在限额内实行自由结售汇。

（3）发展总部经济和结算中心。

第一，深化跨国企业集团跨境人民币资金集中运营管理改革。具体而言，在办理经常项下的跨境人民币国际收付业务时，允许跨国企业集团按收付总额或者成员企业的收付额为依据，采用轧差净额的结算方式进行结算。其中，跨国企业集团是指由母公司、控股子公司（母公司控股51%以上）及其他公司（母公司、控股子公司单独或持股20%以上，或者持股虽少于20%，但处于最大股东地位）组成的企业。第二，放宽跨国公司外汇资金集中运营管理准入条件，其上年度本外币国际收支规模由超过1亿美元调整为超过5000万美元；支持区内企业根据自身经营和管理的需要，开展集团内跨境双向人民币资金池业务，方便区内跨国企业开展跨境人民币资金集中运营业务。第三，进一步简化资金池管理，允许银行对真实合法的电子单证进行审核后为企业办理集中收付汇、轧差结算业务，以利于片区内的企业更加高效地利用国内和国际这两个市场为自己服务。第四，支持区内融资租赁机构开展跨境双向人民币资金池业务和人民币租赁资产跨境转让业务。

（4）支持人民币跨境业务创新。

第一，支持区内要素市场设立跨境电子交易和资金结算平台，为境外投资者提供人民币账户开立、资金结算等服务。第二，推动区内银行机构与互联网支付机构合作，办理经常项下及部分资本项下跨境电子商务人民币结算业务，并开展经常项下跨境人民币集中收付业务。第三，支持区内企业和机构在开展跨境融资、担保、资产转让等业务时使用人民币进行计价结算。以开放个人跨境人民币业务为突破口，允许自由贸易区证券公司、基金管理公司、期货公司、保险公司等非银行金融机构开展与港澳地区跨境人民币业务。第四，支持粤港澳三地机构在自由贸易区内合作设立人民币海外投贷基金。通过"投贷联动、境内外联动，基金运作与企业发展联动"，实现以资本输出带动产业能力输出，为国内企业"走出去"提供市场化的操作平台和专业化的投融资综合服务，并为人民币国际化提供新途径。第五，扩大支付服务领域，对港澳开放征信服务业。

（5）促进贸易投资便利化。

进一步简化流程，对于片区内货物贸易外汇管理分类等级为A类的企业，其货物贸易收入无须开立待核查账户，而且允许它们选择不同银行来办理经常项目提前购汇和付汇，大大提高了业务办理的灵活性和便利性。

第四节　广东自由贸易区运作的负面清单管理

一、"负面清单"的内涵

"负面清单（Negative List）"是与"正面清单（Positive List）"相对应的一种贸易制度。其中，正面清单制度详细列明了一国在引进外资的过程中允许外资企业投资的领域。而负面清单指的则是一国在引进外资的过程中，对凡是与国民待遇或最惠国待遇不符的管理措施或业绩要求、高管要求等方面的管理措施，均以清单形式公开列明。负面清单以外的领域、产业和服务，外资企业均可以进入。也就是说，该清单列明了企业不能投资或者投资受到严格限制的相关领域、产业和服务，相当于一份投资领域的"黑名单"。目前，世界上大多数国家或地区在外商投资领域都实行了负面清单管理，不仅包括美国、加拿大、欧盟、新加坡、韩国等发达国家或地区，也包括智利、菲律宾、孟加拉国等发展中国家。与正面清单相比，负面清单的最大不同就是其范围通常比较窄，因此其最大的优点就是透明度非常高，投资可以轻而易举地获悉一国所允许的投资领域、产业和服务，从而降低他们参与国际投资活动的信息成本。而且负面清单制度也意味着我国对外资管理由审批制转为备案登记制，这将大大简化外资进入程序和手续，并提高办事效率，从而为外资进入我国提供更大程度的便利。

二、广东自由贸易区负面清单的发展历程

2013 年 8 月 22 日，上海自由贸易区得到国家正式批准。9 月 29 日，上海自由贸易区正式成立，并颁布了《中国（上海）自由贸易试验区外商投资准入特别管理措施（负面清单）（2013 年）》，以此为试点开始探索和实施负面清单管理模式。该负面清单详细列明了不符合国民待遇等政策的 190 项外商投资准入特别管理措施，如新闻机构，图书、期刊的出版业务，音像制品和电子出版物的出版、制作业务，互联网上网服务营业场所（网吧），博彩业[①]、色情业等领域、行业和服务均属于外商投资的禁止范围。而医疗机构、经营性教育培训机构和职业技能培训机构等领域、行业和服务则实行有限制性的准入。

2014 年 6 月 28 日，国务院发布《中国（上海）自由贸易试验区进一步扩大开放的措施》。上海市政府在此精神指导下，于 7 月 1 日发布《关于公布中国（上海）自由贸易试验区外商投资准入特别管理措施（负面清单）（2014 年修订）的公告》。与 2013 年版的负面清单相比，特别管理措施由 190 项下调为 139 项，进一步缩小了外资进入的禁止性和限制性领域，使外资投资范围进一步放宽，透明度也得到进一步增强（具体见表 3 - 4）。

表 3 - 4　2015—2018 年广东自由贸易区负面清单特别管理措施的数目

版本	2015 年版	2017 年版	2018 年全国版	2018 年自由贸易区版
数目/项	122	95	48	45

① 含赌博类跑马场。

2015 年 4 月 8 日，国务院在原有负面清单的基础上，经过周密的调研和认真修订，印发了《自由贸易区外商投资准入特别管理措施（负面清单）》，并决定在包括广东在内的 4 个自由贸易区内同时实行，这也是广东自由贸易区自成立以来实行的第一份负面清单。该清单的特别管理措施在 2014 年版的基础上继续下调到 122 项，减少了 17 项，开放水平得到了进一步提升（如表 3－2 所示）。与 2014 年版的负面清单相比，其主要有三大不同：一是在清单结构上，制造业在清单中的比例大幅度降低，其相关条款由 2014 年版的近 50 条减少到 17 条。其中，在一般制造业领域，农副产品加工业、酒类、烟草、印刷、文教、工美体育和文化用品等产业完全放开，只是在航空、船舶、汽车、轨道交通、通信设备、矿产冶炼、医药制造等关系国计民生的重点制造业领域对外资有所限制。在高端制造业领域，汽车制造业的限制条款由三条减少为两条，轨道交通的限制条款由六条减少为两条。二是负面清单虽然在总体上数量有所减少，但并不是在 2014 年版的基础上简单地减少，而是有增有减，其中增加的条款主要集中在金融、文化、体育和娱乐方面。虽然表面上看这些领域的限制条款增多了，但实际上只是将其限制条款具体化了，而且更加透明，更加有利于外商的理解和操作。三是不仅出台了针对各个具体行业的特别管理措施，而且规定了适用于所有行业的平行措施。这些平行措施主要集中在股权投资和并购领域。从格式上看，也更加与国际接轨，因为它改变了以往写在说明之中的做法，而改为直接在正文中出现。

2017 年 6 月 16 日，国务院办公厅正式印发《自由贸易区外商投资准入特别管理措施（负面清单）（2017 年版）》，在原有的包括广东在内的 4 个自由贸易区，以及当年 3 月 31 日批准实行的辽宁、浙江、河南、湖北、重庆、四川和陕西 7 个新自由贸易区共同实行。这也是广东自由贸易区自成立以来实行的第二份负面清单。与 2015 年版相比，2017 年版的外商投资准入的开放度和透明度均有了大规模提升，不仅监管更加包容，而且服务更加优化。这主要体现在三个方面：一是限制性条款进一步缩减，由 50 个条目、122 项措施减少为 40 个条目、95 项措施，一共减少了 10 个条目、27 项措施。二是继续放宽外资并购的准入限制。除关联并购以外，凡是不涉及准入特别管理措施的外资并购，全部由审批改为备案管理，管理程序大幅简化。三是进一步放宽采矿业、制造业、交通运输业、信息和商务服务业、金融业、科学研究和文化等领域的限制，扩大其开放度。四是不仅按照现行国民经济行业分类的标准表述，对涉及的 27 个领域的具体条目进行规范化表述，而且依据国际通行规则和惯例，对银行服务、保险业等 25 个领域进行了技术改进，以便更准确地反映全部限制措施，从而方便外国投资者的操作，使投资便利化程度也相应地得到了很大提升。

2018 年，正值改革开放 40 年之际，国家发展改革委、商务部于 6 月 28 日发布了《外商投资准入特别管理措施（负面清单）（2018 年版）》。紧接着，6 月 30 日，又重磅联合发布了 2018 版《自由贸易区外商投资准入特别管理措施（负面清单）》，在包括广东在内的 11 个原有自由贸易区及新批准的海南自由贸易区共同实行。

自由贸易区版负面清单是在全国版负面清单的基础上进行的调整，表述方式和格式基本保持统一，但是清单的条目更少，这意味着外资所受的限制也进一步减少，且有一些比全国版负面清单多出的内容置于括号之中，方便相关外资企业的理解和操作。与 2015 年版负面清单相比，2018 年版的外资限制范围进一步缩减，由 40 个条目、95 项内容调整为 32 个条目、45 项内容，开放的力度和深度再次刷新了历史纪录，有利于继续扩大吸引外商投资的开放领域，加快形成中国改革开放的新格局。

三、负面清单（2018年全国版）的主要内容

与2015年版的负面清单相比，2018年全国版负面清单主要有以下不同：

（一）取消了14项限制类产业的投资准入限制

这些产业主要有：采矿业中的特殊和稀缺煤类，以及石墨的勘查、开采；稀土冶炼、分离，钨冶炼；制造业中的船舶设计、制造与修理；干线、支线飞机及通用飞机的设计、制造与维修；电力行业中的电网建设、经营；交通运输行业中的铁路干线路网建设、经营，以及铁路旅客运输，船舶代理，30家分店以下的加油站；测绘公司，稻谷、小麦、玉米的收购批发。

（二）调整了多个行业的投资准入规则

具体而言，主要有：
（1）汽车制造业。
首先，除专用车、新能源车外，汽车整车制造的中方股比不低于50%。也就是说，在专用车和新能源车这两个行业，外方的持股比例可以超过50%。其次，同一家外商可以在国内建立两家及两家以下生产同类整车产品的合资企业。
（2）互联网服务。
与世界贸易组织的相关规定保持全面和充分的接轨，全面开放，不再列入禁止准入的范围。
（3）金融业。
首先，银行业：取消外资股份的比例限制；其次，证券公司、证券投资基金管理公司、期货公司、寿险公司：由中方控股调整为外资股份比例不超过51%，不再要求中方控股。
（4）法律服务业。
明确规定除提供有关中国法律环境影响的信息外，禁止外商投资中国法律事务，也不得成为国内律师事务所的合伙人。
（5）文物保护。
明确规定禁止外商投资文物拍卖的外国公司、文物商店，以及国有文物博物馆。

（三）针对各行业的实际发展情况，设定了汽车制造业、金融业取消外资股比的时间表

这一规定既明确表达了中国进一步加大开放力度的决心，又给了国内企业一个适当的过渡期，有利于它们提前做好准备，有目的、有规划地调整自己的发展方向，同时也有利于外商为进入中国市场提前做好投资计划和安排。具体而言，取消外资股比的时间如下：
（1）汽车制造业。
首先，计划在2020年取消对商用车制造业中的外资股比例具体限制；其次，计划在2022年取消乘用车制造业中的外资股比例限制及同一家外商可以在国内建立两家及两家以下生产同类整车产品的合资企业的限制。
（2）金融业。
计划在2021年取消证券公司、证券投资基金管理公司、期货公司、寿险公司的外资股比限制。

四、负面清单(2018 年自由贸易区版)的主要内容

在负面清单 2018 年全国版的基础上,2018 年自由贸易区版又进行了调整,限制内容由 48 项减少为 45 项,并对部分要求和标准进行了修改。主要涉及以下内容:

(1)种业。

小麦、玉米新品种选育和种子生产,不再要求中方控股,而是调整为中方的股份比例不低于 34%,开放性明显增强。

(2)采矿业。

①取消石油、天然气(含煤层气、油页岩、油砂、页岩气等除外)的勘探、开发限制。②新增"未经允许,禁止进入稀土矿区或取得矿山地质资料、矿石样品及生产工艺技术"的规定。

(3)核燃料及核辐射加工业。

取消相关的禁止性规定。

(4)电力、热力、燃气及水生产和供应业。

①核力发电:取消"核电站的建设、经营必须由中方控股"的规定。②管网设施:取消"城市人口 50 万以上的城市燃气、热力和供排水管网的建设、经营必须由中方控股"的规定。

(5)交通运输、仓储和邮政业。

①水上运输业:新增"不得通过经营或租用中国籍船舶或者舱位等方式变相经营国内水路运输业及其辅助业务;水路运输经营者不得使用外国籍船舶经营国内水路业务,但经中国政府批准,在国内没有能够满足所申请运输要求的中国籍船舶,并且船舶停靠的港口或者水域为对外开放的港口或水域的情况下,水路运输经营者可以在中国政府规定的期限或者航次内,临时使用外国籍船舶经营中国港口之间的海上运输和拖航"的规定。②航空客货运输:新增"只有中国公共航空运输业企业才能经营国内航空服务,并作为中国指定承运人提供定期和不定期国际航空服务"的规定。③邮政业:增加"禁止经营邮政服务"的规定。

(6)电信。

增加"基础电信服务经营者须为依法设立的专门从事基础电信业务的公司"的规定。

(7)法律服务。

新增"外国律师事务所只能以代表机构的方式进入中国,且不得聘用中国执业律师,聘用的辅助人员不得为当事人提供法律服务,如在华设立代表机构、派驻代表,须经中国司法行政部门许可"的规定。

(8)教育。

新增"外国教育机构、其他组织或者个人不得单独设立以中国公民为主要招生对象的学校及其他教育机构(不包括非学制类职业技能培训),但是外国教育机构可以同中国教育机构合作举办以中国公民为主要招生对象的教育机构"的规定。

(9)新闻出版。

①新增了"外国新闻业务机构在中国设立常驻新闻机构、向中国派遣常驻记者,外国通讯社在中国境内提供新闻的服务业务,中外新闻机构业务合作,都须经中国政府批准"的规定。②新增"经中国政府批准,在确保合作中方的经营主导权和内容终审权并遵守中国政府批复的其他条件下,中外出版单位可进行新闻出版中外合作出版项目。未经中国政府批准,

禁止在中国境内提供金融信息服务”的规定。

（10）广播电视播出传输、制作、经营。

①新增“对境外卫星频道落地实行审批制度”的规定。②新增“引进境外影视剧和一卫星传送方式引进其他境外电视节目由国家新闻出版广电总局指定的单位申报。对外合作制作电视剧（含电视动画片）实行许可制度”的规定。

（11）电影制作、发行、放映。

新增“放映电影，应当符合中国政府规定的国产电影片与进口电影片放映的时间比例。放映单位年放映国产电影片的时间不得低于年放映电影片时间总和的2/3”规定。②新增“但经批准，允许中外合作企业合作摄制电影”的规定。

（12）文物考古。

新增“禁止不可移动文物及国家禁止出境的文物转让、抵押、出租给外国人。禁止设立与经营非物质文化遗产调查机构”的限制规定，以及“境外组织或个人在中国境内进行非物质文化遗产调查和考古调查、勘探、发掘，应采取与中国合作的形式并专门审批许可”的规定。

（13）文化娱乐。

新增“文艺表演团体必须由中方控股”的规定。

本章小结

广东自由贸易区占地总面积116.2平方千米，共设三大片区，分别是广州南沙片区、深圳前海蛇口片区以及珠海横琴片区，具有强大的贸易优势。第一，地理位置十分优越，均位于东部沿海城市，拥有很长的海岸线。广东自由贸易区最大的特色之一就是毗邻港澳，侧重港澳合作，和香港、澳门有密切的地缘关系和经济来往。第二，交通极为便利。广东自由贸易区海运港口星罗棋布，港口基础设施完善，货物吞吐量特别是集装箱吞吐量稳步上升，在我国居于前列，具有强大的海洋运输能力。另外，以铁路、地铁、航运、航空为支撑的综合交通体系四通八达，促进了广东自由贸易区海、陆、空联运为一体的现代化运输。第三，广东特别是珠三角，是广东自由贸易区的经济腹地。广东省GDP实力强劲，排名连续多年在全国居于首位。经过长期的政府培育和创新能力的不断提升，已经形成以广州、深圳、东莞、珠海、佛山、中山为中心，包括珠江两岸等各个城市在内的规模大、能力强的以轻工业为主的全面发展的综合性工业体系，特别是形成了众多优质的制造业产业集群，逐步成为我国乃至世界的制造业基地和产业集群，进出口贸易也维持良好的发展态势。第四，广东自由贸易区成立以后，对外开放和政策改革的广度和力度进一步加大。在相关法律法规方面，国家对自由贸易区也给予了更大更多的自主权，涉及投资类、贸易类、金融类、财税类、综合类等方面，政策叠加优势十分明显。

凭借这些贸易优势，广东自由贸易区获得了飞速发展。2016年4月26日，广东省自贸办下发了《关于印发依托中国（广东）自由贸易试验区降低国际贸易成本促进贸易便利化若干意见的通知》，从加快企业通关、完善新型贸易业态监管、降低企业运营成本、收费成本和融资成本等多个方面着手，不断提高广东自由贸易区内的贸易便利化水平。具体而言，主要包括下列贸易便利化措施：①推进智能通关体系改革。主要包括：积极推进海关登记备案改革，大大简化报关企业和双重身份企业的注册登记手续；积极推进广东自由贸易区各片区国际贸易"单一窗口"建设，实现多个部门间的"一口受理、并联审批、信息共享、结果互认"，大大提高行政效率；积极实施"互联网＋易通关"改革，引领通关制度的便利化改革；建设和完善"智检口岸"，建成同时包含对内综合业务管理和对外公共服务的平台；建设"智慧海事"系统，提供更加优质和高效的监控、救援等服务，并与其他口岸单位实现互联互通和共享共用，实现信息共享；创新检验检疫模式和监管机制，实施差别化的"智检通"口岸通关模式、分线监督管理模式，以及推进第三方检验检测结果采信和检验检测认证结果互认等措施。②完善新型贸易业态监管模式。主要包括：利用互联网平台，以大数据技术为支撑，完善跨境电商商品的监管模式；深入推进汽车平行进口，发展多渠道、多元化的汽车流通模式，制定和完善平行进口汽车售后服务方案，协同推进海关、检验检疫和交通管理部门简化平行进口汽车上牌程序等；推动融资租赁业健康发展，一方面，实施统一的内外资融资租赁业管理改革试点，另一方面，实施租赁资产证券化试点，以支持租赁资产及相关权益进行跨境转让；积极借鉴美国的通关模式和上海自由贸易区的成功经验，实施货物状态分类监管，并推出统一的业务操作指引和具体的监管措施；支持邮轮游艇经济发展，建立快速通关查验机制，制定粤港澳游艇便利进出的管理办法，探索实施港澳游艇"定点停靠、就近联检"新型口岸管理模式。③规范进出口环节收费。主要包括：对所有进出口环节行政事业性收费、政府性基金以及实施政府定价或指导价的经营服务性收费实行收费目录清单管理；逐步减免部分服务费用，减轻企业负担，增强企业竞争力；规范实行包括劳务费、起舱机械使用费、困难作业费、工时费、部分杂项作业费、驳运费等市场调节价的收费项目，杜绝乱收费、随意收费的现象；由价格主管部门牵头，会同口岸联检单位、交通主管部门，联合对进出口环节所涉及的各项收费行为进行监督检查。④提高跨境贸易金融服务水平。主要包括：拓展企业跨境贸易融资渠道；适时实行限额内资本项目可兑换，探索建立与广东自由贸易区相适应的账户管理体系，促进跨境贸易和投融资的结算便利化；发展总部经济和结算中心，深化跨国企业集团跨境人民币资金集中运营管理改革，放宽跨国公司外汇资金集中运营管理准入条件，进一步简化资金池管理；支持人民币跨境业务创新，支持区内要素市场设立跨境电子交易和资金结算平台，推动区内银行机构与互联网支付机构合作，支持区内企业和机构在开展跨境融资、担保、资产转让等业务时使用人民币进行计价结算，支持粤港澳三地机构在自由贸易区内合作设立人民币海外投贷基金，扩大支付服务领域，征信服务业对港澳开放；促进贸易投资便利化，对于片区内货物贸易外汇管理分类等级为 A 类的企业，其货物贸易收入无须开立待核查账户，而且允许它们选择不同的银行来办理经常项目提前购汇和付汇。

目前世界上大多数国家或地区在外商投资领域都实行负面清单管理。其最大的优点就是透明度高，投资者可以轻而易举地获悉一国所允许的投资领域、产业和服务，从而降低他们参与国际投资活动的信息成本。广东自由贸易区自 2015 年开始，逐步减少负面清单特别管理措施的数目，开放的力度和深度不断刷新纪录，继续扩大吸引外商投资的开放领域，加快形成中国改革开放的新格局。与 2015 年版的负面清单相比，2018 年全国版负面清单主要有以下不同：第一，取消了 14 项限制类产业的投资准入限制。第二，调整了多个行业投资准入规则。第三，针对各行业的实际发展情况，设定了汽车制造业、金融业取消外资股比的时间表。

思考与练习

1. 简述广东自由贸易区的贸易优势。
2. 广东特别是珠三角地区已经形成了哪些产业集群？
3. 简述贸易便利化的含义。
4. 广东自由贸易区主要采取了哪些贸易便利化措施？
5. 广东自由贸易区是如何创新检验检疫模式和监管机制的？
6. 针对跨境电商这种新型的贸易业态，海关总署特别是广东分署在充分调研的基础上，推出了哪些创新性监管措施？
7. 为了推进汽车平行进口的健康发展，2018 年海关总署《商务部等 8 部门关于促进汽车平行进口试点的若干意见》的要点主要有哪些？
8. 为了减轻企业负担，增强企业竞争力，广东自由贸易区采取多种措施逐步减免了各种服务费用。具体而言，免除的费用主要有哪些？
9. 为了促进跨境贸易融资的快速发展，国家出台了哪些举措鼓励拓展企业跨境贸易的融资渠道？
10. 广东自由贸易区采取了哪些措施支持人民币跨境业务创新？
11. 简述"负面清单"的含义和优点。
12. 与 2015 年版的负面清单相比，2018 年全国版负面清单主要有哪些不同？
13. 简述负面清单（2018 自由贸易区版）的主要内容。

案例分析

案例 1：前海蛇口自贸片区发布 15 项 2018 年标志性制度创新成果

制度创新是全面深化改革的关键，也是自由贸易区肩负的崇高使命。自成立以来，前海蛇口自贸片区深入贯彻习近平总书记重要指示精神，始终坚持以制度创新为核心，把制度创新和前海的优势结合起来，瞄准自贸片区各领域改革的难点、堵点和痛点问题，通过开放倒逼改革，通过改革激发市场活力，构建起"制度创新＋"的前海模式，实现了跨越式高质量发展。

2018 年 10 月 24 日，习近平总书记再次视察前海时指出，"前海的模式是可行的"，"要研究出一批可复制可推广的经验，向全国推广"。总书记明确提出"前海模式"这一概念，将地方的工作经验上升到"模式"的高度，对深圳和前海工作既是充分肯定，更是莫大鞭策。

2018 年，在市直各部门、各中央垂直管理部门的高度重视和大力支持下，前海蛇口自贸片区聚焦八大领域新推出了 95 项制度创新成果，至此，已累计推出 414 项制度创新成果。为集中展示市内各相关单位在 2018 年前海蛇口自贸片区制度创新工作中的成效和贡献，进一步总结改革创新经验以谋求更高水平的制度创新和改革开放，经单位自行推荐、专家集中评审等程序，前海蛇口自贸片区管委会组织评选出了 15 项"2018 年片区标志性制度创新成果"。这 15 项成果，具有明显的首创性、代表性、引领性、市场获得感和可复制可推广价值，进一步彰显了前海蛇口自贸片区"制度创新策源地"和"改革开放试验田"的重要作用。

(一)前海管理局：打造外商投资"一口受理"升级版

通过外资"一口受理"平台，企业只需在系统一次填报，在窗口一次提交材料，即可获取营业执照和外商投资备案回执，实现了真正意义上的"一窗受理、一表申报"。同时，通过出台经营范围自主申报、外商投资窗口业务受理和审批标准化等一系列措施，进一步压缩工作人员自由裁量权，提升外资企业准入办理效率，打造廉洁高效的行政审批服务。

借助该平台，在将外资备案改为商事登记后置备案的基础上，企业申报数据实现了在国家商务部外商投资综合管理应用系统和深圳市市场监督管理委员会商事登记系统的同步推送、协同申报和实时共享。

"一口受理"平台升级版上线后，企业办理营业执照和外商投资备案回执时限从自由贸易区成立前的 20 个工作日减少到 2 个工作日。2018 年 6 月 30 日，商务部与国家工商总局将外商投资企业商务备案与工商登记"单一窗口，单一表格"模式在全国复制推广实施；2018 年 12 月 28 日，该平台荣获由南方日报社评选的"2018 深圳十大改革"项目。截至目前，前海蛇口累计注册外商投资企业超过 1 万家，实际利用外资超过 154 亿美元。

(二)前海税务局：推出全国首个 VR 办税厅

全国首个 VR 办税厅采用先进的 720°实景漫游技术，百分之百还原实体办税厅，纳税人足不出户即可利用手机在线浏览大厅的各个区域设置和功能。VR 办税厅将所有办税业务分类别、流程化，业务窗口定向对接流程指引，给纳税人带来"私人定制"般的导税体验；提供一体化"互联网＋"创新服务，给纳税人带来生动形象、高效便捷的办税服务，为实地办税提质增效。通过 VR 办税厅，税务部门实现税收咨询、纳税辅导"7×24 小时"服务，在现场结合实名办税，配合语音识别、人像识别等技术，实现纳税人的刷脸办税、语音申报等一系列创新优质服务，全面提升了前海税收营商环境。

(三)深圳海关：推出"保税＋社区新零售"模式

综合运用国家级"跨境电商综试区""前海湾保税港区"及"供应链创新与应用试点区域"的叠加优势，创新"保税＋社区新零售"模式。该模式把卖场从保税港区搬到市民居住的社区，海外商品可以凭保出区，市民可以更便利地买到心仪的商品，企业也可以加快货物和资金的流转。

"保税＋社区新零售"模式在全国率先实现了跨境电子商务、社区实体店、物流到家的优势互补、叠加创新，以"新零售"助推消费升级。自 2018 年 8 月以来，前海湾保税港区的跨境电商保税商品陆续进驻顺丰优选的方鼎华庭店、南海玫瑰园店、新洲花园店，为市民购买海外商品提供了便利，增加了自由贸易区贸易便利化政策的溢出效应。

(四)深圳海关：创新进出境游艇监管模式

2018 年，深圳海关发布《中国(广东)自由贸易试验区深圳前海蛇口片区进出境游艇监管办法(试行)》。通过"出入境通关、监管查验、码头设置、牌照互认、航行区域规划"等创新做法，探索建立"定点停靠，就近联检"的新型口岸管理模式，为市民通过游艇出行与旅游互访提供了新途径。该模式实现了"四个首创"：全国首创进出境游艇海关监管的规范性文件；全国首创游艇"运输工具＋暂进货物"双属性监管模式；全国首创游艇定价征税模式，且对境外游客自驾进境的游艇，在不用于其他商业行为和商业目的的前提下，暂免征收进口税款；全国首创担保方式。

2018年11月15日，该监管办法颁布后的首艘境内籍游艇"飞鲨"号从深圳湾游艇会启航在香港中环码头成功停靠。进出境游艇监管模式的创新，有助于深港两地游艇产业互补、共同发展，将带动深圳旅游休闲及延伸的社会消费等产业发展。

（五）深圳海关：支持建设"海运国际中转分拨集拼中心"

在前海湾保税港区监管仓库内，对境外进口货物、国际转运货物、区内出口货物进行分拨、集拼、转运、清关等业务，打造MCC前海模式。企业可依托深圳西部港区每周160班次的海运集装箱航线，将全球各地进口、中转货物拼装运抵前海湾保税港区，在区内按照货物流向、商业安排进行分拨和重新拼箱。依托该模式，企业可在前海实现全球揽货、中转分拨、进出口集拼等一站式业务。同时，运抵至园区待出口的国内货物可以与国际中转货物按流向完成拼箱，使得商业运作更加灵活。

该创新模式将吸引国际中转柜从新加坡等地转移至前海，既可为深圳港的发展提供增量货源，优化西部港区集装箱吞吐量的结构，又可通过分拨集拼为企业节约海运中转和出口的物流成本，强化自由贸易区国际航运枢纽港的地位。预计到2020年前海湾保税港区的中转集拼箱量将达到1万到1.5万标箱，2025年会达到10万标箱，可为物流企业和货主节省约4000万美元的运输成本。

（六）深圳海事局：建立超大型邮轮及集装箱船进出港口绿色通道

深圳西部水域狭窄，船舶交通流量大，通航环境复杂，海上交通承载力已达到警戒水平，通航资源不足的问题越来越突出。自由贸易区内邮轮泊位按22万总吨设计，但由于青马大桥通航限高，铜鼓航道通航等级及内伶仃岛雷达站信号问题，超大型邮轮及20万吨级集装箱船进出自由贸易区港口受到了较大的限制。深圳海事局通过在全国率先建立超大型邮轮及集装箱船进出自由贸易区港口绿色通道，成立专项工作小组做好港航企业协调，安排专职船艇和人员24小时提供高效现场交通组织，并联合深圳引航制定超大型船舶航行限制条件，明确航行气象海况要求，尽可能避免因通航限制问题导致船期延误，便利超大型船舶进出港。绿色通道制度实施以来，有效保障了超大型邮轮和集装箱班轮按计划顺利靠离自由贸易区港口。

据初步估算，2018年共计服务前海蛇口自贸片区邮轮进出港约178艘次，各相关企业节省费用约4000万元，直接提高了邮轮通航效率。

（七）经国家外汇管理局批复前海开展资本项目收入支付审核便利化试点

2018年2月，经国家外汇管理局批复同意，前海在全国率先开展资本项目收入支付审核便利化试点。试点企业可凭支付指令直接在银行办理资本项目收入的相关支付，无需向银行逐笔、事前提供相关交易凭证，使手续简化，流程缩短，便利化程度大大提高。

目前，已有 29 家符合条件的企业办理了试点业务，支付金额合计达 12.8 亿元人民币，并已成功复制推广至南沙、横琴片区以及全国其他地区。此项试点政策的实施，是前海对资本项目兑换改革的积极探索，可为下一步实施更高程度的资本项目兑换积累经验，也是"推动形成全面开放新格局""实行高水平的贸易和投资自由化便利化政策"的新举措，为前海打造开放层次更高、营商环境更优的开放型经济新高地提供了新助力。

（八）前海金融资产交易所：首创人民币债权资产跨境交易平台

深圳前海金融资产交易所有限公司（以下简称"前交所"）全力推进人民币资产跨境交易业务，为境内外市场提供资产跨境转让的交易平台，为人民币债权资产跨境交易双方提供资产真实性审核、交易见证、资金监管、交易结算、备案登记等服务。

2018 年 3 月 8 日，前交所完成了全国首单商业保理资产对外转让业务，亚洲保理（深圳）有限公司向境外投资机构转让了 4 笔共计 372 万元人民币的应收账款债权。2018 年 4 月 11 日，前交所又完成了全国首单融资租赁资产对外转让业务，由弘高融资租赁有限公司对境外转让个人汽车租赁 83 笔应收租金，共计金额 500 万元人民币。此举标志着全国首个以人民币计价、结算的债权资产跨境交易平台的建立，为境内外交易双方提供了跨境交易居间服务，提高了境内企业资产流转效率，打开了境内 13 万亿企业应收账款资产跨境交易的市场，是自由贸易区金融创新政策的具体实践，为丰富离岸人民币投资品、探索人民币资产国际定价、推动人民币国际化做出了积极尝试。

（九）招联消费金融：首创 GPS 渔网与机器学习创新应用

招联消费金融在行业首创 GPS 渔网，通过密度聚类算法将 GPS 网格划分并针对团伙作案的高风险区域进行动态识别，解决了反欺诈认定难问题。通过构建行业领先的机器学习模型，建立了全新反欺诈模式和反欺诈自学习闭环。反欺诈 GPS 渔网与机器学习创新应用项目在短短一年内实现了多个欺诈团伙的识别和防控，欺诈认定率从 1.5‰提升到 37%，最大提升 244 倍。据初步统计，2018 年共拦截欺诈客户 28000 人以上，减少损失约 9500 万元人民币。

（十）前海管理局联合国家互联网应急中心：建立"前海鹰眼系统"加强金融风险防控

前海管理局与中央网信办的国家互联网应急中心合作，依托"国家队"科技实力和国家互联网大数据，建设了"前海鹰眼系统"。该系统可识别互联网金融平台服务器的部署位置，识别前海企业在境外运营互联网金融平台的情况，实时监测近 6 万家金融企业，涉及 20 多类金融业态，有效破解了跨地域经营企业的管理难题。

系统通过对企业股权关联关系的分析，实现了对金融企业的穿透式监测，通过设置舆情指数，对涉嫌失联跑路、停止运营、逾期兑付等情况做到早发现早处置。2018 年，"前海鹰眼系统"实时监测近 6 万家前海金融业机构的网络舆情，针对 87 家机构形成风险监测报告，协助深圳市经侦部门提供实际经营地及服务器部署位置 244 家，协助深圳市金融办开展对 271 家机构的核查，已预警命中一批出险机构，实现了风险的早发现、早防范、早处置。

（十一）前海管理局：推出"守信激励"创新产品与服务

2018 年 6 月，国家发改委发起成立了"守信激励创新产品与服务联盟"（简称"信易＋"联盟），前海合作区被国家发改委纳入"信易＋"联盟成员单位，成为全国 8 个试点园区之一，并成为广东唯一一个试点地区。

一是在前海深港青年梦工场、基金小镇、人才公寓等区域，为守信主体提供优惠便利的办公设备和家居设施租赁服务——"信易租"。通过租金月付、随租随还等形式，初创企业首年用于办公设备的成本可下降 85%。二是联合区内金融服务机构，创新打造纯信用贷款产品"信易贷"，对区内守信企业在授信额度（额度可达 200 万）、贷款期限、贷款利率等方面给予倾斜，助力企业融资发展。

"守信激励"创新产品与服务为前海创建信用经济试验区打下了坚实基础。截至 2018 年 12 月，中国工商银行已提款白名单客户共 5 户，累计贷款金额 748 万元。招商银行除拓展白名单客户外，还为前海定制开发"前海信＋"系列产品，打通了线上申请渠道，为片区中小微企业服务。

（十二）前海管理局：打造"一带一路"混业法律服务新模式

在深圳市司法局、前海管理局和深圳市贸促委联合主管单位的指导和各法律服务机构的共同努力下，前海合作区多家律师事务所发起成立了"一带一路"法律服务联合会（以下简称联合会）这一新型专业性社团组织。联合会设立后，发挥桥梁纽带作用，促进律师、公证、仲裁、调解、知识产权、会计服务、公司法务等法律服务行业探索混业合作，推动深港法律服务业深度合作，拓展"一带一路"沿线国家地区华语律师合作网络，携手为粤港澳大湾区建设和"一带一路"建设提供优质、高效、跨境、配套的法律服务和法律保障。

2018 年 12 月 18 日，在法制日报社举办的首届"一带一路"优秀法律服务项目评选颁奖活动中，前海"一带一路"法律服务联合会获评"十佳法律合作机构"奖。

（十三）前海公证处：首创跨境公证法律服务

根据《中华人民共和国公证法》《公证程序规则》规定，前海公证处依法向参与海外投资的企业提供背景资质等信息的公证证明服务和公证法律事务服务。除依法通过官方渠道公开获取相关企业的工商登记信息、披露信息外，还向被调查企业进行调查核实。通过建立与境外的委托机构便捷沟通的渠道，在双方理解一致的基础上确定公证服务内容，确保公证书的使用效果。

目前，前海公证处累计办理各类涉外业务 13158 件。其中，发往"一带一路"国家和地区的公证书 1322 份，涉及新加坡、马来西亚、土耳其、希腊、沙特阿拉伯、印度、哈萨克斯坦、俄罗斯、捷克等 40 多个"一带一路"国家和地区，为促进深圳市与世界各地的经济和文化交流发挥了"传达信任"的桥梁作用。

（十四）前海管理局：推动实现港澳居民在前海工作免办就业证

前海管理局推动广东省委组织部、省人社厅等十二个部门联合印发《关于粤港澳人才合作示范区人才管理改革的若干政策》，提出在深圳前海就业的港澳居民免办《台港澳人员就业证》。

2018 年 3 月，前海发布公告，在全国范围内率先落地港澳居民在区内工作免办《台港澳人员就业证》。借助该项创新举措，省去了港澳居民办理就业证需要往返市出入境检验检疫部门体检和领取体检报告，以及到外专部门申报并领取证件共需往返 3 次的程序，能节约一周左右的时间。

2018 年 7 月 28 日，国务院决定在全国范围内取消"台港澳人员在内地就业许可"。实施了 24 年的台港澳人员内地就业许可制度，最终在前海率先实现突破，随即在全国推广复制。

(十五)前海管理局联合市住房公积金管理中心：推动实现港澳居民在前海缴存住房公积金

2018 年初，港澳台居民缴存和提取住房公积金的便利举措在前海率先落地，并在深圳全面推广实施。在前海工作的港澳居民、外籍人士，允许自愿缴存住房公积金，在缴存和提取住房公积金方面享受市民待遇，且可享受住房公积金个人住房贷款权利(限自住)。通过落实该项创新举措，直接提升了港澳居民 10% 左右的待遇，并使其可享受住房公积金购房贷款等优惠，进一步提升了港澳居民在前海工作的获得感。

2019 年，前海蛇口自贸片区继续坚持以习近平新时代中国特色社会主义思想为指导，以习近平总书记视察广东、深圳和前海的重要讲话精神和对自由贸易区建设的重要指示为指引，继续发扬"敢闯敢试、敢为人先、埋头苦干"的特区精神，坚持新发展理念，在深入总结评估开放开发所取得成绩的基础上继续解放思想，积极探索改革开放的新途径、新经验，切实推动统筹谋划和改革创新，力争形成更多跨部门、跨区域、可复制可推广的重大制度创新成果，不断丰富拓展制度创新"前海模式"的内涵，持续推动"改革不停顿、开放不止步"，为切实提高自贸片区发展的质量水平、建设新时代改革开放新高地而不懈努力。

【案例来源：《深圳特区报》(《前海蛇口自贸片区积极打造"前海模式"》)，2019 - 01 - 07；作者：王剑峰，何龙，立根茂】

案例 2：南沙自由贸易区：打造高水平 对外开放门户枢纽

广州市南沙区广生路 19 号，奥翼电子科技股份有限公司(简称奥翼电子)的总部坐落于此。今年 2 月，《广州市城市总体规划(2017—2035)》草案发布，南沙被定位为"高水平对外开放门户枢纽"。

抓住这一机遇，奥翼电子乘风出海。"南沙作为高水平对外开放的门户枢纽，其平台效应与纽带作用为区内企业提供了许多国际合作和交流的机会。"奥翼电子总经理陈宇向时代周报记者介绍，利用南沙新的发展契机，技术交流方面，企业可以便利地与国外及香港高校进行交流与合作；融资方面，企业可以充分对接海外投资机构，拓宽了融资渠道。同时，南沙的地缘优势和智能化通关体系还为企业拓展海外市场提供了便利，加快了国际化的步伐。"南沙正处于国家级新区和自由贸易区双重国家战略叠加发展的时期，是国家新一轮对外开放、参与经济全球化竞争与合作的重要平台和载体。"陈宇总结道。

在南沙自由贸易区，像奥翼电子这样的企业不在少数。据了解，自 2015 年南沙自由贸易区挂牌以来，三年间累计新设企业 50318 家。华南城市研究会会长、暨南大学教授胡刚在接受时代周报记者采访时指出，地处粤港澳大湾区几何中心的南沙，是广州未来发展的重要极："随着轨道交通的建设，南沙将从地理几何中心向交通中心转变，其门户枢纽的功能将进一步显现。"

"下一步，我们将以南沙作为粤港澳全面合作示范区的重要载体，推进粤港澳三地通关便利化，重点支持涉及人、财、物等生产服务要素自由流动的特色产业发展。"南沙自由贸易区官方在回复时代周报记者采访时称。

(一)深度参与"一带一路"建设

以广州、香港和澳门为点，描绘圆周，圆周恰好覆盖粤港澳大湾区 11 个城市。在超过10000 平方千米的覆盖范围内，圆心恰好落在广州的南沙新区。自"一带一路"倡议提出以来，拥有独特优势的南沙自由贸易区肩负着携手探索、共同搭建"一带一路"服务平台、深度参与"一带一路"建设的重任。

从南沙出发，89 条国际班轮航线，连接世界 100 多个国家和地区的 400 多个港口。64 个"一带一路"沿线国家，除不丹外，均与南沙有贸易往来。今年 7 月，南沙自由贸易区启动了"陆铁联运"对接"中欧班列"项目，货物出口到欧洲的运输时间比海运节省 1 个月，成本节省50% 以上，初步形成了以南沙自由贸易区为支点，连接东南亚和欧洲的多元化外贸物流渠道。据官方统计，今年 1—9 月，南沙与"一带一路"沿线国家进出口贸易值达 354.7 亿元，与泛珠三角区域合作交流不断加强，成立南方国际产能和技术合作中心、中国贸促会南沙服务中心，与爱尔兰香农自由区、东莞滨海湾新区、川南自贸片区等建立战略合作关系。

对接"一带一路"建设，畅通国际物流大通道，随之而来的是南沙外贸业务的增长和跨境电商的外贸新业态的蓬勃发展。

今年"双十一"当天，南沙保税港区验放清单票数达 339.99 万票，同比增长 64.5%；验放货值达 7.84 亿元，同比增长 61.9%；验放税款达 8871.79 万元，同比增长 53.2%。以汽车平行进口为例，三年来南沙汽车平行进口量年均增长 1.5 倍，已成为全国第二大平行汽车进口口岸。

聚焦粤港澳大湾区建设，是南沙自由贸易区提升国际合作的另一大利器。南沙正加快建设南沙粤港深度合作园，同时探索建设粤澳合作葡语国家经贸园和粤港澳专业服务集聚平台，充分发挥港澳的独特优势，对接国际合作。截至今年 10 月，南沙自由贸易区累计设立港澳企业 2644 家，投资额达 731 亿美元。

据了解，2017 年，南沙自由贸易区新设企业 22736 户，同比增长 60%；注册资本新增5500 亿元，同比增长 246%；特别是自由贸易区挂牌以来，自由贸易区内企业从原来的 660户增长近 76 倍，达 5 万多户，目前已落户 121 个世界 500 强企业投资项目和 103 家总部型企业。

这样的成果与创新密不可分。南沙自由贸易区成立三年来，形成了 376 项改革创新举措，平均 3 天推出一项，其中有 19 项在全国范围内得到推广复制，90 项在广东省推广，"跨境电商监管模式""企业专属网页"入选商务部"最佳实践案例"。

(二)打出金融靓牌

日前，南沙在政府公开网站上挂出一张清单，将近年来国家、省市赋予南沙的多重政策全部梳理清楚，境外投资者再也不用"蒙查查"。据介绍，为增强金融业对外开放的透明度，进一步落实国家对外开放的重大举措，近日，广州南沙开发区投资贸易促进局联合广州南沙开发区金融局发布了《广东(南沙)自由贸易区金融业对外开放清单指引(2018年版)》。

金融，是广州在粤港澳大湾区建设中打出的一张靓牌。作为区域金融中心，广州在金融领域的综合实力，将为区域经济协调发展尤其是粤港澳大湾区城市群建设提供有力支撑。

2018年6月，广州南沙国际金融岛正式启动，国际金融论坛(IFF)永久会址项目正式落户南沙。IFF被誉为全球金融领域的"F20"，其落户南沙，将充分发挥IFF金融外交平台和战略智库作用，吸引国际资本和高端金融人才在南沙集聚。

9月5日，《关于广州扩大金融对外开放提高金融国际化水平的实施意见》(以下简称《实施意见》)新闻发布会在广州市金融中心举行。据悉，《实施意见》在"一带一路"及粤港澳大湾区建设的重大机遇下提出，而目前广州是一线城市中首个出台金融扩大开放专项政策的城市，由此可展现出广州提升金融国际化水平的决心。

《实施意见》明确十条任务，包括放宽外资准入限制、降低港资澳资金融机构准入门槛等，其中多项任务与南沙直接相关。南沙作为重要金融改革创新平台，在跨境人民币、港澳金融机构合作等先行先试领域已有较大突破，截至2018年9月，南沙港澳金融类企业达1496家，占全区金融业企业总数的25%。而CEPA框架下首家粤港合资的广证恒生证券研究所有限公司、首家外商股权投资基金合伙企业均落户南沙。

据南沙方面介绍，南沙将建设成为金融业对外开放试验示范窗口、粤港澳金融全面合作示范区，重点发展科技金融、航运金融、跨境金融、粤港澳金融合作等现代化特色金融服务体系，打造国际领先的南沙金融服务品牌。

时代周报记者从南沙方面获悉，挂牌三周年来，南沙自由贸易区累计形成17个金融改革创新案例，涉及跨境支付、跨境人民币贷款和缴税等方面。同时，南沙自由贸易区还开展了熊猫债、跨境人民币双向贷款、跨境双向人民币资金池、跨境资产转让等多项跨境金融创新业务，累计跨境人民币结算额超2977.48亿元，区内多家银行为跨境电商开立跨境结算账户，并简化收结汇手续。

截至2018年9月，南沙金融企业达6013家，比自由贸易区挂牌前增加49倍，涵盖银行、证券、保险、融资租赁、股权投资、商业保理等多类金融业态，并在保险、期货等多个领域实现了"零"的突破。摩根大通期货公司、中邮消费金融公司、复星健康保险公司等持牌法人金融机构，越秀国际金融中心、中金岭南等一批大型企业金融总部项目已落户南沙，已初步构建并形成有竞争力的特色金融体系。

(三)探索更高层次开放

2018年11月23日，国务院发布《关于支持自由贸易区深化改革创新若干措施的通知》(以下简称《通知》)，进一步全面深化改革和扩大开放，为中国自由贸易区注入新的动能，赋予自由贸易区更大改革自主权，探索更高层次的对外开放。

新一轮改革开放的重任在肩，南沙自由贸易区蓄势谋求突破。

今年年初，时代周报记者从南沙自由贸易区官方获悉，已上报国务院的《中国(广东)自由贸易试验区深化改革开放方案》明确提出"探索在广州南沙保税港区，设立自由贸易港区"，加快南沙自由贸易港建设。早前，广州港务局一名负责人曾在接受时代周报记者采访时表示："大家都在申报自由贸易港，但是我们的工作要走在前面，不能等。"他表示，无论自由港的建设批不批，南沙港区都将积极地探索制度创新，"对标自由贸易港去做"。

目前，南沙自由贸易区的初步工作设想是：依托南沙独特的地理区位优势和优越的港口基础条件，围绕推动国际中转、国际分拨、国际贸易发展，实施更高标准的"一线放开、二线安全高效管住"，最大程度简化一线货物的监管手续，打造货物"自由进出"的管理模式。

"自由贸易港的第一要素，就是必须进行隔绝，做到一线监管，二线不能渗透。"华中科技大学教授、光谷自贸研究院院长陈波向时代周报记者指出。除此之外，放开贸易准入条件，建立离岸型经济管理体制，以及探索基于国际贸易业务，与国际通行做法相衔接的金融、外汇管理规则，实现资金的"自由流动"，均在南沙自由贸易区下一步工作设想之列。

胡刚告诉时代周报记者："国家要逐步把自由贸易区打造成自由贸易港，这个政策是明确的，只是时间的问题。"他认为，自由贸易区主要以货物贸易为主，而自由贸易港包括人、财、物等要素的自由流动，"南沙自由贸易区具有探索自由贸易港建设的优势和条件，加上距离港澳较近，可以积极借鉴港澳的经验。从自由贸易区到自由贸易港，将是一个巨大的发展空间"。

面对新的发展机遇，南沙自由贸易区方面对时代周报记者表示，目前，自由贸易区围绕国际贸易和离岸贸易发展的金融配套体系和税收体系有待提升，而在建立集约化的管理机构方面，如何建、怎样最大程度整合、优化海关等监管机构职能，仍在进一步探索之中。

【案例来源：《时代周报》（《南沙自由贸易区：打造高水平 对外开放门户枢纽》），2018 - 12 - 04；作者：程洋】

第四章　广东自由贸易区运作的内容框架（二）

第一节　广东自由贸易区运作的税收管理

一、自由贸易区税收政策的主要特点

世界上第一个自由贸易区是建立于 1959 年的爱尔兰香农自由贸易区（Shannon Free Zone）。该园区设立之初的目的是增进爱尔兰西部农村地区的就业并增加税收。从世界经验看，税收政策是自由贸易区发展不可或缺的一环，而税收管理的核心是税收优惠。

自由贸易区最重要的使命，就是促进区内货物贸易和服务贸易的自由化。因此绝大多数的自由贸易区都是以促进对外贸易为主，对进出口商品免征关税并且允许企业在区内自由从事货物存储、转移与再加工等活动。这样做一方面可以促进本国（地区）经济和对外贸易的发展，另一方面也能增加本国（地区）的财政收入和外汇收入。税收优惠不仅能吸引贸易与投资的快速发展，而且能促进本地区的产业调整。

总体上看，目前世界主要自由贸易区的税收优惠政策具有如下几个方面的特点。

一是征收税种少，部分税种得到豁免。例如一些沿海国家的自由贸易区、自由港出于扩大进出口贸易的目的，对企业的关税基本上是豁免征收的。还有一些国家的自由贸易区对离岸业务一般只征收资本利得税、利息股息预提税、企业所得税等直接税种，而不征收间接税种。

二是税率优惠，直接降低企业税负。为吸引国内外的投资者，自由贸易区都会对区内企业实施较低的税率，保证区内企业的总体税负水平低于其在自由贸易区外的总体税负水平。像现在新加坡、香港地区和韩国等地的著名自由贸易区都对区内部分或全部企业实施15%的企业所得税优惠税率。

三是税收优惠方式多样化。为避免出现"税收洼地"的现象，自由贸易区采取的税收优惠手段逐步间接化，加速折旧、税额扣除、投资抵免、亏损弥补等在实践中被频繁应用。在新加坡自由贸易区，部分满足条件的同一集团内的企业可以互相利用亏损冲抵上年的税前利润，以达到整体减少集团企业所得税缴纳的目的。此外，自由贸易区在纳税服务上的优化升级，也使得纳税申报更加简便快捷，这同样也是税收优惠方式多样化的体现。

二、广东自由贸易区税收管理状况

根据我国改革开放以来的实践情况，自由贸易区的优惠政策力度应不低于现有各经济特区、新区和各类试验、开发区，在投资、贸易、金融、服贸等方面则应更加宽松灵活一些。自由贸易区最重要的使命，就是促进区内货物贸易和服务贸易的自由化。

广东自由贸易区与港澳相邻，更加突出同香港、澳门的合作，特别是针对服务业的开放衔接。除此之外，广东自由贸易区也是推动我国与东盟进行经贸合作的重要平台。税收征管体制改革是推动广东自由贸易区贸易和投资便利化且与国际投资贸易规则体系相衔接的重要一环。

2016年，上海、广东、天津、福建四大自由贸易区共实现税收收入4090.55亿元，远远高于全国同口径税收增速，税收收入主要来自现代服务业（占比近9成）。在广东自由贸易区，涵盖企业管理、法律、咨询、知识产权等内容的租赁和商务服务业发展较好，行业税收占区内税收的比重达23.6%。自由贸易区内的汽车制造，船舶、航空航天等运输设备制造，专用设备制造等三大行业税收分别同比增长44%、42.8%和15%。

从税收看，区内港澳台和外商投资企业税收合计占比达37%，同比增长13.6%，高于全国平均增速10.2个百分点。其中，广东和福建自由贸易区港澳台投资企业税收增长90.3%和100.4%，加速实现与港澳台的协同发展。在税收制度创新上，广州南沙开发区地税局在全国率先推出"自主有税申报"，全区近万户纳税人无须进行"零申报"，大幅减轻了纳税人的负担。

在国家"国税地税征管体制改革"战略部署的大背景下，广东自由贸易区对标国际先进标准，充分发挥自由贸易区改革创新试验田作用，大胆闯、大胆试、自主改，深度整合管理服务资源，不断深化税收领域的"放管服"改革。2018年7月，广州南沙开发区国家税务局、原广州市南沙区国家税务局、原广州南沙开发区地方税务局和原广州市南沙区地方税务局正式合并，国家税务总局广州市南沙区税务局正式挂牌成立。

广州市南沙区税务局率先推行"先办理后监管""自主有税申报"、复杂事项事先裁定、税收优惠政策"一对一"推送和"不来即享"、房地产交易全流程微信办税等一系列与国际接轨的改革创新举措，开展便民办税春风行动，落实"一厅通办""一键咨询""最多跑一次"和新办纳税人"套餐式服务"，实施跨省经营企业涉税事项全国通办，试行出口退（免）税无纸化，委托邮政线上线下代征税款、代开发票，全区6个办税服务厅共80个窗口全部实现"全业务一窗通办"，办税便利度和纳税人获得感持续提升，为南沙自由贸易区营造了国际化、市场化、法治化的税收营商环境。

三、广东自由贸易区运作中税收管理的重要性

随着各行各业竞争加剧，企业的利润空间也越来越小。对于所有企业来说，降低税收负担，就能降低经营成本，增强企业的竞争力。对于自由贸易区内的企业来说，多样化的税收优惠政策还能减轻企业负担，提高企业运作效率，促进企业引进人才，加快企业转型升级。

（一）减轻企业税收负担

企业缴纳的税收，如增值税、消费税、营业税、所得税等，还有纳税时的交通成本、时间

成本以及与税务机关的沟通成本，对于企业来说都是税收负担。税收负担重，企业的成本就大，盈利就会变小。高税负往往会使企业的资金运转矛盾加剧，进而影响企业的未来发展。广东自由贸易区在多种税收上的减免政策能在不同程度上减轻各类企业的税收负担。

（二）提高企业运作效率

运作效率体现在企业的日常业务活动中。纳税作为企业经营的一个必要环节，其办理效率的高低将直接影响企业整体的运作效率的高低。广东自由贸易区制定推行税收创新举措，大大简化了企业的纳税流程、手续以及递交的材料，缩短了企业的办税时间，可以提升企业的运作效率。

（三）促进企业引进人才

人才在企业的发展壮大中有至关重要的作用，没有人才，再好的资源也无法得到有效整合和运作。如何吸引人才，是企业在市场竞争中不可忽视的重要课题。例如，深圳前海自贸片区的目标是打造现代服务业体制机制创新区和现代服务业发展集聚区，其在个人所得税上的优惠政策就既有利于吸引更多的境外高端紧缺人才加入，又有利于帮助企业聘请境外高端人才和紧缺人才。

（四）加快企业转型升级

税收优惠政策主要是通过改变资源、价格以及产业布局来实现对经济的影响，或为了鼓励一些产业部门的发展，对特定产业所得税进行减免，从而使该产业以低成本的竞争优势更快地发展起来，达到调整经济结构的效果。根据国家关于现代服务业转型升级的总体部署和指导意见，广东自由贸易区为企业量身定做了多项税收优惠政策。这些政策重点扶持支柱产业和新兴产业的发展，鼓励企业自主创新和调整产业结构。园区企业以及有入驻意向的企业可以适当调整业务类型或主营业务，达到享受优惠政策的标准。税收政策已成为支持园区企业向高附加值领域发展和升级的一大助力。

四、广东自由贸易区税收征管体制改革创新实践

广东自由贸易区在税收管理方面进行了一系列的实践与改革。比如，对外商投资实行负面清单及准入前国民待遇；实施企业年报公示、经营异常名录制度；完善国际仲裁及商事调解机制，成立南沙国际仲裁中心，可选择港澳营商规则、港澳的仲裁规则和港澳仲裁员；组建广州国际航运仲裁院、自由贸易区法律服务中心、广州国际金融仲裁院自由贸易区分院及广州知识产权仲裁院自由贸易区分院等。

广州市南沙开发区地税局在全国率先推出"自主有税申报"，大胆创新取消"零申报"，由纳税人在发生纳税义务的时候自行申报纳税，构建自由贸易区税收管理新模式，使全区近万户纳税人无须进行"零申报"，大幅减轻了纳税人的负担。

目前南沙的税收优惠政策有：上海自由贸易区已经试点的进口税收政策原则上可在南沙自由贸易区进行试点；在严格执行货物进出口税收政策前提下，允许在自由贸易区海关特殊监管区域内设立保税展示交易平台；提供有形动产融资租赁服务和有形动产融资性售后回租服务，对其增值税实际税负超过3%的部分实行增值税即征即退政策；支持整车进口口岸发

展商品汽车国际中转业务，对以国际中转为目的的进口整车进入具有进口保税功能的保税仓实行保税政策；自 2016 年 7 月 1 日起正式实施境外旅客购物离境退税政策；实行 15% 的企业所得税与个人所得税。

深圳前海蛇口自贸片区力争经过 3 至 5 年的改革试验，营造国际化、市场化、法治化的营商环境，构建开放型经济新体制，实现深港澳深度合作，加快培育国际合作和竞争新优势，逐步实现开放型经济治理体系和治理能力现代化，成为投资贸易便利、服务体系健全、金融创新功能突出、监管高效便捷、法制环境规范、辐射带动效应明显的中国自由贸易区新标杆。

经过几年的实践与积极探索，广东自由贸易区取得了以下经验。

（一）强化税源专业化管理，逐步增强税源管控能力

税收管理专业化是税收管理活动规律的外在表现形式，而税源管理则是税收征管工作的核心。一是推进落实税收征管规范的全面落地，夯实基础业务专业化、规范化管理。二是及时调整岗位设置，组织税务人员进行针对性培训，提高税务人员专业化能力。三是健全税源动态预测机制，深入基层、主动走访政府部门和企业，及时了解重点税源、重点项目的落户及发展情况，加强国税、地税等多部门合作，运用现代科技和大数据加强税源分析，及时、准确地掌握税收运行动态，对重大项目实行"一对一"全程服务。四是完善重点税源监控管理机制，全面深化税源风险管理，加强风险统筹管理，按行业开展税源监控，构建自由贸易区征稽风险联防体系，打造专业风险应对团队，及时主动发送税务提醒，减少纳税人涉税风险。

（二）强化税收服务意识，主动创新，服务自由贸易区发展

一是与其他部门协作，专门成立工作领导小组服务自由贸易区的经济发展，跟踪服务片区内重大投资项目，从审批、交流、办税、政策四个方面实现直通服务模式，并且将深化国税、地税合作作为创新服务自由贸易区的头号工程。二是建立"对话机制"，开展体验、座谈会、千户纳税人专项调查活动，开通国税和地税微信公众号，广听纳税人服务诉求。三是积极探索符合自由贸易区基本法律法规体系的，且与自由贸易区发展需求相配套的税收优惠政策，加大优惠政策宣传落实力度，积极主动地推行各项税收政策。四是量身打造"电子税务局"，建立以电子办税为主的多元化办税服务渠道，积极落实开展"互联网 + 税务"行动计划，推动国库业务、出口退（免）税、发票管理等多项工作实现无纸化、电子化和全流程网上办理，提升"南沙速度""特区速度"，全省率先实现税控发票网上申领、邮递送达，取得多个全省和全国第一的创新性工作成果，为企业缩短了办事时间，甚至帮助企业提高了资金周转率和利用率。

（三）先行先试，拓宽合作领域

深入推进国税、地税合作。例如，作为首批"广东省国税、地税合作县级示范区"，南沙专门建立联席会议制度，成立国税、地税合作项目小组，构建"项目制"以及"领导牵头、联合办理、合力推进"的联动落实机制，多项合作走在了广州市、广东省甚至全国前列。一是联合办税。国税、地税联合开展税务登记，全面实现多证合一，实施"一口受理、联合办税"，"一照一码"改革已经拓展至工商、质监、国税等 12 个部门，实现多部门"十二证三章"联办，在全国遥遥领先，极大地改善了国内外企业的投资环境。截至 2016 年 3 月，已经建成 2 个 24

小时联合自助办税服务厅，并有 5 大项 68 小项国税、地税业务率先实现"一窗联办"，惠及上千户次纳税人。二是联合评估。国税、地税组建国税、地税联合评估攻坚组，共同选定行业和税种，联合开展专项评估，对同时存在风险疑点的业户共同开展纳税评估，采取多种措施排查风险，实现税收风险"三方共防"，2015 年国税、地税共联合评估税款过千万元。三是联合宣传。门户网站互设一键链接，微信公众号互设友情链接，联合利用地铁专列、志愿驿站等多种形式进行税收公益宣传，突破传统税收宣传模式，为纳税人提供一站式税收宣传辅导服务。四是信息共享。依托"互联网"和"大数据"，共建信息互通机制，定期交换个体工商户联合商定相关数据、纳税人登记信息、纳税人申报缴纳税款情况、纳税人税收风险信息、国税和地税税收统计分析资料、税收遵从协议等相关信息，主动推进信息融合，有效降低因信息不对称或传递不及时而导致的执法风险。

（四）简化涉税行政审批，实现便民优质高效办税

一是率先创新推行"先办理、后监管"的税收管理服务新模式，不断精简事前审批事项，使税（费）业务中即办事项占比高达90%，处于全国领先水平，限时办结事项的耗时也大大缩短。二是实施简并征期，对小规模纳税人的增值税由"按月申报"改为"按季申报"，便利纳税人。三是在全国率先推出"自主有税申报"创新举措，对现行税种认定方式进行改革，强调纳税人申报税款的自主性，突破了现行制度规定，适应了自由贸易区条件下制度创新的需要，不仅有效减轻了纳税人负担和办税成本，提高了纳税人自主纳税意识和纳税遵从度，而且减少了税务机关的工作量，减轻了大量"僵尸数据""垃圾数据"对系统运行的消耗，实现了征纳"双减负"。四是强化税收政策专题辅导和跟踪服务，将现行有效的地方税收优惠政策汇编成册，并为纳税人提供主动推送和个性化订阅服务。这些重要的改革使得办税服务更加"便利化"，不仅符合国务院对我国政府行政管理体制改革所要求的"简政放权、放管结合、优化服务"的原则，也符合现代税收管理理念，更呼应了广东自由贸易区自身发展的形势要求，适应了商事制度改革和自由贸易区投资集聚效应新常态，进一步优化了自由贸易区市场化、国际化、法制化的营商环境。

（五）依托"互联网＋"，紧扣时代主题创新税收服务

将"互联网＋"的理念运用到税收服务中。一是打造全流程"电子税务局"，全面对接纳税人需求，积极探索推进全业务电子化办税服务，细化推出以电子税务局为核心的"办税 e 揽子创新服务 22 条"，加快推进自由贸易区接轨国际、便捷高效的税收服务管理。二是全力打造智慧自由贸易区"互联网＋自贸税易通"，在全力落实国家税务总局"办税一网通 10 ＋10"的基础上，进一步出台了"自贸税易通"12 项创新税收服务措施，为区内三个片区的企业提供了接轨国际、便捷高效的税收管理服务。三是提供"互联网＋电子发票"的"开票易"电子发票服务，将优化发票管理作为提升服务能力的重要突破口，使公共服务行业步入"零成本、无纸化"的发票管理新时代，实现了发票管理与服务的有机结合。四是提供"互联网＋税融通"服务，全面推行纳税信用等级电子证书，使诚信纳税的企业、获评 A 级的纳税企业，不仅可以享受简化办税流程、压缩审批内容和办结时限等便利，还可以通过"税融通"项目向多家银行申请无抵押贷款，切实实现了中小企业纳税信用的可"兑现"，使纳税企业真切地感受到了"诚信纳税带来的回报"。

（六）加大风险管理，创新风险管控，在简化行政审批、优化办税流程的基础上，加强事中事后监管

一是通过多种渠道（建设"自由贸易区"版纳税人学堂和网站、微博、微信等）向纳税人提供宣传、咨询服务，引导纳税人依法申报相关税费，满足纳税人个性化税收宣传的新需求。二是按照"放管结合、风险可控"的原则，建立包括咨询纠错、智能纠错和数据纠错"三位一体"的纠错机制，有效地防范纳税人不报、错报、漏报等问题和监管风险。三是应用"大数据"风险管理方式，按照"后监管"工作规程，推进"互联网＋信息共享"行动，通过财务数据分析、开票申报数据比对、国税和地税信息交换以及其他第三方数据利用等方式，挖掘纳税人办税风险节点，通过主动推送服务，让纳税人及时自我纠正，最大限度地帮助纳税人避免不报、错报和漏报等行为的发生，既增强了纳税人的税法遵从度，又提高了税务部门风险管控的能力。

五、广东自由贸易区运作中税收管理的前景与方向

（一）加快税收立法，完善现有的税收法律法规

我国宪法中只有一条涉及税收的条款，除此之外，并没有税收基本法或税法通则，税法领域的法律目前也只有四部，《中华人民共和国税收征收管理法》（以下简称《税收征管法》）在某种意义上起到了一些税收基本法的作用，但还远远不够，尤其是对自由贸易区而言的专门立法更是一片空白，现有各项优惠政策均以规章形式或红头文件的形式出现。因此，必须加快税收立法步伐，尽快将包括税收内容的自由贸易区立法提上议程，以此推动自由贸易区建设，推动税务管理步入法治化的轨道。

（二）梳理现有优惠政策，构建统一的政策平台

改革开放以来，国家已经在各特区、新区、开发区等出台了一系列税收优惠政策，这些政策多数已经过反复实践，并被证明是合理有效的。我们认为，在新一轮改革启动之际，应对这些已有的政策进行统一梳理，并作为自由贸易区发展的统一平台，在此基础上权衡优惠政策的调控幅度，避免出现"自由贸易区不冒"和政策碎片化、打乱仗的现象。比如上海自由贸易区内的企业以股份或出资比例等股权形式给予企业高端人才和紧缺人才的奖励，可实行已在中关村等地区试点的股权激励个人所得税分期纳税政策；区内注册的融资租赁企业或金融租赁公司出口退税试点可运用天津滨海新区的成功政策经验等。

（三）突出先行先试，实现税收政策"突围"

税收优惠政策是吸引跨国公司总部的核心因素之一，也是争取离岸业务的关键。但目前上海自由贸易区在离岸贸易企业所得税和个人所得税方面仍与香港、新加坡等地存在差距。国际船舶注册登记税收优惠力度小，影响了离岸贸易发展以及中资船舶回国登记注册，进而影响了上海国际贸易中心和航运中心的建设。随着整个改革的深入推进，自由贸易区要争取形成更为开放的税收政策体系，以释放出更大的改革红利。

当下各国在自由贸易区的税制创新主要表现在减少税种和降低税率两个方面，值得我们

借鉴。一方面，我国当前的税种设计比较繁杂，存在重复征税现象，建议停止一些税种的征收，并在自由贸易区先行先试。另一方面，可考虑推出离岸贸易、金融的特殊政策，采用低税率、对境外投资收益采用分期缴纳所得税等优惠政策，支持企业发展。

（四）优化机制，实现税收管理制度创新

自由贸易区要突破和创新的不仅仅是税收机制，更是税收管理机制。如上海自由贸易区"办税一网通"10项税收创新服务措施。这10项创新措施包括网上自动赋码、网上发票应用、网上区域通办、网上自主办税、网上审批备案、网上资格认定、网上非贸管理、网上按季申报、网上信用评价、网上服务体验等。其中，网上自动赋码税务登记免审核，是对传统方式的历史性突破，这种有效的创新应适时大力加强。

第二节　广东自由贸易区运作的综合管理与服务

一、南沙、前海、横琴三大合作平台综合情况

(一)广州南沙

2015年2月中国(广东)自由贸易区南沙新区片区获批后,着力打造"粤港澳全面合作示范区",吸引了大批港澳企业投资兴业。目前,南沙有港澳企业超850家,涵盖了金融创新、法律服务、总部经济、高端商务、港航物流等众多领域。一是注重谋划先行。研究制定了《广州南沙建设实施CEPA先行先试综合示范区方案》,与港澳分别签署合作协议。二是注重宣传推介。发挥知名企业、行业协会的引领带动作用,多次组团赴港澳推介南沙投资环境,邀请香港中华总商会、澳门贸易投资促进局等派团来穗考察。三是注重改革创新。积极推动南沙新区在投资、医疗、法律等领域与港澳合作,开展先行先试,首家粤港合伙联营律师事务所国信信扬麦家荣(南沙)律师事务所已经成立;注意用足用活国务院金融领域创新15条政策,穗港合资的广州广证恒生证券研究所有限公司等香港金融机构已落户南沙;推动实施"一试三证"试点和执业资格互认工作,消除粤港澳专业资格人才流动壁垒。

(二)深圳前海

前海是粤港澳创新合作示范区,其通过积极的制度、政策创新,努力为港人、港资、港企提供更好的服务。前海大力推进《促进前海深港合作总体方案》《促进前海深港合作2015年行动计划》等各项措施的实施,不断创新和丰富深港合作模式及内容,推动深港合作进入紧密合作的阶段。港货中心、金银业贸易场项目、深港青年梦工场以及前海金控与汇丰、恒生、东亚的合资项目均进展良好;港资现代服务业产业集群规模初显,在金融、科技服务业、专业服务业、融资租赁、跨境电商等方面,港企、港人参与度高。目前,前海已有8000多家港澳企业进驻,汇丰、恒生、嘉里、周大福、港铁等标志性港资企业落户前海,100多个香港创新团队进驻青年梦工场。

(三)珠海横琴

珠海横琴新区加快推进粤澳合作产业园建设。由澳门特区政府推荐进入横琴粤澳合作产业园的33个项目中,已有18个项目签订合作协议,16个项目取得用地,12个项目举行了开工仪式;粤澳合作中医药科技产业园前期发展中心已投入使用,有30家企业进驻商业孵化中心。目前,横琴已有1000多家港澳企业注册登记,港澳企业数量增长迅速。此外,产业指导目录、进出口税收政策、出入境检验检疫、海关监管办法、企业所得税优惠目录等国家政策实施细则已相继出台。港澳居民个税补贴办法已经实施,澳门单牌车出入横琴政策也已落地。

二、广州南沙新区片区的综合管理与服务

(一)一口受理

"一口受理"在线系统平台通过整合商业行业分类,汇集各部门审批事项信息,为投资者及企业提供公司注册及信息查询服务,帮助企业策划来南沙营商、开展和拓展业务。

目前,通过"一口受理"窗口,企业可直接查询南沙营商环境、办理许可证照申请、查询公司名称是否已被使用、申请免费注册地址及为公司起名等。在该板块下,企业可以实现"营业执照""证照联办"等业务的办理,并通过"智能导办"系统自动识别企业需要办理的证明。

(二)产品质量溯源

通过"广东智检口岸公共服务平台",实现跨境电商商品溯源和市场采购商品溯源。溯源体系由一个平台、三个支撑系统组合而成,一个平台指"智检口岸"公共服务平台,是在商品质量价值传递过程中的数据汇集中心及逻辑处理中心;三个支撑系统分别指质量溯源查询系统、质量信息接入系统、溯源码标识系统。

广东自 2012 年开始建设进出口商品全球质量溯源体系,以信息化、智能化为手段,打造了"智检口岸"大数据平台,并于 2015 年 6 月 1 日在全国率先上线跨境电商商品质量境内溯源,于 2015 年 9 月 1 日在全国率先实现跨境电商商品质量境外溯源,于 2016 年 1 月 1 日在全国率先对跨境电商进口商品和进境预包装食品实施二维码溯源。

全球质量溯源体系不断完善,对进出口商品从工厂生产阶段到出厂、流通、进出口、消费等全部环节进行信息分段采集,并针对生产者、消费者、进出口商、物流企业、其他监管部门等分级展示货物名称、质量信息、检验检疫监管信息、物流信息等溯源信息。

(三)海关对外服务平台

设置"广州海关对外服务平台",为企业提供海关网上服务。该平台设有"广州海关互联网+易通关平台""广州海关互联网报关""关邮e通""广州海关企业信用信息公开""通关车辆状况查询""跨境电子商务企业备案申请指引、状态查询""邮递物品查询""个人税单查询""企业注册登记"等业务板块。

(四)海关行政审批网上办理平台

通过"中国电子口岸"提供海关行政审批网上审批业务。该"中国电子口岸"是国务院有关部委将分别掌管的进出口业务信息流、资金流、货物流等电子底账数据集中存放到口岸公共数据中心,为各行政管理部门提供跨部门、跨行业的行政执法数据联网核查,并为企业及中介服务机构提供网上办理进出口业务服务的数据交换平台。

(五)打造自由贸易区政策性信用保险综合服务平台

南沙联合中国出口信用保险公司广东分公司,联手打造了自由贸易区"走出去"政策性信用保险综合服务平台。双方已形成常态化合作机制,合作内容十分丰富。

第一，建立出口信用风险防范体系。引导南沙企业合理利用出口信用保险保障出口收汇安全、开拓国际市场，提高出口信用保险对自由贸易区企业的覆盖率，促进自由贸易区外经贸企业的转型升级。

第二，打造经贸交流合作信息沟通平台。利用中国出口信用保险公司在海外的驻外机构和商务网络，积极吸引境外企业到南沙投资以及协助南沙企业"走出去"，持续推进落实国家"一带一路"建设。

第三，保险业务支持。研究推出具有"南沙自由贸易区""一带一路"等国家发展战略特色的创新型保险业务。举办定向培训、行业高端论坛等活动，提升南沙企业对政策性信用保险的认知以及对风险的防范能力。支持和帮助企业、银行利用出口信用保险开展融资，积极解决企业融资难问题。

第四，重点项目支持清单。建立"走出去"企业和重点项目支持清单。如在符合中国出口信用保险公司政策的前提下，中信保广东分公司在费率和审批等方面提供差异化服务，进而为企业和项目提供专项保险融资及咨询支持。

三、深圳前海蛇口片区的综合管理与服务

（一）前海湾保税港区

深圳前海湾保税港区位于深圳港西部港区，规划控制面积 3.71209 平方千米，其功能包括国际中转、配送、采购、转口贸易和出口加工等，同时享受保税区、出口加工区有关"国外货物入港区保税"等的税收和外汇管理政策。

前海湾保税港区享有国家有关保税港区的一系列特殊优惠政策，同时享受前海现代服务业示范区的相关优惠政策。封关运作以来，保税港区各项业务迅猛发展，形成了以出口集拼、离岸配送中心、全球/区域配送中心、出口转内销为核心，覆盖一般贸易、国际中转、转口贸易、采购分销、一日游等多种类型的业务模式。根据前海总体发展规划要求，保税港区将重点发展现代物流、供应链管理、航运服务、创新金融等现代服务业，并积极探索建设与国际通行惯例接轨的自由贸易港区。

1. 优惠政策

前海湾保税港区位于前海深港合作区范围内，既享有保税港区特殊的税收、外汇等监管政策和贸易便利化安排，又享有前海合作区财税、金融、人才等先行先试政策，是中国国内政策最优惠、通关最便利、运作成本最低、国际化程度最高的海关特殊监管区域之一。

根据《国务院关于支持深圳前海深港现代服务业合作区开发开放有关政策的批复》，深圳前海实行比经济特区更加特殊的先行先试政策，涉及金融、财税、法制、人才、教育、医疗以及电信等方面，具体包括探索试点跨境贷款，构建跨境人民币业务创新试验区，对符合条件的企业减按 15% 的税率征收企业所得税，对在前海工作、符合前海规划产业发展需要的境外高端人才和紧缺人才的个人所得税负给予相应补贴等 22 条政策。同时，为支持前海现代服务业创新发展，财政部、商务部设立了前海现代服务业发展综合试点，对符合条件的产业项目给予一定额度的资金支持。

2. 口岸监管

海关、检验检疫等口岸监管单位采用了更加便捷的通关管理模式，海关对保税港区与境

外之间进出的货物,实行电子报备管理。检验检疫部门对境外进入保税港区的货物,可以根据实际情况,实行只检疫不检验。根据国务院批复的《前海深港现代服务业合作区总体发展规划》,前海保税港区可借鉴国际通行做法,积极探索海关特殊监管区域的政策和制度创新,未来还将借鉴国际自由贸易区、自由贸易港通行的规则,探索建设具有国际竞争力的自由贸易港区。

3. 便利通关措施

为将自由贸易区的相关便利政策落实到位,深圳前海湾保税港区还在通关措施选择方面进行了诸多努力,并取得了一定成绩(具体见表4-1)。

表4-1 深圳前海湾保税港区相关便利通关措施

区港一体化运作	对保税港区与深圳西部港区实施"一体化"管理,对于相互之间的货物流转,采取直接调拨的方式代替传统的转关模式
	在保税港区试点推行跨境快速通关模式,使保税港区与皇岗、深圳湾等一线口岸之间流转货物无须办理施封、验封等转关手续
创新保税港区分类管理模式	在进出区环节依据企业通关资信情况,允许部分高信用等级企业先入闸到仓库卸货,后向海关办理报关手续,对相关货物实行入库查验
	拓展相关信息系统的管理功能,开发"分送集报"功能模块,并推进企业通关资信的风险评估和分类工作,扩大"先卸货、后报关"便利通关模式试点企业范围
为企业提供个性化服务	合理调配人力,为企业提供"预约式"加班服务,实现"5+2"无间隙通关
	在保税港区冷库内建立深圳关区第一个冷冻品海关专用查验台,方便经营企业对冷冻品的物流运作
	对于防尘、防静电等特种设备和特殊货物,根据企业实际情况和预约申请,通过安排关员"下厂查验"等方式确保货物顺利通关

(二)前海深港青年梦工场

前海深港青年梦工场(以下简称"梦工场")于2014年12月7日由前海管理局、深圳市青年联合会和香港青年协会三方发起成立,是服务深港及世界青年创新创业,帮助广大青年实现创业梦想的国际化服务平台。梦工场以现代物流业、信息服务业、科技服务业、文化创意产业及专业服务为重点,培养具有创新创业意念的18~45岁青年,以及具有高潜质的初创企业共200家,让他们于梦工场实践创业计划,并同时探索创新创业孵化器产业化发展的新模式。未来梦工场将凝聚国际一流的创业资源,为创业者们提供优质的资源和服务,打造具有国际影响力的创新创业中心。

截至2018年7月31日,梦工场累计孵化创业团队340家,其中港台及国际团队169家。在梦工场入驻企业中,移动互联网行业占30%,智能硬件行业占26%,文化创意行业占15%,其他领域占29%。其中超半数创业项目成功拿到融资,融资总额超过15亿元人民币。

1. 区位优势

梦工场位于前海合作区前湾片区,未来将成为前海合作区的综合发展片区,紧邻前海管理局办公楼和万科企业公馆，既有高效的政府资源支持，又有一流名企的商圈聚集。前海17000多家优质企业作为优秀的榜样可给梦工场的创业者带来强大的动力。

2. 独特政策

（1）百兆光纤网络。梦工场专线光缆可为每栋楼都提供百兆光纤的高速网络，满足各团队在互联网时代的信息交互与需求。整个园区实现高速免费 WIFI 全覆盖。

（2）场租减免。成功申请入驻梦工场的团队与企业都能够得到租金减免，可让团队省去创业初期的租金烦恼，全心全力地创新及实现梦想。

（3）拎包入驻。在梦工场的入驻团队可享受现代化的服务。人才驿站以酒店式管理模式运营，可为创业者提供优质的住宿保障。园区内还设有港式餐饮及便利商店，可为入驻的企业与团队提供最舒适的创业环境。

（4）一站式咨询服务。公司从注册到上市，梦工场的服务平台机构将为其提供一站式的咨询服务，包括投融资、会计、法律等咨询服务，以协助企业与团队解决创业过程中遇到的各种困难与问题。

（5）税务优惠。入驻前海的所有企业都将按15%的税率，征收企业所得税。境外高端和紧缺人才可享受15%的个人工资薪金所得税优惠，由深圳市政府以财政补贴的形式归还。

（6）通信移动。香港通信讯号全面覆盖，在前海工作生活的香港人士可以享受香港市内电话资费计算。

（7）区域优惠。入驻梦工场的所有企业均可享受前海深港合作区内的所有优惠政策。

（三）前海深港基金小镇

1. 小镇简介

前海深港基金小镇（以下简称基金小镇）于2016年10月正式对外发布，由前海管理局全资国有平台深圳市前海金融控股有限公司（以下简称前海金控）与深圳市地铁集团有限公司（以下简称深圳地铁）以合资公司的形式共同建设运营。基金小镇一期占地面积约9.5万平方米，建筑面积近8.5万平方米，办公面积约6.2万平方米，由28栋低密度、高品质的企业墅组成，办公容积率为0.68。该项目商业及配套完善，含基金路演大厅、投资人俱乐部、高端餐饮设施、员工餐厅等综合配套和服务实施。

2. 定位特色

基金小镇作为前海标志性产业项目，将对标基金集聚区格林尼治以及风投圣地沙丘路，构建国内外的基金产业集聚区和跨境财富管理中心，打造产业链完整、业态鲜明、模式创新、环境一流、服务精准的深港基金生态圈，为深圳金融和科技创新提供服务和支持；加速全球资本在前海聚集，成为前海金融产业发展的"引爆点"、深圳创新金融的"新名片"，使前海成为大陆与香港财富聚集的"涡旋"中心。

基金小镇已于2018年正式开镇运营。目前，瑞士银行、东亚联丰、中旅产业基金、富荣基金、中国工商银行、招商银行、广发证券、国信证券、中信证券等超过60家知名金融机构已与基金小镇达成入驻协议。到2018年底，基金小镇拟引进各类机构百余家，资产管理规模将超过万亿元。

3. 扶持政策

在政策方面，基金小镇享受前海蛇口自贸片区、前海深港合作区、前海湾保税港区三区的政策叠加，具备优质的基金服务保障体系和良好的金融产业环境。基金小镇执行前海先行先试金融创新政策和现行各级有关鼓励基金业发展的政策意见，协助入驻机构申请享受相关政府扶持政策。前海管理局将陆续对基金小镇出台扶持政策，包括财税、人才、住房、服务等，以将其打造成前海财富管理中心先导区。

四、珠海横琴片区的综合管理与服务

（一）横琴综合服务中心

工商、国地税、海关、国检、公安、房地产登记等部门的几百项业务均可在横琴综合服务中心集中办理。该服务中心有服务窗口62个，可自助网上注册和交税，实现办事不出服务中心，极大地方便了企业办事和咨询，实现了企业注册一口受理、同步审批的"一站式"服务。

与此同时，横琴在全省率先实施了"三证合一、一照一码"登记制度改革。在揭牌仪式上，9个企业获颁广东省内首批"一照一码"营业执照。"三证合一、一照一码"登记制度是便利市场准入、鼓励投资创业的重要方式，是维护交易安全、消除监管盲区的有效途径，是推进简政放权、建设服务型政府的必要选择，对于提高国家治理体系和治理能力现代化水平，具有十分重要的意义。横琴的率先实施为全省推行"三证合一、一照一码"提供了经验。

（二）具体内容

1. 实行分线管理政策

根据此前颁布的《横琴总体发展规划》，所谓"分线管理"，即对现有的横琴口岸功能进行调整，实施"人员、交通运输工具和货物的进出境查验功能分开，人员和交通工具的通关仍按目前通关模式运作放在一线查验，货物的进出境查验功能后移至二线"。

具体而言，即横琴与澳门之间的口岸设定为"一线管理"（现横琴口岸）。一是对进出境人员查验，与目前查验模式一致。二是对进出境交通运输工具，粤澳两地牌照车辆维持现行进出境查验模式，澳门牌照车辆则由广东省政府根据国务院授权与澳门特区政府签订相关协定，可进出横琴岛，但仅限在横琴岛内行驶。三是对进出境货物采用报备制，不再承担报关、报检查验功能。横琴与内地之间设定为"二线管理"（新设立通道），主要承担货物的进出境报关、报检等查验监管功能，并承担对人员携带的行李物品和交通运输工具载运的货物的检查功能。

2. 实行15%企业所得税

针对横琴自由贸易区的企业，凡属《横琴新区企业所得税优惠目录》（以下简称《优惠目录》）内产业的企业，主营业务收入占企业收入总额70%以上的，按15%的税率征收企业所得税。据了解，《优惠目录》共五大类72条，其中包含高新技术类37条、医药卫生类13条、科教研发类10条、文化创意类5条及商贸服务类7条。

3. 对港澳居民实行个税补贴

在横琴工作的港澳居民享受与港澳地区同等的个人所得税，对个税差额给予全额补贴，同时补贴部分还免征个人所得税。

4. 实施积极的人才政策

横琴自由贸易区属于全国人才管理改革示范区，根据区内特殊人才的实际贡献，在签证、居留、居住、医疗、配偶就业、子女入学、住房补贴等方面给予特殊人才相应奖励。

5. 改革企业监管方式

在横琴自由贸易区，实施"准入前国民待遇负面清单"的外商投资管理模式，负面清单以外的领域则实行备案管理。同时，还实施内地在广东与港澳基本实现服务贸易自由化的协议，进一步取消和放宽对港澳投资者的资质要求、股比限制和经营范围等准入限制。除此之外，还出台了市场主体违法经营行为（工商行政管理类）提示清单。

6. 实行创新性金融政策

横琴自由贸易区率先启动本外币兑换特许机构刷卡兑换业务，对外首发银联多币种 IC 卡。同时，还鼓励开办和推广知识产权、收益权、收费权、应收账款质押融资，大力发展租赁融资，推广非现金支付工具特别是电子支付工具。

第三节　广东自由贸易区企业运作的权益保障

探索自由贸易区企业权益保护制度是自由贸易区重点推出的领域。在知识产权保护方面，广东自由贸易区将建立知识产权统一管理和执法的体系，以及知识产权的咨询、调解、仲裁等多角度的机制。此外，相对集中的行政复议权也是可以探索的一个试点，有利于为自由贸易区内企业提供更加专业到位的行政复议服务。

一、知识产权保护

（一）国际知识产权保护趋严

国际知识产权保护趋于严格，发达国家与发展中国家在知识产权保护方面存在分歧。目前，发达国家已经不满足《与贸易有关的知识产权（包括假冒商品贸易）协议》（以下简称TRIPS）等国际知识产权公约所规定的保护条款，而是强调加大保护和惩罚力度，提高保护标准，试图建立新的知识产权全球保护体系。

2010年12月3日，欧盟27国、美国、日本、韩国和新加坡等近40个国家参与制订了《反假冒贸易协议》（以下简称ACTA），加大对全球范围假冒盗版行为的打击力度。2012年1月，有22个成员国签署了该协定。该协议的知识产权保护涵盖面广，处罚力度强。比如，互联网保护涵盖的范围包含商标、版权及其邻接权，强化互联网对数字作品的保护，要求网络服务提供商在必要时披露涉嫌侵权者的相关信息；赋予海关主动查处侵权产品的权利；规定更为严格的刑事处罚量刑标准和措施，完善刑事处罚相关执法程序等。

2012年，在美国主导的《跨太平洋伙伴关系协定》（以下简称TPP）中，奥巴马强调知识产权保护执法的重要性，试图将ACTA中的一些保护范围也纳入TPP中。TPP草案中的"知识产权篇"，从总则、合作、商品、地理标志、专利权未公开的试验或其他数据传统知识，到工业设计、执法，篇幅长达95页。其知识产权保护范围更大，一些微小的侵权行为，如出于个人用途下载音乐，也被定为犯罪，刑事法规超出现有美国法律标准。美国也试图在双边协议中向其他国家推行类似TPP的法规。

一方面，是发达国家主导下的更为严格的知识产权保护协议的出台；另一方面，是大多数发展中国家对这一新出现的非关税壁垒的严厉谴责。2010年，在TRIPS协议理事会例会上，中国和印度都表达了对《反假冒贸易协定》的担忧。印度指出，ACTA将会产生一套新的非关税贸易壁垒，"该壁垒会严重阻碍发展中国家的出口商"。中国、印度的观点得到了世界贸易组织大多数成员的支持。

长期以来，发展中国家要求发达国家在公共健康（药品专利）、传统知识（教育）、遗传资源（生物技术）等方面实现知识共享，减少国际贸易中对新技术出口的限制。他们的诉求也获得了联合国教科文组织、世界知识产权组织、国际人权组织，以及各种非政府组织的支持。

（二）广东自由贸易区知识产权管理体制创新

中国目前已有的法律条款与国际知识产权条款存在较大的差异。随着贸易投资便利化的开展，试验区内知识产权纠纷将会增多，贸易与投资便利化不仅对知识产权法律的保护提出了更高的需求，也给试验区内的知识产权保护工作带来了许多特殊问题。这些问题包括平行进口的处置；知识产权行政执法与行政管理的模式及机构设置、权限划分；多元化纠纷解决机制的加强；海关知识产权执法范围与力度问题等。

面对国际知识产权保护趋严的（或称"高标准保护"）动向，中国的自由贸易区有三种选择：一是区内实行高标准或 TPP 式的严格保护制度；二是区内除特殊行业实行高标准重点保护外，总体上按 TRIPS 的规定实施知识产权保护；三是区内遵循 TRIPS 知识产权保护规定，逐步向高标准看齐。

加强知识产权保护是一项国策，不仅有利于吸引外资进入，也有利于保护我们自己的知识成果，增加国际竞争力。

我国知识产权中的专利权、商标权和版权分属三个不同的行政管理机构管辖，管理较为分散，并且交叉执法极易导致知识产权行政执法效率低下。虽然自由贸易区知识产权保护的重要性已经是大家的共识，也一再强调要进行知识产权制度的创新，但是至今尚没有出台专门的知识产权地方法规，这充分说明了自由贸易区知识产权制度创新的困难。自由贸易区都是刚开始运行不久，各项政策都在摸索试验阶段，广东自由贸易区可以借鉴上海自由贸易区的做法。

行政管理改革方面，探索建立与国际接轨的自由贸易区知识产权行政管理和保护机制，成立自由贸易区知识产权局。通过改革，自由贸易区知识产权局统一负责辖区内的专利、商标、版权等知识产权事务的行政管理、行政执法和公共服务工作，实现知识产权工作"发展统一规划、事务统一管理、执法统一行动"的行政管理模式及"一个部门管理、一个窗口服务、一支队伍执法"的工作运行机制。"三合一"知识产权管理机构的建立，能显著提高管理效能。通过自由贸易区的实践与运作，可形成权责一致、分工合理、决策科学、执行顺畅、监督有力的知识产权行政管理体制。执法管理改革方面，专门成立自由贸易区知识产权综合执法队伍，建设高效的行政执法体系。权力和责任法律授权方面，知识产权管理机构要有明确的法律授权保障，要形成一份明确的权力和责任清单，要划清自由贸易区知识产权行政管理的主要职能和责任。

加快建立多元化、便捷化、国际化知识产权纠纷解决机制。一是加强政府引导，建立自由贸易区知识产权纠纷处理专业机构，重点组建自由贸易区知识产权保护中心，建设自由贸易区重点产业知识产权快速维权援助机构，为自由贸易区企业和个人提供有效的知识产权快速维权救济手段。二是构建自由贸易区仲裁机构、仲裁规则、仲裁司法审查意见"三位一体"的自由贸易区仲裁机制，与国外知识产权仲裁机构开展合作。三是大力推进独立第三方调解机制建设，支持行业协会、商会及商事纠纷专业调解机构参与自由贸易区商事纠纷调解。四是推进建立灵活、便捷、专业的知识产权司法审判机制，重点推进普通法院的知识产权法庭或专门法院的知识产权派出法庭或知识产权流动法庭建设。

注重构建专业化、便利化的知识产权服务机制。整合全省、全市或更大范围内的资源，推进"小核心大网络"知识产权服务集聚机制的建设，形成"基本服务—专业服务—高端服务"相结合的服务体系。建立自由贸易区知识产权专家库，成立知识产权专家团队，提升区域知识产权工作水平。建立海外知识产权信息公共服务平台，探索对外知识产权合作服务新模式。站在全球高度，整合集聚高水平知识产权服务人才，吸引国内外知识产权权利人和投资人进入区内开展知识产权转化。组建自由贸易区知识产权服务联盟，为相关重点产业、重点企业、重大经济科技活动等提供专利、商标、版权、科技、贸易、海关等知识产权服务。

二、推动权益保障制度创新

在法律以及适用法律的司法机制建构中，充分尊重商事主体自治的愿望与能力。在不违反强制性法律、法规的条件下，尊重商事主体之间创新交易结构安排的法律效力。为了保障交易安全、提升交易效率，自由贸易区内的法律争议纠纷应在合理期限内尽快解决，相关的执行工作也必须高效完成。自由贸易区内企业订立的合同与区外企业订立的合同在法律适用上一律平等，法院应当审慎认定合同效力。

权益保障制度创新包括调解（司法调解、行政调解、民间调解）、行政监管（行政复议、行政裁决）和仲裁等各种非诉讼程序。调解主要有司法、行政和民间调解，可引入独立的第三方调解机构化解纠纷，推动建立多元化纠纷解决机制。

三、广东自由贸易区纠纷仲裁和司法服务具体实践

在广东自由贸易区，三大片区当地的管辖法院也相继出台配套措施，广东前海法院及南沙法院出台各项意见，而为突出自由贸易区粤港澳深度合作的战略定位，横琴法院也将选任澳门籍陪审员等。在广东自由贸易区横琴片区正式挂牌的同时，还成立了横琴片区知识产权巡回法庭，负责审理与广东自由贸易区相关的属于珠海市中级人民法院管辖的各类知识产权纠纷案件。

设于珠海市横琴新区的珠海国际仲裁院，也发布了仲裁规则和仲裁员名册，设立了庭前会议制度、专家咨询会议制度，增强了处理复杂当事人或复杂合同纠纷的能力，服务于广东自由贸易区横琴片区。

鉴于仲裁作为国际通行的专业化的商事争议解决机制在自由贸易区法治建设过程中发挥的重要作用，上海、天津、福建、广东等自由贸易区的仲裁机构在深圳前海发起建立了中国自由贸易区仲裁合作联盟。该合作联盟由上海国际经济贸易仲裁委员会、天津仲裁委员会、福州仲裁委员会、深圳国际仲裁院、珠海仲裁委员会、南沙国际仲裁中心联合发起，有利于集聚自由贸易区优质仲裁资源，形成中国自由贸易区仲裁机构的合作交流机制，提升中国自由贸易区仲裁的专业化和国际化服务水平。

四、权益保障制度创新案例

前海中国特色社会主义法治示范区建设，在立法、司法、执法体制改革、廉政监督等方面取得了积极成效。坚持立法先行，在市人大的大力支持下，出台了"一条例两办法"（《前海合作区条例》《前海管理局暂行办法》和《前海湾保税港区暂行办法》），构建了前海法治建设基本框架。

最高人民法院第一巡回法庭落户前海，挂牌成立前海法院、前海检察院；前海法院率先开展"以庭审为中心"的诉讼机制改革，在国内首创庭前会议制度；审结首单适用香港法律的经济纠纷案件，实现前海适用香港法律的重大突破；首创港籍陪审员制度，率先探索审执分离、司法行政事务管理权与审判权分离；推动最高人民法院港澳台和外国法律查明机构"一中心、两基地"（中国港澳台和外国法律查明研究中心、最高人民法院港澳台和外国法律查明基地、最高人民法院港澳台和外国法律查明研究基地）落户前海，促使全国 10 家港澳联营律

师事务所中的 7 家落户前海，为企业"走出去"和"引进来"提供了法律支撑和保障；推动《联合国贸法会仲裁规则》首次在中国落地，组建全国唯一的自由贸易区仲裁联盟；成立前海廉政监督局，在全国率先实施纪检、监察、检察、公安、审计"一体化监督"模式。

通过制度创新，重点惩治串通投标、强迫交易以及故意损害商业信誉等破坏公平竞争的犯罪；重点惩治侵犯商标权、专利权、著作权、商业秘密等侵犯知识产权的犯罪；通过集中惩治各种经济犯罪，优化公平竞争、健康有序的市场秩序。严肃查办利用自由贸易区改革开放、制度创新之机，在市场准入、招商引资、市场监管、项目审批、土地征用、税收征管、融资贷款、货物通关、检验检疫等重点领域和关键环节发生的贪污贿赂、失职渎职等职务犯罪。综合运用检察建议、警示教育等多种手段，预防和减少各类职务犯罪案件的发生，促进自由贸易区政务管理的廉洁高效。

第四节　广东自由贸易区的粤港澳深度合作机制

一、建立联席会议制度

（一）部级联席会议制度

为推进落实《前海深港现代服务业合作区总体发展规划》的实施，经国务院批准同意，2011年9月27日，联席会议第一次会议暨成立大会在北京召开，标志深圳前海深港现代服务业合作区建设部际联席会议制度正式建立。该联席会议包括了国家发展改革委、科技部、工业和信息化部、公安部、财政部、人力资源社会保障部、国土资源部、环境保护部、交通运输部、商务部、文化部、卫计委、人民银行、海关总署、税务总局、工商总局、质检总局、知识产权局、港澳办、银监会、证监会、保监会、国家开发银行23个部委单位以及广东省政府、香港特别行政区政府、澳门特别行政区政府、深圳市政府共27个部门。

该联席会议确立了前海开发开放政策的总体方向；建立了部际协调机制，形成了国务院各部委、广东省、香港特区、深圳市联动推进前海开发开放的强大合力；达成了支持前海开发开放的多项共识，形成了国务院各部门、各相关地区合力推进前海开发开放的工作新格局。2014年1月28日，国务院办公厅发文称，经国务院同意，建立促进广东前海南沙横琴建设部际联席会议制度。该联席会议由发展改革委牵头，召集人为国家发改委主任徐绍史，成员单位增加至39个。这一制度的设立，意在加强对深圳前海深港现代服务业合作区、广州南沙新区和珠海横琴片区的联系。

（二）粤港、粤澳联席会议制度

为加强粤港两地在贸易、经济、基建发展、水陆空运输、道路、海关旅客等事务的协作，粤港合作联席会议（Hong Kong/Guangdong Cooperation Joint Conference，简称粤港联席会议）于1998年成立，下设15个专责小组，参会人员为广东省与香港特区政府高层人员。通过粤港合作联席会议机制，能进一步发挥深港、穗港、珠港合作机制作用，协调并加快推进各领域合作项目的进度，研究重点合作项目。

2017年11月18日，粤港合作联席会议第二十次会议在香港召开。会议提出，要扎实抓好重点合作平台建设，进一步扩大广东自由贸易区对香港在商贸、金融、航运、法律、科技等领域的开放，深入推进前海深港现代服务业合作区的建设，加快南沙粤港深度合作区的规划和起步区、横琴"大桥经济区"、粤港澳人才合作示范区的建设。

粤澳合作联席会议于2018年1月12日在广州举行，粤澳双方在会上就携手共建粤港澳大湾区，推进青少年交流合作，推进广东自由贸易区建设，深化社会民生等领域的合作进行了磋商。澳门特区行政长官崔世安和广东省省长马兴瑞分率两地政府代表团签署了8项合作协议和备忘录，内容涉及青年工作、食品安全、知识产权保护等多个领域，体现粤澳合作的范围正在不断拓展和深化。

二、广州南沙片区的粤港澳合作机制

南沙与港澳合作具有良好的产业基础和区位优势，借助"双区"叠加的政策优势，双方的合作取得了一定的成效，形成了良好的发展态势。

(一)加强顶层设计，突出规划引领

为做好各领域交流合作，发挥好顶层设计的作用，南沙牵头编制了《南沙区(南沙新区)深化与港澳合作第十三个五年规划》。该规划主要分析了当前与港澳合作的形势，确定了与港澳合作的发展重点、合作领域重点和实施路径等，对未来五年南沙与港澳在科技创新、金融创新、航运物流、专业服务等重点合作领域提出了任务安排。同时，开展《粤港澳服务贸易自由化政策体系》研究，积极探索并配合职能部门解决在 CEPA 框架下扩大对港澳开放存在的政策障碍，利用自由贸易区先行先试的创新体制机制，进一步推动粤港澳服务贸易自由化。

(二)深化与港澳政界的沟通交流，建立更紧密的合作沟通机制

积极推进与港澳合作的多个项目。例如，在粤港合作第二十一次工作会议上，广州南沙粤港澳深度合作区建设被列入会议重点工作清单；"推动南沙建设 促进澳门经济适度多元发展"被 2016 年粤澳合作联席会议列为会议议题；穗澳合作专责小组第五次会议将"推进穗澳两地在南沙新区设立面向葡语国家的跨境电子商务合作"和"推动穗澳青年创业就业合作"列入议题。此外，通过发挥粤港、粤澳合作联席会议及穗港、穗澳合作专责小组等机制作用，与港澳特区政府进一步增进共识，不断增创粤港澳合作新优势，进而为粤港澳合作深化创造条件。

(三)做好面向港澳地区的招商引资工作

在总部经济方面，香港新地、珠江船务、粤海、新滔等投资性公司已落户南沙，总注册资本达 4.16 亿美元；中银通、珠江电力燃料、天创时尚鞋业、方兴地产、中石化新海能源等多家港资区域销售与运营总部项目也已落户，国际时尚文化总部基地已开工建设。具体措施如下：

1. 加强与港澳半官方、商协会的交流合作

与香港总商会、香港中华总商会、广东省粤港澳经贸合作促进会、麦家荣联营律师事务所等港澳商协会建立合作关系，并签订合作框架协议，开展经贸合作。通过商协会等机构广泛了解并收集港澳业界发展需求，深挖合作商机。定期向合作机构发送南沙建设最新成果、重要政策出台、重要项目落地等信息，实现以商招商。

2. 开展杂志宣传

与国内外知名杂志合作，主要以人物专访、内容定制、内刊专辑、栏目协办、公关活动推广、活动报道等形式，开展南沙招商引资和与港澳合作的宣传推介工作，积极打造高层次、高效率，有影响力的经贸合作平台。

3. 举办推介会

重点围绕区位优势、政策机遇、产业发展、交通条件等，全面宣传推介南沙的建设成果

和投资环境。结合南沙的招商方向，有针对性地参加在港澳举办的国际性专业展览，如香港贸发局举办的"亚洲金融论坛""亚洲物流及航运会议"等。同时，派出招商小分队举行系列推介活动，进行靶向招商，提升南沙知名度及影响力。

（四）与港澳共同推进平台性项目建设

与港澳通过打造功能性、平台性项目，以点促面，在形成功能和产业集聚上下功夫，全力寻求与港澳合作的亮点突破，尤其是经贸深度合作的突破。打造粤港澳专业服务集聚平台，选择法律、会计、金融、咨询服务等具有示范效应的行业进行试点，通过导入香港产业模式、香港专业服务、香港管理、香港仲裁模式等板块，以工作小组或领导小组形式集聚一批港澳专业服务提供者，鼓励并支持港澳专业服务人士为南沙企业"走出去"提供专业服务。打造葡语系/西语系国家商品展示销售综合平台，建设内容包括商品线下展示平台、企业展示平台、投资接洽平台、葡语系国家和澳门文化展示平台，以及线上销售（电子商务）、进出口贸易、仓储物流等。建设南沙粤港深度合作区，按照内地法律框架借鉴引入香港标准规则的原则，由粤港联合规划设计，借鉴香港标准，粤港联合开发建设。在资讯科技、专业服务、金融及金融后台服务、航运物流、研发及科技成果转化、国际教育培训等生产性服务业领域与香港深化合作。

（五）其他领域合作创新情况

1. 共建科技创新创业中心

香港科大霍英东研究院设有 4 个研发部和 16 个研发中心，已承担 973、863、国家自然科学基金和商业合作项目近 400 项，被国家科技部认定为"国际科技合作基地"，被广东省科技厅认定为"粤港产学研集合科技创新平台"。"香港科技大学第六届百万奖金国际创业大赛"总决赛在南沙成功举办，共吸引了 500 多个创新创业团队参加。由香港科技大学、澳门大学、中山大学、华南理工大学、广东工业大学、广州大学联合发起的"粤港澳高校创新创业联盟"在南沙香港科技大学霍英东研究院正式揭牌成立。启动了港澳青年学生实习就业基地"百企千人"计划，批复了 15 家区内企事业单位为"港澳青年学生实习就业基地"。

2. 粤港澳金融创新

一是港澳企业积极参与自由贸易区金融创新。CEPA 框架下首家粤港合资的广州广证恒生证券投资咨询有限公司、首家外商股权投资基金合伙企业——广州赛富兆星股权投资基金在南沙自由贸易区注册设立，香港越秀集团收购香港创兴银行并在南沙设立自由贸易区支行。CEPA 项目下粤港合资全牌照项目港方申报踊跃，香港尚乘资产管理有限公司、第一上海投资有限公司、贝格隆证券有限公司等 7 家港资证券公司都拟与境内茅台集团、广东粤财等知名企业在南沙发起设立全牌照合资证券公司。二是跨境人民币业务不断创新，促进穗港金融合作。与香港合作发行"熊猫债"业务，完成了国内首只交易所市场公募熊猫债的发行，开启了交易所市场熊猫债发行的序幕，创兴银行有限公司 15 亿元熊猫债在全国银行间市场成功发行。

3. 航运物流方面

"粤港跨境货栈"项目采取创新的粤港陆空跨境联运中心管理模式，于 2015 年 6 月试运行，使货物从香港机场到南沙最短只需 4 小时。广州航运交易所被交通运输部确定为"对接港澳，联通西江，服务泛珠三角地区的综合航运服务平台"，全年完成船舶交易艘数 459 艘，交易额达 17.24 亿元，有望发展成为南沙港航物流产业的系列服务配套示范平台。

4. 在新业态发展方面

香港四洲集团跨境电商直购中心、霍英东集团自邮行跨境商城、香港莎莎集团等项目纷纷进驻，形成了以直购体验新业态为特色的跨境电商产业集聚发展态势。

三、深圳前海片区的粤港澳合作机制

（一）成立前海合作区咨询委员会

前海合作区咨询委员会是为组织实施国务院批复的《前海总体发展规划》而设立的高层决策咨询、参谋机构，是向国家有关部委、广东省、深圳市提供前海开发开放决策咨询意见的重要平台，也是支持前海合作发展论坛运作，与国内外各界人士对接对话的重要载体。

2012 年 8 月 6 日，前海咨询委员会在深圳成立并举行第一次会议。该委员会由 17 位内地及香港知名专家学者和业界人士组成，全国人大常委会副委员长华建敏任咨询委员会主任委员。

前海合作区咨询委员会的主要任务是：对前海合作区经济社会发展中具有全局性、战略性、长远性的重大问题，组织力量开展调查研究，提供咨询意见和建议；为前海部际联席会议研究决定重大问题、重大政策、重大项目，提供咨询意见；为前海深港现代服务业合作区开发建设领导小组提供关于前海合作区的重大决策、重要规划的咨询意见和建议；为前海合作区发挥先行先试作用，进行体制机制创新，创造优良法治环境，提供咨询意见和建议；对深港紧密合作、融合发展等其他重大问题，开展专项调研，提出咨询意见和建议。

咨询委员会将建立定期活动制度，原则上每年召开一次全体委员大会。咨询委员会也可根据咨询事项的需要召开不定期专题会议。委员会下设的秘书处负责组织筹办，秘书处设在前海管理局。

（二）前海的深港合作体现

1. 产业合作

在产业合作方面，入区企业达到 16 万多家，总注册资本超过 9 万亿元，其中港资企业将近 9000 家，港企资本规模达到 9000 多亿元。

2. 人才合作

（1）香港高校大学生到前海实习。

从 2014 年起，前海管理局大力引进香港大学生到前海实习。2015 年，在全区范围组织提供了 700 多个实习岗位，截至 2015 年 8 月底，已有 268 名香港大学生到岗进行为期一个月的实习活动。

（2）成立专业咨询委员会。

2014 年，前海先后成立了金融、法律、规划建设、青年事务四大专业咨询委员会，港方委员占委员总数的三分之一以上。2014 年 12 月 30 日，举办首届前海深港人才合作年会，共聘请了 7 名内地和香港人才专家担任前海全国人才管理改革试验区人才顾问。

（3）香港高端人才来前海就业。

创新开展内地与港澳律师事务所合伙联营试点、港资工程建设项目试点等工作，突破体制机制的障碍，引进前海亟须的香港律师、建筑师等专业人才。先后制定香港注册税务师、会计师、房屋经理等政策，推动香港专业人士到前海执业从业。2014 年 1 月 3 日，与省人社厅、市人社局签订《共建人才工作改革创新窗口单位备忘录》，共同推动深港跨境职业资格互认。目前，香港注册税务师、会计师、社会工作者、信息科技人才等十几类人才可在前海从业执业。2014 年 12 月 30 日，挂牌成立"前海深港博士后交流驿站""前海留学人员创业园"，为香港博士、青年人才等在前海创新创业提供资金补贴、咨询服务等。

3. 法治合作

2015 年 9 月 20 日，中国港澳台和外国法律查明研究中心、最高人民法院港澳台和外国法律查明基地、最高人民法院港澳台和外国法律查明研究基地正式落户深圳前海深港合作区。建立"一中心两基地"，加强并做好港澳台和外国法律查明工作，可充分保护中外当事人的权益，进一步提升我国司法国际公信力和涉外法律服务水平，为我国企业走出去提供重要的法律保障，助力打造具有国际竞争优势的法治环境和营商环境。

（1）涉港合同选择采用香港法律。

起草了《深圳经济特区前海深港现代服务业合作区涉港合同选择适用香港法律若干规定》。

（2）联营律师事务所。

司法部正式批复同意前海粤港澳律师事务所合伙型联营试点方案。目前，前海联营律师事务所数量达到 7 家。

（3）前海廉政监督局。

建立前海廉政监督局，由"多头监督"向"一体化监督"转变，在行政效能监察等方面发挥了重要作用。

（4）国际仲裁院。

深圳国际仲裁院已在前海正式挂牌运作，该院拥有中国内地国际化程度最高的仲裁员名册，共有 180 名境外仲裁员，他们来自 29 个国家和地区，占总人数的 35%，当事人双方可约定仲裁适用其他国家或地区的法律，并委托港澳台及外国律师代理仲裁，可为中国企业"走出去"和外国企业"走进来"提供一个具有国际公信力的仲裁平台。

（5）前海商事法庭。

推动成立前海商事法庭，对接香港专业调解机构，积极开展商事案件诉前调解，并试行港籍陪审机制，由符合条件的香港居民担任陪审员，以使其判决在体现司法公正的同时兼顾国际化的法律准则。

探索建立适应前海现代服务业发展需要的审判机制。深圳市中级人民法院专门派出了 100 多名法官到香港相关大学和机构学习培训，为前海法庭审判机制创新储备了大量法律人才。

4. 开发建设合作

（1）物业管理合作。

合资成立专业物业管理企业，与香港资深物业管理企业第一太平戴维斯公司合资，于 2014 年 6 月完成企业注册，为前海营造专业纯正高标准的港人管理、港式服务、港式社区。

（2）工程管理合作。

在开发建设上吸引香港工程管理团队参与。委托香港奥雅纳工程顾问公司为前海工程开发建设提供专业技术意见。

（3）规划设计合作。

在规划编制上加大香港专业机构的参与力度。以"国际一流"为目标，引入了5家国际知名的香港设计公司参与前海综合规划和各类专项规划编制与设计，占总数的1/3。同时，邀请香港专家参与前海规划设计项目的招标评审、技术研讨等，已初步形成常态化工作机制。

四、珠海横琴片区的粤港澳合作机制

近四年来，横琴自由贸易区共吸引港澳企业2434家，其中澳资企业1258家，港资企业1176家。

横琴坚持"面向世界、优先港澳"的原则，以促进澳门产业多元化和港澳地区的繁荣发展为目标，在基础设施建设上无缝对接澳门，在优惠政策上倾斜澳门，在产业用地保障上协力拓展澳门，在营商环境营造上趋同澳门。

目前，以粤澳合作产业园、中医药科技产业园、澳门青年创业谷等重点合作项目为载体，横琴与澳门产业合作正在高密度、高层次、高标准地推进。

粤澳合作产业园有13个项目开工建设，澳门特区政府已推荐83个项目入驻，预计总投资超过2000亿元，涉及商务服务、休闲旅游、文化创意、电子商务及仓储物流、医药卫生保健、科教研发、物流商贸等领域。

横琴澳门青年创业谷成为澳门青年在内地创业的首选，投入运营一年半，累计入驻团队183家，港澳团队占八成，3家企业成功申报高新技术企业。

（一）粤澳合作产业园

粤澳合作产业园是横琴落实"一国两制"国家战略和《粤澳合作框架协议》的重要载体和具体举措，是促进澳门经济适度多元发展的重要平台。粤澳合作产业园发展成效显著。目前，已有27个项目签订合作协议，22个项目取得项目用地，18个项目开工建设，涵盖旅游休闲、物流商贸、科教研发、文化创意、卫生医药以及高新技术等产业领域。

澳门与横琴合作不断深入，目前在横琴新区注册的澳资企业有1335家，投资总额达129.78亿美元。下一步，园区将继续对符合粤澳合作产业园规划、定位和横琴总体规划的项目进行优先供地、优先配套，用好粤澳合作产业园的剩余空间，更多地体现澳门特区政府主导，引入更多的高新技术产业、高端服务业项目，加快推动粤港澳科技合作平台建设。

（二）粤澳合作中医药科技产业园

由粤澳双方共同规划、共同投资、共同经营、共同收益的国际中医药产业基地项目占地50万平方米，首期投资12亿元人民币。该园区主要发展中药精品产业、中医健康服务产业、中医药信息产业、中医药文化产业，旨在建设国际中医药大健康科技产业聚集示范区。

在中医药创新研发板块的规划方面，通过着力搭建符合中国内地和欧盟认证标准的专业化公共服务平台，同步引进科技创新团队、行业内示范机构以及国内外权威专家团队等优势资源，为国内外企业提供产能扩大、技术改进、新产品研发以及国际业务拓展等方面的发展条件和空间,促进中医药创新研发产业聚集,逐步形成"创新药物与健康产品的研发与推广集群"。

在大健康产业示范性项目的规划与建设方面,通过以养生保健、中医药文化展示、健康旅游等为主的瑞莲庄(横琴)度假主题酒店、中医药科技创意博物馆等示范性项目的发展,促进中医药文化和技术的国际推广和传播,逐步形成"健康产业与文化推广集群"。

在推动中医药国际化方面,通过全面构建以葡语国家为切入点的国际交流合作平台,依托已建立的合作平台和专家资源,开展国际注册、进出口贸易、教育培训等业务,并结合"以医带药"的推广方式,为企业提供市场拓展的空间,提升企业在国际上的影响力,逐步形成"健康技术与产品的国际交流与交易平台"。

(三)横琴·澳门青年创业谷

横琴·澳门青年创业谷由横琴管委会发起,旨在打造初创企业的一站式服务平台和创业平台,建立"创业载体 + 创业辅导 + 创投资金"的立体孵化模式,同时整合政府、高校、企业、社会团体等各种社会资源和服务,为企业打造一条"苗圃—孵化器—加速器"的可持续发展的成长路线图,助推企业迅速发展壮大。

创业谷目前已被认定为"中国青年留学人员创业基地""国家级科技孵化器培育单位",是中国青创板珠海(横琴)运营服务中心所在地,2017 年被评为"粤港澳青年创新创业基地"。

创业谷位于珠海横琴口岸对面,占地面积为 12.8 万平方米,建筑面积为 13.7 万平方米,集研发办公、商务服务、人才公寓于一体,首期 3 万平方米已于 2015 年 6 月投入使用。创业谷入驻的创业项目已达 194 家,港澳团队占六成,其中以互联网类、文化创意类、高新技术类、跨境电商类、金融类、医疗健康类、培训教育类项目居多。自 2015 年至今,创业谷举办了项目路演、专题论坛、创业培训等创新创业活动共计 82 场次,累计参与人数达 7500 人。

本章小结

打造高水平对外开放门户枢纽,必须不断提高自由贸易区的发展质量和水平。现在,广东自由贸易区建设已经进入对标国际高标准,实现更高水平开放、更深层次改革的关键时期。制度创新是自由贸易区建设的核心,必须牢牢把握这个核心,着眼解决深层次矛盾和结构性问题,谋划推进一批"牵一发而动全身"的改革事项,进一步发挥改革的示范引领作用,加快形成发展和竞争新优势。加快形成市场化、法治化、国际化的一流营商环境是自由贸易区建设的重点,必须突出重点领域和关键环节,加快转变政府职能和进行"放管服"改革,扎实推进"证照分离"改革,深化负面清单制度改革,推进贸易监管制度创新。

粤港澳大湾区建设是自由贸易区建设的重大机遇,必须落实粤港澳大湾区发展规划,探索建设粤港澳自由贸易通道,加快粤港澳重点合作平台建设,打造粤港澳大湾区合作示范区。广东自由贸易区将充分发挥制度创新优势,在 CEPA 框架下,率先对港澳服务业进一步开放,扩大港澳金融、会计、律师、建筑等专业服务范围,不断突破粤港澳深度合作的体制机制障碍,为粤港澳大湾区建设发挥示范引领作用。

思考与练习

1. 思考在广东自由贸易区运作中，税收管理制度的前景和方向。

2. 讨论发达国家知识产权保护的特点，以及如何建立与国际接轨的广东自由贸易区知识产权管理体制。

3. 广东自由贸易区在实施综合管理方面取得了哪方面的创新与突破？

4. 广东自由贸易区在实施粤港澳深度合作方面有哪些突出的成就？

5. 简述广州南沙、深圳前海、珠海横琴在推进粤港澳合作上的具体内容。

案例分析

案例1：C公司诉S公司债券交易纠纷案

由败诉方承担胜诉方律师费，促进构建自由贸易区诚信体系。

（一）基本案情

被告S公司先后发行了A、B两期超短期融资券，原告C公司持有该两期债券共计3000万元。S公司向C公司兑付A、B存续期内利息，但未在承诺债券到期日兑付本金。C公司遂诉至法院，请求判令S公司偿付本息及违约金，同时要求S公司承担C公司支付的合理律师费用30万元。

（二）裁判结果

法院认为，S公司逾期兑付债券利息，且未返还本金，属于严重违约，S公司应支付本金、违约金，并承担C公司支出合理律师费用30万元。承担律师费的理由：首先，虽然双方签订的合同对律师费没有约定，但原告要求被告支付律师费符合民法关于损害赔偿的规定。其次，本案涉及专业计算，被告还就一系列专业问题提出异议，原告寻求法律专业服务具有合理性。再次，被告在理由不充分的情况下提出管辖权异议，且未在限期内提交证据，造成原告资金被继续占用、司法资源被浪费，属于不诚信的诉讼行为，应该承担无过错方即原告的律师费用。最后，本案律师费用未超出相关规定的合理范围，故对原告的诉求予以支持。

（三）典型意义

本案是前海法院审结的首例律师费转付案件。判令胜诉方的律师费由败诉方承担，在一定程度上增加了败诉方的违法成本，有利于阻遏违法行为，减少虚假、恶意诉讼，也有利于诉讼当事人在履行民事义务过程中，尽到谨慎注意和诚实协作的义务，促进自由贸易区诚信体系的构建。

【案例来源：《经济参考报》（《自由贸易区建设需要完善法治保障》），2015-05-19；作者：夏小雄】

案例 2：余某诉 Z 公司场外股票融资合同纠纷案

（一）基本案情

2015 年 5 月 28 日，余某与 Z 公司签订《投资顾问协议》，约定：Z 公司委托余某为其投资顾问，Z 公司向余某提供 VIP 网上交易服务客户端软件及协议资产专用的账号和密码，账户初始资金为 Z 公司出资的 300 万元和余某的保证金 100 万元；余某应每月将资产收益 4.5 万元支付到协议指定的账户，该账户由余某进行日常交易操作；双方还约定了减仓和平仓的权利和义务。2015 年 9 月 11 日，余某通知 Z 公司已清仓并申请进行清算，但 Z 公司仅退回部分保证金。余某遂向法院起诉，请求确认《投资顾问协议》解除，并要求 Z 公司返还剩余投资款。

（二）裁判结果

法院认为，涉案《投资顾问协议》为场外股票融资合同。证券法、证券公司监督管理条例关于股票账户实名制、禁止违法出借证券账户、禁止未经批准经营证券业务的规定为效力性强制性规定。余某未以本人实名进行股票操作，借 Z 公司提供的专用软件账号进行分仓操作，属于逃避证券监管行为，违反禁止性法律规定；Z 公司未取得证券业务经营资质，其从事的平台交易业务属于未经批准而经营证券业务的非法经营证券活动，亦违反禁止性法律规定。《投资顾问协议》系无效合同，鉴于双方对合同无效均有过错，应依法各自承担相应的责任。扣除已退保证金后，Z 公司应当向余某退还账户剩余的保证金。

（三）典型意义

2015 年 2 月至 2017 年 6 月，前海法院共受理股票场外配资纠纷案 49 件，案件标的额达 1.8 亿元。本案为典型的场外股票融资合同纠纷，依照合同法及证券法等相关规定，认定涉案场外配资合同无效，同时根据是否存在过错以及过错程度确定各自应当承担的责任，兼顾了市场投资的公正、公平原则。本案重申了法律规则的严肃性，有利于引导自由贸易区风险投资行业健康发展。

【案例来源：《经济参考报》（《自由贸易区建设需要完善法治保障》），2015 – 05 – 19；作者：夏小雄】

案例 3：朱某诉 Y 公司、J 公司合同纠纷案

（一）基本案情

朱某通过 Y 公司的 P2P 网络平台注册账户，通过网站披露的信息选择投资项目和借款人，并将出借款支付至 Y 公司指定的账户，由网站平台将出借款支付给借款人，投资借款届满后，借款人还本息付至网站平台，再由网站平台转至朱某的平台账户内，J 公司提供连带责任保证。朱某通过该平台进行了 19 次网络借款，出借金额达 955 万元。借款期限届满后，借款人已将借款本息返还到平台，但 Y 公司因经营困难未将款项归还至朱某账户。朱某诉至法院，要求 Y 公司偿还借款本息，J 公司承担连带清偿责任。

（二）裁判结果

法院认为，借款人已将借款本息返还到网络平台，Y 公司应履行付款义务。Y 公司未将朱某应得的借款本息及时返还，应当支付逾期付款的利息。朱某与J公司签订的《担保协议》系双方当事人的真实意思表示，对双方均具有约束力，J公司应承担连带清偿责任。

(三)典型意义

随着自由贸易区金融创新的不断发展，各类投资公司、小额贷款公司、信用担保公司迅速扩容，新增网络贷款平台的数量激增，但由于行业监管不完善，平台运营问题频出。部分网贷平台非法集资并卷款"跑路"，严重影响了投资者的信心和行业声誉。本案从实际出发，判决平台直接向出借人承担还款责任，有别于传统P2P平台只提供媒介服务而无还款义务的现象，有利于规制网贷平台建立资金池等违法行为，促进自由贸易区P2P网贷平台的规范运作，增强投资者的信心。

一个成功的自贸园区一定要有相应的管理体系。自由贸易区管委会及其职能部门首先必须做到权责分明，加快政府职能转变速度，推进行政管理体制改革，建立一套符合国际通行规则的方案，在此基础上，还要顾及我国的经济体制改革的总体规划。其次，要进一步开放行业领域，做到信息共享，形成高效、灵活的管理模式，提升政府的公共服务能力，不断完善权益保护制度，扩大自身影响力和知名度，吸引更多外商入驻自由贸易区。最后，要通过自由贸易区带动周边区域协同发展，进而提升其国际竞争力和贸易地位。

【案例来源：《经济参考报》(《自由贸易区建设需要完善法治保障》)，2015－05－19；作者：夏小雄】

案例4：F公司诉K公司"某管家"商标使用许可合同纠纷案

(一)基本案情

2013年3月14日，F公司与K公司签订《车用气泵销售协议》，约定由K公司向F公司提供"某管家"品牌的四款型号车用气泵，由K公司授权F公司使用"某管家"商标，并在合同开始时，以该四款产品向F公司铺货300台，待合同期满或者终止时结清铺货款。F公司因在销售货物时发生多次退货，造成严重的名誉损失，故将产品退还给K公司。F公司以K公司不是案涉注册商标的权属人、合同因欺诈无效、K公司存在违约行为等为由向法院起诉，主张K公司赔偿损失。

(二)裁判结果

法院认为，K公司与案涉商标注册人T公司于同一日签订了《注册商标转让合同》和《注册商标使用权许可协议》，K公司自该日起已实际取得案涉商标独占许可使用权。K公司在此后授权F公司使用案涉商标，并明确约定只能使用在K公司提供的产品上，授权未超出K公司取得的独占许可使用权范围，K公司不存在欺诈行为。从K公司支付了受让商标的对价、持有商标注册证原件、协议约定T公司不能再使用案涉商标的情况来看，K公司与T公司的真实意思是将案涉商标转让给K公司，只是因为注册商标的转让需要履行国家规定的核准程序，而K公司无法在签订《注册商标转让合同》时便取得案涉商标权，双方才另行签订《注册商标使用权许可协议》。故K公司授权F公司使用案涉商标，并不会侵犯T公司的权益。因K公司已履行合同约定的大部分供货义务，且F公司无证据证明是因K公司未及时供货而导致其损失，故不支持 F 公司以 K 公司违约为由提出的赔偿损失的相关主张。

（三）典型意义

法院在本案中适用了区分原则对 K 公司是否享有案涉注册商标专用权进行审查，将以权利变动为目的的商标转让合同的成立与生效和作为合同标的物的商标权权属变动本身独立开来。商标转让合同的成立与生效并不必然导致商标权权属的转移，当且仅当商标转让经核准后公告时，商标权权属才产生变动的效力。反之，商标权权属未产生变动效力，不必然导致商标转让合同的无效。本案还明确了商标转让的认定应探寻合同双方的真实意思表示，特别是在双方同时签订了《注册商标转让合同》和《注册商标使用权许可合同》的情况下，应当从合同内容、双方履行合同的情况予以综合认定。

【案例来源：《经济参考报》（《自由贸易区建设需要完善法治保障》），2015 - 05 - 19；作者：夏小雄】

案例 5：赵某诉跨境电商 X 公司产品销售者责任纠纷案

（一）基本案情

X 公司是从事跨境产品销售的企业，在某网络电商平台公开销售某品牌辅酶 Q10 软胶囊，该产品中文标签注明："每份（1 粒）添加辅酶 Q10 100 毫克。食用方法：成人每次 1 粒，每日 1 ~ 4 次，建议随餐食用。"2014 年 10 月 8 日，赵某通过该平台向 X 公司购买了该产品共 10 瓶，共支付价款 2380 元。《中华人民共和国药典》规定，辅酶 Q10 为辅酶类药。赵某认为，辅酶 Q10 能用于普通食品，X 公司销售的该产品每份添加的辅酶量超过了国家食品药品监督管理总局规定的标准，不符合食品安全标准，遂起诉要求 X 公司退回货款并按货款的十倍数额赔偿损失。

（二）裁判结果

法院认为，案涉产品系作为普通食品而销售。现行《中华人民共和国食品安全法》第三十八条和修订前的《中华人民共和国食品安全法》第五十条均规定生产经营的食品中不得添加药品，但可以添加国家公布的按照传统既是食品又是中药材的物质。依照《中华人民共和国药典》的规定，辅酶 Q10 为辅酶类药，X 公司未提供证据证明辅酶 Q10 不属于药品或属于按照传统既是食品又是中药材的物质，故应认定辅酶 Q10 属于药品。案涉产品在中国销售，必须符合《中华人民共和国食品安全法》关于进口食品应当符合我国食品安全国家标准的规定。因该产品不符合《中华人民共和国食品安全法》的相关规定，依照该法，关于经营明知不符合食品安全标准的食品，消费者除要求赔偿损失外，还可以向经营者要求支付价款十倍赔偿金的规定，故赵某有权要求 X 公司退还货款并按货款数额的十倍承担赔偿责任。

（三）典型意义

本案为涉及跨境电商的产品销售者责任纠纷。法院通过本案明确，跨境电商销售的进口食品，必须符合我国法律规定及我国食品安全标准，否则消费者有权依据《中华人民共和国食品安全法》的规定，要求生产者或经营者承担数额相当于价款十倍或损失三倍的赔偿责任。

【案例来源：《经济参考报》(《自由贸易区建设需要完善法治保障》)，2015 - 05 - 19；作者：夏小雄】

案例6：前海累计推出401项制度创新成果

"只需要在网上填申请表、上传资料、验证三个步骤，就可以办好大部分的业务。"邬黛红介绍，现在除了发票的购买、税务登记变更等特殊业务，在前海，九成以上的税务业务都可以在网上办理，为办税人员节省了很多时间。

前海办税业务的高效便利正是前海在税务领域的改革成果。前海税务局联合党委书记、局长陈维忠介绍，前海税务部门率先推出一体化电子税务局、移动缴税、跨境电子缴税、自然人税务局等，编制并发布办税事项5类72项"最多跑一次"清单，基本涵盖目前纳税人办理的主要业务，其中4类45项已实现"全程网上办"，纳税人"一次也不用跑"。

据前海管理局方面介绍，前海蛇口自贸片区挂牌三年多来，国务院出台的《中国(广东)自由贸易试验区总体方案》中涉及前海的115项任务，前海已完成110项任务，完成比例达到95.7%。前海制度创新取得累累硕果，形成了"制度创新+特殊政策""制度创新+深港合作""制度创新+营商环境""制度创新+体制机制""制度创新+风险防控""制度创新+新城建设"的"制度创新+"模式。

截至目前，前海累计推出401项制度创新成果，全国首创或领先达133项，全国复制推广28项，全省复制推广62项，全市复制推广79项。

据了解，中山大学评估结果显示，前海蛇口自贸片区制度创新总指数在全国自贸片区中排名第一；海关总署广东分署评估显示，前海蛇口贸易便利化水平位居全省自贸片区前列；4月27日，广东自由贸易区三周年制度创新30个最佳案例出炉，前海蛇口片区有18项入选，充分彰显了前海作为"制度创新策源地"和"改革开放试验田"的作用。

【案例来源：《深圳商报》(《服务和保障自由贸易区建设十大典型案例》)，2018 - 11 - 20；作者：唐聪珉】

案例7：将谋划出台132条改革措施

值得关注的是，记者从前海管理局获悉，前海近期还将谋划出台一系列重大改革创新举措，包括《实施改革创新提速提质提效工程的总体方案》《贯彻落实国家进一步扩大开放重大举措加快建立开放型经济新体制的若干措施》《促进数字贸易发展三年行动方案》《信用服务综合改革若干措施》《制度创新展示体验区建设管理办法》《制度创新载体管理暂行办法》等。

据前海管理局方面介绍，此次前海谋划出台的改革创新举措将重点围绕持续放宽市场准入、营造国际一流营商环境、实行高水平贸易便利化政策等三个方面，涉及132条改革措施。前海将加强对制度创新展示体验区和制度创新载体的建设，形成对前海制度创新三维承载体系的有效支撑。通过实施改革创新提速、提质和提效三大工程，总结提炼制度创新的"前海模式"。

市委常委、前海蛇口自贸片区管委会主任田夫在对前海蛇口自贸片区下一步改革创新工作进行具体部署时指出，创新是"前海模式"的核心，要肯定成绩，正视差距，坚定推进改革创新的信心和决心。田夫要求，前海要牢记嘱托、不负使命，总结经验，深入研究拓展"前海模式"，以新的更大作为，将改革开放创新持续推向深入。要突出首创式探索、集成式创新，持续推进重大制度创新。要注重复制推广经验，不断突出提升辐射带动效能。要积极参与粤港澳大湾区建设，打造改革开放新高地。要强化创新驱动，不断提高自由贸易区的发展质量。

【案例来源：《深圳商报》（《服务和保障自由贸易区建设十大典型案例》），2018－11－20；作者：唐聪珉】

第五章 广东自由贸易区运作的区域内比较

第一节 广东自由贸易区的基本情况

2014 年 12 月 28 日，第十二届全国人民代表大会常务委员会第十二次会议通过关于授权国务院在广东自由贸易区、天津自由贸易区、福建自由贸易区以及上海自由贸易区扩展区域暂时调整有关法律规定的行政审批的决定。

在 2015 年 3 月 24 日召开的中共中央政治局会议上，广东以及天津、福建等第二批自由贸易区的总体方案获得通过。

2015 年 4 月 20 日，国务院新闻办举行发布会，介绍了上海、广东、天津和福建自由贸易区的有关情况。

2015 年 4 月 21 日，广东自由贸易区挂牌仪式在广州南沙举行。中共中央政治局委员、广东省委书记胡春华为广东自由贸易区揭牌。香港特别行政区行政长官梁振英出席挂牌仪式。广东省省长朱小丹在挂牌仪式上致辞，并为广东自由贸易区工作办公室和自由贸易区各片区管委会揭牌。广东自由贸易区挂牌，标志着广东自由贸易区正式启动建设。广东主打港澳牌，将建立粤港澳金融合作创新体制，实现粤港澳服务贸易自由化，以及通过制度创新推动粤港澳交易规则的对接。

一、面积范围

广东自由贸易区总面积达 116.2 平方千米，涵盖三个片区：广州南沙新区片区 60 平方千米（含广州南沙保税港区 7.06 平方千米）、深圳前海蛇口片区 28.2 平方千米（含深圳前海湾保税港区 3.71 平方千米）、珠海横琴新区片区 28 平方千米。

二、港口物流

珠海港和盐田港是港口物流业的首选标的。其中，珠海港以"打造一流的港口物流营运商和国内知名的综合能源投资服务商"为目标，转型初步成型，未来集团对珠海港港口资源的整合有望成为转型的深化步骤。

三、园区地产

包括招商地产、深赤湾、中集集团等上市公司有望首先受益。据悉，前海作为深港合作试验田，周边土地升值空间较大，中集集团在前海有 52 万平方米的土地储备，深圳国际则在前海拥有约 50 万平方米的土地面积，中粮地产在宝安区拥有 120 万平方米物业，这些均有望成为受益标的。

四、基本定位

国务院印发《进一步深化中国（广东）自由贸易试验区改革开放方案》（国发〔2018〕13 号，以下简称《深改方案》），明确了广东自由贸易区"两区一枢纽"的战略定位，即打造开放型经济新体制先行区、高水平对外开放门户枢纽和粤港澳大湾区合作示范区。特别值得关注的是，《深改方案》中明确提出要建设国际航运枢纽、国际贸易中心，这是广东首次在国务院文件中确立国际航运枢纽、国际贸易中心的特殊定位。

（一）新定位和新目标：打造"两区一枢纽"

《深改方案》提出，到 2020 年，要率先对标国际投资和贸易通行规则，将自由贸易区建设成为投资贸易自由、创新要素集聚、营商环境便利、辐射功能突出的自由贸易区。《深改方案》也明确要强化自由贸易区同广东省改革的联动，对各项改革试点任务具备条件的在珠江三角洲地区全面实施或在广东省推广试验。

（二）新使命和新任务：建设国际航运枢纽、国际贸易中心

根据新定位和新目标，《深改方案》提出了三个新使命和新任务。在建设开放型经济新体制先行区方面，聚焦更加对接高标准的国际经贸规则。《深改方案》提出"完善知识产权保护和服务机制""维护劳动者合法权益""加强环境保护"等举措。这些举措有利于缩小我国现行制度与国际通行规则的落差，为主动参与国际竞争和融入全球化奠定坚实基础。聚焦形成更加国际化、法治化、便利化的营商环境。《深改方案》提出"建立更加开放透明的市场准入管理模式"和"建设公正廉洁的国际化法治环境"等举措，为打造国际化营商环境积累了经验。聚焦与国家战略联动发展。《深改方案》提出，建立服务企业参与"一带一路"建设的综合服务平台和促进体系，建设粤港澳大湾区合作示范区等，形成与"一带一路"建设和粤港澳大湾区等的互动和联动，有助于发挥自由贸易区对国家战略的支撑作用。

在建设高水平对外开放门户枢纽方面，围绕建设国际航运枢纽、国际贸易中心、金融业对外开放试验示范窗口，《深改方案》以打造全球港口链、全球贸易航运物流供应链和建设华南国际船舶保税油供应基地、高端航运服务集聚区等为目标提出了一系列创新举措。从设立国际业务总部、跨境服务贸易管理和发展国际贸易新业态等方面强化国际贸易辐射功能，支持深圳证券交易所参与金砖七国交易所联盟，推进创新型期货交易所建设，建设再保险中心等，着力推动区域金融中心的建设。

在打造粤港澳大湾区合作示范区方面，《深改方案》提出了对港澳在金融、商贸、法律、航运等领域进一步开放的具体措施。注重发挥港澳科技优势和开放平台作用，创新科技合作机制，促进港澳优势资源与广东自由贸易区的有机融合。

（三）新突破和新举措：设立创新型期货交易所

《深改方案》在四大领域有新突破和新举措。首先，是创新粤港澳深度合作方面，《深改

方案》对港澳专业人士执业做出了特殊制度安排，如"研究推进在自由贸易区工作的港澳专业人士通过培训测试的方式申请获得内地从业资格，其在港澳的从业经历可视同内地从业经历""研究在建设领域（包括规划、工程咨询、设计、测量和建造等）取得香港执业资格的专业人士在自由贸易区港商独资或控股的开发建设项目直接执业或开办工程技术服务有关企业的模式"等。拓展了香港专业服务业的经营范围，突破了粤港澳三地专业服务因管理规则不同造成的体制机制障碍。同时，《深改方案》提出，在珠澳口岸实行"合作查验、一次放行"和"入境查验、出境监控"的查验通关模式，是对现行港珠澳大桥、广深港高铁查验模式的进一步创新。

在扩大市场准入方面，《深改方案》提出"大幅度放宽市场准入，扩大服务业对外开放""对符合条件的外资创业投资企业和股权投资企业开展境内投资项目，探索实施管理新模式""除特殊领域外，取消对外商投资企业经营期限的特别管理要求"等。这意味着将出台新一版自由贸易区负面清单，在先进制造业、金融等领域对外资进一步开放，同时，还鼓励外资以股权投资模式加大投资，实现内外资同等待遇。

在支持国际贸易新模式、新业态发展方面，《深改方案》提出"探索推动将国际贸易'单一窗口'拓展至技术贸易、服务外包、维修服务等服务贸易领域，待条件成熟后逐步将服务贸易出口退（免）税申报纳入'单一窗口'管理""试点开展高技术含量、高附加值项目境内外检测维修和再制造业务"等，为自由贸易区技术贸易、跨境电商、国际维修、平行进口等国际贸易新业态发展带来了实质性的政策利好。

在金融开放创新方面，《深改方案》提出"支持符合条件的中外资金融机构深化股权和业务合作""积极引进各类国内外总部机构和大型企业集团设立结算中心""继续研究设立以碳排放为首个交易品种的创新型期货交易所""支持自由贸易区积极争取纳入投贷联动试点""建设广东区域性股权市场，适时引进港澳及国际投资机构参与交易"等，进一步提升跨境投资贸易金融服务水平，鼓励金融与科技融合创新发展。

五、建设背景

从国家层面看，设立广东自由贸易区有着重大的战略意义。一是有利于国家推进新一轮对外开放战略，为我国全面提高开放型经济水平探索新路径；二是有利于进一步深化粤港澳全面合作，保持港澳地区长期繁荣稳定；三是有利于促进珠三角地区转型升级，打造带动区域发展的对外开放新高地；四是有利于为国家其他地区的开放发展积累经验。

从广东省层面看，广东有着得天独厚的优势。一是开放基础好。广东省毗邻港澳，通过40多年的改革开放，积累了良好的经济基础、市场基础、政策基础，已基本形成全方位、多层次、宽领域的开放格局。二是营商环境规范。广东省在行政审批、投融资、商事登记、园区管理等方面开展了系列改革尝试，制定了《建设法治化国际化营商环境五年行动计划》，致力于形成公平正义的法治环境、透明高效的政务环境、竞争有序的市场环境、和谐稳定的社会环境以及互利共赢的开放环境。三是监管条件具备。广东省正在构建智能化信息资源共享平台，实现各单位的信息交换、资源共享、执法联动，促进监管严密高效。省内海关等执法部门创新监管理念，在传统监管模式的基础上，以现代信息技术为主要手段，综合运用智能视频监控、红外检测、雷达检测等高新技术，积极构建电子信息围网监管模式。

第二节 广东自由贸易区三个片区的基本概况

一、广州南沙新区片区

广东自由贸易区广州南沙新区片区总面积 60 平方千米（含广州南沙保税港区 7.06 平方千米），共 7 个区块，分为中心板块、海港板块、庆盛板块（见图 5-1）。海港区块 15 平方千米，包括海港区块一——龙穴岛作业区 13 平方千米（其中南沙保税港区港口区和物流区面积 5.7 平方千米）和海港区块二——沙仔岛作业区 2 平方千米。明珠湾起步区区块 9 平方千米，不包括蕉门河水道和上横沥水道水域。南沙枢纽区块 10 平方千米。庆盛枢纽区块 8 平方千米。南沙湾区块 5 平方千米，不包括大角山山体。蕉门河中心区区块 3 平方千米。万顷沙保税港加工制造业区块 10 平方千米（其中南沙保税港区加工区面积 1.36 平方千米）。

总体功能定位：自由贸易区将充分发挥南沙新区地理中心、港口岸线资源丰富、与港澳合作紧密的优势，重点发展航运物流、特色金融、国际商贸、高端制造、专业服务等产业，建设以生产性服务业为主导的现代产业新高地和具有世界先进水平的综合服务枢纽。

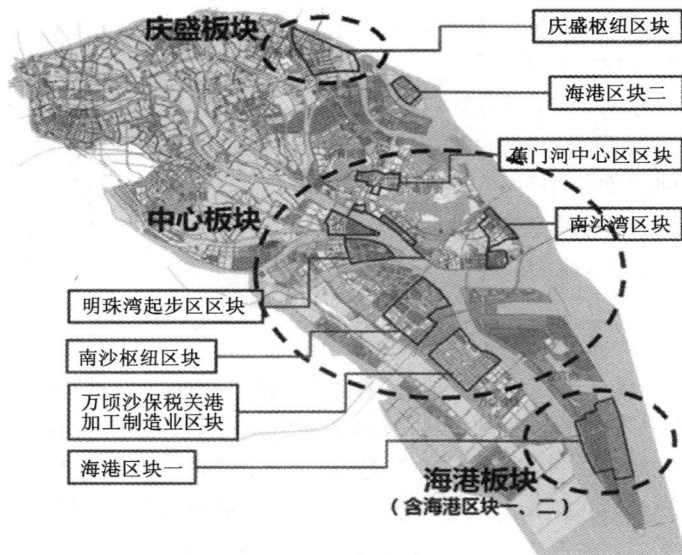

图 5-1 广东自由贸易区广州南沙新区片区区域图

自由贸易区内功能性建设用地约 37.74 平方千米，占比 62.9%，主要为商业、办公、居住、工业、港口物流及其他配套设施用地，其余为道路、绿地、水域等用地。

经统计，自由贸易区内在现行土地总体规划内为建设用地的面积为 32.5 平方千米，占比约 54%，其中已完成报批的为 7.2 平方千米。

（一）地形地貌

南沙新区地貌表现为明显的河口冲积形态，区内水网密布，地势平坦。陆地绝大部分为平原田地，由河道沉积和人工围垦共同作用形成，其中下横沥水道以南的万顷沙是 20 世纪 60 年代以后人工围垦的新增陆域地区，龙穴岛则是 20 世纪 90 年代以后随产业开发进行的填海开发地区。由于其沉积平原的形成机制，新区陆域海拔较低，平均高程在 2 米以下，且大多为淤泥、软土，部分地区软土层厚度可达 40 米，地下水位较浅。全区零星分布若干山体，主要包括大山乸、庐前山、乌洲山、骝岗山、大虎山、小虎山、黄山鲁、十八罗汉山，全区制高点位于黄山鲁，最高点海拔 294.17 米。

（二）自然气候

南沙新区属低纬地区，位于北回归线以南，为亚热带季风气候。常年气候温和，雨量充沛，日照丰富，年平均气温为 21.9 摄氏度，年降雨量为 1600～2000 毫米，降雨主要集中在 4—9 月。常年盛行两个主要风向，冬季盛行偏北风，夏季盛行偏南风；偏北风的频率较偏南风的频率大，二者风速相近。

（三）生态特征

河口沉积平原的属性造就了南沙新区大规模的自然生态湿地，南沙有全国首个湿地森林公园，其中有 3000 多亩湿地、400 多亩红树林、20000 多只秋冬季节的候鸟。自然湿地对河口水生态系统的运行具有至关重要的作用，南沙的生态湿地也被称为"广州之肾"。

二、深圳前海蛇口自贸片区

深圳前海蛇口自贸片区于 2015 年 4 月 27 日挂牌成立，是广东自由贸易区的一部分。该片区总面积 28.2 平方千米，分为前海区块（15 平方千米，含前海湾保税港区 3.71 平方千米）和蛇口区块（13.2 平方千米）。

深圳前海蛇口自贸片区根据产业形态分为以下三个功能区。

一是前海金融商务区，即前海区块中除保税港区之外的其他区域，主要承接服务贸易功能，重点发展金融、信息服务、科技服务和专业服务，重点建设我国金融业对外开放试验示范窗口、亚太地区重要的生产性服务业中心。

二是以前海湾保税港区为核心的深圳西部港区，重点发展港口物流、国际贸易、供应链管理与高端航运服务，承接货物贸易，努力打造国际性枢纽港。

三是蛇口商务区，即蛇口区块中除西部港区之外的其他区域，重点发展网络信息、科技服务、文化创意等新兴服务业，能与前海区块形成产业联动、优势互补。

三、珠海横琴片区

广东自由贸易区横琴片区位于广东省珠海市南部，距离香港 34 海里，与澳门一河相望，最近处相距仅 187 米。该片区总面积 28 平方千米，与珠海横琴新区 2020 年前的规划开发建设用地相当。

珠海横琴新区于 2009 年 12 月 16 日正式成立，实行比经济特区更加特殊的政策。目前，岛内设一镇、三个社区居委会，下辖 11 个自然村。新区成立之初，岛内居住人口 7000 多人，其中常住人口 4203 人。

（一）自然气候

珠海横琴新区处于北回归线以南，属南亚热带季风区，冬无严寒，夏无酷暑。年平均气温为 22 摄氏度，最热月为 7 月，平均气温 27.9 摄氏度，最冷为 1 月，平均气温 15.1 摄氏度；海水平均温度为 22.4 摄氏度，平均年降水量为 2015.9 毫米，年蓄水量达 3654 万立方米。

（二）地形地貌

横琴岛海湾众多，沙滩绵延，怪石嶙峋。地貌类型有低山、丘陵、滩涂。岛上最高峰是脑背山，海拔高度为 457.7 米，是珠海市第二高峰。

横琴新区原分大、小横琴岛，两岛之间为十字门水域（即中心沟），20 世纪 70 年代修筑起东、西大堤，将大、小横琴岛连成一体。全岛面积 106.46 平方千米，是澳门面积的 3 倍多。环岛岸线长 50 千米。南部和北部多为山地，中部中心沟为东西向长条形养殖地。

（三）生态环境

横琴岛面积约 106 平方千米，植物种类有 896 种，陆生野生动物有 108 种。以 30 多平方千米的大横琴山为中心，构成了一个规模不大，但功能齐全的森林生态系统。

大小横琴山及沿海两块湿地，基本涵盖了整个岛的生物多样性，且是生态敏感区域，考虑到未来建设存在的"风险"，建议对其设立"生态保护线"，并通过区域立法程序予以确认，以保护区域内的物种库及植物文化。此外，目前岛上部分村落前后以"风水林"的形式，保留有数量可观的古树、大树。

第三节　广东自由贸易区三个片区发展的比较

一、比较优势情况

（一）南沙区位优势

南沙地处珠三角几何中心，依托广州国家中心城市的综合优势，连通港澳，服务内地，区位十分优越，港口岸线资源丰富，发展空间广阔。国务院批复的《广州南沙新区发展规划》要求南沙新区在全面推动珠三角转型升级、促进港澳地区长期繁荣稳定、构建我国开放型经济新格局中发挥更大作用，建成粤港澳全面合作示范区。南沙新区集国家战略新区、国家级经济技术开发区、保税港区、高新技术产业开发区和广东省实施 CEPA 先行先试综合示范区等功能于一体，产业基础雄厚。依托国家自由贸易区战略，南沙将在新一轮改革开放中先行先试，全面推动体制机制创新，率先建成与港澳衔接、符合国际化和法治化要求的规则体系和营商环境，推动粤港澳融合发展；进一步探索经济发展方式转变的新路径，引领泛珠三角转型升级，联手港澳打造我国参与国际经济竞争与合作的新平台和"21 世纪海上丝绸之路"的重要枢纽。

（二）横琴区位优势

1.拥有最独特的区位
该片区乃中国内地唯一与香港、澳门陆桥相连的地方，依托当前世界上发展最平稳快速的第二大经济体——中国大陆，背靠中国经济最发达的珠三角，面向南海，同时也是"一国两制"的交汇点，是中国走向世界、世界进入中国的门户。

2.百千米半径内区域大交通设施
拥有 5 个国际国内机场：香港国际机场、澳门国际机场、广州国际机场、深圳国际机场、珠海机场，以及 4 个深水港：香港维多利亚港、珠海高栏港、广州南沙港、深圳盐田港。

3.对外交通优势
枢纽实现珠澳一体化——横琴口岸综合交通枢纽实现珠澳一体化，15 千米范围内拥有珠海金湾机场和澳门国际机场，使得横琴可高效便捷地联系国内外。城际轨道通达珠三角——广珠城际轨道延长线联系东西两侧的广珠城际轨道、广佛江珠城际轨道，便捷通达珠三角。高、快速网络四通八达——广珠西线高速、港珠澳大桥珠海连接线、金海大桥形成横琴近期对外联络的陆路通道。

4.最开放的口岸
横琴与澳门之间设定为一线管理，横琴与内地之间设定为二线管理，实行"一线放开、二线管住、人货分离、分类管理"。"分线管理"通关制度使横琴与澳门、香港在珠江口外形成了一个特殊的区域。

（三）前海蛇口优势

深圳位于中国南部海滨，毗邻香港，地处广东省南部，珠江口东岸，东临大亚湾和大鹏湾；西濒珠江口和伶仃洋；南边的深圳河与香港相连；北部与东莞、惠州两市接壤。深圳地处珠江三角洲前沿，是连接香港和中国内地的纽带和桥梁，在中国高新技术产业、金融服务、外贸出口、海洋运输、创意文化等多方面占有重要地位，在中国的制度创新、扩大开放等方面肩负着试验和示范的重要使命。深圳是重要的边境口岸城市，市域边界设有中国最多的出入境口岸，其中皇岗口岸实施24小时通关。深圳以其特殊的功能（经济特区）、特殊的区位（毗邻香港的港口城市）和特殊的人口结构（年轻的移民社会），实现了中国发展资源的最佳组合，因而创造了举世罕见的发展速度和发展效益。

1. 独一无二的叠加优势

前海深港合作区叠加了自由贸易区的功能和政策，开启了"合作区＋自由贸易区＋保税港区"的"三区"叠加模式，因此既有全国自由贸易区共享的政策，也有前海合作区自身特有的政策，如实行15%的企业所得税与个人税等特殊优惠政策，比较优势更加突出。叠加了自由贸易区功能的前海，简政放权的步伐更快，金融服务开放领域更广、力度更大，投资与贸易便利化水平更高。

2. 片区联动的互补优势

在自由贸易区规划框架下，深圳西部港区的蛇口港、赤湾港以及前海湾保税港区连成一个整体，有利于西部港区资源整合、做大做强，建设国际性枢纽港，更好地贯彻"一带一路"等战略。从功能上看，前海的金融、贸易、航运服务将为蛇口产业升级注入新的活力，蛇口的产业基础及生活配套亦将为前海提供支撑，从而形成优势互补、产业联动、错位发展的新格局。前海蛇口片区将形成深圳经济新的增长极与城市中心，是珠三角"大湾区经济"最具潜力与活力的板块。

3. 深港合作的先天优势

以前海蛇口片区为半径的30千米区域分布了两个世界级的港口群和机场群（2014年香港港集装箱吞吐量为2228万标箱，深圳西部港区集装箱吞吐量为1250万标箱，两者合计3478万标箱，是全球第一大港口群；2014年香港机场的旅客为6200万人次，深圳机场的旅客为3627万人次，两者合计达9827万人次）。在自由贸易区制度框架下，深港将会形成更加紧密的经济合作关系，深港两地的海空港资源也会得到更好的整合，形成粤港澳大湾区发展的驱动轴。香港是世界上最成功的自由港，自由贸易区的设立必将推动前海蛇口进一步与香港和国际通行惯例接轨。

4. 一体化管理与整合优势

根据深圳市委市政府的部署，前海蛇口片区已成立管委会，以有效统筹与整合前海与蛇口两大区块的发展。招商局集团目前在15个国家（地区）的28个城市建有54个港区，2014年完成的集装箱超过8000万标箱。前海目前注册的企业达到3.5万家，注册资本额达1.9万亿元人民币，其中金融类企业1.9万家，物流类企业5183家。整合上述资源，打造"引进来"与"走出去"双向通道，前海蛇口片区将会在服务"一带一路"倡议中发挥更大的作用。

二、产业发展比较

"三个片区要各自定位，差异发展"，广东省政协委员、广东高科技产业商会执行会长王理宗认为，三个区域要错位发展，既合作又竞争。

（一）南沙情况

南沙面积比较大，有广阔的腹地，应该大力发展以生产性服务业为主的现代产业，引领、带动珠三角制造业转型升级。

根据国务院批复的《广州南沙新区发展规划》，南沙新区要充分发挥区位条件优越、基础设施完善、可开发地域广阔、与港澳产业互补性强的优势，推进粤港澳产业深度合作、融合发展，积极承接港澳产业转移，拓展港澳产业发展空间，促进港澳企业转型升级，加快形成以生产性服务业为主导的现代产业体系，成为引领大珠三角乃至华南地区产业转型升级的新高地。

1.建设科技创新中心

（1）重大科技创新平台。

不断增强自主创新能力，打造广州—深圳—香港创新轴重要节点和华南科技创新中心新高地。瞄准国家科技创新的关键领域和核心环节，建设广州中国科学院工业技术研究院等一批重大科技创新平台，打造产业技术创新与育成基地。积极推进粤港澳科技合作，加强在科技创新领域的交流和信息资源共享，联合承担国家科技项目。大力吸引国内外知名科研机构和国内高校创新基地进驻南沙，支持国内外企业在南沙设立研发中心，在优势互补、互利共赢的原则下，规划建设粤港澳创新产业基地。强化海洋服务保障，以中国科学院南海海洋研究所为中心，建设一批重点实验室和重大科技基础设施，实施海洋科技重点攻关，建设具有国际先进水平的中国南方海洋科技创新中心。

（2）科技服务。

加强与港澳高技术服务业的合作，推进技术创新联盟、研究开发外包、技术集成、产业创新集群等科技开发模式创新。大力引进和发展技术评估、产权交易、科技金融、生产力促进中心、质量检测等科技服务机构，建设企业孵化基地、创业孵化平台和中试基地，建立和完善穗港、穗澳双向创新资源信息库。大力推进公共技术服务平台建设，加快形成品质优良、链条完整、辐射力强的科技服务体系，构建区域性科技创新服务中心，为包括港澳在内的大珠江三角洲产业转型升级和自主创新提供有力支撑。

（3）文化创意与工业设计。

规划建设具有国际影响力的文化创意产业基地，重点发展网游动漫、广播影视、演艺娱乐、品牌策划等产业，组建广播影视演艺节目营销网络。支持粤港澳影视机构及文娱机构合作拍摄制作影视、动漫节目和网游产品等，为港澳文化创意人才和产业提供广阔的发展空间。着眼于珠江三角洲制造业转型升级的需要，大力发展服务于电子、集成电路、精密零件、医疗器械、高端家电、模具等领域的整机工业设计产业，推进制造和创意融合发展，推动"广东制造"迈向"广东创造"。

2.建设商业服务中心

（1）高端商贸与专业会展。

推动商业优化升级和展贸融合发展，建设集购物、餐饮、休闲、旅游于一体的地标性商业设施，大力集聚国际知名品牌，建设国际都会级商业功能区。构建粤港澳一体化电子商务信息平台，完善安全认证、网上支付、关键标准等电子商务共享技术，提升商贸业标准化和智能化水平。条件成熟时，支持建设石化、粮食等大宗商品国际交易平台，形成大宗商品交易的"广州价格"。完善会展基础设施,构建穗港澳展览业合作协调机制,联合申办国际知名展会和综合展会,支持联合办展和差异化办展,从会展规模、类型、目标客户等方面错位发展,重点培育时尚消费、高端装备、游艇、海洋等专业会展品牌,形成互补的会展集群;大力发展保税商品展示。研究设立免税商品购物区,增强国际商业服务功能。

(2)特色金融与专业服务。

按照与港澳功能互补、错位发展、互利共赢的原则,积极发展科技金融、航运金融等特色金融业,不断完善珠三角金融综合服务体系。依托香港国际金融和国际航运中心,推动粤港澳金融服务合作,鼓励与支持港澳企业和金融机构积极参与组建航运产业基金、航运金融租赁公司、航运保险机构,提高航运金融资源的集中度与配置效率。推进保险改革创新项目在南沙新区先行先试,研究制定港澳保险机构进入南沙新区的政策,在南沙新区开展自保公司、相互制保险公司等新型保险公司试点,大力发展再保险、航运保险、货运保险和信用保险等业务。引导和支持珠江三角洲地区的加工贸易、物流仓储、电子商务等各类大型企业在南沙设立财务中心、结算中心。加快发展临港大宗商品的期货经纪业务。设立风险投资、创业投资和私募股权投资等各类股权投资机构,建设财富管理中心。支持符合条件的港澳和国际大型金融机构在南沙新区设立法人机构、分支机构。拓展跨境贸易人民币结算业务,开展探索资本项目可兑换的先行试验,进一步扩大人民币跨境使用。鼓励和支持粤港澳企业跨境直接融资。建设检测认证机构集聚区,促进港澳与内地在中医药、建筑建材、食品及珠宝等检测认证领域的合作发展,建设与国际接轨的检测认证中心。大力发展会计、律师、公证、咨询评估、投资管理、人力资源等专业服务业,以及家庭服务业等生活性服务业,加快引入国际知名专业服务机构。

(3)服务外包。

结合本地区产业基础和要素优势,加快中国服务外包示范城市专业集聚基地建设,大力发展信息技术外包、业务流程和知识流程外包,推动服务外包高端化发展。建设粤港澳服务外包合作平台,加强与港澳在数据处理、软件开发、客户服务、供应链管理、云服务等领域的服务外包合作,共同开拓国际市场,建设全球重要的服务外包基地。在巩固和提升香港作为海外及内地企业设立国际业务总部或地区总部理想基地地位的基础上,按照功能互补、错位发展的原则,建立国际化、智能型的总部经济基地。以中部组团的核心湾区为载体,营造与国际接轨、高效便利的商务服务和政务服务体系,重点吸引商贸物流、科技研发、服务外包、健康医疗、临港制造、海洋产业等国内外知名企业设立总部或地区总部,建设核心湾区中央商务区。

3.打造教育培训基地

在尊重院校自主的前提下,支持粤港澳及国际知名高校在南沙新区合作开展人才培养,建设国际教育合作实验区,探索创新国际教育合作模式。充分发挥港澳国际化专业人才培训资源优势,加强与港澳在职业教育培训方面的合作,鼓励港澳职业教育培训机构与内地院校、企业、机构在南沙新区建立职业教育培训学校和实训基地,服务支撑区域产业发展。探索研究职业技能"一试三证"模式,即考生通过一次鉴定考核后,可同时获得国家职业资格证书、香港(澳门)官方资格证书及国际权威认证资格证书。

4. 打造先进制造业基地

（1）汽车。

推动汽车产业智能化、绿色化、集聚化发展，重点发展乘用车整车、发动机、电子控制系统和关键零部件生产。支持在南沙新区布局新能源汽车重大项目和科研基地，建设重要的新能源汽车公共技术创新、检测和试验平台，支持香港的汽车零部件研发中心与适用企业对接合作，加速推进混合动力汽车、纯电动汽车等新能源汽车关键系统的研发和零部件制造，大力培育研发、采购、市场营销、汽车金融、售后服务等汽车服务业，建设国际汽车产业基地。

（2）船舶与海洋工程。

推进中船龙穴造船基地和广州重大装备制造基地（大岗）建设，推动中船龙穴基地理顺工艺流程、优化产能。以高技术、高附加值系列船型为方向，重点发展船舶制造、船舶修理、船用设备和配套产品、船舶技术研发及售后服务产业，建设世界级大型修造船基地。发展大型港口作业机械、深水航道建设工程机械等重型机械装备和海洋资源勘探、海上石油钻井平台等海洋工程装备，建设辐射东南亚的现代化海洋工程装备制造基地和海洋开发综合服务与保障基地。

（3）高端装备。

聚焦高端研发、精密制造和系统集成环节，推动重大技术装备自主化。依托南沙核电装备产业基地和广州重大装备制造基地（大岗）等平台，重点发展核电设备、新型发电和输变电设备、节能环保装备、数控设备、钢材深加工装备等高端装备和大型工程装备、隧道机械设备等重型装备，建设国家重大成套技术和装备产业基地。

（4）新一代信息技术。

依托广州信息产业国家高技术产业基地和国家软件产业基地，重点吸引国内外物联网、互联网、电子信息等企业总部及分支机构落户。以物联网核心芯片、智能设备、信息集成服务为重点，壮大物联网、云计算等新兴产业，推动物联网技术广泛应用；积极发展电子产品关键部件等高端制造业，建设新型电子信息产业基地。

南沙的产业基础坚实，形成了现代服务业与先进制造业并重的产业框架，汽车、船舶、重大装备等先进制造业和航运物流、科技创新、服务外包、创新金融、融资租赁、跨境电商、总部经济等现代服务业快速发展。拥有全球单港排名前 12 位的港口及航运枢纽、国家排名前 3 的造船基地、汽车和零部件制造及出口基地、先进装备产业集群，以及中科院、香港科大等多个国家级科研创新和孵化机构。众多世界 500 强企业已陆续进驻。

（二）横琴情况

横琴靠近澳门，应该注意和澳门协同发展，协助澳门实现经济发展的适度多元化，比如联手发展会展业、旅游业等，同时发挥自身优势，发展一些高端产业，包括金融产业。

1. 国际商务基地

充分利用香港国际贸易中心的地位及资讯发达的优势，拓展澳门作为国际性商贸平台的带动效应，鼓励港澳的商务服务优势向横琴拓展，重点发展信息资讯服务、外包服务、商贸服务、会议展览、中医保健、会计、法律等产业，将横琴建设成为珠江口西岸地区率先承接港澳服务功能的区域性商务服务基地，为珠江口西岸地区及广大内陆地区的发展提供全方位的服务。

2. 国际金融创新区

充分利用国务院鼓励横琴新区先行先试的金融政策导向，加快推动各类金融要素市场及金融机构在横琴金融商务区集聚和发展。紧紧抓住金融业与实体经济共生共荣的特点，以企业后台金融业为突破，拓展与澳门博彩业联动发展的服务经济，更好地促进澳门经济适度多元化发展；以消费金融为抓手，强化横琴与港澳之间特色互补、资源共享、产业共建、区域共荣的经济一体化特色；对接国际金融平台，将其作为珠江口西岸特色经济繁荣、撬动横琴当地开发的重要杠杆和资源放大器。鼓励发展金融创新服务，开办和推广知识产权、收益权、收费权和应收账款质押融资，大力发展融资租赁，设立横琴股权（产业）投资基金，发行多币种的产业投资基金，发展离岸业务、跨境资产抵押等产业。开展个人本外币兑换特许业务试点。从而在粤港澳的中心地带，形成一个模式灵活、业务繁多、配套到位，与港澳金融市场互动互补的，具有横琴特色的金融市场。力争在 CEPA 框架下，将横琴自由贸易区打造成为深化粤港澳金融合作、拓展港澳金融业发展空间的新平台、促进珠江口西岸地区金融服务业发展的先行区和鼓励金融业务创新的示范区。

3. 国际知名旅游度假区

利用香港、澳门对国际高端游客的吸引力，结合横琴海岛型生态景观的资源优势，发展休闲度假产业，将横琴打造成为与港澳配套的国际知名休闲旅游胜地。重点发展高品质度假旅游项目，建设高档度假酒店、疗养中心、游艇中心、滨海游乐、湿地公园等海岛旅游精品，建立合理、完善的旅游产业链。把粤港澳特色旅游资源串成"一程多站"的旅游线路，开辟共同市场，增强澳门旅游业对珠江口西岸地区的辐射力。

4. 文化教育开放先导区

横琴自由贸易区应选择文化和教育行业作为创新服务业开放的先行先试领域，实行准许入前国民待遇的开放模式，即凡是没有明令限制的，一律实行贸易投资自由化，取消针对国内外企业的单项审批事项，以此推动国内相关行业管理制度的改革。具体来说，要以工业设计、会展设计和动漫设计等为重点，大力吸引港澳及珠三角的文化创意产业人才，推广"横琴设计"的区域特色品牌，把横琴建设成为珠江口西岸地区重要的文化创意产业基地。充分利用香港和澳门国际化专业人才教育培训资源优势，建立面向粤港澳三地，以高端专业人才、技术人才培训和普通高等教育为主的教育培训园区，开展全方位、宽领域、多形式的智力引进和人才培养合作，把横琴自由贸易区建设成为文化教育开放先导区。

5. 开放型自主技术研发创新示范区

横琴自由贸易区应充分利用港澳和全球科技人才资源，积极探索开放式的自主创新模式。以自主知识产权的技术带动珠江口西岸地区及澳门优势产业发展，加强科技基础条件平台建设。将打造以企业为主体的品牌战略和推广"横琴创造"的区域特色品牌相结合。重点发展具有高新技术水平的生物制药领域，积极延伸现有医药产业链，向医疗器械、生物医药等高科技环节拓展。实施知识产权和技术标准战略，加大知识产权保护和应用力度，支持参与和开展行业、国家和国际有关标准的制订工作。努力将横琴新区建设成为面向港澳、服务全国、具有国际影响力、自主创新和科技转化能力强的生态型高新技术产业基地和研发创新示范区。

6. 珠江西岸保税加工制造基地

虽然珠海横琴新区和保税区（跨境工业区）主要定位在服务业发展，以及与货物有关的仓储物流运输分销等环节，但仍有少量保税加工业务，主要集中在附加价值相对较高的技术密集型产业。重点发展 CEPA 协议中原产于港澳，享受免税政策的电子信息、生物医药、新能源、环保、航空制造等产业，把横琴打造成为珠江口西岸地区融合港澳优势的国家级高新技术产业基地，支持澳门发展技术含量和附加值相对较高的工业，提升珠江口西岸地区的产品附加值。作为自由贸易区，保税加工制造应是其基本功能之一。

（三）前海情况

前海只有 15 平方千米，产业选择应轻型化，比如选择创意产业、互联网产业等。同时，前海背靠金融中心香港，在金融改革创新上有很大空间，应该把金融创新作为大的优势和产业基础。前海尤其要在要素平台等金融创新上形成在全国都有影响力的抓手，同时促进深港合作，充分利用香港独特的金融优势和高端的第三方服务，如会计、律师专业服务等，还应借力前海法院的成立，来打造国际化的营商环境。蛇口与前海应该形成互补关系。蛇口的优势在于其已有的国际化社区的基础，这是多年来形成的，蛇口的居民国际化理念也比其他地区更为深入。国际化社区在产业方面一般涉及教育、医疗、文化、创意设计类等，同时，从区位条件来看，蛇口未来发展游轮码头、海洋经济将有很大的优势，应该大力推动这些产业的发展，实现产业转型升级，体现出自由贸易区国际化的"范儿"。

三、体制机制创新的不同

（一）南沙情况

南沙致力于构建与国际投资贸易通行规则相衔接的基本制度框架，创新与自由贸易区要求相适应的体制机制，营造国际化、市场化、法制化的营商环境，即"非列入即开放"的模式，对于没有被列入负面清单的行业或模式，外资准入享受国民待遇。与国际高标准投资规则接轨，行业准入清晰，透明度高，从"核准制"到"备案制＋核准制"，逐步形成了内外资一致的新型行政管理模式。对负面清单之外的领域，外资、合资、中外合作经营企业设立及合同章程等由核准制改为备案制（见图 5－2）。

以智能化通关体系为导向的大通关体系建设取得重大进展，实施了国际贸易"单一窗口"、海关快速验放、"互联网＋易通关"、国际转运货物自助通关、检验检疫"智检口岸"、试点以政府采购形式支付检验服务费、跨境电商商品质量溯源等一批标志性改革。

采用"统一收件、内部流转、联合审批、限时办结、统一发证"的企业注册模式，申请人仅需往返"一口受理"窗口 2 次，在 1 个工作日（24 小时）内即可领取加载工商注册号、组织机构代码、税务登记号的《营业执照》和已备案的公章，实现"十一证三章"联办；试行"一颗公章管审批"，市场准入联办证件数量和速度全国领先（见图 5－3）。

在全国率先推行"先办理后监管""自主有税申报"、国地税一窗通办等税收管理服务新模式，成立了全国首家自由贸易区法院，正逐步推进"一支综合执法队伍管全部"，探索自由贸易区巡回审判、国际仲裁、商事调解等机制。

南沙自由贸易区挂牌三年来，累计形成 376 项创新成果。投资贸易便利化改革取得显著成效，构建了与国际投资贸易规则相衔接的体制机制，通关效率提高；率先推出企业设立"一口受理""一照一码""证照分离"、商事服务"跨境通"等先行先试措施。行政管理体制改革深

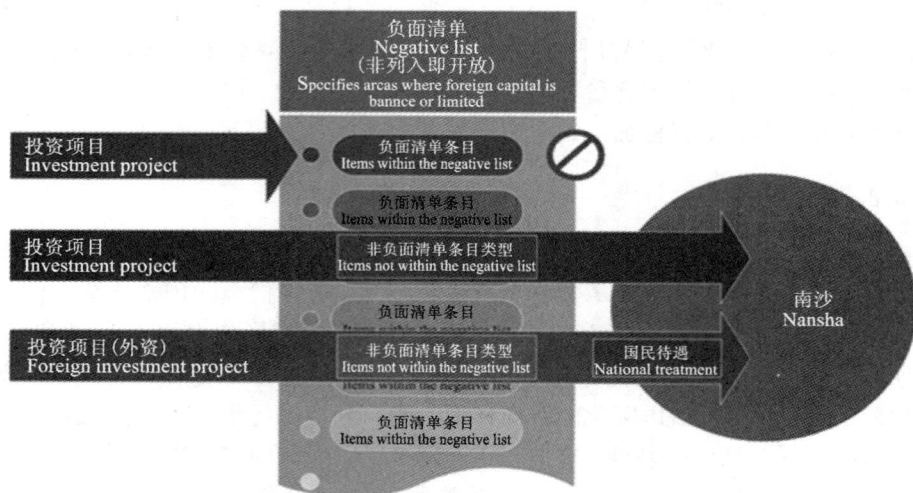

图5-2 南沙自由贸易区负面清单

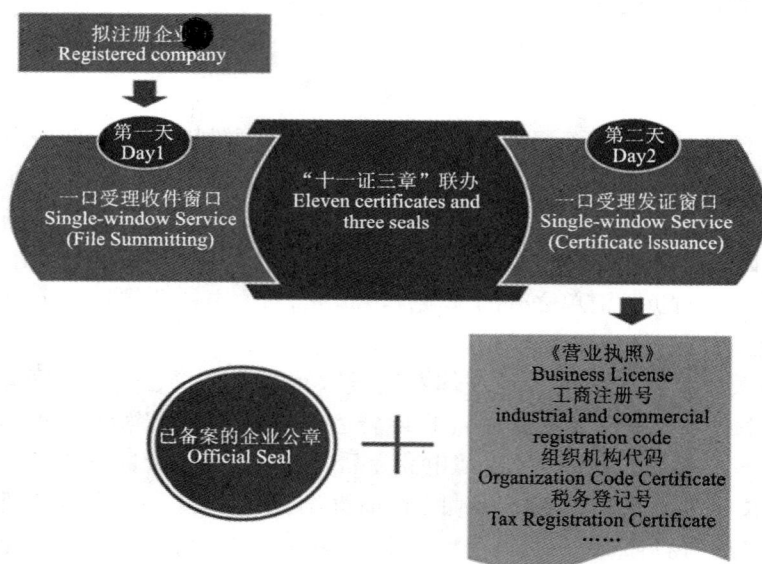

图5-3 南沙自由贸易区企业注册流程

入推进。设立明珠湾管理局、产业园管理局两个法定机构；相对集中行政许可权和行政执法权，成立行政审批局和综合行政执法局；提供全流程线上政务服务；国际化法律服务体系更趋完善，成立全国首个自由贸易区法院、劳动人事争议仲裁委（仲裁院），设立自由贸易区检察院，获批全国首批粤港澳律师事务所合伙联营试点。

（二）横琴情况

全国首个促进自由贸易区建设的法规文件——《珠海经济特区促进中国（广东）自由贸易试验区珠海横琴片区建设办法》（下称《办法》）中，横琴在"人力资本出资"和"对接港澳的市场经营行为法律责任清单"等制度创新领域增添了新的亮点。

2015—2018 年，横琴对接国际高标准投资贸易规则，系统谋划制度创新，形成了对标国际贸易投资规则有新思路、创新市场监管制度有新成效、创新政务服务有新举措、优化司法环境有新特点、建设横琴廉洁岛有新目标的新局面。

实施多项清单管理是横琴制度创新的一大亮点。目前，横琴已制定对港澳负面短清单，发布政府部门权力清单，制定 1748 项工商行政违法行为提示清单，制定横琴与港澳差异化市场轻微违法经营行为免罚清单，这些清单推动横琴形成了趋同港澳的国际化营商环境。

司法环境的优化也开创了多个在全国领先的改革举措。全国率先推行立案登记制，全国率先实行将"类似案件类似判决"引入法庭辩论制度，确立中国第一个现代化综合法院框架，全国率先推行第三方法官评鉴机制，这些举措使横琴的法治环境进一步得到了提升。

在政务服务领域，横琴率先推出商事登记主体电子证照卡和"三个零"政府服务，努力实现企业到政府办事"零跑动"、在法律规定之外对企业实施"零收费"、对企业"零罚款"。

（三）前海情况

作为我国发展最快、效益最好的区域之一，前海蛇口自贸片区一直坚持以创新为第一动力，深入推进重大制度创新，在重点领域与关键环节努力取得新突破；始终坚持以制度创新为核心，按照中央赋予前海的战略定位，探索实施"比特区还要特"的先行先试政策。

1. 深化投资贸易便利化改革

2017 年 6 月 29 日，深圳国税局、地税局"跨境电子支票缴税"业务正式上线，使深圳多元化缴税平台更趋完善，为纳税人提供了具有国际范的、更加便捷多样的缴款方式选择。该业务既是继"移动支付缴税"后又一全国首创的新型税款缴纳方式，也是前海深化便利化改革，推动金融创新发展的一个缩影。

在深化投资便利化改革方面，前海开展城市级基础设施 BIM 技术应用，并发布了国内自由贸易区首个对外直接投资指数，有效地改善和完善了投资环境及投资管理体制；在优化外商投资方面，前海实施"一口受理"工作机制，实现外资备案后置，基于系统对接实现了协同申报及数据共享；研究出台了《深圳前海蛇口片区反垄断工作指引》，完成了"证照分离"2.0版改革试点任务，进一步降低了企业投资门槛。

在提升贸易便利化水平方面，前海制定了促进贸易便利化的"前海方案"，并逐步形成了"前海模式"。前海推动国际贸易"单一窗口"2.0 版上线试运行，使船舶申报数据项减少了80%，船舶放行时间由 1 天缩短为 1 小时；推出"5＋N"改革举措，国检在全国首次实现原产地智慧审签，制定了海事便利举措"42 条"；推动海关和国检在口岸直通、集检分出和分送集报等验放模式的基础上，再造联合查验作业流程，并首创关检自贸通。

2. 大力推动金融创新发展

2017 年 2 月 27 日，国家外汇管理局批复同意，在前海开展资本项目收入的支付审核便利化试点。符合条件的试点企业可凭支付指令直接在银行办理资本项目收入的相关支付，手续简化，流程缩短，便利化程度大大提高。该项试点政策的实施，将为前海打造开放层次更高、营商环境更优的开放型经济新高地提供新的助力。

前海在深化金融开放创新方面硕果累累。不良资产跨境转让试点获重大突破，落地国内首单以平台为依托的跨境资产转让业务，并成为国内首个获得授权由地方外汇分局自行审核的试点地区；推动外商独资私募证券投资基金试点（WFOE）取得突破，深圳首家外商独资私募证券投资基金管理人——东亚联丰获批落户；在国内率先重启合格境内投资者境外投资试点（QDIE）业务；发布前海跨境金融指数（QCFI），建立前海金融创新数据统计指标体系；探索建立多层次金融服务体系，推动前海金融创新发展。

3. 全面推进法治示范区建设

前海全面推进中国特色社会主义法治示范区建设。出台了全国首份自由贸易区法治建设的系统规划文件《前海中国特色社会主义法治建设示范区规划纲要（2017—2020）》。建立了自由贸易区首个法治指数指标体系。加快推进司法体制机制改革，首创适用香港法律审结经济纠纷案件，35件案件的当事人在合同中选择适用香港法律，实现前海适用香港法律的法治创新重大突破；深圳知识产权法庭和深圳金融法庭落户前海并揭牌办公，深圳知识产权保护中心在前海挂牌成立。大力推进法律服务业发展，成立"中非联合仲裁深圳中心"，设立中国国际仲裁机构第一个海外庭审中心——深圳国际仲裁院北美庭审中心，推动法律服务跨区域、跨国界合作；推出中国自由贸易区第一个"一带一路"法治地图，设立"一带一路"法律服务联合会，为企业参与"一带一路"沿线国家建设提供法律服务。富有前海特色的国际化一流法治环境正在形成。

4. 推进廉政监督体制改革

不忘初心，加强廉政建设。一直以来，前海深入推进纪检、监察、检察、公安和审计"五位一体"的廉政监督新体制改革，拓展前海廉政风险防控的广度和深度，强化全面从严治党主体责任和监督责任落实；在全力建设"城市新中心"的同时，也全力打造廉洁示范区。开展"前海廉洁状况测评"工作，在全国自由贸易区范围内首创发布《廉洁状况白皮书》，该书被纳入广东省"第三批自由贸易区改革创新经验"并在全省复制推广；印发实施《前海管理局防止利益冲突规定（试行）》，初步构建起"法律的底线，纪律的红线，利益冲突的警戒线"三级纵深监督体系；深入推动廉政"双合同""工程建设廉情预警系统"等工作；结合"双提升"工程、新城建设等重大项目，开展明察暗访，大力推进作风建设；建立健全管理局及局属公司内控机制，形成内审监督与多元监督方式相互衔接、协同运作的全方位监督体系，推动"廉洁成就前海"的价值理念深入人心。

在深化体制机制创新方面，前海制定了《关于开展相对集中行政许可权试点实施方案》，在省市授权委托自贸片区实施的147项管理事项中，选定67项行政审批事项于专门机构开展集中许可试点改革；使前海执业的香港工程建设专业机构类别由4个增至6个，备案专业机构数增至137家；率先落实公安部支持广东和自由贸易区建设的16条出入境政策。

在完善事中事后监管机制方面，前海启动了公共信用平台（二期）建设，开发面向政府、企业、市民的跨部门信用查询应用；以"前海企业信用画像"为基础，建立前海企业信用合规度评价模型，搭建企业信用风险分类及预警平台。

5. 强化推广制度创新

2018年，综合三年来取得的成果，汇编《中国（广东）自由贸易试验区三周年制度创新最佳案例》，案例涵盖了投资便利化、贸易便利化和金融开放创新三大领域。从省自贸办获悉，在全部入选案例中，前海蛇口片区有18项入选、南沙片区有17项入选（包括三个片区共有案例）。前海蛇口片区的高质量案例充分彰显了前海"制度创新策源地"和"改革开放试验田"的作用，在引领广东自由贸易区的改革创新和产业发展中做出了积极贡献。

设立以来，前海蛇口自贸片区始终坚持以制度创新为核心，以供给侧结构性改革为主线，对照国际最高标准、最好水平，大胆试、大胆闯、自主改，不断强化顶层设计和系统集成，逐步形成与国际通行规则深度融合、有效满足企业需求的规则和标准体系，形成了以投资便利化、贸易便利化、金融开放创新、事中事后监管、法治创新、人才管理改革、体制机制创新等7大板块为核心的改革创新"前海模式"。截至2018年8月，该片区累计推出制度创新成果358项，其中全国首创或领先的133项，全国复制推广9项，全省复制推广62项，全市复制推广79项，片区初步形成了法治化、国际化、便利化和稳定、公平、透明、可预期的营商环境。

据相关数据显示，前海蛇口片区已成为现阶段我国发展最快、效益最好的区域之一，在制度创新、深港合作、产业集聚等方面都取得了重大突破。海关总署广东分署评估显示，前海蛇口贸易便利化水平位居全省自贸片区前列。截至2018年3月底，前海蛇口片区累计注册港企8031家，注册资本达8937.26亿元，港企作为前海蛇口片区经济支柱的作用日益显现。同时，在法治示范区建设方面，该自贸片区更是取得了巨大成果，其顶层设计、法治先行、法治改革的试验田功能作用不断发挥，通过多年建设，有效支撑了前海蛇口片区接轨国际的营商环境。

本章小结

广东自由贸易区包括广州南沙新区片区、深圳前海蛇口片区和珠海横琴新区片区，总面积116.2平方千米。其依托港澳，服务内地，面向世界，促进内地与港澳经济深度融合，探索构建粤港澳金融合作新体制，创新监管服务模式。

首先，建立系统工作机制。一是建立"统筹管理、分级负责，精干高效"的管理机制，设置省级管理机构和各片区管理机构，实现协同发展，错位发展。二是投资管理实施负面清单"一口受理"、境外投资备案制、先照后证等。三是加强综合管理与服务，形成综合监管体系，建立与国际接轨的知识产权综合保护和管理机制和反垄断、金融风险防范与监管信息共享机制等。四是设立法定机构，将专业性、技术性或社会参与性较强的公共管理和服务职能交由法定机构承担，建立行政咨询体系，由粤港澳专业人士组成专业咨询委员会参与自由贸易区重大决策。

其次，发挥地域优势，建设粤港澳深度合作示范区。一是创新深度合作机制，将自由贸易区建设相关事项纳入粤港、粤澳合作联席会议制度。二是在广度上拓宽粤港澳合作领域，取消和放宽港澳投资者准入限制；在深度上创新粤港澳合作机制，在规则上标准对接、项目资金互通、要素便捷流动等方面先行先试，打造粤港澳联手参与国际竞争的合作新载体。三是推进与港澳在人民币跨境业务的合作，推动以人民币作为境外跨境大额贸易和投资计价、结算的主要货币，建立国际交易平台，提供多层次、全方位的金融服务。

🔍 **思考与练习**

1. 三个片区各自的优势是什么？
2. 三个片区在体制机制上，各自的创新点是什么？

👉 **案例分析**

案例1：前海创新情况介绍

（一）企业专属网页政务服务新模式

1. 做法

为每家企业配备一个定制版专属网页，提供企业网上政务服务唯一入口，依托政务服务综合信息平台，为企业提供便捷化、个性化、一体化的政务服务。

2. 成效

截至2018年3月31日，已为广东自由贸易区内近30万家企业开通企业专属网页，并在全省13个地市推广使用。

（二）社会投资类项目全流程审批改革新模式

1. 做法

通过施工许可分阶段发放降低工程建设成本，以搭建跨部门一站式审批平台大幅压缩获得施工许可证的审批时限。

2. 成效

企业办理施工许可证与政府对接的部门由20多个缩减至1个，施工许可办理手续从35个缩减为16个，缩减比例超过50%；政府审批时间由原来的30天缩短至13天，缩短比例超过50%；投资方110天便能开展地下基础施工，压缩比例超过30%；审批类费用降幅超过20%。

（三）全国首创跨境缴税

1. 做法

全国首创"跨境电子支票缴税"、V－Tax远程可视自助办税系统等，为港澳纳税人提供导航式智能流程指引和税务人员远程服务，实现跨境办理涉地税费业务。

2. 成效

港澳和异地纳税人实现涉税业务办理"零跑动"、跨境办税"同城同质"，以及随时随地查询和打印税收票证。

（四）电力供应体制改革新模式

1. 做法

发布全新《供用电营业规则》，推行低压供电模式、全面实施预购用电等电力供应机制创新，并成立全国首家增量配电网混合所有制供电企业。

2. 成效

远景供电可靠率高达 99.9995%，客户年平均停电时间小于 2.5 分钟。单一用户一次性受电工程投资节约率达 80%，用电报装从 59 天压缩为 10 天。

（五）蛇口实行"前港—中区—后城"综合开发模式

1. 做法

前海蛇口片区首创港口、园区、城市三位一体综合开发模式，以合作机制调动社会资源，实现了港、产、城联动，协同政府、企业和各类资源。

2. 成效

该模式不仅推广至漳州、重庆、天津、青岛等地，更"走出去"拓展到白俄罗斯、吉布提、斯里兰卡等国。

（六）CEPA 框架下粤港澳商品、食品等通关便利化

1. 做法

创新粤港澳关检合作监管模式，如对供澳建材综合运用一次申报、分批出境，对珠澳小商品简化归类、汇总申报，对港澳产食品实行进口食品检验前置，对电动自行车、一次性卫生用品等进口产品实行第三方采信认可，对珠澳陆路口岸小客车机检检查结果参考互认等创新制度。

2. 成效

横琴片区实行"一次申报、分批出境"后，单批次货物通关时间从 20 分钟缩短为 3～5 分钟；珠澳陆路口岸小客车通关时间节约 40%；横琴和南沙片区被抽查送检的进口食品从原 7～11 个工作日缩短为 2～3 小时内；横琴和前海蛇口片区对电动自行车、一次性卫生用品等进口产品实施第三方检验结果采信。

（七）原产地证智慧审签

1. 做法

运用大数据技术，整合基于签证数据搭建的智能审单数据库和基于风险评估制定的审单规则，建立原产地证智慧签证系统，对判定无风险的证书实行系统自动审核及电子签名。

2. 成效

"智慧签证"系统审核证书的准确率可达 99% 以上；2017 年，前海蛇口片区完成 7 种证书的智慧审签 9041 份，减免关税约 1339 万美元，相关证书审签效能提升 80%；南沙片区共签发各类优惠原产地证书 4819 份，减免关税近 1000 万美元。

(八)货物通关"线上海关"样板间

1.做法

深圳海关以"零障碍、零阻隔、零距离"为目标,推进信息化建设,打造"互联网+"新平台,建立"一口受理、分类办理、后台协助、统一回复"工作模式;南沙海关通过互联网将通关业务事项迁至线上办理,已建成"易通关"平台、"关邮e通""穗关在线"移动端,覆盖五个领域227项业务。

2.成效

深圳海关依托网上办事大厅、客协平台,及时发布海关政策、企管业务指引和温馨提示,2017年,通过客协企业服务平台收集并为企业提供340个诉求解决方案,向企业推送政策法规、通知提示60余项;通过改革,关区查验效率提高27%,通关验估作业时间缩减60%以上,80%的案件由系统快办,平均办理时间压缩三分之二,8大类92项海关业务实现在线办理。广州关区进出口货物通关时间分别较2016年全国海关进出口通关时间压缩49%、62%。"互联网+自主报关"报关单数约136万票,进口货物通关成本降幅最高为六成,出口货物通关成本降幅最高为八成。

(九)粤港货物进出境快速通道

1.做法

创新实施"粤港跨境货栈"监管制度和"深港陆空联运"模式,打造粤港货物进出境快速通道。

2.成效

"粤港跨境货栈"物流转运时间比传统操作快3~7个工作日,为加贸企业节省超过70%的成本。"深港陆空联运"可为企业节省1/3的物流成本和1/4的物流时间。

(十)跨境电商B2B交易结算一体化解决方案

1.做法

前海蛇口、南沙片区打造全新的跨境电商B2B交易结算产品,解决跨境电子商务进出口面临的订单批量小、品种多、频次高的问题。

2.成效

2016、2017年前海湾保税港区跨境电商出口货值分别为1.77亿、3.74亿美元,同比增长分别为338%、112%。

(十一)粤港澳游艇"自由行"

1.做法

率先实施"定点停靠,就近联检"新型便利通关模式,简化港澳游艇出入境通关手续。

2.成效

2017年7月24日,南沙实现粤港澳游艇自由行首航,横琴长隆游艇码头基础设施也基本建成。2017年12月17日,深圳湾游艇会注册船中共有3艘游艇前往香港,分别是"正义号""华盛1号"和"万德隆号";由香港首航深圳的两艘游艇为"奥德莱(Audrey)号"和"爱丽丝号",这标志着粤港澳游艇自由行全面达成。

(十二)打造"全球中心仓"

1. 做法

在"仓储货物按状态分类监管"的基础上构建"一区多功能,一仓多形态"模式,使原来需要存储于多个地区、多个仓库的多种物流及贸易形态可以在自由贸易区内的一个中心仓一站式完成。货物可非报关入区,区内货物可以在不同账册间"结转"。

2. 成效

前海蛇口片区一家企业通过将900万欧元的保税货物由保税账册转电商账册,共节约费用约100万人民币,节约时间20余天。

(十三)CEPA框架下率先放宽金融机构外资持股比例上限

1. 做法

汇丰前海证券有限责任公司、东亚前海证券有限责任公司于2017年12月7日正式开业,港资合并持股比例分别为51%和49%。

2. 成效

加上已开业的广证恒生证券投资咨询公司、前海招联消费金融公司、恒生前海基金管理公司、大西洋银行横琴分行,CEPA框架下对港澳金融业的开放政策在广东全面落地。

(十四)全国首创央地合作私募基金信息监管服务平台

1. 做法

深圳证监局和前海管理局共建深圳私募基金信息服务平台,探索"大数据+人工智能"的"监管+自律+服务"模式,利用机器学习加入监管经验,破解私募基金"多、杂、乱"的监管难题,实现风险及时预警。

2. 成效

平台自2017年4月上线以来,累计接收报送私募基金管理人1974家,私募基金产品6660个(管理规模10962.99亿元),累计报送投资者67704户次。共发现103家疑似异常机构,累计开展80多次核查工作,其中5家违法线索移交公安机关立案。

(十五)全国首创全线上、自助式、小额循环贷款产品"微粒贷"

1. 做法

针对小微企业和大众客户贷不到、不及时、不方便的贷款痛点,微众银行开创性地将消费金融与社交大数据相结合,推出标准化手机移动端自助式、小额信用、循环使用贷款产品——"微粒贷"。

2. 成效

"微粒贷"自2015年5月推出以来,成功开通客户已达1302万,已借款客户达357万,覆盖31个省、自治区、直辖市的567座城市;累计发放贷款1423亿元,贷款余额已达422亿元,贷款不良率仅为0.28%;联贷平台上线投产合作机构25家,已实现发放"微粒贷"870亿元,有效支持了221万大众客户的紧急融资需求。

(十六)全国唯一设在总行之外的总行级 CIPS 清算中心

1. 做法

农业银行作为 CIPS 系统的架构设计参与者和直参行，把总行 CIPS 清算中心设立在前海分行。

2. 成效

落地运营以来，清算跨境人民币往来业务共计 6.5 万余笔，金额总计 7300 余亿元，日均清算 250 笔，金额 30 亿元。

(十七)全国首单依托交易平台实现的不良资产跨境转让项目

1. 做法

深圳前海金融资产交易所作为国内唯一一家获批不良资产跨境业务的金融资产交易所，试点开展跨境债权转让业务，2016 年完成全国首单依托交易平台实现的不良资产跨境转让项目，交易金额为 2340 万美元。

2. 成效

不良资产跨境转让业务进一步缓解了境内各类银行、金融资产管理公司以及其他非银金融机构处置不良资产的压力，有利于盘活信贷存量，释放金融风险。

(十八)试点 QDIE、QFGP 和 QFLP 跨境业务

1. 做法

在全国先行先试开展合格境内投资者境外投资(QDIE)、合格境外一般合伙人(QFGP)和合格境外有限合伙人(QFLP)等跨境业务试点。

2. 成效

这些跨境金融创新业务吸引了国内外资本支持自由贸易区实体经济的发展，QDIE、QFGP 和 QFLP 制度下的企业和产品自设立以来均运行稳定，投资人反映良好，资管净值稳步升高。

【案例来源：《深圳特区报》(《自由贸易区建设的"前海创新"》)，2018－12－10；作者：李立为】

案例 2：三片区发展评价

(一)前海：营商环境是核心优势

三年来，前海一直推动习近平新时代中国特色社会主义思想和党的十九大精神落地生根。一是坚持高标准改革，制度创新走在全国前列，片区累计推出制度创新成果数达到 358 项；二是坚持高水平开放，深港合作步伐全面加快，截至 2018 年 2 月底累计注册港企 7720 家；三是金融创新成果丰硕，通过出台相关政策，吸引大量金融机构与企业集聚；四是不断深化法治示范区建设，出台"一条例两办法"，构建前海法治建设基本框架。

(二)广州南沙：积极打造国际航运中心

广州开发区(自由贸易区南沙片区)管委会副主任潘玉璋表示，自由贸易区挂牌以来新设

企业 50318 家，注册资本 1 亿元以上的企业达 1321 家，已落户 99 个世界 500 强企业投资项目和 103 家总部型企业。目前，南沙新区正加快建设国际航运枢纽，提升国际航运中心能级，创新发展航运服务业。

2017 年，南沙港区实现货物吞吐量 3.35 亿吨、集装箱吞吐量 1406 万标箱。港区已开通国际班轮航线 89 条、内贸航线 32 条和"穿梭巴士"支线 56 条，建成"无水港"33 个，航线通达全球 200 多个港口和城市。南沙新区正积极推动以广州港为龙头的对珠江口、粤西沿江沿海地区的港口资源整合。

南沙港区已建成 16 个 15 万吨级集装箱深水泊位和年通过能力超 100 万辆的汽车滚装码头，而南沙汽车口岸现已成为全国平行进口汽车第二大口岸。

2017 年，南沙汽车口岸实现整车进口到港 13688 台，同比增长 59%；2018 年第一季度，南沙汽车口岸实现平行进口汽车到港 5019 台，同比增长 19%。

除此之外，截至 2017 年 3 月，通过南沙汽车口岸开展整车进口业务的企业已增长至 114 家，较去年底增加了 26 家，其中有 24 家注册在南沙新区。经过近三年的发展，目前南沙汽车口岸已形成了集贸易进口、展示销售、物流运输、金融保险以及报关、合规整改、PDI 检测等技术服务为一体的配套产业体系。除了汽车，南沙新区其他外贸业态也在不断壮大，跨境电商保税进口占全国的六分之一，同时也是亚太地区最大的工程塑料集散地。广东合捷国际供应链有限公司位于南沙保税港区物流区，2017 年进出口金额约 6.14 亿美元，物流吞吐量从 2010 年的 12.5 万吨增长至 2017 年的 142 万吨。

同时，南沙新区加快发展航运服务业，挂牌三周年以来，集聚了 4600 多家航运物流企业，增长超过 12 倍。以广州航交所为例，截至 2017 年 3 月末，广州航交所累计完成船舶交易 2690 艘，交易额达 110.86 亿元；累计提供船舶竞价服务 42 艘次，交易金额达 3.06 亿元，成交率高达 73%；开设船舶交易服务网点 17 家。航交所创立的"珠江航运运价指数"成为国家监测航运景气度的重要指标。

南沙新区还成立了 50 亿元规模的航运产业基金，设立"广东南沙"船籍港，落户全国首家省级航运专业人才市场，成立"海上丝绸之路"国际海员中心和国际海员外派基地，初步形成了较为完善的航运服务体系。

（三）横琴：体制机制创革

率先深化商事登记改革，推出全国首张"商事主体电子证照银行卡"。率先启动社会投资类工程管理创新试点，审批时间由 30 天缩短至 13 天，审批类费用降幅超过 20%。率先突破国内现行供用电营业规则，出台《横琴自由贸易区供用电规则》，电力获得指数从全球 100 名之外跃升至全球前 10 名。首创"纳税便利化指数"，自主研发了全国首台远程可视自助办税终端，办税效能提升 80%。率先推出首份共 80 条、涉及 25 个单位的失信商事主体联合惩戒清单，形成"一处失信、处处受限"的监管效应。率先取消立案庭，推行立案登记制，自试行以来累计登记立案 5638 件。

三年来，横琴不断推动体制机制变革，实现经济高质量发展，主要有两个攻克点。一是制度创新呈现整体性和模块化，以放宽和优服为重点的行政服务体系、以发展特色金融和服务实体经济为重点的金融创新体系、以信用约束和善管为重点的风险防控体系、以国际公信力为重点的法治保障体系和以预防监督为重点的廉洁从政保障体系基本形成。

【案例来源：《深圳特区报》(《自由贸易区建设的"前海创新"》)，2018－12－10；作者：李立为】

案例3："企业专属网页"政务服务新模式

企业专属网页是广东自由贸易区围绕切实转变政府职能，以"被动服务企业"向"主动服务企业"转变为宗旨，以创新政务服务模式、优化政务服务为目标而建设的全国首个面向企业的电子政务定制系统。

（一）主要经验

通过整合优化广东省网上办事大厅业务流程，为自由贸易区内每个企业提供一个独有的可配置、可定义专属网页（以下简称"企业专属网页"），专门为区内法人用户提供在线办事及服务平台。

一是涉企事项"一网通办"。将企业专属网页与网上办事大厅、政府部门业务申办受理系统进行对接整合。企业通过登录专属网页即可办理工商、国土、商务、税务、建设、卫生、环保等多个部门的各类行政审批事项，不需在各行政部门多个电子政务平台之间反复切换以及重复登录。

二是为企业提供政务信息个性化推送服务。通过企业专属网页，政府各相关部门可根据企业类别为其提供各类政务信息的个性化推送，包括企业资料管理、办事进度、大厅办事指引、信用信息查询等特色服务。目前，广东自由贸易区企业专属网页已汇聚省、市、区面向企业的服务事项共940项，并相应分出21类目标企业进行政务信息精准推送。

三是通过数据共享，对企业实施信用监管。以企业专属网页为载体将各部门电子政务平台进行系统对接和数据整合，使企业信用信息数据在企业专属网页实现共享共用。各政府部门通过企业专属网页后台的企业信用管理分析系统，对存在失信或有信用风险的企业进行实时跟踪检查和重点防控。

（二）实践效果

一是企业申办行政事务的便利化程度大幅提升。通过打造企业专属网页，使企业申办行政事务真正实现了"一张网页、一次登录、一键直达"。据统计，通过企业专属网页整合优化行政审批事项，企业到实体窗口跑动次数基本在2次以下，其中70%以上事项到现场跑动次数在1次以下，60%以上事项可全程在网上办结。

二是提升了事中事后监管的精准度和有效性。依托企业专属网页，结合线下随机抽查监督机制，广东自由贸易区已根据专属网页整合的企业信用评价情况，对区内10万余家企业启动了信用排查和信用查询。通过对存在有失信风险的企业进行实时跟踪和重点防控，基本实现了对企业的精准监管和对市场风险的有效防范。

三是基本实现了自由贸易区内企业全覆盖。截至2016年底，广东自由贸易区已为区内约20万家企业开通企业专属网页，每天开通上线的企业超过1000家，实现新注册企业专属网页开通率100%。据对企业进行的调查显示，90%以上的企业表示企业专属网页节省了办事时间，约70%的企业收到过办事提醒信息，约30%的企业通过网页成功向政府申请了资金、住房等相关政策优惠。

（三）下一步工作思路

下一步，广东自由贸易区将继续完善企业专属网页建设，进一步规范网页栏目设置，对接更多特色应用功能，加强可复制推广经验的系统集成，引导带动广东全省企业专属网页的建设和推广应用。

【案例来源：《南方日报》（《企业专属网页政务服务新模式》），2017 – 01 – 22；作者：庞耿】

第六章 广东自由贸易区运作的区域外比较（一）

第一节 上海自由贸易区的发展及比较

一、上海自由贸易区概况

（一）基本情况

上海自由贸易区，是中国政府设立在上海的区域性自由贸易区，位于浦东境内，属中国自由贸易区范畴。2013年9月29日，上海自由贸易区正式成立，面积28.78平方千米，涵盖上海市外高桥保税区、外高桥保税物流园区、洋山保税港区和上海浦东机场综合保税区等4个海关特殊监管区域。2014年12月28日，全国人大常务委员会授权国务院扩展上海自由贸易区区域，将面积扩展到120.72平方千米，涵盖上海外高桥保税区、上海外高桥保税物流园区、洋山保税港区、上海浦东机场综合保税区4个海关特殊监管区域（28.78平方千米）以及陆家嘴金融片区（34.26平方千米）、金桥开发片区（20.48平方千米）、张江高科技片区（37.2平方千米）[①]。

六年来，上海自由贸易区按照党中央、国务院的战略部署，坚持解放思想，大胆试、大胆闯、自主改，坚持以开放促改革、促发展、促创新，从构筑投资、贸易、金融和事中事后监管制度的"四梁八柱"基础体系建设入手，一大批制度创新成果推广至全国各地，真正发挥了全面深化改革的试验田作用。如今，上海自由贸易区面临新的历史机遇，将承担起更重的建设任务。

六年来，上海自由贸易区累计新设立企业超过5.7万户，新设企业数是前20年同一区域企业数的1.6倍。新设外资企业超过10000户，占比从自由贸易区挂牌初期的5%上升到20%。境外投资管理方面，改核准为备案管理，办结时间从3~6个月缩短至3天，至2018年10月底，累计办结境外投资项目2278个，是自由贸易区设立前的近4倍。

截至2018年9月底，已有56家商业银行、财务公司和证券公司等金融机构直接接入自由贸易账户监测管理信息系统，开立自由贸易账户71666个，通过自由贸易账户获得的本外

---

① 2015年4月27日，上海自由贸易区正式实施扩区。扩区后的上海自由贸易区不仅面积从28.78平方千米扩展到120.72平方千米，而且在更高起点、更广领域、更大空间推进各项制度创新。

币境外融资总额折合人民币1.3万亿元。人民币跨境使用和外汇管理创新进一步深化，2018年1—9月，人民币跨境结算总额累计1.9万亿元，占上海全市的48%。截至2018年9月底，累计有877家企业发生跨境双向人民币资金池业务，资金池收支总额超过1.3万亿元。

上海自由贸易区带动了浦东新区经济持续稳定快速发展。浦东新区外贸进出口持续增长，2018年1—10月，浦东新区完成进出口总值1.7万亿元，同比增长6.3%，占上海全市比重的60.6%。洋山港和外高桥港区合计完成集装箱吞吐量3148万标箱，同比增长4.2%，推动上海港连续8年位居全球第一大集装箱港。2018年前三季度，浦东新区地区生产总值增长7.8%，财政总收入增长10.3%。总体上看，上海自由贸易区以1/10的面积创造了浦东3/4的生产总值和70%左右的外贸进出口总额；以1/50的面积创造了上海市1/4的生产总值和40%左右的外贸进出口总额。

（二）各片区主要功能

1. 海关特殊监管区域

外高桥保税区于1990年设立，是中国第一个保税区，也是目前中国国内经济规模最大、业务功能最丰富的海关特殊监管区。外高桥保税物流园区于2004年设立，也是中国第一个保税物流园区。洋山保税港区于2005年底设立，是中国第一个实行"区港一体"封关运作的特殊监管区域。浦东机场综合保税区于2009年设立，实行保税物流区域与机场货运区一体化运作模式。各海关特殊监管区域的功能既存区别，又有共同处，具体见表6-1。

表6-1　上海自由贸易区海关特殊监管区域功能情况

序号	区域名称	主要功能
1	外高桥保税区	外高桥保税区是全国第一个保税区，1990年6月经国务院批准设立，规划面积10平方千米。经过20多年的发展，其已成为国内经济规模最大、业务功能最丰富的海关特殊监管区域，也是全国第一个"国家进口贸易促进创新示范区"。外高桥保税区做大做强了酒类、钟表、汽车、工程机械、机床、医疗器械、生物医药、健康产品、化妆品、文化产品十大专业贸易平台，其中文化贸易平台被文化部授予全国首个"国家对外文化贸易基地"
2	外高桥保税物流园区	外高桥保税物流园区是我国第一个保税物流园区，于2003年12月经国务院批准设立，封关面积1.03平方千米。作为全国首个实施"区港联动"的试点区域，可同时享受保税区、出口加工区相关政策和上海港的港航资源。依托"区区联动""进区退税"等政策功能优势，保税物流园区与外高桥保税区相辅相成、联动发展，是现代国际物流发展的重要基地
3	洋山保税港区	洋山保税港区是我国第一个保税港区，于2005年6月经国务院批准设立，2012年1月批准扩区，规划总面积14.16平方千米，由小洋山港口区域、陆域部分和连接小洋山岛与陆地的东海大桥组成。洋山保税港区实行"区港一体"监管运作，是上海国际航运发展综合试验区的核心载体，集聚了包括通信及电子产品、汽车及零部件、高档食品、品牌服装等在内的分拨配送中心，基本形成了面向欧美的分拨配送基地、大宗商品产业基地和面向国内的进口贸易基地以及航运龙头企业集聚地

续表 6-1

序号	区域名称	主要功能
4	浦东机场综合保税区	浦东机场综合保税区于 2009 年 7 月经国务院批准设立,规划面积 3.59 平方千米。浦东机场综合保税区实行保税物流区域与机场西货运区一体化运作,具有浦东机场亚太航空复合枢纽港优势,是上海临空服务产业发展的先导区。目前已引进包括电子产品、医疗器械、高档消费品等全球知名跨国公司空运分拨中心以及百多个融资租赁项目,UPS、DHL 和 FedEx 三大全球快件公司均入区发展,一批重点功能性项目已启动运作,机场综保区已逐步形成空运亚太分拨中心、融资租赁、快件转运中心、高端消费品保税展销等临空功能服务产业链。

2. 上海自由贸易区金融片区

陆家嘴金融片区包括陆家嘴金融贸易区和世博前滩地区。陆家嘴金融片区是上海国际金融中心的核心区、上海国际航运中心的高端服务区、上海国际贸易中心的现代商贸集聚区。这里正在探索建立与国际通行规则相衔接的金融制度体系与金融机制,以及与总部经济等现代服务业发展相适应的制度安排,持续推进投资便利化、贸易自由化、金融国际化和监管制度创新,加快形成更加国际化、市场化、法治化的营商环境。目前,世博前滩地区是上海新一轮发展的重点区域,正在打造总部经济、航运金融、文化体育旅游业、高端服务业等产业集聚区。

3. 上海自由贸易区开发片区

金桥开发区于 1990 年成立,经过 20 多年的持续开发,已经成为上海的先进制造业核心功能区、生产性服务业集聚区、战略性新兴产业先行区和生态工业示范区。这里正以创新政府管理和金融制度、打造贸易便利化营商环境、培育能代表国家参与国际竞争的战略性新兴产业为重点,不断提升经济发展活力和创新能力。

4. 上海自由贸易区高科技片区

张江高科技片区是上海贯彻落实创新型国家战略的核心基地。这里正在推动上海自由贸易区建设与张江国家自主创新示范区建设深度联动,提升张江园区创新力,重点在国家科学中心、发展"四新"经济、科技创新公共服务平台、科技金融、人才高地和综合环境优化等重点领域开展探索创新。

总之,作为中国大陆境内第一个自由贸易区,上海自由贸易区正在积极推进国际贸易结算中心、融资租赁、期货保税交割功能、扩大保税船舶登记试点规模、研究建立具有离岸特点的国际账户等功能的先行先试;其不仅是中国经济新的试验田,而且也在力争建设成为具有国际水准的投资贸易便利、货币兑换自由、监管高效便捷、法制环境规范的自由贸易区。

(三)主要成效及经验

1. 主要成效

首先,以负面清单管理为核心的外商投资管理制度基本建立,以贸易便利化为重点的贸易监管制度有效运行,以资本项目可兑换和金融服务业开放为目标的金融制度创新有序推进,以政府职能转变为核心的事中事后监管制度初步形成。

其次,外商投资和境外投资备案管理制度改革成效明显,负面清单以外领域的外商投资项目核准制和企业合同章程审批制全部改为备案制，企业准入"单一窗口"制度得到完善，贸易便利化水平不断提升，贸易功能不断深化。

再次，本外币一体化运作的自由贸易账户功能获得进一步拓展，跨境人民币结算、跨国公司总部外汇资金集中运营、本外币双向资金池等金融创新进一步深化，一批面向国际的金融交易平台正式运行并取得预期成效，金融创新的影响力进一步增大。

最后，人才创业环境进一步优化，自由贸易区与自主创新示范区联动发展加快，相关示范作用逐步显现。

目前，我国的自由贸易区响应世界经济发展新形势，正在筹备发起世界自由贸易区联合会。上海自由贸易区已成为世界自由贸易区联合会成员，世界自由贸易区联合会将有利于提升世界各自由贸易区的整体自由化水平，积极推动在世界范围内建立自由贸易区，促进世界各国对外贸易额的大幅度提升，推动建立辐射五大洲国家的全球自由贸易区网络，使大部分对外贸易、双向投资实现自由化和便利化。

2. 主要经验

首先，突出对外开放的新高度要求。实践中，上海自由贸易区注重选择体现国家战略需要、国际市场需求大、对开放度要求高的领域，深化制度创新的差别化探索，进一步彰显上海的开放品格、开放优势和开放作为。

其次，形成制度创新的新标准。上海自由贸易区对标国际最高标准、最好水平的自由贸易区，注重在投资贸易便利化方面大胆创新，探索实施更高的标准，发挥好改革开放试验田的作用。

最后，重视形成国际竞争的新优势。上海自由贸易区的制度创新注重坚持生产力的标准，对标国际公认的竞争力最强的自由贸易区，聚焦新兴产业和国际市场的发展新态势，显著提升了上海在全球资源配置中的影响力和竞争力。

二、上海自由贸易区与广东自由贸易区的比较

(一)战略定位不同

上海自由贸易区秉持国务院"继续积极大胆闯、大胆试、自主改"的要求，深化完善以负面清单管理为核心的投资管理制度、以贸易便利化为重点的贸易监管制度、以资本项目可兑换和金融服务业开放为目标的金融创新制度、以政府职能转变为核心的事中事后监管制度，形成与国际投资贸易通行规则相衔接的制度创新体系，充分发挥金融贸易、先进制造、科技创新等重点功能承载区的辐射带动作用，力争建设成为开放度最高的投资贸易便利、货币兑换自由、监管高效便捷、法制环境规范的自由贸易区。其主要任务是探索中国对外开放的新路径和新模式，推动加快转变政府职能和行政体制改革，促进转变经济增长方式和优化经济结构，实现以开放促发展、促改革、促创新，形成可复制、可推广的经验，服务全国的发展。建设上海自由贸易区有利于培育中国面向全球的竞争新优势，构建与各国合作发展的新平台，拓展经济增长的新空间，打造中国经济"升级版"。

广东自由贸易区的战略定位是紧紧依托港澳，服务内地，面向世界，以制度创新为核心，促进内地与港澳经济深度融合，深入推进粤港澳服务贸易自由化，强化粤港澳国际贸易功能集成，探索构建粤港澳金融合作新体制，创新监管服务新模式，建设与国际投资和贸易规则

体系相适应的行政管理体系，培育法治化、国际化营商环境，为全国全面深化改革和扩大开放探索新途径、积累新经验。

(二)管理体制存在差异

上海自由贸易区为强化管理，特成立上海自由贸易区管理委员会(以下简称"管委会")。管委会为市政府派出机构，具体落实自由贸易区改革任务，统筹管理和协调自由贸易区有关行政事务。

管委会履行以下职责：

(1)负责推进落实自由贸易区各项改革试点任务，研究提出并组织实施自由贸易区发展规划和政策措施，制定自由贸易区有关行政管理制度。

(2)负责自由贸易区内投资、贸易、金融服务、规划国土、建设、绿化市容、环境保护、劳动人事、食品药品监管、知识产权、文化、卫生、统计等方面的行政管理工作。

(3)领导工商、质监、税务、公安等部门在自由贸易区内的行政管理工作；协调海关、检验检疫、海事、金融等部门在自由贸易区内的行政管理工作。

(4)承担安全审查、反垄断审查等相关工作。

(5)负责自由贸易区内综合执法工作，组织开展自由贸易区内城市管理、文化等领域的行政执法。

(6)负责自由贸易区内综合服务工作，为自由贸易区内企业和相关机构提供指导、咨询和服务。

(7)负责自由贸易区内信息化建设工作，组织建立自由贸易区监管信息共享机制和平台，及时发布公共信息。

(8)统筹指导自由贸易区内产业布局和开发建设活动，协调推进自由贸易区内重大投资项目建设。

(9)市政府赋予的其他职责。

此外，原由上海外高桥保税区管理委员会、洋山保税港区管理委员会和上海综合保税区管理委员会分别负责的有关行政事务，统一由管委会承担。同时，管委会还依据自由贸易区的区域布局和企业需求，设立了集中办理行政服务和管理事项的场所。

广东自由贸易区按照既有利于合力推动自由贸易区建设，又有利于各片区独立自主运作的原则，建立了"统筹管理、分级负责、精干高效"的管理运营机制，设置了自由贸易区的省级管理机构和各片区管理机构。省人民政府成立了广东自由贸易区工作领导协调机构，其作为省级领导协调机构，负责统筹制定自由贸易区法规政策、发展规划，统筹指导自由贸易区改革试点具体任务，研究决定有关自由贸易区发展的重大问题。

按照精干高效原则，依托现有管理架构，设立自由贸易区各片区管理机构，其作为所在市人民政府的派出机构，负责属地范围内的自由贸易区具体事务。各片区管理机构职责分别由广州、深圳、珠海市人民政府另行规定。在领导协调机构的统筹协调下，省直有关部门要按照各片区管理机构行使省一级管理权限的要求，最大限度地下放管理权限，加强对自由贸易区各片区管理机构的协调和指导，支持自由贸易区的各项工作。各片区要加强信息沟通和相互协作，实现协同发展、错位发展。

（三）在"一带一路"倡议实施中的具体作用有别

我国现有的 12 个自由贸易区大多数都担负着直接与"一带一路"建设进行对接的任务。

位于"长江经济带"和"一带一路"地理位置"交汇点"的上海自由贸易区是我国首个被纳入"一带一路"愿景和行动计划的自由贸易区，肩负着基础设施互联互通、金融聚集等重要作用和功能。上海自由贸易区坚持"引进来"和"走出去"有机结合，创新经贸投资合作、产业核心技术研发、国际化融资模式，探索搭建"一带一路"开放合作新平台，建设服务"一带一路"的市场要素资源配置功能枢纽，发挥自由贸易区在服务"一带一路"倡议中的辐射带动作用；积极对接亚太示范电子口岸网络，推进上海国际贸易"单一窗口"与"一带一路"沿线口岸的信息互换和服务共享。

而广东自由贸易区则主要通过与"21 世纪海上丝绸之路"沿线国家和地区的经贸往来，打造物流、投资、贸易枢纽来为"21 世纪海上丝绸之路"建设服务。

（四）影响程度存在差异

作为中国大陆境内第一个自由贸易区，上海自由贸易区对改革的深化、开放型经济水平的提高和综合国力的增强有示范和带动作用，对"中国梦"的实现有深远的意义，是目前中国面临的世情党情国情的必然选择。事实上，就大趋势而言，中国以要素红利为主导特征的第一轮"全球化红利"趋于结束，迫切需要开启第二轮"全球化红利"；四十多年改革开放释放的改革红利逐渐减少，经济发展放缓，中国经济需要新的血液和营养的注入。当前，中国的改革进入攻坚期和深水区，必须要突破束缚，以经济体制改革为牵引，全面深化改革。中国必须通过构建新的全球价值链和庞大的内需市场等推动经济升级，而上海自由贸易区战略就肩负着这样的使命。

建立上海自由贸易区的意义非同一般，既是一项国家战略，也是先行先试、深化改革、扩大开放的重大举措。它以制度创新为着力点，重在实现中国经济的转型升级和提升国家竞争力。建立上海自由贸易区有利于中国顺应全球经济治理新秩序，主动对接国际规则；有利于拓展经济增长的新空间，打造中国经济"升级版"；有利于深化改革，推进改革向更深层发展；有利于先行先试国际贸易规则，创新发展路径和模式。

不仅如此，上海自由贸易区在吸引外资、航运、贸易发展等方面的积极作用还能够提升自由贸易区内与周边城市居民的医疗、就业、购物消费等福利水平。同时，由于金融制度的变革而产生的制度效应也一定会快速传递到"区外境内"的我国其他地区。从长远的眼光来看，自由贸易区的溢出效应能辐射全国各地，绝不仅仅局限在上海周边地区或者上海本身。因此，可以说上海自由贸易区是中国改革开放历程中的又一个里程碑。

上海自由贸易区的主要任务是先行先试国际贸易规则，探索中国对外开放的新路径和新模式。中国未来改革的重点不在地方，而在全国，上海自由贸易区建立的最终目标和根本目的是以创新带动全国的发展。也就是说，我们要有全局观念、整体观念，任何一种创新，包括新制度、新体制和新技术等都必须以服务全国的发展为根本目的。上海自由贸易区从一开始就是为大局考虑而建立的，它绝不仅仅是服务上海的，而是以局部地区的试验为其他地区的发展提供样板和模型，为自由贸易区在全国的推行铺平道路。

上海自由贸易区的建立是一种创新，是撬动新一轮发展的支撑点，是深化改革开放的动力。自由贸易区建立的核心思想就是弱化政府干预的职能，强化市场在资源配置中的主导作用，进而在优胜劣汰中完成经济结构的改革。而这些都将为上海自由贸易区勾画一幅美丽的蓝图，未来的上海将成为集国际研发中心、国际制造中心、国际贸易中心、国际物流中心、国际结算中心和国际维修中心等"六大中心"于一身的开放型的国际大都市，将会在贸易领域和投资领域更加开放。它的发展方式会更符合科学发展观，法制建设会不断完善，法制化程度会不断提高，竞争环境也会更加公平公正。

为了达到这个目标，要努力做到以下几个方面：一是通过开放和改革引入更多竞争，牢牢抓住自由贸易区这个平台提供的机遇，充分利用自身优势，让上海积极主动融入国际潮流，在全球范围内树立上海"六大中心"国际化大都市的形象。二是大力推进贸易和投资领域的改革开放，积极培育贸易新形态和功能，推动贸易转型升级，深化国际贸易结算中心试点，鼓励企业统筹开展国际国内贸易，实现内外贸易一体化发展。改革境外投资管理方式，吸引更多的企业来上海投资，拓展利用资金尤其是外资的途径。鼓励投资主体和投资形式多元化，降低投资门槛，减少对投资的限制，改善和优化投资环境，大力发展境外投资，鼓励支持试验区内投资主体和投资形式的多元化。三是推进政府职能的转变，加快转变经济增长方式和产业升级，以上海自由贸易区为契机实现中国经济的转型升级，始终坚持可持续发展观。四是大力推进法制化进程，更加关注并支持自由贸易区的法制建设，优化法制环境，使自由贸易区更有保障。各部门要及时解决试点过程中的制度保障问题尤其是法制保障问题，尽全力支持并配合试验区深化改革的试点工作，上海市通过地方立法，建立与试点要求相适应的试验区管理制度就是一个榜样。五是积极探索建立与国际高标准投资和贸易规则体系相适应的行政管理体系，积极推进政府管理由注重事先审批转为注重事中、事后监管，完善投资者权益有效保障机制，为各类投资主体营造一个公平的竞争环境。

当前，广东自由贸易区正在促进双向投资、推动贸易便利化、构建新型合作模式、搭建多元合作平台等方面积极探索①。在深化服务贸易自由化方面，广东已在前海蛇口、横琴试点实施香港工程管理模式，并成立省内首家粤港澳三地联营工程设计顾问机构。同时，广东还大力推动粤港澳大湾区平台对接②，加快发展更高层次的开放型经济，努力培育国际经济合作新优势；注重以自由贸易区制度创新引领国家新区开发开放，奋力打造粤港澳大湾区融合发展试验区；注重从推动提升我国参与全球经济治理体系影响力和话语权的战略高度，打造开放型经济新体制先行区；继续推进转变政府职能、完善市场准入管理等，提出了完善知识产权保护等系列创新性举措，为营造法治化、国际化、便利化营商环境积累了经验。

---

① 比如，在口岸通关合作上，2018年已开通启用港珠澳大桥珠海公路口岸、广深港高铁西九龙站口岸，并推动港珠澳大桥珠海口岸旅检"合作查验、一次放行"、车辆"一站式"通关、广深港高铁"一地两检"等新型查验模式落地实施。

② 横琴粤澳合作中医药科技产业园科研总部投入使用，黄金深港通正式落地，南沙粤港澳（国际）青年创新工场、"创汇谷"粤港澳文创社区、前海深港青年梦工场、横琴粤澳青年创业谷等累计入驻港澳的青年创业团队超过360家。

第二节　福建自由贸易区的发展及比较

一、福建自由贸易区概况

(一)基本情况

为进一步深化改革开放程度,促进区域经济发展,有效复制和推介上海自由贸易区建设的成功经验,2014年12月12日,国务院决定设立福建自由贸易区。福建自由贸易区总面积为118.04平方千米,涵盖三个片区:平潭片区43平方千米,厦门片区43.78平方千米(含象屿保税区0.6平方千米、象屿保税物流园区0.7平方千米、厦门海沧保税港区9.51平方千米),福州片区31.26平方千米(含福州保税区0.6平方千米、福州出口加工区1.14平方千米、福州保税港区9.26平方千米)。其中,平潭自由贸易区是福建自由贸易区的核心,将重点建设自由港和国际旅游岛。福州是自由贸易区和国家级新区双覆盖的城市。

2015年3月24日,中共中央政治局审议通过福建自由贸易区总体方案。2015年4月21日上午,福建自由贸易区揭牌仪式在位于福州马尾的福建自由贸易区福州片区行政服务中心举行。2018年5月24日,《国务院关于印发〈进一步深化中国(福建)自由贸易试验区改革开放方案〉的通知》发布。

福建自由贸易区设立四年多以来,在贸易自由化方面,通过对外贸易"单一窗口"、通关程序简化、关检"一站式"查验平台和监管互认、检验检疫"多证合一"改革和简化检验检疫原产地签证管理、台湾输大陆商品快速验放模式等,积极推进贸易便利化和自由化;在投资自由化方面,建立对外投资合作"一站式"服务平台,构建起准入环节自由开放、注册环节便捷高效、建设环节透明优化的投资管理创新体系。同时,福建自由贸易区三大片区还积极推出各种扶持政策,加大资金支持,在产业扶持、科研活动、品牌建设、市场开拓等方面,支持台资企业加快发展;通过积极打造合作,建设高新技术产业园、两岸医疗生技园区、两岸青年创业基地等园区平台,吸引台湾先进制造业、战略性新兴产业、现代服务业等产业在自由贸易区内集聚发展;引入台资保险机构用多种形式促进两岸科技创新和信息服务创新发展等;通过不断创新通关模式,推动货物贸易自由,包括综合创新闽台关检"三互"合作,稳妥推动平潭台湾商品免税市场建设,先行先试发展对台新兴货物贸易形态等。

在跨境电商产业方面,福建自由贸易区打造跨境电商展示展销平台和跨境电商产业园,完善跨境电商公共服务平台,推进跨境电商线下监管中心建设;运用金融政策工具引导金融机构搭建金融服务平台,为企业提供无抵押无担保信用贷款等全流程服务;鼓励互联网金融公司利用互联网手段探索债权众筹、股权众筹、回报众筹等前沿金融产品和服务,拓展跨境电商企业的融资渠道。

在现代物流业方面,福建自由贸易区实现了现代物流业向高端化、集约化、智能化的跨越发展。

在融资租赁方面,福建自由贸易区区内注册的融资租赁企业数量增加明显,促进了融资租赁产业发展向价值链高端延伸。

在"互联网＋"方面,福建自由贸易区建立了以互联网为平台的两岸创新合作,推动了两岸"互联网+"产业的顺利对接；加强了与"一带一路"沿线国家和地区"互联网+"产业的交流对接，积极同沿线国家和地区共同商建自由贸易区，构建福建自由贸易区与"一带一路"沿线国家贸易交流共享平台。

在企业发展方面，仅 2018 年 1—6 月，福建自由贸易区就新增内、外资企业 3595 户，注册资本 1979.57 亿元人民币；新增外资企业 348 家，合同外资 38.2 亿美元，分别占全省同期的 33.1%、40.8%；新增台资企业 167 个，合同台资 2.59 亿美元，分别占全省同期的 30.4%、27.7%。挂牌至 2018 年 6 月底，福建自由贸易区新增内、外资企业 70347 户，注册资本 15962.39 亿元人民币，分别是挂牌前的 4.56 倍、7.18 倍；新增外资企业 3415 家，合同外资 248.1 亿美元，分别占全省同期的 50.4%、48.4%；新增台资企业 2068 家，合同台资 58.92 亿美元，分别占全省同期的 55.1%、59.8%。

（二）各片区主要功能

按区域布局划分，平潭片区重点建设两岸共同家园和国际旅游岛，在投资贸易和资金人员往来方面实施更加自由便利的措施；厦门片区重点建设两岸新兴产业和现代服务业合作示范区、东南国际航运中心、两岸区域性金融服务中心和两岸贸易中心；福州片区重点建设先进制造业基地、"21 世纪海上丝绸之路"沿线国家和地区交流合作的重要平台、两岸服务贸易与金融创新合作示范区。

按海关监管方式划分，福建自由贸易区内的海关特殊监管区域重点探索以贸易便利化为主要内容的制度创新，开展国际贸易、保税加工和保税物流等业务；非海关特殊监管区域重点探索投资体制改革，推动金融制度创新，积极发展现代服务业和高端制造业。

基于各片区的上述功能，福建自由贸易区的建设目标是：到 2020 年，率先建立同国际投资和贸易通行规则相衔接的制度体系，形成法治化、国际化、便利化的营商环境，打造开放和创新融为一体的综合改革试验区、深化两岸经济合作示范区和面向"21 世纪海上丝绸之路"沿线国家和地区的开放合作新高地。强化自由贸易区改革同福建省改革的联动，各项改革试点任务具备条件的在福州市、厦门市和平潭综合实验区范围内全面实施或在福建省推广试验。

（三）主要经验

第一，福建自由贸易区拟以"对台湾开放"和"全面合作"为方向，在投资准入政策、货物贸易便利化措施、扩大服务业开放等方面先行先试，率先实现区内货物和服务贸易自由化。

第二，借鉴上海自由贸易区"负面清单管理"的创新举措，福建自由贸易区致力实施"审批清单＋简化审批"的管理模式，晒出审批清单和权力清单，对审批清单以外的外商投资企业实行简化审批，推进外资企业合同、章程格式化审批，进一步提速外商投资企业审批。

第三，扩大对台服务贸易开放，推进服务贸易对台更深度开放，促进闽台服务要素自由流动，进一步扩大通信、运输、旅游、医疗等行业对台开放。支持自由贸易区在框架协议下，先行试点，加快实施。对符合条件的台商，投资自由贸易区内服务行业的资质、门槛要求比照大陆企业。允许持台湾地区身份证明文件的自然人到自由贸易区注册个体工商户，无须经过外资备案①。探索在自由贸易区内推动两岸社会保险等方面对接，将台胞证号管理纳入公民统一社会信用代码管理范畴，以方便台胞办理社会保险、理财业务等。探索台湾专业人才在自由贸易区内行政企事业单位、科研院所等机构任职。深入落实《海峡两岸共同打击犯罪及司法互助协议》，创新合作形式，加强两岸司法合作。发展知识产权服务业，扩大对台知识产权服务，开展两岸知识产权经济发展试点。

第四，开放电信和运输服务领域。允许台湾服务提供者在自由贸易区内试点设立合资或独资企业，提供离岸呼叫中心业务及大陆境内多方通信业务、存储转发类业务、呼叫中心业务、国际互联网接入服务业务②和信息服务业务③。允许台湾服务提供者在自由贸易区内直接申请设立独资海员外派机构并仅向台湾船东所属的商船提供船员派遣服务，无须事先成立船舶管理公司。对台湾投资者在自由贸易区内设立道路客货运站(场)项目和变更的申请，以及在自由贸易区内投资的生产型企业从事货运方面的道路运输业务立项和变更的申请，委托福建省审核或审批。

第五，开放商贸服务领域。在自由贸易区内，允许申请成为赴台游组团社的3家台资合资旅行社试点经营福建居民赴台湾地区的团队旅游业务。允许台湾导游、领队经自由贸易区旅游主管部门培训认证后换发证件，在福州市、厦门市和平潭综合实验区执业。允许在自由贸易区内居住一年以上的持台湾方面身份证明文件的自然人报考导游资格证，并按规定申领导游证后在大陆执业。允许台湾服务提供者以跨境交付方式在自由贸易区内试点举办展览，委托福建省按规定审批在自由贸易区内举办的涉台经济技术展览会。

第六，加强交流合作，加快建设"21世纪海上丝绸之路"核心区。加快福州机场二期工程和厦门新机场建设，增开航线、航班，建设国际物流大通道。支持厦门东南国际航运中心建设，推动邮轮、游艇等出行便利化，试点实施国际邮轮入境外国旅游团15天免签政策，加快厦门邮轮港口建设。支持厦门建设东南亚海事服务基地，发展邮轮物品供应，对国际航行船舶开放保税油供给。支持境内外企业开展航运保险、航运仲裁、海损理算、航运交易、船舶融资租赁等高端航运服务，打造国际航运服务平台。利用现有方便旗船税收政策，促进符合条件的船舶在自由贸易区落户登记。优化沿海捎带业务监管模式，提高中资方便旗船沿海捎带业务的通关效率。支持中欧班列(福州)、中欧班列(厦门)开展国际多式联运业务，探索推出多式联运提单。推进实施中欧安全智能贸易航线试点。推动福州与"21世纪海上丝绸之路"沿线国家和地区扩大航权安排，提高福州机场航班的保障能力，吸引沿线国家和地区航空公司开辟经停福州的航线。积极推进国际贸易"单一窗口"与"一带一路"沿线口岸的信息互换和服务共享。支持中国—东盟海产品交易所建设区域性海产品现货交易中心，在"21世纪海上丝绸之路"沿线国家和地区设立交易分中心。境外交易分中心的交易、资金结算等与境内交易场所应相互隔离。支持在自由贸易区内建立中国—东盟产业合作园。支持企业在"一带一路"沿线国家和地区建设产业合作园区或制造基地、营销平台。支持先进装备、技术标准、管理理念"走出去"，打造一批跨国公司和国际知名品牌。加强与"一带一路"沿线国家和地区在通关、认证认可、标准计量等方面的合作，扩大开展经认证经营者(AEO)互认的范

---

① 不包括特许经营，具体营业范围由工商总局会同福建省发布。
② 为上网用户提供国际互联网接入服务。
③ 仅限应用商店。

围，促进贸易畅通。加强与"21 世纪海上丝绸之路"沿线国家和地区的文化交流和人员往来合作，携手台湾地区共同传承中华优秀传统文化，促进文化认同和民心相通。充分发挥华侨华人作用，吸引更多华商参与自由贸易区建设。吸引"21 世纪海上丝绸之路"沿线国家和地区领事馆或签证中心落地福州。推动与金砖国家建立合作机制。

二、福建自由贸易区与广东自由贸易区的比较

（一）战略目标有别

福建自由贸易区围绕立足两岸、服务全国、面向世界的战略要求，充分发挥改革先行优势，营造国际化、市场化、法治化的营商环境，把自由贸易区建设成为改革创新试验田；充分发挥对台优势，率先推进与台湾地区投资贸易自由化的进程，把自由贸易区建设成为深化两岸经济合作的示范区；充分发挥对外开放前沿优势，建设"21 世纪海上丝绸之路"核心区，打造面向"21 世纪海上丝绸之路"沿线国家和地区开放合作的新高地。

福建自由贸易区在发展目标上坚持扩大开放与深化改革相结合、功能培育与制度创新相结合，加快政府职能转变，建立与国际投资贸易规则相适应的新体制。创新两岸合作机制，推动货物、服务、资金、人员等各类要素自由流动，增强闽台经济关联度。加快形成更高水平的对外开放新格局，拓展与"21 世纪海上丝绸之路"沿线国家和地区交流合作的深度和广度。经过三至五年的改革探索，力争建成投资贸易便利、金融创新功能突出、服务体系健全、监管高效便捷、法制环境规范的自由贸易区。

广东自由贸易区的战略定位是紧紧依托港澳、服务内地、面向世界，以制度创新为核心，促进内地与港澳经济深度融合，深入推进粤港澳服务贸易自由化，强化粤港澳国际贸易功能集成，探索构建粤港澳金融合作新体制，创新监管服务新模式，建设与国际投资和贸易规则体系相适应的行政管理体系，培育法治化、国际化的营商环境，为全国全面深化改革和扩大开放探索新途径，积累新经验。

（二）影响的侧重点不同

福建自由贸易区主要以"对台湾开放"和"全面合作"为方向，在投资准入政策、货物贸易便利化措施、扩大服务业开放等方面先行先试，率先实现区内货物和服务贸易自由化。

福建自由贸易区注重建立与优化闽台通关合作机制，开展货物通关、贸易统计、原产地证书核查、"经认证的经营者"互认、检验检测认证等方面的合作，逐步实现信息互换、监管互认、执法互助。完善自由贸易区对台小额贸易管理方式。支持自由贸易区发展两岸电子商务，允许符合条件的台商在自由贸易区内试点设立合资或独资企业，提供在线数据处理与交易处理业务①，申请可参照大陆企业同等条件。检验检疫部门对符合条件的跨境电商入境快件采取便利措施。除国家禁止以及限制进口的商品、废物原料、危险化学品及其包装、大宗散装商品外，简化自由贸易区内进口原产于台湾商品的有关手续。对台湾地区输往自由贸易区的农产品、水产品、食品和花卉苗木等产品试行快速检验检疫模式。进一步优化从台湾进口部分保健食品、化妆品、医疗器械、中药材的审评审批程序。推动人员往来便利化，在自

---

① 仅限于经营类电子商务。

由贸易区实施更加便利的台湾居民入出境政策。对在自由贸易区内投资、就业的台湾企业高级管理人员、专家和技术人员，在项目申报、入出境等方面给予便利。为自由贸易区内台资企业外籍员工办理就业许可手续提供便利，放宽签证、居留许可有效期限。对自由贸易区内符合条件的外籍员工，提供入境、过境、停居留便利。将自由贸易区内一般性赴台文化团组审批权下放给福建省。加快落实台湾车辆在自由贸易区与台湾之间便利进出境政策，推动实施两岸机动车辆互通和驾驶证互认，简化临时入境车辆牌照手续。推动厦门—金门和马尾—马祖游艇、帆船出入境简化手续。

广东自由贸易区致力于促进内地与港澳经济深度融合，深入推进粤港澳服务贸易自由化，强化粤港澳国际贸易功能集成，探索构建粤港澳金融合作新体制，创新监管服务新模式。注重将自由贸易区建设相关事项纳入粤港、粤澳合作联席会议制度，加强沟通协作。自由贸易区在 CEPA 框架下实施对港澳更深度开放，重点在金融服务、商贸服务、专业服务、科技文化服务和社会服务等领域，暂停、取消或者放宽对港澳投资者资质要求、股比限制、经营范围等准入限制措施。自由贸易区依托港澳在金融服务、信息资讯、国际贸易网络、风险管理等方面的优势，将自由贸易区建设成为内地"走出去"的重要窗口和综合服务平台，支持国内企业和个人参与"21 世纪海上丝绸之路"建设，扩大对外投资。同时，自由贸易区依托香港连接全球市场网络和澳门辐射葡语国家市场的优势，加强与"21 世纪海上丝绸之路"沿线国家和地区的贸易往来，共同开拓国际市场。自由贸易区发挥与粤港澳三地海空港的联动作用，加强与自由贸易区外航运产业集聚区的协同发展，建设"21 世纪海上丝绸之路"的物流枢纽。在自由贸易区推动与粤港澳商贸、旅游、物流、信息等服务贸易自由化相适应的金融创新。开展以资本项目可兑换为重点的外汇管理改革等试点，推动自由贸易区与港澳地区投融资汇兑便利化。制定自由贸易区港澳及外籍高层次人才认定办法，对高层次人才在出入境、签证居留、项目申报、创新创业、评价激励、服务保障等方面给予特殊政策。通过特殊机制安排，推进粤港澳服务业人员执业资格互认或单边认可。探索在自由贸易区工作、居住的港澳人士的社会保障与港澳有效衔接。创新粤港澳口岸通关模式，加快推进一体化监管方式，推动建设统一高效、与港澳联动的口岸监管机制，加快实施澳门车辆在横琴与澳门间便利进出的政策。

(三)标志性改革措施存在差异

1.福建自由贸易区的标志性改革措施

(1)对外商投资实行准入前国民待遇加负面清单的管理模式。负面清单以外的领域，外商投资项目实行备案制，外商投资企业设立、变更及合同章程审批改为备案管理。

(2)率先推行电子营业执照，加盖登记机关电子印章，赋予企业"电子身份"，方便企业进行商务交易和办理行政事务手续；同时，在自由贸易区内实施卡口智能化管理，对智能化卡口识别条形码系统进行改造，实现车辆过卡自动比对、自动识别、自动验放等智能化管理。此外，在海关特殊监管区内的企业可在自由贸易区内开展保税展示交易业务。

(3)对台湾地区输入自由贸易区内的农产品、食品等产品允许试行快速检验检疫模式；打造两岸移动互联网联盟，创新两岸冷链物流市场合作机制；大力支持发展融资租赁、商业保理等非银行金融业务和对台离岸业务。

(4)对整车进口口岸非中规车业务，实行"分类管理、验证改装、事后监管"的检验检疫监管模式。

（5）创新金融服务，发展跨境电子商务，拓展东盟水产品交易所功能。

（6）建设自由贸易区综合服务平台，为企业提供投资设立、工商变更、纳税服务、社保缴交、海关检验检疫登记、进出口经营权备案、"多规合一"申报、信用查询、公章刻制、报关、报检、金融服务等方面的全方位式的"一站式"服务；创新监管模式，发展文化保税业务，建设文化保税展示交易中心和收藏品交流中心；创新区域管理，推行"多规合一"城市治理体系。

（7）在实施动植物检疫审批负面清单管理的基础上，授予福建检验检疫局审批平潭进口台湾水生动物检疫的权限；对原产于台湾的预包装食品、化妆品实施"快审快核"的标签审核模式；对台湾进口水果实施"边抽样检验、边上架销售"的检验检疫模式。

（8）创新台湾输大陆商品快速验放机制。除国家禁止以及限制进口的商品、废物原料、危险化学品及其包装、大宗散装商品外，区内进口原产于台湾的工业品简化手续；对平潭与台湾之间进出口商品，原则上不实施检验，检验检疫部门加强事后监管；对台小额商品交易市场内进口原产台湾药品、化妆品、医疗器械简化审批手续，快验快放。

（9）在"一表申报、一口受理、一照一号"的基础上，实行"一章审批、印章即刻、立等可取"的服务模式，进一步方便企业；试行"先放行后报关"模式，允许企业借助新舱单系统数据向海关进行入境申报，海关对舱单审核、查验后直接放行货物，之后企业再报关、缴税。

（10）深化外债比例自律管理试点，区内中资企业借用外币外债资金可按规定结汇使用；自由贸易区内外商可直接投资项下外汇资本金意愿结汇。

2. 广东自由贸易区的标志性改革措施

（1）管理体制上，按照既有利于合力推动自由贸易区建设，又有利于各片区独立自主运作的原则，建立"统筹管理、分级负责、精干高效"的管理机制，设置自由贸易区的省级管理机构和各片区管理机构；同时，按照精干高效原则，依托现有管理架构，设立自由贸易区各片区管理机构，并作为所在市人民政府的派出机构，负责属地范围内的自由贸易区具体事务。各片区管理机构职责分别由广州、深圳、珠海市人民政府依照《中国（广东）自由贸易试验区管理试行办法》另行规定。

（2）投资管理上，自由贸易区实行外商投资准入前国民待遇加负面清单管理模式。负面清单之外的领域，按照内外资一致的原则，外商投资项目实行备案制，国务院规定对国内投资项目保留核准的除外；外商投资企业设立、变更和终止实行备案管理。负面清单之内的领域，外商投资项目实行核准制，国务院规定对外商投资项目实行备案的除外；外商投资企业设立、变更和终止实行审批管理。建立"一口受理"工作机制，设立"一口受理"服务平台，统一接收申请资料，统一送达文书。

（3）自由贸易区推行"先照后证"。区内企业取得营业执照后，即可从事一般生产经营活动；从事需经审批方可开展的生产经营活动的，可在取得营业执照后，向有关部门申请并取得批准文件、证件后，再开展相关生产经营活动；从事保留为前置审批的生产经营活动的，应当在申请办理营业执照前，依法办理审批手续。

（4）贸易发展和便利化上，自由贸易区内的广州南沙保税港区、深圳前海湾保税港区，实行"一线放开""二线安全高效管住"的通关监管服务模式，同时实施海关特殊监管区域整合优化措施，并根据自由贸易区的发展需要，不断探索口岸监管制度创新。广州南沙新区片区、深圳前海蛇口片区中的非海关特殊监管区域范围，按照现行模式实施监管，不新增"一线、二线"分线管理方式。珠海横琴新区片区按照国务院确定的"一线放宽、二线管住、人货分离、分类管理"原则实施分线管理，不断探索口岸查验模式创新。

（5）海关在自由贸易区建立货物状态分类监管制度，推行通关无纸化、低风险快速放行。境外进入广州南沙保税港区、深圳前海湾保税港区、珠海横琴新区片区（以下简称围网区域）的货物，依托信息化系统，可以凭进口舱单先行进入围网区域，分步办理入境申报手续。口岸出口货物实行先报关、后进港。对在围网区域和境内围网区域外之间进出的货物，实行企业账册管理、电子信息联网等监管制度。区内保税存储货物不设存储期限。简化围网区域货物流转流程，允许分送集报、自行运输；实现围网区域与其他海关特殊监管区域之间货物的高效便捷流转。

（6）按照"进境免疫、适当放宽进出口检验；方便进出、严密防范质量安全风险"的原则，在自由贸易区开展检验检疫监管制度创新。在自由贸易区建立有利于第三方检验鉴定机构发展和规范的管理制度，检验检疫部门按照法律法规和国际通行规则，采信第三方检测结果。

（7）自由贸易区建立国际贸易单一窗口，形成跨部门的贸易、运输、加工、仓储等业务的综合管理服务平台，实现部门之间信息互换、监管互认、执法互助。自由贸易区实行内外贸一体化发展，鼓励区内企业统筹开展国际贸易和国内贸易，为泛珠三角地区企业提供综合服务，建设国际商品交易和资源配置平台。鼓励跨国公司在区内设立总部，建立整合贸易、物流、结算等功能的营运中心。自由贸易区简化区内企业外籍员工就业许可审批手续，放宽签证及居留许可有效期限，提供入境、出境和居留的便利。

（8）粤港澳深度合作机制上，自由贸易区将建设相关事项纳入粤港、粤澳合作联席会议制度，加强沟通协作。自由贸易区在CEPA框架下实施对港澳更深度开放，重点在金融服务、商贸服务、专业服务、科技文化服务和社会服务等领域，暂停、取消或者放宽对港澳投资者资质要求、股比限制、经营范围等准入限制措施。自由贸易区依托港澳在金融服务、信息资讯、国际贸易网络、风险管理等方面的优势，将自由贸易区建设成为内地"走出去"的重要窗口和综合服务平台，支持国内企业和个人参与"21世纪海上丝绸之路"建设，扩大对外投资。自由贸易区发挥与粤港澳三地海空港的联动作用，加强与自由贸易区外航运产业集聚区的协同发展，建设"21世纪海上丝绸之路"的物流枢纽。自由贸易区发展航运运价指数衍生品交易、中转集拼业务，加大航线、航权开放力度，实行具有竞争力的国际船舶登记政策，建立高效率的船籍登记制度。

（9）推进自由贸易区与港澳地区在跨境人民币业务领域的合作和创新发展，推动以人民币作为自由贸易区与境外跨境大额贸易和投资计价、结算的主要货币。在自由贸易区推动与粤港澳商贸、旅游、物流、信息等服务贸易自由化相适应的金融创新。开展以资本项目可兑换为重点的外汇管理改革等试点工作，推动自由贸易区与港澳地区投融资汇兑便利化。

（10）税收管理上，遵循税制改革方向和国际惯例，积极研究完善不导致利润转移、税基侵蚀的适应境外股权投资和离岸业务发展的税收政策。实施税务专业化集中审批，逐步取消前置核查，推行先审批后核查、核查审批分离的工作方式；推行网上办税，提供在线纳税咨询、涉税事项办理情况查询等服务，逐步实现跨区域税务通办。税务部门应当运用税收信息系统和自由贸易区监管信息共享平台进行税收风险监测，提高税收管理水平。

第三节 天津自由贸易区的发展及比较

天津自由贸易区是中共中央政治局审议通过的第二批自由贸易区之一，于2015年4月21日在天津市滨海新区正式挂牌成立，与广东自由贸易区属于同一批次。

天津自由贸易区与广东自由贸易区同属中国自由贸易区的范畴，两者在实现自由贸易区功能和区域建设模式的采用上具有一定的相似性。然而，由于地理位置、贸易基础、设施条件和产业结构等方面存在差异，天津自由贸易区必然在指导思想、战略定位、发展目标、经济辐射区域、片区功能划分、建设成果等方面，与广东自由贸易区有所区别。本书将针对以上方面，对天津自由贸易区与广东自由贸易区进行比较，以期在差异中总结经验，为广东自由贸易区的进一步建设提供借鉴。

一、天津自由贸易区概况

（一）基本情况

天津自由贸易区是经国务院批准设立的中国北方第一个自贸试验区，区域面积119.9平方千米，全部位于天津滨海新区辖区范围之内，2015年4月21日正式运行。天津自由贸易区背靠京冀，辐射东北、西北、华北，是"一带一路"重要节点，拥有目前北方最大的港口和华北第二大航空货运基地，开通中欧班列，实现了亚欧运输通道高效连接，海、陆、空多式联运，国际贸易和投融资业务聚集，是中国重要的对外开放平台。

天津自由贸易区是中国政府设立的第二批自由贸易试验区之一。

天津自由贸易区的战略定位是：以制度创新为核心任务，以可复制可推广为基本要求，努力成为京津冀协同发展高水平对外开放平台、中国改革开放先行区和制度创新试验田、面向世界的高水平自由贸易区。

天津自由贸易区的总体目标是：经过三至五年的改革探索，将天津自由贸易区建设成为贸易自由、投资便利、高端产业集聚、金融服务完善、法制环境规范、监管高效便捷、辐射带动效应明显的国际一流自由贸易区，在京津冀协同发展和中国经济转型发展中发挥示范引领作用。

天津自由贸易区重点实施行政管理、投资、贸易、金融和引领推动京津冀协同发展五个方面的试点内容。

第一，加快政府职能转变。深化行政管理体制改革，提高行政管理效能，实行审、管职能分离，建立综合统一的行政审批机构；推进政府管理由注重事前审批向注重事中、事后监管转变；建设适应国际化、市场化、法制化要求和贸易投资便利化需求的服务体系。

第二，扩大投资领域开放。加快形成与国际接轨的高标准投资和贸易规则体系，在服务业和先进制造业等领域，减少对境外投资者资质要求、股权比例、数量配额等准入限制；改革外商投资管理模式，实行准入前国民待遇和负面清单管理模式；建立对外投资合作"一站式"服务平台，完善投资者权益保障机制。

第三，推动贸易转型升级。大力发展服务贸易，深化国际大宗商品交易、期货保税交割、跨境电子商务等改革试点；建设国家进口贸易促进创新示范区；促进航运要素集聚，探索形成具有国际竞争力的航运发展制度和运作模式，实行国际贸易"单一窗口"管理服务模式。

第四，深化金融领域开放创新。在利率市场化、人民币跨境使用、外汇管理等方面允许先行先试；建立具有自身特色的自由贸易账户制度，积极促进跨境投融资便利化和资本项目可兑换；推动金融服务业对符合条件的民营资本和外资金融机构全面开放，实施租赁业政策创新，设立中国天津租赁平台和中国金融租赁登记流转平台，形成与国际接轨的租赁业发展政策环境，建立健全金融风险防控体系。

第五，服务京津冀协同发展。增强口岸服务辐射功能，促进区域产业转型升级，推动区域金融市场一体化，构筑服务区域发展的科技创新和人才高地；完善京津冀通关一体化改革；发挥中蒙俄经济走廊重要节点作用和海上合作战略支点作用，推动"一带一路"建设。

（二）片区功能

1. 天津港片区

天津港片区涉及面积约 30 平方千米[1]，是北方国际航运中心和国际物流中心的核心功能区，重点发展航运物流、国际贸易、融资租赁等现代服务业。区内拥有国际船舶登记制度、国际航运税收政策、航运金融、租赁业务等 4 大类 22 项创新试点政策；自挂牌至 2017 年 4 月，东疆片区新增企业 5289 家，总注册资本 4420.25 亿元，1 亿元以上的企业 967 家，落户项目质量是东疆片区自成立以来的最好水平。从企业结构看，航运、物流、租赁、贸易结算及保理等 5 大支柱型产业占总注册企业总数的 76.40%。

2. 天津机场片区

天津机场片区涉及面积 43.1 平方千米[2]，是天津先进制造业企业和科技研发转化机构的重要集聚区。该片区重点发展航空航天、装备制造、新一代信息技术等高端制造业和研发设计、航空物流等生产性服务业，形成了民用航空、装备制造、电子信息、生物医药、快速消费品和现代服务业等优势产业集群。自挂牌至 2017 年一季度，机场片区新增自贸试验区市场主体 11877 户，注册资本（金）2997.26 亿元。

3. 滨海新区中心商务片区

滨海新区中心商务片区涉及面积 46.8 平方千米[3]，既是天津金融改革创新集聚区，也是滨海新区城市核心区。该片区重点发展以金融创新为主的现代服务业，是国内少数拥有金融"全牌照"的区域；在建商务楼宇 63 座，已投入使用 10 座；基金、保理、租赁、资金结算等业态快速发展。自挂牌以来，新增市场主体 13000 家，占天津自由贸易区增量的 45.7%，注册资本金 3801.3 亿元，注册金额 5000 万以上企业 1513 家，外资企业 269 家，初步形成了创新金融、科技互联网、国际贸易与跨境电商三大特色产业集群。

（三）主要经验

首先，自挂牌成立，天津自由贸易区坚持以制度创新为核心，以可复制可推广为基本要求，对照国际一流标准，推出了涵盖投资、贸易、金融、通关、政府服务等 400 多项先行先试

---

[1] 含东疆保税港区 10 平方千米。
[2] 含天津港保税区空港部分 1 平方千米和滨海新区综合保税区 1.96 平方千米。
[3] 含天津港保税区海港部分和保税物流园区 4 平方千米。

改革措施，实现跨境投资、跨境融资、跨境发债、跨境人民币资金池、跨境外币资金池五个跨境金融便利化，着力打造国际化、市场化、法治化、便利化营商环境，积极服务京津冀协同发展战略，成效显著。

其次，在贸易便利化领域，天津自由贸易区在"跨部门一次性联合检查""保税燃料油供应服务船舶准入管理新模式""先放行及后改单作业模式""铁路运输方式舱单归并新模式""海运进境集装箱空箱检验检疫便利化措施""入境大宗工业品联动检验检疫新模式""国际航行船舶供水'开放式申报＋验证式监管'""进境保税金属矿产品检验监管制度""外锚地保税燃料油受油船舶'申报无疫放行'制度"等方面积极实施改革创新并取得了系列可复制可推广的实践经验。

再次，天津自由贸易区在推进政府管理由注重事前审批向注重事中事后监管转变，完善信息网络平台，提高行政透明度，实现部门协同管理以及健全社会信用体系，完善企业信用约束机制等方面改革力度大，实践效果好。

最后，天津自由贸易区在航运服务、商贸服务、专业服务、文化服务、社会服务等现代服务业和装备制造、新一代信息技术等先进制造业领域，减少和取消了对外商投资准入限制，提高了开放度和透明度并形成了系列可复制可推广的实践经验。

二、天津自由贸易区与广东自由贸易区的比较

（一）指导思想、战略定位和发展目标对比

2015 年 3 月，中共中央政治局审议通过广东、天津和福建三地自由贸易区的总体方案。根据中国自由贸易区官方网站公布的《中国（天津）自由贸易试验区总体方案》和《中国（广东）自由贸易试验区总体方案》，可以总结出两地自由贸易区在指导思想、战略设置和发展目标上的某些区别。

从指导思想上看，广东自由贸易区总体方案提出，要"进一步解放思想，先行先试，以开放促改革、促发展，以制度创新为核心，促进内地与港澳经济的深度合作"。而天津自由贸易区总体方案则提出，要"以制度创新为核心，发挥市场在资源配置中的决定性作用，探索转变政府职能新途径，探索扩大开放新模式，努力打造京津冀协同发展对外开放新引擎，着力营造国际化、市场化、法治化营商环境"。可见，广东自由贸易区更强调先行性、创新性以及与港澳的深度合作，而天津自由贸易区则更强调实践性、市场化以及试验区对京津冀的经济带动作用。

从战略定位上看，广东自由贸易区的定位为"依托港澳、服务内地、面向世界，将自由贸易区建设成为粤港澳深度合作示范区、"21 世纪海上丝绸之路"重要枢纽和全国新一轮改革开放先行地"。而天津自由贸易的定位区则是"以制度创新为核心任务，以可复制可推广为基本要求，努力成为京津冀协同发展高水平对外开放平台、全国改革开放先行区和制度创新试验田、面向世界的高水平自由贸易区"。广东自由贸易区的战略合作性更加突出，不易于整体复制，且更侧重对港澳地区的依赖。其战略途径是通过对区内制度和设施的改进，为港澳及外资企业提供便利的贸易和投资环境，将自身转变成为联通港澳及内陆的枢纽，形成珠三角辐射区资本、技术和人才引进的接口。相比而言，天津自由贸易区则更注重独立性、可复制推广性、制度创新性以及开放性。其战略途径是依据自身的发展基础，通过制度创新，建

立起国际化的贸易平台，同时输出大量可推广的实验成果，带动西北、东北和华北 12 个省市的经济发展。

从发展目标上看，广东自由贸易区的目标是"构建开放型经济新体制，实现粤港澳深度合作，形成国际经济合作竞争新优势，力争建成符合国际高标准的法制环境规范、投资贸易便利、辐射带动功能突出、监管安全高效的自由贸易区"。而天津自由贸易区的目标则是"将自由贸易区建设成为贸易自由、投资便利、高端产业集聚、金融服务完善、法制环境规范、监管高效便捷、辐射带动效应明显的国际一流自由贸易区，在京津冀协同发展和我国经济转型发展中发挥示范引领作用"。相比于广东自由贸易区，天津自由贸易区将发展目标提高了一个层次，锁定于建成"国际一流自由贸易区"上，这一点既彰显了天津自由贸易区发展目标选择上的前瞻性，也突出了天津自由贸易区更成熟的建设条件（具体情况见表 6－2）。

表 6－2　两个自由贸易区在指导思想、战略定位和发展目标上的不同

	广东自由贸易区	天津自由贸易区
指导思想	先行性，制度创新，港澳深度合作	资源配置市场化，转变政府职能，京津冀协同发展引擎，国际化
战略定位	粤港澳深度合作示范区，"海上丝绸之路"重要枢纽，全国新一轮改革开放先行地	京津冀协同发展高水平对外开放平台，全国改革开放先行区，制度创新试验田，面向世界的高水平自由贸易区
发展目标	符合国际高标准的法制环境规范、投资贸易便利、辐射带动功能突出、监管安全高效的自由贸易区	贸易自由、投资便利、高端产业集聚、金融服务完善、法制环境规范、监管高效便捷、辐射带动效应明显的国际一流自由贸易区

资料来源：中国政府网（http：//www.gov.cn）。

（二）地理位置和辐射区域对比

广东自由贸易区可以划分为三大片区：广州南沙新区片区、深圳前海蛇口片区以及珠海横琴新区片区。广东自由贸易区的三大片区刚好坐落于珠江口三角海域的三个端点之上，形成了环绕区域，南面毗邻澳门香港，遥望中国南海，北面紧靠珠江三角洲腹地，地理位置十分优越。广东自由贸易区航运交通发达，以南沙片区尤为突出，其航道总长达 131.5 千米，共开通国际外贸航线 64 条，拥有 12 个 10 万吨级和 22 个 5 万吨级泊位。广东自由贸易区区域性较强，作为内陆和港澳的联结枢纽，其经济辐射区域较小，主要包含珠江三角洲主要城市以及港澳地区。

天津自由贸易区总占地面积为 119.9 平方千米，同样划分为三大片区：天津港东疆片区（含东疆保税港区）、天津机场片区（含天津港保税区部分区域及滨海新区综合保税区）、中心商务片区（含天津港保税区部分区域及保税物流园区）。三大片区皆集中于滨海新区。天津滨海新区位于市区东部沿海，东面海岸线总长 153 千米，海运经济发达，拥有吞吐量居全球第五的综合性港口，海上航线通达世界 400 多个港口。另外，新区还拥有中国北方最大的航空货运机场，航线连接世界 30 多个重要城市，地理位置优越，是连接国内外的核心枢纽。

天津自由贸易区与广东自由贸易区在指导思想、战略定位和发展目标上的不同，决定了

二者在境外对接及经济辐射区域上的不同。广东自由贸易区主要采取先联结港澳，再通过港澳与国际对接的方式，而天津自由贸易区自身即是对外开放的一个平台。因此，天津自由贸易区的经济辐射区域更广，中心辐射区覆盖了环渤海经济带及京津冀城市群，外围经济辐射带则扩展到西北、东北和华北众省市。

（三）片区产业结构和功能划分对比

由于广东自由贸易区三大片区的地理位置较为分散，出于对贸易便利和资源配置等方面因素的考虑，片区之间的差异不宜过大，应充分保证片区功能的全面性。广东自由贸易区三大片区的设置采用了产业服务多元化的形式，各片区功能类似，在此基础上再因地制宜，推进片区特色业务的发展。

目前，广州南沙新区片区发展的业务包括港口服务、航运物流业务、特色金融业务、国际贸易综合服务、高端制造以及高新技术研发创新等。根据南沙新区片区的地理交通特点及发展基础，其港口服务、航运物流业务和高端制造的优势较为突出，可作为片区特色业务推进。深圳前海蛇口片区的业务则包括港口服务、航运物流业务、特色金融业务、网络信息科技业务及高端文化创意业务等。相比南沙片区，蛇口片区船舶及重型设备制造的硬性条件较弱，但在特色金融以及网络信息科技方面具有坚实的产业基础，可发挥更强的带动作用。珠海横琴新区片区不具备发展港口服务、航运物流和高端制造的基础，但其毗邻澳门，生态环境优美，文化底蕴深厚，因而主要以推进旅游休闲业务、高端文化创意业务以及科教医疗等综合服务为主。

相比广东自由贸易区，天津自由贸易区三大片区皆坐落于天津滨海新区，地理位置相对集中，便于统一规划，区间功能的划分也更为明确。天津市委、市政府将滨海新区的总体规划定位为"一城双港，九区支撑"。其中，"一城"是指滨海新区核心城区，"两港"指滨海新区的南港和北港，而"九区"则是围绕核心城区整合规划的九大功能区，覆盖了港口、高新、重化、旅游和服务五大产业板块。天津自由贸易区三大片区处于"九区"范围内，其中天津港东疆片区属于海港物流区，主要发展海港物流和航运服务业务；中心商务片区属于中心商务区，主要发展商贸、金融和航运综合服务；机场片区则属于临空产业区，主要发展临空产业和航空制造产业。

具体来看，天津港东疆片区的业务包括租赁业务、航运服务业务和国际贸易业务，其中，港口航运服务以及国际大宗商品和汽车贸易是其核心业务。机场片区的业务包括航空物流、电子商务、航空金融以及与东面的先进制造业产业区联动，主要进行航空设备产品的制造。中心商务片区的业务则包括创新性金融业务、商务贸易综合业务、科技信息技术开发以及教育医疗等其他综合性服务，其发展的重点在于为自由贸易区提供配套的金融创新产品以及信息技术支撑（功能比较情况见表6-3）。

表6-3 两个自由贸易区片区的功能划分对比

广东自由贸易区	南沙新区片区	港口服务、航运物流业务、特色金融业务、国际贸易综合服务、高端制造、高新技术研发创新
	深圳前海蛇口片区	港口服务、航运物流业务、特色金融业务、网络信息科技业务、高端文化创意业务
	珠海横琴新区片区	旅游休闲业务、高端文化创意业务、科教医疗等综合服务

续表 6-3

天津自由贸易区	天津港东疆片区	租赁业务、航运服务业务、国际贸易业务
	机场片区	航空物流、电子商务、航空金融、航空设备产品制造
	中心商务片区	创新性金融业务、商务贸易综合业务、科技信息技术开发、教育医疗等其他综合性服务

资料来源:中国政府网(http://www.gov.cn)。

(四)建设状况比较

从经济结构建设和投资招商状况来看,广东自由贸易区和天津自由贸易区都呈现出稳步推进、持续向好的趋势。截至 2018 年年初,广东自由贸易区南沙新区片区共新设企业 43961 家,其中总部型企业 103 家,年新增注册资本近 5500 亿元,实现年商品销售额 1474 亿元,年进出总值 1952 亿元,年纳税总额 472 亿元,新增世界 500 强企业投资项目 33 个,年实际利用外资总额达 10.42 亿美元,各项建设指标基本都超过 10%。南沙新区片区的制度创新也取得了一定成效,自成立以来,其制度创新成果共达 310 项,仅 2017 年一年,新增创新成果就达 101 项,其中 5 项在全国复制推广,18 项在全省复制推广,32 项在全市复制推广,呈现良好的增长趋势。

深圳前海蛇口片区目前注册企业已超过 170000 家,注册企业营收仅 2018 年上半年就突破 5000 亿,年实际利用外资总额超过 40 亿美元。2017—2018 年度,深圳前海蛇口片区在 23 个自由贸易区片区中,制度创新指数排名第一,累计推出制度创新成果 364 项,包括全国复制推广 25 项,全省复制推广 62 项,全市复制推广 79 项。以投资便利化、贸易便利化、金融开放创新、事中事后监督、法治创新、人才管理改革、体制机制创新七大内容构成的"前海模式"制度创新有机体系,为片区建设的进一步推进提供了强大动力。其中,以金融开放创新最具代表性。目前,深圳前海蛇口片区已引进持牌金融机构 229 家,落户银行 72 家,其他金融类企业超过 60000 家,率先在全国推动实现"跨境双向股权投资、跨境资产转让、跨境人民币贷款、跨境双向发债、跨境双向资金池"五个"跨境",成为全国金融制度创新示范区域。

以提供旅游文化和科教医疗等综合服务为主的珠海横琴新区片区,发展也毫不逊色。截至 2017 年末,该片区已累计注册企业 14585 家,引进和在谈世界 500 强企业 52 家,国内 500 强投资项目 76 家,总部型企业 858 家。其中,已引进的金融类企业有 1770 家,注册资本总额达 1830 亿元。片区目前已有注册登记的香港企业 222 家、澳门企业 875 家,两地产业合作项目[①]也在迅速推进,为实现粤港澳深度合作做出贡献。

相比于广东自由贸易区片区服务的多元化建设,天津自由贸易区的片区建设则显得集中和稳健。天津港东疆片区主要以发展租赁业务、航运服务业务、国际贸易业务为主。在租赁业务方面,片区自挂牌以来,已新增租赁公司 1208 家,累计注册资本金达 2276.8 亿元。租赁范围覆盖飞机租赁板块、船舶海工租赁板块和大型设备租赁板块,租赁资产累计达 218.6 亿美元。在国际贸易方面,片区自挂牌以来,共引进贸易及市场类企业 1381 家,包括中粮、

---

① 如澳门青年创业谷项目和粤澳中医药产业园项目等。

中煤、荣鹏等知名企业，商品种类逐渐多样化，涵盖飞机、船舶、游艇、冻品、红酒、水果、大宗商品等。在航运服务方面，片区目前已吸引神华中海航运、中远散运、中远环球物流、首农供应链、招商局物流集团、中船、中海油、中外运、中交建、渤海轮渡、北京铁路局等央企和大型国企投资项目落户，基本形成了一体化航运产业链基地。

机场片区则重点发展航空产业、跨境电商和高端设备制造。截至 2017 年年底，机场片区的航空产业产值已达 780 亿元，基本确立了航空制造、航空维修、航空物流、航空培训和航空金融五大产业方向，空客 A330 宽体机完成及交付中心项目、加拿大庞巴迪公务机维修项目、海航 GE 发动机维修项目、天津航空维修中心项目、海航汉莎技术培训中心项目、海德罗航空地面设备建设项目等重点项目相继落地。在跨境电商方面，京东、聚美优品、酒仙网、天保宏信、沃领供应链、海鸟城等 55 家知名企业在片区完成注册，为推动片区电商产业的发展奠定了基础。另外，片区的高端设备制造产业也开始进入迅猛发展阶段，目前已聚集了美国卡特彼勒、阿尔斯通水电、GE 医疗、加拿大麦格纳、舒勒、博格华纳、久益环球、美国通用电缆、百超激光等多家世界 500 强企业，预计至 2020 年产业产值将超过 1000 亿元。

中心商务片区则重点发展以金融创新、创业和跨境电商为主的现代服务业。目前，已有 40 余家央企在中心商务片区落地，累计增加 120 余个创新型金融项目，投资规模超过 600 亿元。片区聚集了京津冀 60 余家创投机构，新增"双创"企业 3217 家，运营及签署落户协议众创空间 16 家，累计注册企业 463 家。在跨境电商方面，片区组建了京津冀跨境电商产业联盟，已聚集 93 家跨境电商领军企业，形成了上万种产品货源、50 万平方米保税仓和 12 万平方米海外仓等各类资源。

三、小结

通过以上比较可以发现，广东自由贸易区在区域合作深度、片区服务多元化建设、制度创新建设和招商引资体量四大方面要强于天津自由贸易区，而在经济辐射区域范围、片区统筹和协同发展程度、自由贸易区硬件设施建设和招商结构集中度上则弱于天津自由贸易区。作为中国第二批自由贸易区以及经济开放和发展的排头兵，广东自由贸易区和天津自由贸易区应在保留自身优势和适度良性竞争的前提下，互相借鉴，补足短板，进一步推进自身的建设发展。

第四节　与国内其他自由贸易区的区域内比较

中国共产党第十八次全国代表大会之后，自由贸易区建设被提升为国家战略。2016 年 8 月，党中央、国务院决定增设辽宁自由贸易区、浙江自由贸易区、河南自由贸易区、湖北自由贸易区、重庆自由贸易区、四川自由贸易区和陕西自由贸易区，并于 2017 年 3 月 31 日集中印发了 7 个自由贸易区的总体方案，这标志着中国自由贸易区"1 + 3 + 7"的新格局正式确立，中国自由贸易区建设进入全面化、格局化探索的新航程。下文同样从指导思想、战略定位、发展目标、地理位置和经济辐射区域、片区功能、建设状况等方面，对广东自由贸易区与第三批设立的 7 个自由贸易区进行区域内比较。

一、指导思想、战略定位和发展目标对比

《中国（辽宁、浙江、河南、湖北、重庆、四川、陕西）自由贸易区总体方案》（以下简称《总体方案》）将 7 个自由贸易区建设的指导思想统一为"全面贯彻党的十八大和十八届三中、四中、五中、六中全会精神，深入贯彻习近平总书记系列重要讲话精神和治国理政新理念新思想新战略，认真落实党中央、国务院决策部署，统筹推进'五位一体'总体布局和协调推进'四个全面'战略布局，坚持稳中求进工作总基调，牢固树立和贯彻落实创新、协调、绿色、开放、共享的发展理念，进一步解放思想、先行先试，以开放促改革、促发展，着力完善体制机制，着力推进结构调整，着力鼓励创新创业，着力保障和改善民生，为全面深化改革和扩大开放探索新途径、积累新经验，发挥示范带动、服务全国的积极作用"。指导思想中的两个关键是"五位一体"总体布局，即经济建设、政治建设、文化建设、社会建设、生态文明建设总体布局，以及"四个全面"战略布局，即全面建成小康社会、全面深化改革、全面依法治国、全面从严治党战略布局。这两个关键意味着中国的自由贸易区建设不再如上海、天津、广东和福建四个自由贸易区一样，单纯强调先行性、创新性、实践性、可复制性、区域合作性和区域带动作用，而是更侧重于形成覆盖全国各重点经济区域的自由贸易区网络和全面深化改革建设的一批示范性基地。

根据《总体方案》，辽宁、浙江、河南、湖北、重庆、四川、陕西 7 个自由贸易区的战略定位可总结如表 6 - 4。从 7 个自由贸易区的战略定位上看，其基本沿用了天津自由贸易区的模式，总体具有较强的相似性，都是"以制度创新为核心，以可复制可推广为基本要求"，各自因地制宜，形成对某区域的纽带作用、支点作用和引擎作用。比如，辽宁自由贸易区主要辐射东北地区，浙江自由贸易区主要辐射东部地区，河南自由贸易区则主要辐射内陆地区。这样的定位模式与广东自由贸易区不易于整体复制，侧重与港澳地区合作的战略定位具有一定的差异（具体情况见表 6 - 4）。

表 6 - 4　第三批 7 个自由贸易区的战略定位

辽宁自由贸易区	以制度创新为核心，以可复制可推广为基本要求，加快市场取向体制机制改革、积极推动结构调整，努力将自由贸易区建设成为提升东北老工业基地发展整体竞争力和对外开放水平的新引擎

续表 6 – 4

浙江自由贸易区	以制度创新为核心，以可复制可推广为基本要求，将自由贸易区建设成为东部地区重要海上开放门户示范区、国际大宗商品贸易自由化先导区和具有国际影响力的资源配置基地
河南自由贸易区	以制度创新为核心，以可复制可推广为基本要求，加快建设贯通南北、连接东西的现代立体交通体系和现代物流体系，将自由贸易区建设成为服务于"一带一路"建设的现代综合交通枢纽、全面改革开放试验田和内陆开放型经济示范区
湖北自由贸易区	以制度创新为核心，以可复制可推广为基本要求，立足中部、辐射全国、走向世界，努力成为中部有序承接产业转移示范区、战略性新兴产业和高技术产业集聚区、全面改革开放试验田和内陆对外开放新高地
重庆自由贸易区	以制度创新为核心，以可复制可推广为基本要求，全面落实党中央、国务院关于发挥重庆战略支点和连接点重要作用、加大西部地区门户城市开放力度的要求，努力将自由贸易区建设成为"一带一路"和长江经济带互联互通重要枢纽、西部大开发战略重要支点
四川自由贸易区	以制度创新为核心，以可复制可推广为基本要求，立足内陆、承东启西，服务全国、面向世界，将自由贸易区建设成为西部门户城市开发开放引领区、内陆开放战略支撑带先导区、国际开放通道枢纽区、内陆开放型经济新高地、内陆与沿海沿边沿江协同开放示范区
陕西自由贸易区	以制度创新为核心，以可复制可推广为基本要求，全面落实党中央、国务院关于更好发挥"一带一路"建设对西部大开发带动作用、加大西部地区门户城市开放力度的要求，努力将自由贸易区建设成为全面改革开放试验田、内陆型改革开放新高地、"一带一路"经济合作和人文交流重要支点

资料来源：中国政府网（http://www.gov.cn）。

从发展目标上看，第三批 7 个自由贸易区的目标设置层次要低于第一、二批的自由贸易区，它们基本都将目标定于"高水平高标准自由贸易区"，并且更加强调与国家其他开发战略的契合性、自由贸易区间的协同性、国际建设标准的对接性和对内的带动及示范作用（具体发展目标见表 6 – 5）。

表 6 – 5　第三批 7 个自由贸易区的发展目标

辽宁自由贸易区	经过三至五年改革探索，形成与国际投资贸易通行规则相衔接的制度创新体系，营造法治化、国际化、便利化的营商环境，巩固提升对人才、资本等要素的吸引力，努力建成高端产业集聚、投资贸易便利、金融服务完善、监管高效便捷、法治环境规范的高水平高标准自由贸易区，引领东北地区转变经济发展方式、提高经济发展质量和水平
浙江自由贸易区	经过三年左右有特色的改革探索，基本实现投资贸易便利、高端产业集聚、法治环境规范、金融服务完善、监管高效便捷、辐射带动作用突出，以油品为核心的大宗商品全球配置能力显著提升，对接国际标准初步建成自由贸易港区先行区

续表 6 - 5

河南自由贸易区	经过三至五年改革探索，形成与国际投资贸易通行规则相衔接的制度创新体系，营造法治化、国际化、便利化的营商环境，努力将自由贸易区建设成为投资贸易便利、高端产业集聚、交通物流通达、监管高效便捷、辐射带动作用突出的高水平高标准自由贸易区，引领内陆经济转型发展，推动构建全方位对外开放新格局
湖北自由贸易区	经过三至五年改革探索，对接国际高标准投资贸易规则体系，力争建成高端产业集聚、创新创业活跃、金融服务完善、监管高效便捷、辐射带动作用突出的高水平高标准自由贸易区，在实施中部崛起战略和推进长江经济带发展中发挥示范作用
重庆自由贸易区	经过三至五年改革探索，努力建成投资贸易便利、高端产业集聚、监管高效便捷、金融服务完善、法治环境规范、辐射带动作用突出的高水平高标准自由贸易区，努力建成服务于"一带一路"建设和长江经济带发展的国际物流枢纽和口岸高地，推动构建西部地区门户城市全方位开放新格局，带动西部大开发战略深入实施
四川自由贸易区	经过三至五年改革探索，力争建成法治环境规范、投资贸易便利、创新要素集聚、监管高效便捷、协同开放效果显著的高水平高标准自由贸易区，在打造内陆开放型经济高地、深入推进西部大开发和长江经济带发展中发挥示范作用
陕西自由贸易区	经过三至五年改革探索，形成与国际投资贸易通行规则相衔接的制度创新体系，营造法治化、国际化、便利化的营商环境，努力建成投资贸易便利、高端产业聚集、金融服务完善、人文交流深入、监管高效便捷、法治环境规范的高水平高标准自由贸易区，推动"一带一路"建设和西部大开发战略的深入实施

资料来源：中国政府网（http：//www.gov.cn）。

二、地理位置和辐射区域对比

辽宁自由贸易区总面积为 119.89 平方千米，包括大连片区 59.96 平方千米、沈阳片区 29.97 平方千米和营口片区 29.96 平方千米。三大片区呈直线排列，西临中国渤海，跨越半个辽宁省。其经济辐射区域为中国东北地区各省，并对外扩展到东北亚区域。

浙江自由贸易区总面积为 119.95 平方千米，包括舟山离岛片区 78.98 平方千米，舟山岛北部片区 15.62 平方千米和舟山岛南部片区 25.35 平方千米。三大片区环绕舟山群岛建设，地处嘉兴、杭州、台州和温州海岸线的外凸处，毗邻杭州湾，北临上海自由贸易区，东望太平洋，正处于长江入海口，是中国东部众多海航线的交汇处，具有十分优越的地理位置。其辐射区域主要为中国东部沿海各省市及东部海域。

河南自由贸易区的总面积为 119.77 平方千米，涵盖郑州片区 73.17 平方千米，开封片区 19.94 平方千米和洛阳片区 26.66 平方千米。三大片区呈横线排列，联结河南省中部三大重要城市。其辐射区域为河南省和中国中部地区各省。

湖北自由贸易区总面积为 119.96 平方千米，包括武汉片区 70 平方千米，襄阳片区 21.99 平方千米和宜昌片区 27.97 平方千米。三大片区构成三角环绕区域，覆盖湖北省整个中心区域。其辐射区域为湖北省及长江经济带各省市。

重庆自由贸易区总面积为 119.98 平方千米，包括两江片区 66.29 平方千米、西永片区

22.81 平方千米和果园港片区 30.88 平方千米。三大片区坐落于重庆直辖市,地处中国腹地核心交通枢纽,是"一带一路"的重要交集。其经济辐射范围由重庆中心城区向外围扩展,覆盖长江经济带及丝绸之路发源地众多省市。

四川自由贸易区总面积为 119.99 平方千米,包括成都天府新区片区 90.32 平方千米、成都青白江铁路港片区 9.68 平方千米和川南临港片区 19.99 平方千米。三大片区形成三角环绕区域,覆盖四川省东南部,毗邻重庆和陕西省。其经济辐射区域包括四川省及长江经济带众省市。

陕西自由贸易区总面积为 119.95 平方千米,包含中心片区 87.76 平方千米,西安国际港务区片区 26.43 平方千米和杨凌示范区片区 5.76 平方千米。三大片区呈横线排列,横跨陕西省中部,坐落于西安、成都、重庆和昆明四大城市构成的钻石经济圈中心线,是长江经济带众自由贸易区互相联结的纽带。其经济辐射区域包括陕西省及长江经济带众省市。

综上所述,第三批设立的 7 个自由贸易区,主要集中于中国东部沿海地带和中部长江经济带,经济辐射范围覆盖中国东部部分海岸线和中国中部、东北部城市群。与广东自由贸易区相比,第三批自由贸易区的地理位置布局和经济辐射模式更接近天津自由贸易区,且其全国性规划的特征更加明显,总体形成了互相连接的有机网络,与第一批、第二批自由贸易区构成了"1+3+7"的重点经济圈新格局。

三、片区功能对比

辽宁自由贸易区主要依托东北老工业基地的经济设施基础发展,因此重型设备和高端设备的制造、运输成为该区域的核心功能,三大片区的建设基本都围绕该功能铺设。根据《总体方案》,辽宁自由贸易区大连片区"重点发展港航物流、金融商贸、先进装备制造、高新技术、循环经济、航运服务等产业";沈阳片区"重点发展装备制造、汽车及零部件、航空装备等先进制造业和金融、科技、物流等现代服务业";营口片区则"重点发展商贸物流、跨境电商、金融等现代服务业和新一代信息技术、高端装备制造等战略性新兴产业"。

浙江自由贸易区拥有丰富的油矿资源和得天独厚的地理位置,因此适合重点发展油矿开采及相关服务、港口物流和海洋旅游等服务。根据《总体方案》,浙江自由贸易区舟山离岛片区"重点发展油品等大宗商品储存、中转、贸易产业,海洋锚地重点发展保税燃料油供应服务";舟山岛北部片区"重点发展油品等大宗商品贸易、保税燃料油供应、石油石化产业配套装备保税物流、仓储、制造等产业";舟山岛南部片区则"重点发展大宗商品交易、航空制造、零部件物流、研发设计及相关配套产业,建设舟山航空产业园,着力发展水产品贸易、海洋旅游、海水利用、现代商贸、金融服务、航运、信息咨询、高新技术等产业"。

河南自由贸易区主要为"一带一路"的综合性建设服务,与广东自由贸易区类似,片区服务采取多元化设置。其中,郑州片区"重点发展智能终端、高端装备、汽车制造、生物医药等先进制造业以及现代物流、国际商贸、跨境电商、现代金融服务、服务外包、创意设计、商务会展、动漫游戏等现代服务业";开封片区"重点发展服务外包、医疗旅游、创意设计、文化传媒、文化金融、艺术品交易、现代物流等服务业";洛阳片区则"重点发展装备制造、机器人、新材料等高端制造业以及研发设计、电子商务、服务外包、国际文化旅游、文化创意、文化贸易、文化展示等现代服务业"。

湖北自由贸易区主要服务于长江经济带的发展,重点放在信息化技术、高端制造和研发、生物医疗等三大方面，其片区功能也围绕该重点设置。湖北自由贸易区武汉片区"重点发展新一代信息技术、生命健康、智能制造等战略性新兴产业和国际商贸、金融服务、现代物流、检验检测、研发设计、信息服务、专业服务等现代服务业"；襄阳片区"重点发展高端装备制造、新能源汽车、大数据、云计算、商贸物流、检验检测等产业"；宜昌片区则"重点发展先进制造、生物医药、电子信息、新材料等高新产业及研发设计、总部经济、电子商务等现代服务业"。

重庆自由贸易区主要发展高端产业和物流产业。其具体片区规划为：两江片区"重点发展高端装备、电子核心部件、云计算、生物医药等新兴产业及总部贸易、服务贸易、电子商务、展示交易、仓储分拨、专业服务、融资租赁、研发设计等现代服务业"；西永片区"重点发展电子信息、智能装备等制造业及保税物流中转分拨等生产性服务业"；果园港片区则"重点发展国际中转、集拼分拨等服务业"。

四川自由贸易区的片区功能设置与湖北、重庆自由贸易区相似，也是以高端设备制造、物流和商务服务为主。具体来说，天府新区片区"重点发展现代服务业、高端制造业、高新技术、临空经济、口岸服务等产业"；青白江铁路港片区"重点发展国际商品集散转运、分拨展示、保税物流仓储、国际货代、整车进口、特色金融等口岸服务业和信息服务、科技服务、会展服务等现代服务业"；川南临港片区则"重点发展航运物流、港口贸易、教育医疗等现代服务业"。

陕西自由贸易区片区功能的划分较其他自由贸易区明显，中心片区"重点发展战略性新兴产业和高新技术产业，包括高端制造、航空物流、贸易金融等"；西安国际港务区片区"重点发展国际贸易、现代物流、金融服务、旅游会展、电子商务等产业"；而杨凌示范区片区则"以农业科技创新、示范推广为主"。

四、试验区建设状况展望

由于设立时间较晚，第三批7个自由贸易区的建设尚未取得阶段性突破，基础设施配套和招商引资状况也未达到第一、二批自由贸易区的规模。因此本文仅根据《总体方案》，对第三批自由贸易区的建设方向进行展望。总体来说，第三批7个自由贸易区的建设方向基本一致，但稍有分化（见表6-6）。

表6-6　第三批7个自由贸易区的建设方向

	基本一致部分	不同部分
辽宁自由贸易区	1)切实转变政府职能,改革创新政府管理模式,提升监管体系,优化法治环境,完善知识产权维护机制; 2)深化投资领域改革,扩大投资领域开放,拓展新型贸易投资方式; 3)推进贸易转型升级,对接国际高标准投资贸易规则体系,营造法治化、国际化、便利化的营商环境; 4)深化金融领域开放,推动金融管理领域体制机制创新	1)推进东北老工业基地结构调整; 2)推进与东北亚区域的开放合作
浙江自由贸易区		1)推动油品全产业链贸易投资的便利化和自由化; 2)推动通关监管领域体制机制创新
河南自由贸易区		1)建设成为现代综合交通枢纽和现代物流中心; 2)着力构建产业支撑,培育"一带一路"合作交流新优势
湖北自由贸易区		推动创新驱动发展,着力于促进中部地区和长江经济带产业转型和升级
重庆自由贸易区		1)建设成为"一带一路"和长江经济带联动发展的平台; 2)推进长江经济带和成渝城市群协同发展
四川自由贸易区		实施内陆与沿海沿边沿江协同开放战略,激活创新创业要素
陕西自由贸易区		1)扩大与"一带一路"沿线国家经济合作及人文交流; 2)作为西部大开发战略深入实施的基石

资料来源:中国政府网(http://www.gov.cn)。

本章小结

　　总体上看,国内各自由贸易区既有共性,也各有特点。作为中国境内最早的自由贸易区,上海自由贸易区在探讨可复制的自由贸易区政策与措施方面进行了诸多努力并取得了系列成绩。第二批的广东、福建、天津3个自由贸易区在充分吸取上海自由贸易区成功经验的基础上,又分别在基于粤港澳合作、闽台合作以及高水平自由贸易区建设等方面进行了有效探索,并取得了良好成绩。其后的各相关自由贸易区也针对自身特点进行了差异化创新,成效渐显。

思考与练习

　　1.上海自由贸易区的发展为广东、福建、天津自由贸易区的建设提供了哪些有效的经验借鉴?

　　2.比较广东自由贸易区与福建自由贸易区发展战略选取上的差别及其原因。

　　3.海南自由贸易区的建设及发展应怎样走出一条有特色的路子来?

案例分析

案例 1：上海财经大学发布 2017 中国自由贸易区发展指数

2017 年 9 月 16 日，在上海举行的第五届中国自由贸易区论坛上，上海财经大学发布了"上财中国自由贸易区发展指数"报告，对中国自由贸易区发展的整体情况以及上海、天津、广东和福建 4 个较早建立的试验区进行了评估。

报告显示，沪粤闽津四大自由贸易区综合总指数为 80.39，处于较高水平。分区域来看，上海自由贸易区指数为 81.35，领先于其他三个自由贸易区。广东、天津和福建三地自由贸易区指数分别为 80.58、79.71 和 79.90。该数据表明第一批与第二批自由贸易区之间的发展差距在缩小，并且各具特色。

据介绍，该指数是上海财经大学项目组综合调研 2000 多家企业、社会公众、相关专家以及公开披露的经济数据得出的结果。该指数考虑了自由贸易区内投资、外贸、财政、金融、就业等各领域的变动及相互影响，结合自由贸易区发展的特点，可以衡量自由贸易区综合发展状态及寻找自由贸易区周期性的发展规律。

其中，"发展指数"包含了两个维度、三个层面和四个自由贸易区，即从主观和客观两个维度来考察自由贸易区的发展，并分别从信心、创新和影响三个层面来界定评价指标体系，用来评估上海、天津、广东和福建四个自由贸易区的发展。

"发展指数"还包含发展信心指数、创新力指数和影响力指数。信心指数根据企业和公众对自由贸易区发展的主观判断和心理感受进行编制，反映大众和企业对自由贸易区未来发展的信心。结果显示，沪粤闽津四大自由贸易区综合发展信心指数为 80.96。由此可见自由贸易区对改革开放、地区经济、企业发展和大众生活可以带来显著的正面影响，同时企业的获得感在进一步加强。

报告还显示，自由贸易区发展的创新力指数为 81.04，略高于信心指数。这说明自由贸易区在制度创新方面发展速度加快，获得了企业、大众和专家的一致认可。从四个自由贸易区来看，上海的创新力指数为 81.98，广东为 81.39，天津为 80.49，福建为 80.41。其中，上海和广东处于领先地位，在采取"证照分离"和事中事后监管等制度创新中走在了几个自由贸易区前列。

影响力指数反映的是自由贸易区对区域经济发展和公众生活的影响及波及性，自由贸易区的影响力指数为 80.73，上海为 81.62，广东为 79.82，天津为 77.88，福建为 77.53。上海自由贸易区作为首批试点，在经济发展方面较为突出。自由贸易区对所在区域的经济发展推动力显著，也对人民的生活体现出了影响力，但是对周边区域的影响尚需增强。

报告还指出，调查组还发现，位于自由贸易区内企业的信心与满意程度要显著高于区外，企业规模和成立年限对信心和评价有着负向的影响。另外，大众对"证照分离""负面清单"以及"市场准入"等概念不甚了解，一定程度上反映出自由贸易区政策解读、发展规划以及宣传力度的透明度尚需提升。文化教育、旅游休闲等服务行业对自由贸易区发展的评价相对较低，这体现出自由贸易区对相关服务业开放的力度需要进一步加大。所以从整体上，进一步加大改革开放的力度，完善自由贸易区相关制度的法制体系建设，提升自由贸易区的经济影响力是未来的重要发展方向。

【案例来源：中国自由贸易区服务网(《上海财经大学发布2017中国自由贸易区发展指数》)；作者：丁国运】

案例2：自由贸易区与"一带一路"如何战略对接

自由贸易区与"一带一路"倡议均为构建全方位对外开放新格局的重要内容，具有战略协同性。自由贸易区进入3.0时代，自由贸易区数量更多，范围更宽。同时，"一带一路"建设向纵深发展。自由贸易区在国际贸易、对外投资、国际物流和金融开放等方面深度对接"一带一路"建设，取得了显著的成效。但是，也存在自由贸易区统筹协调不足、无序竞争等问题。

目前，自由贸易区进入3.0时代，自由贸易区数量更多，从4个增加到11个；范围更宽，从东部扩展至中部乃至西部。新成立的自由贸易区在复制前两批自由贸易区成功经验的基础上再根据自身情况进行改革创新，会释放出更多的经济活力和动力。同时，"一带一路"建设向纵深发展。自由贸易区在投资自由化、贸易便利化、金融国际化、行政法治化等方面先行先试，对"一带一路"倡议形成了有力的支撑。

"一带一路"倡议和自由贸易区共同提升我国对外开放水平。"一带一路"为我国提供了一个包容、开放的对外发展平台，能够把快速发展的经济同"一带一路"沿线国家的利益结合起来，形成共商、共建、共享的良好合作关系，实现互利共赢。而加快实施自由贸易区战略，是全面深化改革、构建开放型经济新体制的必然选择，也是我国积极运筹对外关系、实现对外战略目标的重要手段。

"一带一路"倡导"政策沟通、设施联通、贸易畅通、资金融通、民心融通"，侧重以基础设施为先导促进沿线经济体互联互通；自由贸易区提倡"投资自由化、贸易市场化、金融国际化、行政法治化"，营造市场化、国际化的营商环境，提高对外开放水平。加强彼此间的有机对接和战略联动，将为我国新一轮对外开放提供有力支撑。

实现"一带一路"建设的"五通"较为可行的途径是在国内以一些核心区域和重要节点作为支撑，而自由贸易区正是推进"一带一路"建设的重要节点。

《推动共建丝绸之路经济带和"21世纪海上丝绸之路"的愿景与行动》(以下简称《愿景与行动》)重点圈定包括11个自由贸易区在内的18个省市作为"一带一路"建设的国内节点。《愿景与行动》提出，要把郑州、西安、成都、重庆和武汉打造成内陆开放高地，以扩大开放倒逼深层次改革，创新开放型经济体制机制，形成参与和引领国际合作竞争新优势，成为"一带一路"建设的排头兵和主力军。

前期的上海、广东、天津和福建4个自由贸易区在对接"一带一路"建设上先行先试，在国际贸易、对外投资、国际物流和金融开放等方面积累了丰富的经验。新设的7个自由贸易区在此基础上对"一带一路"进行了深层次的对接。陕西自由贸易区的定位是"一带一路"经济合作和人文交流重要支点，重庆自由贸易区的定位是"一带一路"和长江经济带互联互通重要枢纽，河南自由贸易区的定位是服务于"一带一路"建设的现代综合交通枢纽。

其他自由贸易区虽然在战略定位中没有明确的规定，但都在总体方案中对"一带一路"做出了对接。天津、广东和福建提出要贯彻"一带一路"建设战略，构建开放型经济新体制；辽宁和湖北提出要推进自由贸易区与"一带一路"沿线国家的国际产能和装备制造合作；浙江提出要探索与"一带一路"沿线国家开展贸易供应链安全与便利合作；四川提出要探索与"一带一路"沿线国家的金融合作。2017年3月出台的《全面深化中国(上海)自由贸易试验区改革开放方案》把上海自由贸易区定位成服务"一带一路"建设、推动市场主体走出去的桥头堡。

【案例来源：中国自由贸易区服务网(《自由贸易区与"一带一路"如何战略对接》)；作者：马进金】

案例3：探索自由贸易区的中国特色

十九大报告明确提出"赋予自由贸易区更大改革自主权，探索建设自由贸易港"。这一论断，为中国自由贸易区的发展指明了发展方向，形成了中国建设开放经济平台和窗口的中国特色。

(一)传统自由贸易港的模式

传统的自由贸易港是设在国家与地区境内、海关管理关卡之外的，允许境外货物、资金自由进出的港口区。从传统意义上看，由于港口主要是设计开展国际贸易的海港，因此，通常的自由贸易港主要是指海港。伴随交通运输方式的多样化，现代港口不仅是指海港，还包括空港、陆港。因而只要是一个国家或独立经济体在境内关外划定了一个特定的允许商品、资本和服务自由进出的区域或"飞地"就是自由贸易港区。

国际上通行的自由贸易港区一般都会对进出港区的全部或大部分货物免征关税，并且准许在自由港内，开展货物自由储存、展览、拆散、改装、重新包装、整理、加工和制造等业务活动，甚至提供相应的金融服务、信息服务和法律服务等。伴随经济的全球化，现代自由贸易港所涵盖的功能越来越广，各国依据不同的地理或区域优势，日趋展现出多样性。目前排名世界集装箱港口中转量第一、第二位的新加坡港、中国香港，均实施自由港政策，吸引大量集装箱前去中转，奠定了其世界集装箱中心枢纽的地位。

(二)中国自由贸易港区的发展

中国带有自由贸易区性质的飞地是1990年国务院批准建立的第一个保税区。目前，中国已建有上海外高桥、天津港、深圳福田、沙头角和盐田港、大连、广州、张家港、海口、厦门象屿、福州、宁波、青岛、汕头、珠海等15个保税区，主管部门是海关总署。保税区最初的功能定位是仓储、转口和加工，实际上是以物流为主。

2013年在上海建立的自由贸易区在相当程度上既注重作为深化经济改革的试验，又关注对外开放窗口的建设，进而为中国开放新体系的建设提供经验，测试压力，为建立完善的市场经济提供"实验室"。因此，如果说保税区是在中国的主要港口建立的对外开放的飞地，以对外开放的窗口建设为目标，那么，中国自由贸易区的建设更多的就是以兼顾深化改革和对外开放为目标的试验。

因此，严格地讲，我们尚未建立起保税区类型的自由贸易区的机制。其中的原因很简单，就是在自由贸易区内，我们还不能完全避免在自由贸易区内所实施的政策，特别是旨在对外开放的政策措施，不会波及自由贸易区之外的国内市场，也不会带来国内商品市场、资本市场乃至金融市场的负面影响。

客观地说，中国自由贸易区4年多的发展已经在市场经济改革、转变政府职能、正确处理政府与企业之间的关系方面取得了明显的进展。其在减少政府干预，简化行政管理，提高审批效率等方面不仅提出了负面清单，更体现出了明显的执行力。但在现实执行层面，却难以贯彻执行并取得明显的实际效果。例如，在测试对外开放压力方面，无论是对外贸易，还是投资与金融方面，其政策出台时间拉得较长，行政审批比较缓慢，即使出台的政策也不够配套，政策落地还比较困难。

十九大报告明确提出"赋予自由贸易区更大改革开放自主权，探索建设自由贸易港"，指明了下一步中国自由贸易区发展的方向。根据这一精神，我们认为，要在现有的已经取得突出进展的中国自由贸易区的基础上发展中国自由贸易区，需要将自由贸易区明确分成两个相互联系的部分，一是深化改革试验区，二是自由贸易港区。在深化改革试验区，应继续完成现阶段自由贸易区尚未完成的完善市场经济体系的任务。在自由贸易港区，应大胆试验"飞地"形式的自由贸易港的各项功能。

(三)中国自由贸易区深化改革的功能区

根据十九大对中国自由贸易区发展的设计，中国自由贸易区要建立两个明确的功能区，以便分别贯彻不同的试验任务。

在深化改革试验区，政府尝试解决好"看得见的手"和"看不见的手"之间的关系，强化政府干预经济的负面清单，充分发挥政府对宏观经济的调控作用，同时充分发挥市场主体在资源配置中的决定性作用，使市场主体——企业能够充分发挥作用，享受国际化、法治化、市场化的营商环境，进而形成成熟经验，复制推广到全国，至少为周边地区提供示范模式，推动中国经济体制向完善市场经济体系的方向转型升级。

在自由贸易港区，严格实施"境内关外"的贸易自由、资本流动自由和金融自由化的政策，建立货物自由进出、自由储存(除规定的非法商品)、自由加工制造、自由转口、自由提供区内通信、跨境电商、金融等服务，同时鼓励发展总部经济、物流中心、全球经济服务等现代经济业务。尝试在自由贸易区引进国际公认的国际贸易和投资的新规则，测试相关压力和运行模式，总结经验，为中国下一步对外开放，与国际经济新秩序接轨提供可复制、可推广的模式。

在现实中，中国的自由贸易区已经多达11个。由于它们实施自由贸易区政策措施的时间不同，所处地理位置不同，原有的经济机制改革和对外开放的经验和特点不同，在自由贸易区中相应自由贸易港区的设计上应该多样化。比如，一些启动比较早，地理环境适合做自由贸易海港为主导的，应该建立以海港为依托的自由贸易港，而内陆地区的自由贸易区，则适合建立以陆港或空港为依托的自由贸易港。在自由贸易港的功能上，可以是贸易与投资的结合，可以是投资与金融的结合，也可以就是物流和转口贸易中心或集散地。总之，中国自由贸易区中自由贸易港区的建设应该是多样性、多层次、多模式的探索。

(四)中国自由贸易区的发展路径

中国自由贸易区作为中国对外开放新体系建设的试验田，试图在划出特定地区试验的基础上，向全国复制推广。因此，在总体上，未来的开放经济新体系，应该是在中国自由贸易区的深化改革试验区，大胆尝试旨在完善开放市场经济的体制机制，以便在取得成功的经验后复制推广到国内，在完善的市场经济形成后，将中国自由贸易区中自由贸易港大胆尝试的对外开放政策体系复制推广到国内，使中国在建立一个开放的市场经济体系建设中，使渐进性的完善市场经济和渐进性的对外开放设计建立在坚实的试验基础之上。保证中国在实现开放经济新体系建设中稳妥推进，不断完善。

（作者为南开大学中国自由贸易区研究中心主任）

【案例来源：《光明日报》（《探索自由贸易试验区的中国特色》），2018 - 12 - 19；作者：马进金】

第七章 广东自由贸易区运作的区域外比较(二)

第一节 中国—东盟自由贸易区的发展及比较

一、中国—东盟自由贸易区概述

中国—东盟自由贸易区(China – ASEAN Free Trade Area, CAFTA),亦称东盟 10 + 1,主要指由中国及东南亚 10 个国家组成的自由贸易区①。中国—东盟自由贸易区内共有 19 亿人口,它既是目前全球人口最多的自由贸易区,也是世界上由发展中国家组成的最大的自由贸易区。

(一)中国—东盟自由贸易区成立的过程

为扩大中国与东盟双方的经贸交往,1999 年,时任中国国务院总理朱镕基在马尼拉召开的第三次中国—东盟领导人会议上提出,中国愿加强与东盟自由贸易区的联系。这一提议得到东盟国家的积极回应。2000 年 11 月,朱镕基总理在新加坡举行的第四次中国—东盟领导人会议上,首次提出建立中国—东盟自由贸易区的构想,并建议在中国—东盟经济贸易合作联合委员会框架下成立中国—东盟经济合作专家组,就中国与东盟建立自由贸易关系的可行性进行研究。

2001 年 3 月,中国—东盟经济合作专家组在中国—东盟经济贸易合作联合委员会框架下正式成立。专家组围绕中国加入世界贸易组织的影响及中国与东盟建立自由贸易关系两个议题进行了充分研究,认为中国—东盟建立自由贸易区对中国和东盟是双赢的决定,并且建议中国和东盟用 10 年时间建立自由贸易区。这一建议经过中国—东盟高官会和经济部长会的认可后,于 2001 年 11 月在文莱举行的第五次中国—东盟领导人会议上正式宣布。

2002 年 11 月,第六次中国—东盟领导人会议在柬埔寨首都金边举行,朱镕基总理和东盟 10 国领导人签署了《中国与东盟全面经济合作框架协议》,决定到 2010 年建成中国—东盟自由贸易区。这标志着中国—东盟自由贸易区的建设进程正式启动。

《中国与东盟全面经济合作框架协议》提出了中国与东盟加强和增进各缔约方之间的经济、贸易和投资合作,促进货物和服务贸易,逐步实现货物和服务贸易自由化,并创造透明、自

---

① 东南亚 10 个国家指文莱、菲律宾、新加坡、马来西亚、印度尼西亚、柬埔寨、泰国、老挝、缅甸及越南。

由和便利的投资机制，为各缔约方之间更紧密的经济合作开辟新领域等全面经济合作的目标。

2004年11月，中国—东盟签署《货物贸易协议》，规定自2005年7月起，除2004年已实施降税的早期收获产品和少量敏感产品外，双方对其他约7000个税目的产品实施降税。

2007年1月，双方又签署了《服务贸易协议》，以确保在2010年全面建成中国—东盟自由贸易区。中国—东盟自由贸易区的建设既使双方业已密切的经贸合作关系得到了进一步加强，也对亚洲及世界的经济发展做出了积极贡献（相关建设进程见表7-1）。

表7-1 中国—东盟自由贸易区建设进程

序号	时间	内容
1	1991年7月	中国时任外长钱其琛出席第24届东盟外长会议开幕式
2	1992年1月	第四次东盟首脑会议正式提出建立东盟自由贸易区
3	1999年4月	中国与美国、欧盟先后达成加入世界贸易组织（WTO）的协议
4	2000年10月	时任国务院总理朱镕基在新加坡举行的中国与东盟领导人会议上，提出在WTO承诺基础上，建设更加互惠的中国—东盟自由贸易区倡议
5	2001年11月	中国与东盟各国签署《南海各方行为宣言》，在当年10+1领导人会议上，中国拿出更为充实的议案，终于与东盟达成了自由贸易区共识；"10+1"宣布10年内建成自由贸易区的目标
6	2002年11月	《中国与东盟全面经济合作框架协议》签署，自由贸易区建设正式启动
7	2003年10月	时任国务院总理温家宝出席第七次东盟与中日韩（10+3）领导人会议，签署《东南亚友好合作条约》，中国成为首个加入该条约的非东盟国家
8	2004年1月	中国—东盟自由贸易区早期收获计划实施，下调农产品的关税。到2006年，约600项农产品的关税降为零
9	2004年12月	《货物贸易协议》和《争端解决机制协议》签署，标志自由贸易区建设进入实质性执行阶段
10	2005年7月	开始实施《货物贸易协议》降税计划，降低约7000种产品的关税
11	2009年8月	《中国—东盟自由贸易区投资协议》签署，标志主要谈判结束
12	2010年1月	拥有19亿人口、GDP接近6万亿美元、发展中国家间最大的自由贸易区——中国—东盟自由贸易区正式建立。2010年1月7日，在广西南宁举行的中国—东盟自由贸易区建成庆祝仪式上，中国—东盟18个合作项目正式签约，签约金额达48.96亿美元

（二）中国—东盟自由贸易区建设的原因及意义

1.建设原因

首先，双方发展的需要。当今世界经济有两大显著特点：一是区域经济一体化态势强化，二是经济全球化趋势明显。区域经济一体化风起云涌，发展很快。WTO的成员基本上都与其他有关国家建立了自由贸易关系。中国和东盟成员都是发展中国家，经济实力有限，经济增长对外部市场的依赖度高，全球经济的变动会对其经济产生重大影响。中国—东盟自由贸易区正是为应对经济全球化中的负面影响和区域经济一体化的快速发展应运而生的。

中国与东盟国家有着建自由贸易区的良好基础。一是山水相连,息息相关,相互间有着悠久的传统友谊和相似的历史遭遇。二是资源禀赋各具优势,产业结构各有特点,互补性强,合作潜力大。三是在国际社会事务方面有着广泛的共同语言和共同利益,对经济发展有稳定和增长的共同愿望。四是中国自改革开放以来,积极改善和发展与东盟及其成员国的友好合作关系,相互间政治关系、经济关系不断有新的发展,尤其是自1991年中国与东盟建立对话伙伴关系以来,相互间合作关系进入了一个新的发展阶段。

其次,亚洲金融危机的影响。1997年,东南亚遭受金融危机后,中国对受危机打击的东盟各国给予了极大的支持,中国政府顶住巨大的压力,坚持人民币不贬值,确保人民币汇率的稳定。中国在危机中表现出的负责任邻国的风范赢得了东盟各国的普遍好评,使它们与中国的关系迅速改善和发展。经历金融危机后,东盟更加明确了地区需要加快经济一体化,以建立有效的合作机制来防止危机的再次发生和冲击,而中国是一个可以信赖的合作伙伴,因此和中国建立区域经济合作机制——中国—东盟自由贸易区成为必然而积极的选择。

2.建设意义

建立东盟—中国自由贸易区,是中国和东盟合作历程中历史性的一步。它充分反映了双方领导人加强睦邻友好关系的良好愿望,也体现了中国和东盟之间不断加强的经济联系,是中国与东盟关系发展中新的里程碑。按人口算,中国—东盟自由贸易区是世界上最大的自由贸易区;从经济规模上看,它不仅是仅次于欧盟和北美自由贸易区的全球第三大自由贸易区,也是发展中国家组成的最大的自由贸易区。

二、中国—东盟自由贸易区的发展前景

尽管东盟—中国自由贸易区的发展存在障碍,但我们有足够的理由对中国—东盟自由贸易区的发展充满信心。

首先,双方的贸易将有更大的增长,贸易结构将进一步合理化。中国产业结构调整和经济增长的加快,特别是中国制造业的快速发展,带动了对能源和原材料需求的增加。由于劳动密集型产业在中国占很大比重,而这一产业多为对原材料和中间产品的加工,相关原材料和中间产品进口不断增多。从成本结构来看,在食品、农矿产品、能源和电子产品等方面,东盟有更大的比较优势,因而中国从东盟进口石油、天然气、棕榈油、天然橡胶、热带木材等资源性初级产品以及电子电器等机电产品的零部件及半成品将进一步增多。由此可见,中国将为东盟产品的出口提供广阔的市场和有利的机遇。与此同时,中国对东盟的出口也将保持增长势头。这种增长一方面来自中国具有比较优势的产品,另一方面来自中国具有潜在优势的产品。与东盟相比,中国纺织品、食品、建筑材料等具有明显的比较优势,这些产品的进口占东盟从中国总进口的21%,今后几年中国将保持这些产品的出口优势。此外,中国的机械电子设备、精密仪器、钟表手表、车辆、金属产品和化工产品具有潜在优势,1993—1999年东盟大量增加了上述产品的进口,其增长速度大大快于东盟同类产品的总进口增长速度,因此,在东盟市场上这些产品的份额将会继续增加。伴随着双边贸易的增长,双方的贸易结构也将进一步优化,各国具有比较优势的产品的相互出口会增多,机电产品特别是高新技术产品的比重会明显增大。

其次,双方的相互直接投资将逐步扩大。尽管目前东盟和中国都不是对方投资的主要市

场，特别是中国对东盟的投资相对较少，但随着双方市场的进一步开放以及投资壁垒的逐渐消除，双方的相互投资将会增多。中国实施"走出去"战略，海外投资是重要的措施，投资的重点区域首先是东南亚国家，特别是周边的越南、老挝、柬埔寨和缅甸等东盟新成员国。随着中国电信、金融、保险和服务业的开放，一些较发达的东盟成员国也将扩大对中国的投资。

最后，双方的经济合作领域将日益拓宽。随着自由贸易区的建成，中国与东盟的经济合作将进入一个全面深化发展的新阶段，服务贸易的比重将进一步加大，投资合作方式将更加多元化。特别是随着"清迈协议"的实施和"电子东盟"的启动，中国与东盟在金融、保险与电信领域的合作将更大规模地展开。基础设施的合作步伐也将加快，同时还将带动相关次区域经济合作的发展。农业、环境保护、能源、知识产权及企业之间，特别是中小企业等方面的合作也将启动，并推动相关领域的发展和合作。

三、中国—东盟自由贸易区与广东自由贸易区的比较

中国—东盟自由贸易区虽已建成，但是由于东盟各国政治、经济、社会与文化等背景不同，造成中国—东盟自由贸易区的合作仍基本停留在成员间一致对外相同的关税贸易政策等领域，而在劳动要素移动及货币统一等领域的合作机制推进工作进展不大。

中国设立广东自由贸易区，在制度方面，对于外商投资实施准入前国民待遇与负面列表管理模式。由于对一般投资项目采用备案管理模式，加之工商营业证、税务登记证等"多证合一"及"一照一号"等对外简化相关投资业务服务方式的尝试，广东自由贸易区在投资便利方面要远远优于东南亚的相关国家。

在贸易方面，广东自由贸易区实施一线放开、二线安全高效管住的进出境监管方式。简而言之，即进入广东自由贸易区的货物，可以凭进口舱单先行进入，再逐步办理进境申报手续。同时，出口货物则采用先报关、后进港的通关方式，区域内企业之间仓储物流货品免予检验检疫，并且建立综合管理服务平台，设立国际贸易单一窗口，以便于贸易、运输、仓储等业务的便捷办理。相比较而言，中国—东盟自由贸易区的投资协议侧重于给予投资者国民待遇、最惠国待遇与投资公平公正待遇，并且提高法律法规的透明度，为双方投资者创造一个更加便利、透明与公平的投资环境。尽管如此，但在投资业务的办理手续上，中国—东盟自由贸易区并没有广东自由贸易区便捷。

在金融创新方面，广东自由贸易区推动人民币作为自由贸易区与境外跨境大额贸易、投资计价与交易结算的主要货币，有助于免除汇率上的波动风险。此外，允许建立自由贸易账户，积极发展跨境投融资创新业务，也无形中推动了自由贸易区投融资及汇兑业务的便利化。近年来，中国—东盟自由贸易区在投资便利化与金融合作深化方面也进行了很多努力并取得了不少成绩，但因涉及太多国家利益，因此相比于广东自由贸易区，中国—东盟自由贸易区在金融创新方面的合作难度明显更大。

在人才管理方面，广东自由贸易区对于外籍高层次人才出入境、在华停居留、项目申报、创新创业、评价激励、服务保障等给予特殊政策。相较于广东自由贸易区的人才管理，中国—东盟自由贸易区的人才合作及便利化管理仍有许多工作要做。

在税收管理方面，广东自由贸易区的减免政策主要体现在为境外股权投资、离岸业务发展以及境外旅客购物离境等提供退税服务。而中国—东盟自由贸易区的主要税收管理合作侧重货品贸易的减免以及零关税涉及范畴的逐步放大。

第二节 北美自由贸易区的发展及比较

一、北美自由贸易区概述

北美自由贸易区(North American Free Trade Area, NAFTA)是在区域经济集团化进程中,由发达国家和发展中国家在美洲组成的。美国、加拿大和墨西哥 3 国于 1992 年 8 月 12 日达成一致意见,并于同年 12 月 17 日由三国领导人分别在各自国家正式签署《北美自由贸易协定》。1994 年 1 月 1 日,协定正式生效,北美自由贸易区宣布成立。三个会员国彼此必须遵守协定规定的原则和规则,如国民待遇、最惠国待遇及程序上的透明化等,以实现其宗旨,消除贸易障碍。北美自由贸易区内的国家货物可以互相流通并减免关税,而贸易区以外的国家则仍然维持原关税及壁垒。

(一)北美自由贸易区成立的历史背景

一般而言,战后出现的关税同盟、自由贸易区等形式的区域经济组织,其成员国一般是经济水平相近的国家。从国际产业分工的角度分析,其成员国之间多是水平分工,以达到较高层次上的竞争和互补关系。例如,欧盟在东扩以前由清一色的发达国家组成,是社会制度、经济发展水平和历史文化传统均相对接近的机制,是大多数国家共同推动的,没有一个国家能起绝对的主导作用,因而其组织化程度和规范均远远高于其他区域组织,这也是其赖以成功的主要原因之一。相比之下,北美自由贸易区由两个属于七国集团成员的发达国家和一个典型的发展中国家组成,它们之间在政治、经济、文化等方面差距很大。因此,北美自由贸易区是通过垂直分工来体现美、加、墨三国之间的经济互补关系,并促进各方经济发展的。

从历史经验上看,差距如此大的国家之间组成自由贸易区还尚无先例。因此,北美自由贸易区是发达国家和发展中国家在区域内组成自由贸易区的第一次尝试,其成败对于世界范围内的区域经济合作都有很大的意义。在此情况下,北美自由贸易区运行的基本模式是美国和加拿大利用其发达的技术和知识密集型产业,通过商品和资本的流动来进一步加强它们在墨西哥的优势地位,扩大墨西哥的市场;而墨西哥则可利用本国廉价的劳动力来降低成本,大力发展劳动密集型产业,并将商品出口到美国,同时还可以从美国获得巨额投资和技术转让来促进本国产业结构的调整,加快本国产品的更新换代,在垂直分工中获取较多的经济利益。三国之间密不可分的经济关系成为它们合作的纽带。因此,北美自由贸易区是南北经济合作的典型代表之一。

从理论上看,南北区域经济集团组织的形成,首先必须具备两个战略性前提:第一,殖民地和落后地区在政治和经济上获得独立,至少在名义上摆脱了发达国家的控制,存在通过相互合作共同发展的强烈愿望。第二,同一区域内的发达国家基于共同的利益考虑,需要通过合作来应对外部经济力量的竞争。

具体而言,一方面,20 世纪 80 年代以来,欧盟经济实力日益壮大,亚洲的日本经济也急剧膨胀。在冷战结束后,世界形势的发展出现了一些对美国不利的态势,美国已不可能再像以前那样单枪匹马地与对手进行竞争。美国必须创建以自身为核心的、能与其他经济集团和经济强国相抗的区域经济集团，以巩固在世界上的经济地位。因此，美国对建立自由贸易区拥有巨大的动力和热情。另一方面，北美自由贸易区的建立也符合加拿大和墨西哥的利益。加拿大经济一直严重依赖于美国，原有的《美加自由贸易协定》已不能适应形势的变化。墨西哥作为经济相对落后的发展中国家，虽然由于一些历史原因曾长期拒绝与美国在经济上结盟，但20世纪80年代中期以来其国内不断恶化的经济形势使得与美国合作成为唯一的选择。总而言之，面对新的国际、国内形势，三国都以务实的态度调整了自己的经济发展战略，在克服了重重阻力之后最终签订了《北美自由贸易协定》。

北美自由贸易区是一个以美国为核心的南北区域性经济组织，美国在北美自由贸易区内有着绝对的主导作用。美国不仅是北美自由贸易区的倡导者，而且是该自由贸易区的主导国，在贸易区的运行中占据绝对主导和支配的地位。从贸易区内部的实力来看，美国占有2/3的人口和90%的经济实力，加拿大则仅有7%的人口和8%的经济实力，墨西哥虽拥有近26%的人口，但经济实力不到2%。美国、加拿大、墨西哥三国按工业化程度和发展水平分属三个不同的层次：美国属于第一个层次，加拿大属于第二个层次，二者均是发达的工业化国家；墨西哥则是第三个层次，为新兴的工业化国家。因此，无论是从经济实力还是从工业化程度和发展水平等方面考量，美国都处于绝对的优势地位，因此对加拿大和墨西哥具有很强的制约力。

北美自由贸易区给美国在双边贸易、直接投资、技术转让及第三产业诸领域内提供控制和渗透加拿大和墨西哥的机会，进而在贸易区的内外事务上拥有了绝对的发言权。因而，从根本上说，北美自由贸易区的建立更多地体现了美国的战略意图。但是，北美自由贸易区又给加拿大和墨西哥提供了难得的进入美国市场的机会，对于促进这两个国家的经济发展具有非常重要的作用，三国联合起来在国际贸易中的地位也随之大为提高。因此，北美自由贸易区在很大程度上是双赢的选择和结果。

（二）北美自由贸易区的发展历程

关于建立北美自由贸易区的设想，最早出现在1979年美国国会关于贸易协定的法案提议中，1980年美国总统里根在其总统竞选的有关纲领中再次提出该设想，但由于种种原因，一直未受到重视，直到1985年才开始起步。

1985年3月，加拿大总理马尔罗尼在与美国总统里根会晤时，首次正式提出美、加两国加强经济合作、实行自由贸易的主张。由于两国经济发展水平及文化、生活习俗相近，交通运输便利，经济上互相依赖的程度很高，所以自1986年5月开始，双方经过一年多的协商与谈判于1987年10月达成了协议。1988年1月2日，双方正式签署了《美加自由贸易协定》。经美国国会和加拿大联邦议会批准，该协定于1989年1月生效。《美加自由贸易协定》规定，两国在10年内逐步取消商品进口（包括农产品）关税和非关税壁垒，取消对服务业的关税限制和汽车进出口的管制，开展公平、自由的能源贸易。在投资方面，两国将提供国民待遇，并建立一套共同监督的有效程序和解决相互间贸易纠纷的机制。另外，为防止转口逃税，协定还确定了原产地原则。美、加自由贸易区是一种类似于共同市场的区域经济一体化组织，标志着北美自由贸易区的萌芽。

由于区域经济一体化的蓬勃发展和《美加自由贸易协定》的签署，墨西哥开始把与美国开展自由贸易的问题列上议事日程。1986年8月，两国领导人提出双边的框架协定计划，并于 1987 年 11 月签订了一项有关磋商两国间贸易和投资的框架原则和程序的协议。在此基础上，两国进行多次谈判，于 1990 年 7 月正式达成了美墨贸易与投资协定[①]。同年 9 月，加拿大宣布参与谈判，三国于 1991 年 6 月 12 日在加拿大的多伦多举行首轮谈判，经过 14 个月的磋商，于 1992 年 8 月 12 日达成了《北美自由贸易协定》。该协定于 1994 年 1 月 1 日正式生效。

成立之初，北美自由贸易区就拥有 3.6 亿消费者，其国民生产总值总计超过 6 万亿美元。可以说，北美自由贸易区是一个雄心勃勃的计划，它力图以自由贸易为理论基础，以自由贸易区的形式来实现贸易、投资等方面的全面自由化，进而带动整个北美地区的经济贸易发展。当时，许多国际经贸界人士视之为有史以来规模最大、措施最大胆的自由贸易区。尤其是对于墨西哥这样的发展中国家来说，加入这一协定包含了各方面的机遇和风险，对其国内政治、经济、社会等方面的影响非常深远。

二、北美自由贸易区的主要成果

北美自由贸易区成立二十多年来，人们虽然对其发展的成果评价不一，存在较大争议，但无论支持者和反对者，对自由贸易区建立后美、加、墨三国由于取消贸易壁垒和开放市场，实现了经济增长和生产力提高是基本肯定的。尤其是墨西哥的加入，使得北美自由贸易区成为南北区域经济合作的成功范例，国际间对于发达国家和发展中国家能否通过自由贸易实现经济的共同增长、迈向经济一体化的疑问基本得到消除。

经济全球化与区域经济一体化相伴相随。20 世纪下半叶以来，在经济全球化加快发展的背景下，欧盟、北美自由贸易区和东南亚联盟三大区域合作发展趋势明显。而北美自由贸易区的发展尤为引人注目，因为它是第一个由一个发展中国家墨西哥与两个发达国家美国和加拿大所组成的非多边自由贸易协定，且合作内容主要是自由贸易。北美自由贸易区取得的成果主要有：促进了地区贸易增长，增加了直接投资（FDI），使发达国家保持经济强势地位，使发展中国家受益明显，使三国的合作范围不断扩大，并在一定程度上达到了三国合作的初衷，给三国带来了巨大的经济利益等。

北美自由贸易区的建立给南北国家在区域范围内利用自由贸易区进行合作开了先河，给世人以巨大的启示，具有一定的示范效应。另外，作为区域经济合作的形式之一，自由贸易区也充分发挥了优点，证明了有效性。

三、北美自由贸易区与广东自由贸易区的比较

北美自由贸易区的成立主要是希望通过美国、加拿大及墨西哥的合作，为市场扩大、投资便利创造巨大空间。广东自由贸易区设立的主要目的是通过先行先试为投资环境优化及形成更优良的发展态势积累经验。

北美自由贸易区和广东自由贸易区，对于外国资金的投入，皆采用新型负面列表管理模式。所谓负面表列，也就是以许可为原则、禁止为例外的模式。有别于其他贸易协议上的正面列表，其是以禁止为原则，许可证为例外，是一个比较开放的合作机制模式。尽管如此，北美自由贸易区投资业务的办理并无广东自由贸易区便捷，毕竟其涉及的法律及政策考量要

---

① 也称"谅解"协议。

远远复杂于广东自由贸易区。

北美自由贸易区虽然在美国总统特朗普上台之后开启了新的谈判之路，但对于相关议题，加拿大及墨西哥基于自身利益，表现出的合作态度并不积极，既使得重新谈判的进度与结果迟迟未明，也显示出彼此政策上的分歧难消。相比较而言，广东自由贸易区相关制度创新及决策上的效率，就往往要高得多。

贸易方面，北美自由贸易区除了将美国、加拿大及墨西哥三国的特殊产品列为保护之外，绝大多数贸易产品已实现了零关税。广东自由贸易区则注重创新进出境监管方式，允许进入自由贸易区的货物，凭进口舱单先进入，后逐步办理进境申报手续，出口货物先报关，后进港。同时，对区域内企业之间仓储物流品也免予检验检疫。

四、北美自由贸易区的相关启示

近年来，我国跨区域合作正在广泛酝酿和实施之中，先后提出了长三角区域合作、泛珠三角区域合作等。我国跨区域合作的主要特点是加快不同发展水平地区之间的经贸合作，利用地区经济发展的互补性和不平衡性，依靠发达地区带动欠发达地区的经济增长。北美自由贸易区虽然是国家之间的合作，但其中一些经验和做法对我国跨区域合作具有一定的启示。

（一）区域合作能使发达地区保持国际竞争力

20 世纪 90 年代，美国迫于欧洲和日本的经济竞争，改变了不搞区域经济组织的想法，力图利用建立北美自由贸易区并通过参与国的经济合作和区域一体化推进区域经济发展，提升本国在国际经济中的地位。二十多年的发展证明，发达地区想要保持较强的国际竞争力，最重要的是使本地区一直处于国际经济发展的主流地位，极力避免边缘化。例如，在我国的跨区域合作中，泛珠三角区域合作通过由粤港澳合作形成的大珠三角的发达区域的主导和带动，在经济一体化中就能继续保持和提升自己的国际竞争力。

（二）区域合作以经贸为主，通过协议循序渐进发展

北美自由贸易区由于是在发达国家与发展中国家建立的自由贸易区，有关协议国对实现区域内自由贸易采取了以合作协议来逐步推进的方式。各协议国签订了大量的双边和多边协议，主要内容包括消除关税和削减非关税壁垒，开放服务贸易，便利和贸易有关的投资，以及实行原产地原则等，还包括劳工（NAALC）、环境（NAAEC）等附属协定。考虑到不同国家的发展水平，主要协议条款规定在 10 年内逐步消除所有贸易和投资限制，对几个敏感行业的过渡期为 15 年。这是一个复杂的国际协议框架，它提供了一整套的规则和制度框架来管理三国间的贸易和投资关系，同时提供了吸纳新成员和采用新的争端解决程序的机制，是先前其他国际经济协定中都不具备的。这样一种事先确定制度和法律框架的合作，对我国的跨区域合作是有借鉴意义的。

（三）区域合作应注重产业一体化中的分工协作

北美自由贸易区的成立，将美国、加拿大和墨西哥共同纳入一个产业一体化中的分工协作体制。其中，最明显的是加拿大的原材料、墨西哥的劳动力与美国的技术管理相结合，形

成了以美国为轴心的生产和加工一体化①。而美墨生产一体化的行业主要集中在电器、汽车和服装等，带有明显的垂直的产业内分工的特点，主要是美国将零部件运到墨西哥加工后再返回美国。这种产业一体化分工协作体制使各国的产业优势得到更大的发挥，对我国的跨区域合作是很有启示的。

（四）区域合作虽然对相对落后地区有一定的扶持，但对消除贫困不成功

《北美自由贸易协定》虽然注意到各国经济发展水平的不同，在合作协议中也有对相对落后国家产业的保护和一定的扶持，但对墨西哥这个发展中国家来说，北美自由贸易区的发展对消除贫困并没有提供帮助。据有关数据显示，近年来墨西哥的贫困问题不仅没有消除，反而更加严重。当然，墨西哥的贫困问题并不一定是北美自由贸易区带来的后果，但这一机制中缺乏对解决贫困问题的协议却是事实。这和欧盟不同，欧盟内部由于建立了消除地区差距和贫困的机制，较好地解决了此类问题。而这一问题是我国在建立跨区域合作组织中应该考虑的。

北美自由贸易区和墨西哥的实践充分证明，自由贸易区只是一个国家在某个时期实现经济和贸易快速增长的工具，其本身并非终极目标。自由贸易区所带来的贸易利益不仅是经济发展的一部分，也对国内经济的其他组成部分产生各种直接和间接的影响，因此不能指望自由贸易区可以一揽子地解决一系列社会、经济问题，尤其是发展中国家面临的一系列的严峻挑战。在一定程度上，自由贸易区还可能带来就业问题、贫富差距问题、环境问题、地区发展不平衡问题、产业发展不平衡问题等。这些问题若处理不当，很可能会导致某些政治、社会问题的产生，因此我们均需要予以高度注意。有鉴于此，我们在讨论自由贸易区的必要性的同时，还要充分认识到自由贸易区的局限性，从正反两面来做综合考虑，从国家的根本利益和战略高度来考虑自由贸易区涉及的各种问题。要真正实现国家的独立和富强，还是要以科学的发展观为指导，以人为本，注意各方面的协调发展，要把参加自由贸易区作为增强自身发展的一种工具和机遇，以便扬长避短、趋利避害。

---

① 其中，美、加生产一体化主要表现为水平的产业内分工，如两国在飞机和汽车制造、钢铁、食品加工、化学品和布料加工业等形成了更密切的产业内联系。

第三节 欧盟的发展及比较

一、欧盟概述

欧盟，简称欧盟，是根据 1993 年生效的《马斯特里赫特条约》（以下简称《条约》）建立的政治经济联盟，现拥有 28 个成员国，正式官方语言有 24 种。欧盟的条约经过多次修订，目前欧盟的运作方式依照《里斯本条约》。政治上，欧盟所有成员国均为议会民主国家（2008 年《经济学人》民主状态调查）；经济上，欧盟为仅次于以美国为首的北美自由贸易区的世界第二大经济实体，德国、法国及意大利为欧盟三大核心成员国（英国亦为欧盟核心成员国，但已启动脱离欧盟的程序）；军事上，绝大多数欧盟成员国均为北大西洋公约组织成员。

欧盟的历史可追溯至 1952 年建立的欧洲煤钢共同体，当时只有 6 个成员国。1958 年成立的欧洲经济共同体和欧洲原子能共同体于 1967 年统合在欧洲各共同体之下，1993 年又统合在欧盟之下。欧盟渐渐从贸易实体转变成经济和政治联盟。同时，欧洲经济共同体和后来的欧盟在 1973 年至 2013 年间进行了八次扩大，成员国从 6 个增至 28 个。起初推动欧盟建立的动机，是渴望重建二战后损失惨重的欧洲，以及担忧欧洲会再度陷入战争泥潭。

欧盟的主要机构有欧盟高峰会（成员国家首脑组成）、欧盟理事会（成员国家部长组成的欧盟的上议院）、欧盟委员会（欧盟的行政机构）、欧洲议会（欧盟的众议院，唯一的直接民选机构）、欧洲法院、欧洲中央银行等。此外，欧洲原子能共同体虽然在欧洲共同体的管辖范围之内，但是在法律上是独立于欧盟的国际组织。

欧元被 28 个成员国中的 19 个采纳为流通货币。《申根条约》取消了部分成员国之间的边境管制，目前已有 22 个欧盟成员国和 4 个非成员国实施。目前欧盟的主要议题有英国脱欧、欧盟的扩大、落实《里斯本条约》、全球暖化问题、非欧元区成员国加入欧元区、主权债务危机、移民危机等。

欧盟是目前欧洲地区规模较大的区域性经济合作国际组织。由于成员国已将部分国家主权交给组织（主要是经济方面，如货币、金融政策、内部市场、外贸，亦包括外交政策，欧盟各国的外交政策受欧盟委员会约束），加上欧盟委员会（行政权）以及具有政治影响力的欧盟理事会、欧洲议会（立法权）和欧洲法院（司法权），欧盟越来越像联邦制国家。虽然欧盟还不是真正的国家，其本身也无权行使各成员国的主权，但《里斯本条约》第一条第八项（款）允许欧盟签订《欧洲人权公约》成为欧洲委员会的成员国。

二、欧盟的发展历程

2007 年罗马尼亚和保加利亚加入欧盟。欧盟经历 6 次扩大，成为一个涵盖 28 个国家的当今世界经济实力最强、一体化程度最高的国家联合体。

（一）欧共体成立前的准备孕育阶段（1946—1967 年）

二战结束后，经过战争洗礼的欧洲百废待兴。为了重新找回自己的大国地位，欧洲主要大国都有了重新联合在一起共同发展经济的思想。1946 年，英国首相丘吉尔率先提出需要建立起"某种类似于欧洲合众国的东西"，这是欧洲一体化的最早构想。1951 年 4 月 18 日，法国、联邦德国、意大利、荷兰、比利时和卢森堡在巴黎签订《建立欧洲煤钢共同体条约》（又称《巴黎条约》）。1952年7月25日，欧洲煤钢共同体正式成立。1957年3月25日，这六个国家在罗马签订了《建立欧洲经济共同体条约》和《欧洲原子能共同体条约》，统称《罗马条约》。1958年1月1日，欧洲经济共同体和欧洲原子能共同体正式组建。1965年4月8日，六国签订的《布鲁塞尔条约》决定将三个共同体的机构合并，统称欧洲共同体（以下简称欧共体），但三个组织仍各自存在，具有独立的法人资格。《布鲁塞尔条约》于1967年7月1日生效，至此，欧共体正式成立。

（二）欧共体成立及其扩大阶段（1967—1993年）

从1967年起，欧洲一体化的发展进程进入一个新阶段，从1967年成立到1993年，欧共体共经历了3次扩大。

1. 第一次扩大

1972年1月22日，欧共体迎来了第一批新成员，英国、丹麦、爱尔兰三国在布鲁塞尔签字加入，欧共体成员国增加到9个。

2. 第二次扩大

1981年，欧共体吸收希腊成为会员国，实现了第二次扩大。

3. 第三次扩大

1986年，西班牙和葡萄牙成为欧共体新会员国，欧共体第三次扩大。同年，欧共体卢森堡首脑会议通过了《单一欧洲法令》作为《罗马条约》的附件。1991年12月11日，欧共体马斯特里赫特首脑会议通过了以建立欧洲经济货币联盟和欧洲政治联盟为目标的《欧盟条约》，亦称《马约》。1992年2月7日，各成员国的外交与财政部长正式签署《马约》。《马约》的签署，把欧洲的一体化推向了一个新阶段，使欧共体由一个经济实体向经济、政治、防务实体的方向发展，使欧洲一体化在深度和广度上发生了质的飞跃。

（三）欧盟的成立及其扩大阶段（1993年至2018年）

1993年11月1日，《马约》正式生效，欧共体更名为欧盟。随后，欧盟经历了三次重大扩大。

1. 第四次扩大

1995年1月1日，奥地利、瑞典和芬兰正式加入欧盟，使欧洲共同体成员国达到15个。1997年7月16日，欧盟委员会又提出首批东扩名单。东扩的首批国家为塞浦路斯、匈牙利、波兰、爱沙尼亚、捷克和斯洛文尼亚。1998年，欧盟与以上6个国家开始进行入盟谈判。1999年1月1日，欧洲统一货币——欧元启动，再次表明欧盟扩大的趋势势不可挡。

2. 第五次扩大

2002年11月18日，欧盟15国外长在布鲁塞尔举行会议，决定邀请塞浦路斯、匈牙利、捷克、爱沙尼亚、拉脱维亚、立陶宛、马耳他、波兰、斯洛伐克和斯洛文尼亚10个中东欧国家入盟。上述十国的入盟谈判是从1998年3月开始，并于2002年10月结束的。2003年4月16日，在希腊首都雅典举行的欧盟首脑会议上，上述十国正式签署加入欧盟协议。2004年5月1日，这10个入盟协议签署国正式成为欧盟的成员国。这是欧盟历史上的第五次扩大，也是规模最大的一次扩大。欧盟以往的扩大都是向西方国家开放，而这次入盟的10国多为中东欧和波罗的海沿岸国家。此次扩大后，欧盟的经济实力已与美国不相上下，欧盟的整体实力也有所增强。2005年4月，欧盟与罗马尼亚和保加利亚签署入盟条约，并于同年10月启动了与土耳其和克罗地亚的入盟谈判。同年12月，马其顿被欧盟接纳为入盟候选国。另外，欧盟还于2005年启动了同波黑、塞黑①关于签署《稳定与联系协议》的谈判。2006年6月，阿尔巴尼亚与欧盟签署了《稳定与联系协议》②。

3. 第六次扩大

2007年1月1日，罗马尼亚、保加利亚加入欧盟。这时欧盟成员国共有27个，已形成了人口4.89亿，面积432.2万平方千米的"大欧洲"。然而，欧盟扩大的势头并没有停止。2013年7月1日，克罗地亚正式成为欧盟的第28个成员国。

（四）发展历程总结

1950年5月9日，法国外长舒曼建议同德国建立煤钢共同体，这一建议史称"舒曼计划"。1951年4月18日，法国、德国、意大利、荷兰、比利时、卢森堡六国在巴黎签署建立欧洲煤钢共同体条约，并于1952年7月25日生效。1957年3月25日，六国领导人又在罗马签署了建立欧洲经济共同体和欧洲原子能共同体两个条约，统称《罗马条约》，并于1958年1月1日生效。《罗马条约》被认为是欧洲一体化进程正式起步的象征。1965年4月8日，六国在布鲁塞尔签署条约，将上述3个共同体合而为一，统称欧洲共同体，该条约于1967年7月1日生效。1991年12月11日，在马斯特里赫特会议上，欧共体首脑们签署了欧盟条约，确立了建立欧洲经济货币联盟和欧洲政治联盟的目标。1993年11月1日，该条约生效，自此，欧共体发展成欧盟。

过去的欧共体如今成为大欧盟，但现行的决策机制和机构还是为过去的六国共同体"量体定作"的，难以保证现在的大欧盟的有效运转，也不适应欧盟向更高层次一体化的发展。另外，据统计，目前欧盟的各类条约和法律、法规已达10万页之多，不仅庞杂，而且不系统、不完备。欧盟的发展亟待一部系统、完整的宪法出台。2001年12月，欧盟首脑会议通过《拉肯宣言》，决定组建制宪筹备委员会，为欧盟制定一部类似一个国家大法的宪法条约。制宪筹委会由法国前总统德斯坦任主席。德斯坦领导筹委会的100多名成员紧张工作，于2002年10月28日拿出了宪法草案，并于2003年6月20日在筹委会获得通过。其后，这部宪法草案几经修改，终于在2004年10月29日在罗马召开的欧盟峰会上得到25个成员国领导人的签署。这是欧盟的第一部宪法，是欧盟一体化进程中的又一里程碑，对于欧盟未来的发展具有重大意义。

三、中国与欧盟

1975年5月，欧洲经济共同体（欧盟的前身）同中国建立外交关系。以此为起点，中欧关系开始了新的篇章。中国的改革开放，为中欧关系发展注入了新的活力，欧盟更加重视发展对华关系。1995年7月，欧盟出台第一个对华战略文件——《欧中关系长期政策》。欧盟开始从战略高度调整对华政策，并确定了长期发展对华关系的基本框架。该文件指出，"欧盟

---

① 现为塞尔维亚、黑山两个国家。
② 签署这一协议是阿尔巴尼亚、波黑、克罗地亚、塞黑和马其顿五个西巴尔干国家加入欧盟的第一步。

必须发展起能够与中国在世界及地区范围内的经济和政治影响力相适应的长期关系",并将对华关系作为"欧盟对外关系,包括对亚洲和全球关系的一块基石"。

1998、2002、2003 年,欧盟又先后制定了 3 个对华关系文件。近年来,欧盟采取一系列具体措施发展同中国的关系。1998 年 1 月,欧盟倡议在第二届亚欧会议期间举行欧中领导人会晤,进而建立欧中领导人定期会晤机制。

1998 年 4 月,中国与欧盟领导人进行首次会晤并发表了《联合声明》,希望中国和欧盟建立面向 21 世纪的长期稳定的建设性伙伴关系。双方决定每年举行一次中欧领导人会晤。到 2004 年 12 月,双方领导人已经举行了 7 次会晤。1998 年 2 月,欧盟放弃在人权问题上同中国对抗的政策,表示在联合国人权会议上,无论是作为整体的欧盟,还是单个成员国都不再提出也不再支持所谓谴责中国人权记录的决议案。随着中国经济改革不断取得重大进展,欧盟从 1998 年 3 月开始不再将中国列入"非市场经济名单"。

中国同样重视发展同欧盟的关系。2003 年 10 月,中国发表《中国对欧盟政策文件》,阐述了中国对欧盟的政策目标和以后 5 年的合作措施。这份文件表达了中国政府在政治、经济、文教、社会、军事 5 个方面与欧盟进行全面合作的愿望。这是中国政府首次制定针对欧盟的对外政策文件,是对近年来欧盟发表的一系列对华政策文件的积极回应。2004 年 4 月 14 日,中国国家主席胡锦涛在会见来访的欧洲委员会主席普罗迪时表示,中国支持欧盟扩大和一体化进程,希望欧盟在国际事务中发挥更加重要的作用,愿与欧盟加强在重大国际和地区问题上的磋商与协调,扩大双方的互利合作,共同为世界的和平、稳定与发展做出贡献。2004 年 12 月 8 日,中国与欧盟领导人在海牙举行第 7 次会晤。中国同欧盟建交 40 年来,经过共同努力,中欧关系已处于历史上最活跃、最富有成果的时期。双方在各个领域的友好合作关系全面发展,取得了丰硕的成果。中欧高层领导人保持了频繁的互访和接触,就重大国际问题和地区热点问题加强了磋商和协调。双方确立了发展全面战略伙伴关系的目标。欧盟已成为中国第一大贸易伙伴,中国是欧盟的第二大贸易伙伴。这些都标志着中欧合作的领域不断拓宽,合作的水平不断提高,双边关系正步入成熟、健康、稳定发展的新阶段。

四、欧盟与广东自由贸易区比较

(一)两者产生和发展的基础不同

经济生活国际化和全球化是欧盟产生发展的基础。二战后,在新的科学技术革命的推动下,各国之间的分工与经济依赖日益加深,生产社会化、国际化程度不断提高,生产和流通及其经济活动进一步越出国界,经济全球化趋势不断加强。各国为更深地融入世界经济的大循环,先后实行对外开放政策,以便充分利用国外资源,分享全球化带来的利益。同时,区域经济一体化顺势产生,并得到迅猛发展。区域经济一体化是经济全球化的一种过渡形式,是实现经济全球化的必经过程。一体化实践中欧盟做出了极大的努力和尝试,无论是统一大市场的建立,还是单一货币的实施、区域性中央银行的建设,都已取得重大进展,对区域经济一体化发挥了先锋和导向的模范效应。

自由贸易区是我国为适应全球贸易投资格局及规则标准体系新变化,以开放促改革,以改革促发展的产物,是我国经济的新试验田,承载着为国家进一步改革开放、全面提高开放型经济水平探索新路径、积累新经验的任务,同时也扮演着国家实施自由贸易区战略、提升区域合作水平的先行者角色。

广东自由贸易区总体方案已于 2015 年 3 月获得中共中央政治局会议审议通过。

广东自由贸易区是以开放促改革、以改革促发展的平台，肩负着四大使命：一是探索投资贸易便利化，使投资者享受更高效便捷的政府服务；二是建设市场化、法治化、国际化的营商环境，为各类市场主体提供与国际接轨的发展环境；三是推动进一步开放特别是服务业的扩大开放；四是促进粤港澳深度合作，实现融合发展。

(二)两者的内容不同

广东自由贸易区是中国的领土部分，在这部分领土内运入任何货物就进口税及其他各税而言，都被认为在关境以外，并免于实施惯常的海关监管制度。广东自由贸易区的核心是强调"境内关外"的经济自由。自由贸易区实行"一线放开、二线管住"的管理模式，"境内关外"政策即"一线放开，二线管住"。

所谓"一线"，是指自由贸易区与国境外的通道口。"一线放开"是指对境外进入的货物，海关实行备案管理不查验货，检验检疫部门只检疫不检验，并实行区、港一体化运作管理，区内区港之间的货物可以自由流通。"二线"是指自由贸易区与海关境内的通道口。"二线管住"是指货物从自由贸易区进入国内非自由贸易区或货物从国内非自由贸易区进入自由贸易区时，海关必须依据本国海关法的规定，征收相应的税收，同时对出区的货物必须实行严格的监管，防止走私。

但欧盟是多个国家之间签订的协定，其主要内容为对内实现经济联合，实施共同的经济规制，促进区域商品和生产要素自由流动，而对区外则实行差别贸易政策。

(三)两者与其他国家或地区的合作方式有所不同

欧盟的经贸双边关系有关税同盟、自由贸易区、联系国协定、合作协定伙伴等形式。欧盟在其中有着决定性的影响，因为贸易协定要求合作伙伴全部或部分接受欧盟的法律法规。当然，其中的地中海联盟不如中东欧联盟牢固，需要更长的时间。实际上，目前欧盟与地中海国家的经济合作程度有限。欧盟优惠贸易协定主要涉及工业品自由贸易、部分农产品贸易有限自由化。此外，欧盟还有一些协定涉及服务贸易。欧盟与其贸易伙伴间签署的互惠贸易协定一般都不对称(通常欧盟自由化节奏快于对方)，并有不同的过渡期。这些协定还涉及产品技术标准的统一、知识产权保护、投资、竞争政策、政府采购、贸易救济措施、争端解决机制等内容。欧盟优惠贸易协定最近出现向区域伙伴方向发展的趋势，如与南锥体和非加太国家的经济伙伴协定、欧盟—地中海自由贸易区等。在最近几年欧盟与智利、南非、墨西哥、地中海国家、南锥体等的协定中，环境问题、可持续发展等议题，还有尊重人权、良政等意识形态的内容也被纳入。

广东自由贸易区是中国改革开放的重要试验田。粤港澳深度合作，是广东自由贸易区的先天优势和重点方向所在。广东自由贸易区的实施，将进一步加强粤港双方的合作，在不同领域，特别是服务业方面，创造合作空间。港澳希望借助自由贸易区在跨境金融领域上的制度创新，为企业开拓港澳和全球市场提供新平台。挂牌四年多以来，广东自由贸易区大胆改革、锐意创新，推动贸易便利化、投资便利化和金融服务水平不断提升。

在贸易便利化方面，探索建立高水平的国际贸易"单一窗口"，推出"互联网＋易通关"改革；率先建立全球质量溯源体系，实现对进出口商品"源头可溯、去向可查"的事前、事中、事后全链条闭环监管。

在投资便利化方面，率先发布企业投资项目准入负面清单；开展"三证合一""一门式、一网式"政务服务模式改革，实现相关证照"二十证六章"联办；率先创新纳税便利化多项举措；率先探索制定对标国际的供用电规则。

在金融服务方面，率先实现"五个跨境"人民币创新业务；完成全国首单美元结算的跨境船舶租赁资产交易；17家企业开展跨国公司外汇集中运营管理改革试点；加快创新型金融业务试点。

第四节 巴拿马科隆自由贸易区的发展及比较

一、巴拿马科隆自由贸易区概述

巴拿马科隆自由贸易区位于巴拿马运河大西洋入海口处，既是西半球最大的自由贸易区，又是仅次于中国香港的世界第二大自由贸易区。科隆是巴拿马第二大城市，仅次于首都巴拿马城。科隆自由贸易区成立于 1948 年，位于科隆市东北部，初期建区面积为 49 公顷。科隆自由贸易区是西半球最大的自由贸易区，与迈阿密共列为对中南美洲转口中心，同时也是全球第二大转口站，仅次于香港。

在科隆自由贸易区内实行货物进口自由，无配额限制，不缴纳进口税。同时，区内货物转口也自由，也不缴税。此外，设在贸易区内的企业，其产品向美国和欧洲出口不受配额限制并享受优惠关税。由于优越的地理位置，加之当地政府的优惠政策，科隆自由贸易区的贸易额不断增加。2006 年，科隆自由贸易区全年贸易总额首次突破 140 亿美元大关，达到 145.6 亿美元，其中进口与转口贸易额分别为 70.4 亿美元和 75.2 亿美元。2012 年，科隆自由贸易区的全年贸易总额达 291.65 亿美元。

科隆自由贸易区内的转口商通常属偏中、大型，进口量大，主要为亚洲商品，强调低价。其供货来源主要为中国（含香港，29.5%）、中国台湾（11.3%）、美国（9.7%）、日本（7.1%）、意大利（4.9%）、韩国（3.8%）；出口市场主要为委内瑞拉、哥伦比亚、厄瓜多尔、巴拿马、危地马拉、墨西哥、哥斯达黎加、美国、古巴、巴西等。科隆自由贸易区的营运成本只有迈阿密的 1/4。

巴拿马共和国位于中美洲南端巴拿马地峡，南濒太平洋，北临加勒比海，东连哥伦比亚，西接哥斯达黎加。总面积 75517 平方千米，人口约 300 万，官方语言为西班牙语。首都为巴拿马城，人口约 150 万。巴拿马可流通美元，当地货币为巴波亚，仅为辅币，几乎与美元等值。巴拿马在中美洲各国中经济状况较好，所处地理位置十分重要，是中美地区重要的贸易转口港。已举办 32 届的巴拿马国际博览会世界闻名，每年均吸引大批来自中南美地区的客商前来参观。这些因素使其成为辐射中美洲的重要经济贸易中心。另外，近来美国经济逐渐走出低谷，也使巴拿马及中美洲地区经济较以往好转，贸易合作机会有所增加。

巴拿马是中国在拉美的重要贸易伙伴，双边贸易总额在我国与拉美国家贸易中排第 3 位，同时巴拿马也是我国在拉美仅次于巴西的第二大出口市场。目前，我国对巴拿马出口的主要商品有纺织品、成品油、家用陶瓷器皿、家电、自行车、船舶、旅行用品及箱包、服装、鞋类、机电产品等。我国对巴拿马的贸易主要是对科隆自由贸易区的，有相当一部分出口商品经过自由区被转到了中美洲和加勒比国家，也有一部分进入南美洲。

二、科隆自由贸易区的特点和优势

(一)科隆自由贸易区的特点

1.投资环境较好，政策稳定

该区成立于 1948 年，历史较长，当地政府专门立法给予保证和优惠，投资者有法律保障。在自由区注册公司手续简便，审批快。同时，巴拿马地处中美洲，巴拿马运河横贯本土，连接太平洋和大西洋，除具有战略意义外，更具有重要的经济意义。运河是向南美、北美、欧洲转口的重要通道。科隆自由贸易区设在巴拿马运河的大西洋入海口处，利于存仓售现和商品的周转。

2. 货币与贸易政策相对自由

巴拿马的本国货币巴波亚仅为辅币，其合法货币为美元，是世界上少有的无本国货币的国家。贸易结算也使用美元，投资者不用为货币的贬值和升值而担忧。这是大多数国家所不具备的优势。

巴拿马有一百多家国际银行。世界各大有实力的银行在巴拿马均设有分行或代表机构。中国银行也于1993年在巴拿马设立了分行。在巴拿马的银行存款无须纳税，无外汇管制，利润汇出汇入自由。

自由贸易区货物进口自由，无配额限制，不必缴进口税；用于转口的货物自由，不缴税。自由贸易区内的货物可自由流动，所得税为8.6%[①]。

巴拿马是美国加勒比盆地计划的受惠国，也是普惠制的受惠国。因此，在巴拿马生产的产品向美国和欧洲出口可不受配额限制并享受优惠关税，但要符合原产地规定。

科隆自由贸易区多年来形成了拉美贸易中心的地位，并成为拉美贸易的集散地、转口中心和走私基地。因此，其商品销售渠道多，客路广，只要在巴拿马有现货，很快就可以通过各种渠道转口至北美、拉美和欧洲等其他各国。科隆自由贸易区的贸易受拉美一个国家或一个地区经济形式的负面影响较小。

科隆自由贸易区内店铺林立，集中了世界各大名牌产品。该自由贸易区年贸易额为130亿美元，以轻纺、服装、工艺、日用品和家电产品为主，是我国的传统市场，产品和市场结构非常适应我国生产现状和产品的优势。不仅如此，随着经济发展，近年来巴拿马华侨人数迅速增加，有20万左右，对中国产品具有很强的依赖性，形成了很大的消费群体。

3. 管理严格及制度规范

总体上看，区内管理非常严密，采取的安全措施也非其他国家的自由贸易区所能比的。区内设管理委员会，负责管理和组织本国和外国企业从事进口、展销、制造、装配和转口业务，并为办公机构出租和修建住房、厂房、出租地皮、批准外国人在区内经商等。另外，区内为外国公司从事进出口和其他业务提供了诸多方便，如区内建有可供外商租用的数十座仓库，租期一般为20年，到期还可续租；允许外国公司从事各种商品、制成品、原材料、容器办理运入、储存、展出、开包、制造、包装、分装、装配、精制、净化、混合、改型、调配等业务。

(二)科隆自由贸易区的优势

1. 进出口货物数量大

该自由贸易区进出口货物数量大，价格非常有竞争力。自由贸易区的基本前提就是大量货品从东方、欧洲或北美的厂家和供应商处涌到这里，并从这里辐射发散到整个中南美洲。

---

① 巴拿马和与之签订贸易协定或其他优惠协议的国家之间的进出口贸易免征关税，这些国家有：危地马拉、洪都拉斯、尼加拉瓜、多米尼加、哥斯达黎加、萨尔瓦多和哥伦比亚。在巴拿马的外资企业视同本国企业，可享受这些优惠待遇。

随着自由贸易区的不断发展，越来越多的公司来到这里并带来新的行业，这里也变得越来越多样化。

2. 交货期短

交货期短是使每年的商业活动统计数字不断提高的重要因素之一。从科隆自由贸易区订货的拉美客户可以节省数星期甚至几个月的交货期。这是因为，首先，货物已经在大陆上而且不受生产配额和货运时间表的限制；其次，自由贸易区的公司急于周转存货，加上这里几乎没有烦琐的手续，而且这些公司熟知市场上各国所需的文书工作，所以可以在最短的时间内交货。此外，并不是自由贸易区的所有公司都有大量货物涌进又涌出贸易区，如果货物数量足够大而且有合适的运输方式，自由贸易区的公司可以方便地将货物从产地直接运给买方，而只需依进出口的文件规定履行一下手续，使货物在形式上通过自由贸易区即可。

3. 交通便利

从巴拿马到拉美和加勒比各地区的交通运输网是任何地区都难以媲美的。迅捷的服务使客户可以使用存货押金，从而节省利息开支。巴拿马法律一直鼓励贸易，包括国外企业在巴拿马建立公司，科隆自由贸易区就是最典型的例子。科隆自由贸易区的法律规定，在此经营只会受到最低限度的管制，货品进出自由贸易区只需填写一份表格。

4. 政策便利

"免税"一词几乎可以应用于科隆自由贸易区的所有商业活动。其鼓励投资的税收政策包括：进口至和存储在科隆自由贸易区或由此出口至其他国家的货品免税、免费而且免付其他任何形式的费用[①]；外国公司的股票持有者所获股息无须缴税；免销售税；对用于生产的机器、原材料、设备免进口税；免生产税；投资无需缴税；对持有两年以上的资产进行资本买卖无需交纳资本收益税；在自由贸易区经营的公司无须缴纳市政地方税（除汽车执照外）；从国外获得的收入无需缴所得税；自由贸易区的公司付给外国公司的租费可以免付预提税款，但这笔租费本身是不可减免的；因外贸业务和直接销售所得的利润而给付的股利可免交股息税；驶往自由区的和由自由区驶往受托人国外目的地的船只无需交纳任何领事费或其他任何费用；海关部门对再出口货物的保管收缴监管服务费，所交费用依案件收取；非巴拿马籍的行政人员与巴拿马居民缴纳同等税率的所得税。

三、科隆自由贸易区与广东自由贸易区比较

根据世界海关组织制定的《京都公约》所说"FTZ 是缔约方境内的一部分，进入这部分的任何货物，就进口关税而言，通常视为关境之外"，广东自由贸易区和科隆自由贸易区在此性质上是相同的，属于在国家境内单独建立的自由港一类。接下来从功能定位、产业发展、贸易投资政策、税收优惠、金融政策等方面将科隆自由贸易区与广东自由贸易（试验区）进行对比分析。

（一）园区功能定位不同

广东自由贸易区的战略定位是：依托港澳、服务内地、面向世界，将自由贸易区建设成

---

① 销售到巴拿马运河委员会或销售到巴拿马运河转口船上的货物视为出口，但以巴拿马共和国为目的地的商品必须缴税。

为全国新一轮改革开放先行地、"21世纪海上丝绸之路"重要枢纽和粤港澳深度合作示范区。而科隆自由贸易区成立于1948年,位于巴拿马运河大西洋入海口处,是西半球最大的自由贸易区,是仅次于香港的世界第二大自由贸易区,是拉美贸易的集散地、转口中心。

(二)园区产业发展不同

广东自由贸易区共有三大片区,每个片区分别有不同的产业发展重点。南沙片区重点发展航运物流、特色金融、国际商贸、高端制造等产业,建设以生产性服务业为主导的现代产业新高地和具有世界先进水平的综合性服务枢纽。前海区块重点发展金融、现代物流、信息服务、科技服务及专业服务业。蛇口区块重点发展港口服务、航运服务和其他战略性新兴服务业。横琴片区则是充分发挥横琴的区位、环境和政策优势,吸引港澳和国际高端人才和服务资源,重点发展商务服务、休闲旅游、科教研发和高新技术等产业。

科隆自由贸易区的主要产业为金融、贸易与物流、会展。巴拿马是拉美地区最活跃、最成功的国际金融中心,外资银行及分支机构密集,有一百多家国际银行;重视会展业发展,巴拿马国际博览会世界闻名;贸易物流业发达,是全球第二大转口站。区内的经营以轻纺、服装、工艺、日用品和家电产品为主。

广东自由贸易区的产业还处于起步阶段,产业战略选择清晰,但是在具体的产业政策上,其开放度与自由度还略显不足,尤其是在金融业的开放程度上,还需进一步探索推进。

(三)贸易投资政策不同

广东自由贸易区正在大力推进各片区国际贸易"单一窗口"建设,进一步完善广州市国际贸易"单一窗口"平台现有的货物进出口申报、运输工具申报、跨境贸易电子商务、信息查询等4个模块的功能,加快开发加工贸易、支付结算、进出口许可、企业资质、国际会展、物流监控、物流商务等功能模块,推进广东自由贸易区各片区统一"单一窗口"数据标准,互联互通。但是在政策、条件上还有一定限制,与巴拿马等自由贸易区的自由贸易制度安排相比,还存在一定距离。在产品进出的管制上,还达不到其他贸易区货物进口自由、无配额限制的标准。

广东自由贸易区内的行政管理体系逐渐改善,并与国际高标准贸易和投资规则相适应;政府管理由注重事先审批转为注重事中事后监管。投资领域开放采用"负面清单"管理模式和准入前国民待遇,《自由贸易试验区外商投资准入特别管理措施(负面清单)》(以下简称《自由贸易区负面清单》)依据《国民经济行业分类》(GB/T 4754—2011)划分为15个门类、50个条目、122项特别管理措施。其中,特别管理措施包括具体行业措施和适用于所有行业的水平措施。香港特别行政区、澳门特别行政区、台湾地区投资者在自由贸易区内的投资参照《自由贸易区负面清单》执行。内地与香港特别行政区、澳门特别行政区关于建立更紧密经贸关系的安排及其补充协议、《海峡两岸经济合作框架协议》,以及我国签署的自贸协定中适用于自由贸易区并对符合条件的投资者有更优惠的开放措施的,按照相关协议或协定的规定执行。

科隆自由贸易区货物进口自由,无配额限制,对进出商品控制很少,豁免关税的范围相对较宽。除爆炸品、枪支弹药、麻醉品、易燃品和其他特别规定的商品外,商品一律自由进入区内,免关税。货物进出自由贸易区只需填写一份表格。在巴拿马科隆自由区注册公司手续简便、审批快。区内设管理委员会，负责管理和组织本国和外国企业从事进口、展销、制造、装配和转口业务，并为办公机构出租和修建住房、厂房、出租地皮、批准外国人在区内经商等。政策稳定，区内管理非常严密。当地政府专门立法给予保证和优惠，投资者有法律保障。该区采取的安全措施也优于其他很多自由贸易区。

（四）园区税收优惠差异

与科隆自由贸易区基本免税的税收政策相比，广东自由贸易区实施的促进投资和促进贸易的税收政策还有一定的调整空间。在税收优惠方面，广东自由贸易区目前体现在以下几个方面。

首先，实施促进投资的税收政策。注册在试验区内的企业或个人股东，因非货币性资产对外投资等资产重组行为而产生的资产评估增值部分，可在不超过5年期限内，分期缴纳所得税。对试验区内企业以股份或出资比例等股权形式给予企业高端人才和紧缺人才的奖励。实行已在中关村等地区试点的股权激励个人所得税分期纳税政策。其次，实施促进贸易的税收政策。选择性征收关税政策在自由贸易区内的海关特殊监管区域进行试点，即对设在自由贸易区海关特殊监管区域内的企业生产、加工并经"二线"销往内地的货物照章征收进口环节增值税、消费税。根据企业申请，试行对该内销货物按其对应进口料件或按实际报验状态征收关税的政策。在严格执行货物进出口税收政策的前提下，允许在自由贸易区海关特殊监管区域内设立保税展示交易平台。最后，积极研究完善适应境外股权投资和离岸业务发展的税收政策。

"免税"一词几乎可以应用于科隆自由贸易区的所有商业活动。多种鼓励投资的税收政策包括：一是境外货物进入贸易区或从区内出境，免进出口税，货物销售对巴拿马运河区或过境船只视为出口，免税。二是外国公司的股票持有者所获股息无须缴税；对持有两年以上的资产进行资本买卖无须交纳资本收益税；因外贸业务和直接销售所得的利润而给付的股利可免交股息税。三是区内免销售税；免生产税；投资无须缴税；在自由贸易区经营的公司无须缴纳市政地方税（除汽车执照外）。四是非巴拿马籍的行政人员与巴拿马居民缴纳同等税率的所得税。五是区内公司所得税采用累进制，税率2.5%～8.5%，两年内免利润所得税，若雇佣巴籍员工，再给予减免0.5%～1.5% 所得税的优惠。

（五）园区金融政策不同

巴拿马的本国货币仅为辅币，其合法货币为美元。贸易结算也使用美元。在巴拿马的银行存款不纳税，无外汇管制，利润汇出汇入自由。

相比较而言，广东自由贸易区的金融政策改革可致力于如下方面：首先，加快金融制度创新。可在试验区内对人民币资本项目可兑换、金融市场利率市场化、人民币跨境使用等方面创造条件进行先行先试。在试验区内实现金融机构资产方价格实行市场化定价。探索面向国际的外汇管理改革试点，建立与自由贸易区相适应的外汇管理体制。鼓励企业充分利用境内外两种资源、两个市场，实现跨境融资自由化。深化跨国公司总部外汇资金集中运营管理试点，促进跨国公司设立区域性或全球性资金管理中心。其次，增强金融服务功能。推动金融服务业对符合条件的民营资本和外资金融机构全面开放，支持在试验区内设立外资银行和中外合资银行。允许金融市场在试验区内建立面向国际的交易平台。逐步允许境外企业参与商品期货交易。鼓励金融市场产品创新。支持股权托管交易机构在试验区内建立综合金融服务平台。支持开展人民币跨境再保险业务，培育发展再保险市场。

本章小结

自由贸易区，一般被分解为广、狭二义。广义的自由贸易区是指两个或两个以上国家或地区通过签署协定，在世界贸易组织最惠国待遇的基础上，相互进一步开放市场，分阶段取消绝大部分货物的关税和非关税壁垒，在服务业领域改善市场准入条件，实现贸易和投资的自由化，从而形成涵盖所有成员全部关税领土的"大区"，如北美自由贸易区、美洲自由贸易区、中欧自由贸易区、中国—东盟自由贸易区。狭义的自由贸易区是指一个国家或单独关税区内设立的用栅栏隔离、置于海关管辖之外的特殊经济区域，区内允许外国船舶自由进出，外国货物免税进口，取消对进口货物的配额管制，如巴拿马科隆自由贸易区、德国汉堡自由贸易区、美国纽约港自由贸易区。国外自由贸易区主要有自由港型、保税仓库型、转口集散型、出口加工型和自由边境区五种类型。在不同时期，其发展规模、功能定位、管理体制、产业类型和经济联系等方面均发生过显著变化。本章在了解国外几大主要自由贸易区的历史、发展、与中国的关系的基础上，将其从功能定位、产业类型等方面与广东自由贸易区进行了比较。

思考与练习

1. 自由贸易区（FTA）与自由贸易区（FTZ）的区别是什么？广东自由贸易区属于哪一种？
2. 广东自由贸易区三大片区的发展定位有何区别？
3. 巴拿马科隆自由贸易区的发展特点有哪些？
4. 试论述欧盟与广东自由贸易区未来的合作领域。

案例分析

案例1：缅甸政府计划吸引2000多亿美元的投资，2030年后成为中等收入国家

缅甸内比都消息，2019年6月26日早晨，内比都定嘎哈酒店内举办了MIPP投资促进委员会及JICA促进投资提升产业竞争力规划讲解发布会。投资与外贸通信部联邦部长吴导图出席并发表了讲话。

联邦部长吴导图称，部门收到许多国外投资商的反映，缅甸针对外国投资制定的规章制度过于烦琐，因此部门将提升缅甸的经商便利度（Ease of Doing Business），为投资商提供更加便捷便利的经商环境。各相关部门应当齐心协力，提升缅甸的经商便利度。

吴导图表示，为规划便捷的经商便利度相关政策，MIPP已经在JICA机构的协助下，正在进行相关工作，投资与外贸通讯部正在解决各国投资商人在缅甸投资时遇到的困难，为商人创造简单的投资规章制度。

据了解，2018 年时缅甸投资委员会对外启动了缅甸投资促进计划 MIPP，拟将吸引世界各地的优质企业投资，2019 年开始，相关部门着重于 MIPP 的规划实施，政府部门的规划是通过 MIPP 吸引 2000 多亿美元的投资，缅甸于 2030 年后，成为中等收入国家。

根据世界银行的排名得知，190 个国家中，缅甸的经商便利度排名在 171 位，为了升级缅甸的经商便利度排名，各部门正在修改简化投资相关政策。

【资料来源：中国—东盟自由贸易区网站（《缅甸政府计划吸引 2000 多亿美元的投资，2030 年后成为中等收入国家》），作者：中国—东盟商务理事会秘书处】

案例 2：RCEP 冲刺，中国与东盟立场一致

2019 年 6 月 23 日，为期 3 天的第 34 届东盟峰会在泰国曼谷闭幕。作为东盟今年的轮值主席国，泰国希望在"合作、同心协力、进步、可持续发展"的理念下对内推进东盟共同体的建设发展，对外寻求与主要对话伙伴国关系的可持续发展。如今，世界面临着百年未有之大变局，东盟国家也不例外。这一背景下，对于可持续伙伴关系的诉求实质是东盟寻求确定性的展现，其中就包括希望通过加速达成《区域全面经济伙伴关系协定》（简称 RCEP）以应对"美国优先"为代表的贸易保护主义。这再一次表明了东盟捍卫全球自由多边贸易和寻求经济确定性的决心。

全球经济正呈现出鲜明的三方面特征：其一，受"美国优先"为代表的单边贸易保护主义影响，全球经济发展的环境极其不确定，全球经济形势总体不乐观；其二，传统的发达国家经济发展滞缓，与众多新兴国家经济发展的高速形成了鲜明对比，新兴国家对全球经济的贡献呈现出上升态势；其三，全球经济发展的驱动力也处于转换的窗口，智能经济、数字经济等新兴经济正在诸多国家经济发展中发挥日益显著的驱动作用。东盟国家一方面看到了经济发展的机遇，但另一方面真实地察觉到了如今全球经济环境的不确定性。为应对这一不确定性，东盟国家反复强调不会在中美之间"选边站"，希望中美尽早通过磋商谈判找到解决双方摩擦与处理彼此关系路径，更是多次表达了共同捍卫全球多边自由贸易的态度与决心，而达成与签署 RCEP 则被视为具有象征性的应对举措。在本次峰会之前，泰国总理巴育就表示，东南亚国家领袖们热切希望在今年年底前签署 RCEP。

从 RCEP 的重要性和影响来看，东盟国家的热切期待并非没有道理。RCEP 最早由东盟十国发起，邀请了中国、日本、韩国、澳大利亚、新西兰、印度共同参加，旨在通过削减关税及非关税壁垒，建立 16 国统一市场的自由贸易协定。这就意味着，如果达成，RCEP 将会形成一个人口约 30 亿、GDP 总和约为 21 万亿美元、占世界贸易总量约 30% 的贸易集团。无疑，这在给所有参与国家带来实质性贸易量增加的同时，也将会给各国企业在地区与国际市场扩大投资和增加市场份额带来莫大实惠。

与此同时，我们也必须看到 RCEP 磋商和达成协议的难度。RCEP 的谈判始于 2013 年，谈判范围包括取消工业产品关税、服务贸易、知识产权、经济和技术合作以及法律和体制问题，涉及 18 个领域。迄今为止，各方已在"经济技术合作""中小企业"等 7 个领域达成了妥协，并将在 6 月底 7 月初在澳大利亚就剩下的 13 个章节进行磋商。接下来 8 月在北京召开的部长级会议上和 10 月在越南举行的第 28 轮 RCEP 磋商中，预计各方也将为 11 月第三届RCEP 领导人峰会前达成协议做更大的努力，而在美国单方面保护主义日益冲击全球经济的

背景下，印度、澳大利亚与新西兰能否在磋商中展现出更为积极的姿态则至关重要。

中国是 RCEP 一员，也是其中最大的经济体。对于东盟国家加速达成 RCEP 的热切期望，中国在情感上是理解的，在利益上是一致的，在行动上是相向的。毕竟，中国在应对美国单方面贸易保护主义、捍卫全球自由多边贸易及重塑全球经济秩序的稳定性方面与东盟国家是站在一起的。

【资料来源：中国—东盟自由贸易区网站（《RCEP 冲刺，中国与东盟立场一致》），作者：中国—东盟商务理事会秘书处】

案例 3：美国和加拿大关于北美自由贸易区协议谈判破裂未能达成协议，问题出在哪里？

据英国广播公司 BBC 2018 年 8 月 31 日报道，美国与加拿大之间关于修改北美自由贸易协定的谈判已于本周结束，未能达成协议。美国官员表示，他们将在下周再次会见加拿大同行，争取达成协议。

"北美自由贸易区协议"被特朗普称之为"最糟糕的协定"，所以在他上台之后就开始就修改"北美自由贸易区协定"与加拿大和墨西哥进行谈判，但是因为彼此分歧非常大，始终未能有一个结果。在 8 月 27 日，美国与墨西哥就双边自由贸易协议达成初步原则性协议。这可以说是特朗普取得的一个重大阶段性胜利，然而美加之间的谈判却陷入了僵局，周五未能按照特朗普设置的最后期限达成协议。

原因出在哪里？

谈判已经到了这一阶段，使谈判陷入僵局的问题已经不是最初的"是否要加入落日条款的问题"（期间以及续约问题），而是那些最为细节的问题。这也就意味着，其实如果协议能够让彼此满意，是否加入落日条款已经并不重要。致使美加谈判陷入僵局的原因，主要集中在三个方面。

首先是市场准入的问题，尤其是乳制品。美国希望加拿大能够扩大开放本国的乳制品市场，让美国的乳制品能够大量进入加拿大市场。但是在这一问题上，加拿大总理特鲁多的态度是坚定不移的。加拿大乳制品产业其实规模并不是很大，其完全依赖政府补贴和政策照顾，类似政府主导的集体产业，并非完全是市场化运作。特鲁多知道一旦开放，那么大量成本低廉的美国乳制品将会如同潮水一样涌入加拿大，这对于加拿大本地乳品生产商和农户的利益造成冲击，而且牵扯到特鲁多政府本身的执政地位和支持率。

其次就是关于北美自由贸易协定中第 19 章（Chapter19）的去留问题。在这一问题上，美方希望抛弃反倾销和反补贴案件的争议解决机制，并且墨西哥方面也同意取消这一机制。但是它对于加拿大而言意义非同凡响，当年如果没有这一条款，加拿大就不可能跟美国签订现有的自由贸易协定。在这次谈判中，加拿大甚至可以考虑用乳制品准入作为让步以保留第 19章。第 19 章是加拿大平衡贸易竞争环境，防止美国店大欺人随意制造贸易争端的保证，毕竟美国的经济总量是加拿大的十倍。这一争端解决机制，在之前曾经成功解决苹果、猪肉、软木材等贸易争端，所以加拿大现在格外看重。

最后就是双方现有贸易争端问题，涉及钢铁和铝产品关税以及汽车贸易关税。钢铁和铝产品关税贸易争端正在发生，而特朗普准备用汽车贸易关税作为另外筹码，继续逼迫加拿大。其实这两项问题都是美国逼迫加拿大和墨西哥就北美自由贸易协定谈判做出让步的工具，从目前看来，墨西哥方面很显然是顶不住了，而加拿大家底相对厚实，可以继续跟美国进行周旋。

现在说美加之间谈判破裂还有点为时过早,双方代表给出结论都称这次谈判具有"建设性",这也就意味着没有结果,但是可以继续谈。所以双方约定下周三继续展开谈判。美加贸易谈判前途未卜的情况下,特朗普却使了一个手段,将美墨谈判成果及时上报美国国会进行审议。一方面是为了避免夜长梦多,另外一方面这也是间接给加拿大方面施加压力。修改北美自由贸易区协定是特朗普推行"美国优先"政策的重要组成部分,其必须先解决身边的问题,才能够将主要精力用于其他方向,所以才会如此迫不及待。至于美加谈判是否能够有个明确的结果,还需要继续观察。

【资料来源:《搜狐新闻》(《美国和加拿大关于北美自由贸易区协议谈判破裂未能达成协议,问题出在哪里?》),作者:古姿】

第八章　广东自由贸易区发展的经济效应

第一节　自由贸易区的经济效应评价标准

一、自由贸易区简介

在世界多边贸易组织的规则中，有两个概念的自由贸易区：一是世界贸易组织（世界贸易组织）界定的自由贸易区（Free Trade Area，FTA），即两个或两个以上的国家通过达成某种协定或条约取消相互之间的关税和与关税具有同等效力的其他措施的国际经济一体化组织。二是世界海关组织（WCO）定义的自由贸易区（Free Trade Zone，FTZ），即在某一国家或地区境内设立的实行优惠税收和特殊监管政策的小块特定区域，或在主权国家或地区的关境以外划出特定的空间区域，准许外国商品豁免关税，自由进出。

本书所指的自由贸易区属于后者，指一个国家（单独关税区）内部设立的，有隔离的，置于海关管辖之外的，实行自由贸易的特殊经济区域。

2013年8月，国务院正式批准设立上海自由贸易区。2015年3月24日，中共中央政治局审议通过广东、天津、福建自由贸易区总体方案和进一步深化上海自由贸易区改革开放方案。2015年4月21日，广东自由贸易区在广州南沙区举行挂牌仪式。

二、建立自由贸易区的主要目标

随着经济全球化的不断深化，世界各地的自由贸易区如雨后春笋般迅速建立及发展，据不完全统计，自从13世纪世界第一个自由港在欧洲诞生并逐渐发展为自由贸易区以来，全球目前已有超过1200个自由贸易区，其中发达国家的自由贸易区占1/3，而发展中国家的自由贸易区占到了2/3。这时我们不禁要问：政府在港口设置自由贸易区的目的是什么？为什么要不断地设立自由贸易区呢？曾经有不少机构和学者（World Bank，1992；Kusuago&Tzannatos，1998；Madani，1999）专门对此做过研究，并证实了自由贸易区对经济的正向作用。从整个国家层面考虑，增加外汇收入，提供就业岗位和提高员工收入水平，吸引更多的外商直接投资（DFI），产生技术转移、知识溢出和示范效应等四个目标是政府在设置自由贸易区时希望实现的。

三、自由贸易区经济效应评价标准选择

通过研究自由贸易区的发展现状，并结合相关基础理论可知，构建自由贸易区发展的经济效应评价体系，有助于客观、科学地评估自由贸易区发展状况。为了形成合理评价自由贸易区经济效应的视角与方法，需要注意以下几个准则：

首先，综合运用定性分析与定量分析，建立我国自由贸易区建设经济效应预测评估的基本框架。我国开展自由贸易区建设带来的经济影响无疑是非常广泛的，对此首先应当有一个较为全面的定性把握。同时，推进自由贸易区建设已经成为一个相当急迫的现实决策问题，相对准确的定量分析不可或缺。定性分析与定量分析两个方面相辅相成，不宜过于拘泥于定量的要求而忽视某些重要的维度，而且主要的维度都应努力展开有效的定量分析，真正做到有理有据，科学决策。

其次，合理权衡静态效应与动态效应，明确未来一个时期推进我国自由贸易区建设的基本方向。自由贸易区的静态效应是在自由贸易区形成之后很快就可以观察到的变化影响；而动态效应则往往需要经过一定时间后才能比较充分地显示出来。中国积极推进自由贸易区建设的根本目的是有效拓展国民经济成长空间，提高经济运行的效率，因此应当也必须以动态效应作为主要的考虑因素。当两者不一致时，应当优先考虑动态效应，始终着眼于动态发展来展开未来的自由贸易区布局和谈判，努力在推进自由贸易区建设的过程中保持主动的地位。

最后，正确评估局部利益与整体利益，形成实现我国自由贸易区建设经济效应最优的政策框架。随着经济开放程度的扩大和发展水平的提升，自由贸易区建设对国民经济发展的整体利益是非常明显的，也是不断上升的。但在日益市场化的条件下，局部利益正呈现出越来越大的刚性。为此，必须要在对局部利益和整体利益做出科学准确的定量分析的基础上，真正做到整体优先，兼顾局部。

四、自由贸易区经济效应的六个评价维度

在经济全球化条件下，自由贸易区建设具有广泛的影响，对自由贸易区建立所带来的经济效应可以从以下六个维度进行分析。

一是贸易效应。自由贸易区会带来进出口贸易规模的变化，在一定程度上改变国家间的贸易流向与贸易条件等。

二是福利效应。自由贸易区的成立可为消费者带来更廉价的进口商品，增加消费者的选择等，因而能够提高成员国的整体福利水平。

三是产业效应。自由贸易区有利于一国具有比较优势的产业扩大规模，提高整个产业的技术效率，拉动 GDP 的增长；同时也会使一国处于比较劣势的产业受到冲击，带来较大的负面影响。

四是投资效应。自由贸易区往往会加快区域内的国际资本流动，加速国家之间的技术转移。

五是货币效应。自由贸易区的发展往往会为形成区域性货币提供重要的条件，降低国际贸易与投资的交易成本。

六是引导效应。自由贸易区不仅会使区域内的经济交流增多、相互影响增大，往往也能够提升自由贸易区的整体国际经济地位。

第二节 自由贸易区发展的经济效应问题

一、静态模型

基于 Warr(1989)建立的"飞地式经济模型",可以说明东道国经由自由贸易区所获得的收益与所付出的成本。飞地式经济,即自由贸易区与东道国国内只产生很有限的后向关联,前向关联则不确定的。初始成本和基础设施成本对东道国来说是巨大的。

(一)模型

区内与世界其他各地发生的货物、服务和资金流量的转移与东道国居民福利没有关系,只有区内与东道国发生的货物、服务和资金流量的转移才与东道国居民福利有关。国内提供资本、基础设施、行政开支、工人、公用事业和一些有限的地方投入,东道国获取工资、电费、税收、流入国内股东的利润和地方投入的报酬。自由贸易区的雇员获得技术。地方中层管理人员获得培训、现代管理实践和质量控制的概念。区内企业向国内的信贷可促进东道国银行业的相关活动。区内产品一般禁止销往国内,有些时候,一些由于质量被拒收的产品允许销往国内,但这个收益只占整个销售额的很小一部分,并且会产生一些关税。这说明,"飞地式经济"在多数情况下,不会促进前向关联。

(二)收益与成本

Warr(1989)方法的核心,是直接资金流量,比如,外国投资或利润汇回对东道国的福利没有影响,要关注由于自由贸易区的活动而利用当地资源和对东道国的净利润。又如,出口表现或创造就业岗位的数量等描述性的分析不适合作为成本—收益计算。成本—收益分析假设后向关联,如创造就业岗位和地方采购不一定总给当地经济带来收益,是商品市场价格与机会成本(影子价格)的差异给当地居民带来收益。这种研究中,确定商品恰当的社会价值是一个重要因素。

以"飞地式经济"为基础(Jayantha kumaran and Weiss,1997),可列出以下成本与收益。

成本:国内提供的资本基础设施(K),为自由贸易区运作提供的行政支出(A)。

收益:当地雇员的工资(MWR)与其在该国机会成本(用影子价格(SWR)来衡量)的差异,区内企业对公用事业及地方投入的支出(DP)与这些公用事业和地方投入的机会成本(MSC)的差异,区内企业的税款(T),流入国内股东的净利润(NP)。

由此,一国在任意年份 t 的成本—收益状况如下:

$$NBC_t = (MWR - SWR)_t L + (DP - MSC)_t Q + T_t + NP_t - K_t - A_t \qquad (8-1)$$

其中,工资的市场价格与影子价格分别为 MWR 和 SWR,地方投入和公用事业的国内购买价格和机会成本分别为 DP 和 MSC,L 和 Q 分别为雇员人数和地方投入的数量。税收和地方股东的净利润分别为 T 和 NP。K 和 A 代表基础设施和自由贸易区运行的行政支出。该模型的主要缺陷是成本容易获得,而收益较难获得。

有效率的自由贸易区要求利润的净现值 >0(即 NPV >0),

$$NPV = \sum_t \frac{NBC_t}{1+r} \qquad\qquad (8-2)$$

其中，r 是影子价格的折现率。

另外，一个项目常用经济内部回报率（EIRR）来评估，有效率的项目要求 EIRR > r，EIRR 满足下列条件：

$$\sum_t \frac{NBC_t}{1+EIRR} = O \qquad\qquad (8-3)$$

（三）影子价格估计

如果市场价格与机会成本不一致，则评估经济活动应当用影子价格（SWR）。转换因子（CF）的估计既可以用世界价格体系，也可以用国内价格体系。在世界价格体系中，定义 CF 为影子价格和国内市场价格的比率：

$$CF_i = \frac{SP_i}{MP_i} \qquad\qquad (8-4)$$

转换因子小于1，显示机会成本低于其市场价格。例如，菲律宾的劳动力转换因子是 0.64，表示大约获得了其市场价格 36% 的净收益。（如表 8-1 所示）

（四）模型结论

从以上静态模型中可以看出，劳动要素的市场价格与影子价格的差是利润的决定因素。从亚洲一些国家的转换因子来看，这些国家在就业、国内原材料等项目上获得了收益。（如表 8-1 所示）

表 8-1　印度尼西亚、韩国、马来西亚、菲律宾和斯里兰卡（1970s 和 1980s）的转换因子

种类	印度尼西亚	韩国	马来西亚	菲律宾	斯里兰卡
劳动力 熟练 非熟练	0.75	0.91	0.83	0.64	0.79 0.72
外汇	1.00	1.08	1.11	1.25	—
国内原材料	0.85	0.92	0.90	0.96	0.78
国内资本	0.85	0.98	0.91	0.96	0.91
电力	1.05	1.33	0.93	1.30	1.57

资料来源：Warr P. Export processing zones：the economics of enclave manufacturing[J]. The World Bank R esearch Observer，1989，Vol. 4：65-87.

二、动态模型

Wei(1999)采用一个垄断价格模型开发了一个动态框架对出口加工区[①]在发展中国家经

————————————

[①]　出口加工区具有自由贸易区的某些特征，下文一律用自由贸易区表述。

济开放和转变过程中的作用进行了评估，指出技术学习和适应有利于发展中国家的经济发展，跨国公司活动产生的外部性使这种学习和适应显得更为容易。

（一）模型

建立自由贸易区的收益是静态和动态兼具的。动态收益只有经过一段时间的专门努力以后，才能意识到或者真正获取，例如，学习、吸收外国技术，使经济增长方式从内向型转变为外向型。这种动态收益虽然在不同的国家或地区可能差别很大，但却是非常重要的。

为了把精力集中在分析的问题上，我们做如下假设：在建立自由贸易区之前，在世界市场上的一件商品主要由跨国公司生产，该公司具有强大的垄断力量，是一个价格制定者。在不发达国家，也有一些稍有竞争力的国内公司生产同样的产品，在这样的国家，将要建立自由贸易区。国内公司生产的产品既在国际市场上以跨国公司制定的价格销售，也在国内市场上以国内市场的价格销售。由于生产技术不高，管理缺乏效率，缺少市场准入和营销知识，国内公司的出口占其总产出的份额相对较小。为了改进这种状况，该国建立了自由贸易区，为外国公司提供各种各样的优惠政策。这些优惠政策和低成本的劳动力，合在一起作为一个变量：自由贸易区生产产品的单位成本为 c_1，区外生产产品的成本为 c_2，在不失一般性的情况下，我们假设 $c_1 < c_2$，并且 c_1 和 c_2 不随时间而改变。

受自由贸易区低生产成本的吸引，现在跨国公司在两个不同的地方（自由贸易区和世界其他地方）生产产品。在任何时间 t，跨国公司自由贸易区内的子公司的产量为 $Q_1(t)$，在世界其他地方的产量为 $Q_2(t)$。这两个地方的产品在全世界以跨国公司的定价 $p^*(t)$ 来销售。为了简化模型，假设自由贸易区内这种产品全是由跨国公司的子公司来生产的。由于跨国公司在自由贸易区的存在，使得国内的公司有了技术学习的来源。这种技术不仅包括内化在生产过程中的技术，也包括设计、工艺、管理、营销和市场信息。这些技术可能会通过各种各样的渠道外溢到国内公司。例如，在自由贸易区内复杂的设备和生产线可能由当地劳动者来操作和管理，这些受过专门训练的劳动者在更换工作时可能会把他们的技术带到国内其他的工作岗位上去。在自由贸易区的外国公司可能向国内公司转包其合同或与其合资，这就要求外国公司向国内公司传授一定的设计、工艺方面的知识和市场信息。信息和关于市场状况、管理和营销技术的知识、贸易和分销渠道、消费者不断变化的需求则可能通过正式或非正式的个人接触、买卖关系或贸易外溢到国内公司。一旦跨国公司在自由贸易区内建立子公司，不管愿意与否，都很难阻止技术通过这些途径外溢到国内的公司，也就是说，存在正的外部性。随着时间的推移，这种从自由贸易区内跨国公司学习的机会有助于增强国内公司的生产力和国际竞争力，从而加速东道国的出口和经济增长。从这个意义上来说，建立自由贸易区可以促进贸易并使东道国经济完全融入世界经济中。

为详细说明这种联系，我们假设国内企业在任何时间 t 的出口为 $Q_n(t)$，而且是连续的二阶可微的。技术外溢或学习因子为 $T(t)$，假定 $T(t)$ 与跨国公司在自由贸易区的产量 $Q_1(t)$ 有关，因此随着时间的变化 $\dot{T}(t)$ 就表示为：

$$\dot{T}(t) = \alpha Q_1(t) \qquad (8-5)$$

其中，α 是一个正的常数。该公式表明，技术外溢的程度与自由贸易区的经济规模有关，自由贸易区越大，在国内的外溢程度就会越强。把 T 当作时间 t 的外生变量，公式（8-5）考虑了技术学习是一个不断积累的过程这个事实；尽管存在技术外溢，国内公司仍然需要时间和努力来移动它们的学习曲线。国内公司能从多大程度上受益于自由贸易区也取决于它们的学习能力。这个能力可能受以下因素的影响：当地劳动者的受教育水平和他们对学习的态度，公司的适应能力和东道国的模仿能力，以及便利技术外溢的公共政策。系数 α 代表这些因素。

假设 $p(t)$ 为世界价格 $p^*(t)$ 和国内价格 p_0 之差，则：

$$p(t) = p^*(t) - p_0 \tag{8-6}$$

当 $Q_n(t) > 0$ 时，$p(t)$ 是正数。公式（8-6）表明，当世界价格有利时，国内公司会增加它们的出口，当世界价格不利时，则会减少它们的出口。假设 p_0 不随时间而改变，则 $p(t)$ 和 $p^*(t)$ 随时间变化的轨迹是一样的；因此，$p(t)$ 和 $p^*(t)$ 可以互相替代。

在这些假设条件下，建立自由贸易区国家的出口可以用下式来表示：

$$Q_n(t) = Q_n[p(t), T(t)] \tag{8-7}$$

其中，假设 $Q_n(t)$ 关于 $p(t)$ 和 $T(t)$ 的一阶和二阶偏导数是正数，二阶混合偏导数也是正数。

由于东道国国内公司的进入，跨国公司面临的世界市场需求为：

$$Q_1(t) + Q_2(t) = a - bp^*(t) - Q_r[p(t), T(t)] \tag{8-8}$$

其中，a 和 b 是正常数。

跨国公司在自由贸易区内的子公司的生产会对东道国产生技术外溢，通过一段时间的学习，会使东道国国内公司增强其生产力和国际竞争力，而跨国公司则面临一个两难选择。一方面，自由贸易区内的较低单位成本 c_1 吸引跨国公司把较大一部分生产（如果不是全部的话）转移到自由贸易区内；另一方面，跨国公司在自由贸易区内的子公司产出越大，东道国国内公司的正的学习效果就会越大。这将使国内公司赶上并最终与跨国公司争夺世界市场。跨国公司在做出产量和价格决策时，要把公式（8-5）中描述的学习效果考虑在内。根据价格决定原理，我们假设跨国公司在市场需求和技术外溢的约束下，选择 $p^*(t)$ 来使其全球利润最大化，因此，跨国公司需要解决的问题可用以下公式来描述：

$$\underset{p^*(t)}{\text{Max}} \int_0^\infty \{[p^*(t) - c_1]Q_1(t) + [p^*(t) - c_2]Q_2(t)\} e^{-rt} dt$$

$$\text{s.t.} \quad Q_1(t) + Q_2(t) = a - bp^*(t) - Q_n[p(t), T(t)]$$

$$p(t) = p^*(t) - p_0 \tag{8-9}$$

$$\dot{T}(t) = \alpha Q_1(t)$$

$$T(0) = T_0 \quad \text{given}$$

$$a, b, \alpha; \ 0 < r < 1; \ c_1 < c_2$$

其中，r 是常数折现率。

由此，我们可以形成如下基本认识：

第一，通常情况下，设立自由贸易区的国家或地区，由于最大限度地采取了贸易与投资自由化的特殊政策，出口会明显增加。按照雷布金斯基定理，如果该国是贸易大国，则会导致世界市场价格下降，同时，国内价格尤其是要素价格可能会上涨。上涨的劳动力价格，以及下降的世界产品价格，会使跨国公司利用自由贸易区的利润下降。结果，跨国公司可能会另寻条件更加有利的其他国家的自由贸易区进行生产。

当然,解决这个矛盾的关键在于自由贸易区的产品单位成本能否降低。因为,劳动力成本只是单位成本的一部分,上涨的劳动力成本可能会被区内其他优惠政策所抵消。例如,自由贸易区优越的地理位置,便利的进、出口市场,潜在的较高的撤离成本等。

第二,由于存在技术外溢,东道国(或当地)政府会对技术外溢做出积极响应,出口会增加,进而带动区域经济增长。从政策制定者的角度来说,考虑到技术外溢,为了能更好地利用自由贸易区,促进以出口带动的增长,自由贸易区应当尽可能地开放。实际上,管理者担心自由贸易区的活动会过多地干扰国内经济,在政策上试图把自由贸易区隔离开来,通常"以栅栏或铁丝网围着"。这样的措施会破坏学习效果。此外,缺乏促进技术扩散连续性的政策或者地方公司的学习能力不高都会产生同样的后果。在所有这些情况下,自由贸易区对该国经济发展的潜在贡献将大大减少。

第三,由于存在技术外溢,跨国公司在世界市场上的份额会减少,除非跨国公司在世界其他地区的产量增加,能弥补其在自由贸易区分支部门的损失或者世界市场的需求是富于弹性的。

(二)模型结论

运用一个垄断价格模型作为基准,本书建立了一个动态框架,用于评价自由贸易区。在促进经济开放和经济转型中作用。分析表明,自由贸易区的技术学习效应和对低收入国家和地区经济发展的意义很大。该模型的政策含义如下:

在一般情况下,建立自由贸易区是一国或地区吸引外国公司及其直接投资的有效手段。外国直接投资作为一种资本、技术和知识从发达国家或新兴工业国家向低收入国家转移的主要工具,对设区国或地区经济发展意义重大。

为了使自由贸易区带来的动态收益最大化,使自由贸易区与国内其他地区建立很强的关联是很有必要的。这种关联性提供了一个各种技术可能从自由贸易区扩散到东道国其他经济中去的主要渠道。为了加强这一关联,有意识的、一贯的政策努力是关键,特别是那些涉及加强自由贸易区对国内其他地区更加开放和加强地方公司、雇员和企业的学习能力的政策。这需要在国内其他地区进行进一步的经济改革。没有这些努力,建立自由贸易区的收益就是有限的。这说明了为什么有的国家的自由贸易区在取得更大的经济开放和提高劳动生产力方面比其他国家运作得更好,而只开放一个区域是远远不够的。

从建立自由贸易区的国家或地区的角度来说,吸引外国直接投资意味着开放部分资本账户。模型表明,在满足一定条件下,这项政策会加强出口。随着贸易的扩张,需要进行更深的政策和制度改革,促使一国开放其经常账户。同时,与贸易有关的金融服务的需求也会增加,促使该部门开办这些服务。在适当的时候,这些动力会使这些国家不可避免地更加开放和自由化。从这方面来讲,建立自由贸易区为经济自由化提供了另一个选择,这与呼吁先开放经常账户、再开放资本账户的政策是不同的,而文献中常提到的是后一种政策,这种政策也是政策制订者经常做的选择。

建立自由贸易区是促进经济开放与经济发展过程中的一个步骤。渐近主义者认为,经济转型和经济自由化方面渐近式发展比起"休克疗法"(在经济转型和经济自由化方面即"立即转型和立即自由化")有明显优势,而"休克疗法"忽略了经济转型是一个动态的过程,经济自由化是经济发展的一个手段，而不是目的。本书的模型为渐近主义者提供了支持，而建立自由贸易区就是这个渐近过程中的一个步骤。

（三）模型启示

模型为自由贸易区的建立和发展思路提供了重要启示：

第一，自由贸易区的建立和扩张，应该着眼于吸引具有先进技术与管理水平的资本和技术密集型产业，有利于发挥它们的辐射作用，带动国内相同和相关产业竞争力的提升，扩大出口，增加国民收入。

第二，政府应尽量使自由贸易区的企业延长其国内产业链，让更多的国内企业有机会进入跨国公司主导的全球产业链条，提升国内资本的间接出口能力。经由后向和前向关联的国内产业链接，应该作为自由贸易区经济效应考核的重要内容。

第三，充分重视区内跨国公司在提高劳动者技能、培养高级管理人才和技术外溢等方面的重要作用，国内企业能否在跨国公司的"示范"作用下走出去，关键在于国内生产要素质量的提高，而提高的程度则取决于区内跨国公司对国内企业的外溢程度。

三、自由贸易区对区域经济的作用机理

上述模型可以作为解释我国自由贸易区的外部经济效应的一般理论。在此基础上，我们还要注意到，我国的自由贸易区还承担着开放制度创新和区域开发开放的使命。因此，其所具有的开发开放价值，除了自由贸易区原来所能发挥的各项功能外，更强调开放的质量、效益、外部效应、示范性和制度创新价值。随着自由贸易区市场化、自由化和便利化的不断加强，以及与全球网络化和信息化的不断融合，自由贸易区将从最初的"政策飞地"逐渐变成区域经济发展的增长极，通过国际商务活动的拓展，服务和辐射周边区域，创立综合性功能区的"区域品牌"，并通过以对外开放为主的各项制度创新，成为综合改革配套的前沿。

具体来说，我国自由贸易区的开发开放价值主要体现在以下几个方面。

（一）自由贸易区作为国际物流和航运中心

可以通过推动区港联动，实现一体化运作，在自由贸易区内提供现代化和专业化的物流服务，适应现代物流和供应链管理发展的需要，帮助跨国公司降低经营成本；所产生的聚集效应能带动区内仓储业（包括货物仓储、拼箱、拆箱、装箱等）、运输业（包括国际货运和客运、进出自由贸易区的货物的公路运输，以及货物运输代理服务等）、海运服务业（提供海运理货、海关报关、集装箱堆场、船务代理等服务）、贸易业（包括进出口贸易和转口贸易）、金融业、保险业、信息业等多种服务业的发展。

（二）自由贸易区作为贸易自由化与便利化的先行区

自由贸易区的政策主线就是遵循世界贸易组织的相关规则，建立自由贸易和贸易投资便利化机制。自由贸易区应该是"国家行为、境内关外、功能突出、高度自由"。与其他区域相比，自由贸易区具有更大的开放度，在免关税上更加完善，在实施贸易与投资自由化方面更

能率先与世界贸易组织的规则全面接轨。它应具有"四高"[①]和"一低"[②]的特点。

（三）自由贸易区作为区域经济的"增长极"和"发动机"

自由贸易区作为对外开放和参与国际分工的平台，通过与区内区外进行的垂直专业化或水平专业化，形成产业间的前后联系，积极融入全球供应链中，并在区内区外形成特定的产业集群、产品链或产业链，通过乘数作用，成为区域经济的"增长极"或"发动机"。

（四）自由贸易区作为金融开放和资本运筹的中心

按照国际经验，一些规模较大的著名的自由港都有较发达的金融业，特别是离岸金融的支撑。在自由贸易区内，可以开展物流金融、离岸金融、外汇改革等金融开放的试点工作。具体包括：放宽或取消对银行支付存款利率的限制；减少或取消对银行贷款规模的直接控制，允许业务交叉；允许更多的新金融工具的使用和新金融市场的设立；放宽对外国金融机构经营活动的限制及对本国金融机构进入国际市场的限制；允许本地资金和外国资金自由进出、自由流动；允许外汇自由汇兑，开放外汇及黄金市场，在汇率制度的安排中增加汇率的灵活性。

（五）通过集聚和扩散效应，打造自由贸易区的"区位品牌"

区位品牌对吸引 FDI、商流和物流具有不可低估的作用。而自由贸易区上述的一系列功能，通过资金、人员、商品和信息的自由流动和集聚扩散，可以创造或提升"区位品牌"效应。自由贸易区的集聚体现为：企业聚集效益、消费者聚集效益和社会聚集效益。不同类型的企业在整个区内形成了内部分工缜密、整体协调的专业生产体系，而区内潜在的发展机遇又吸引了熟练的劳动力和有才能的企业家进入，生产要素的聚集最终降低了企业的长期平均成本。消费者聚集效益通过消费市场潜在规模的扩大体现了出来。人员、资金、信息流的聚集扩大了金融、保险、咨询、服务等行业的市场容量，为满足这些新生需求，新的产业不断出现。新生行业的投资活动通过乘数效应引起了其他产业的联动，带动了区域经济的发展。社会聚集效益体现为各种社会因素的集中可以改善社会环境，并且反过来又为产业聚集创造条件。经济的集聚是为了进行扩散，扩散则是为了进一步增强集聚能力，增强"区位品牌"效应。

四、自由贸易区的区域经济效应分析

自由贸易区作为一个具有区域经济带动效应的功能区，不仅发挥着积极的区域经济聚集效应和辐射功能，而且自身也取得了良好的经济效益，对国民经济做出了较大的直接的福利贡献。作为高度开放的自由贸易区域，自由贸易区不仅是母城经济的重要增长点，而且是腹地经济与国际接轨的不可多得的通道和驱动器，其发展有着重要的区域和宏观经济意义。

（一）经济增长效应

自由贸易区主要是通过其独特的功能和极富活力的贸易与物流产业群，作为影响城市经

---

① 高经济增长率、高开放度、高自由化、高通关速度。
② 低交易成本，办事便捷、透明，营运成本低。

济力量的内在传导机制，最终诱发和促进城市经济的增长，并对母城、毗邻地区和腹地的产业结构优化、贸易发展、就业增加和收入提高等发挥重要的推进作用的。具体来说，随着贸易、物流、出口加工等主体功能的逐步完善和主导产业群的日益壮大，自由贸易区将对城市及其所在的港口和周边城区的相关产业发展起到极大的促进作用。其中，与港口相关的活动、以贸易和物流为核心的第三产业，以及国际化程度较高的制造业活动将是最大的受益者，这些主导产业的扩大又会派生出一系列新的产业活动。原有产业的扩大和新产业的出现，一方面，通过投资所形成的初步刺激效应，推动以贸易、物流和加工业为核心的外向型产业群在整个城市的繁荣与发展，再经由产业的前向关联(比如发展代理商或在当地销售等)与后向关联(比如在当地的贸易与资本货物的购买等)效应使自由贸易区的利益惠及更多的第二和第三产业；另一方面，新派生或诱发出来的各种需求又会进一步拉动城市商贸、金融保险、房地产、交通运输、餐饮娱乐、信息和商业服务等第三产业的发展。自由贸易区业务相关产业在整个城市的繁荣还会刺激、带动众多非相关产业的发展，产生二级乘数效应。上述过程循环往复构成了自由贸易区活动刺激下的、开放的城市经济持续增长的机制。与自由贸易区高度开放的自由贸易氛围相联系，在这一增长机制下还会产生一种最具实质意义的"学习"和创新效应，即外商投资企业的技术知识外溢会促进国内企业的产品和业务创新，而在高度市场化和国际化条件下形成的中外客商云集的竞争格局，更会促使所有自由贸易区企业努力创新、完善经营，这一切都会给区域经济(特别是母城经济)注入持久的活力。

可见，自由贸易区对母城经济发展的带动作用，远不止表现在其自身的经济绩效上，其更深层次的作用是体现在它的产业带动效应、投资以及对消费需求的拉动上。自由贸易区对城市经济综合作用的结果是：城市经济的增长，国际化程度的提高，贸易规模的扩大，就业的增加，经济结构的优化和财政收入的增加。

(二)对腹地经济的拉动效应

首先，无论是从功能定位、产业选择，还是从区位优势的角度，自由贸易区都是一个与港口发展密切相关的特殊区域，这也就决定了自由贸易区对国内其他地区的影响还将表现在对港口腹地经济发展的推动作用上。在自由贸易区与港口一体化发展的政策环境下，自由贸易区对整个腹地经济发展的推动作用主要表现在：自由贸易区宽松的自由贸易空间和完备的物流处理体系，为腹地贸易物资的运输和仓储提供更加便利的条件，使腹地企业在获得缓税、缓征和缓配额等政策利益的同时，大大提高其产品进入国际市场的机会和效率，并使从国外进口的物资能快捷服务于腹地经济建设，同时还可大大促进腹地贸易品集装箱化程度的提高。

其次，自由贸易区出口加工活动的良好环境和政策优势，为腹地初级产品的深加工、提高创汇能力提供了不可多得的适宜场所和机会。区外企业与区内企业的垂直和水平专业化，通过对自由贸易区的利用，以及国际商务信息迅速而广泛的传播，会提高其获取新的贸易机会的可能性，并进一步刺激其他腹地企业(特别是以前的间接出口商)走向国际市场。尤其是腹地外贸出口的增加必然带动其相关产业的发展，经由产业链的联系使更多的产业从贸易中获益，从而可长期对腹地经济增长和产业结构优化产生积极影响。

再次，腹地企业的产品进入自由贸易区即认为是出口，因此腹地企业的资金周转率会大大提高。

最后，自由贸易区作为商务中心，是腹地企业借鉴国内外企业先进管理经验和技术的理想场所。通过在实践中领会吸收，腹地企业的整体素质可得到全面提高。

自由贸易区的主体活动是国际贸易和物流活动，其规模和效率在很大程度上决定和影响着自由贸易区外部经济效应的发挥。有研究表明，自由贸易区对区域经济发展的贡献比较集中地体现在经济增长与产业带动效应上。与自由贸易区对区域和宏观经济的影响程度相比，作为自由贸易区主体活动的物流和进出口贸易对其自身经济的增长并不是最主要的，最主要的是对区外经济增长的带动作用。这说明，以国际贸易、物流和出口加工活动为主的自由贸易区是一个以自由贸易为特色的特殊功能区，它的最大贡献在于带动区外经济发展，而不仅仅是自身利益的最大化。

（三）资源开发效应

自由贸易区多是依托港口设立，自然资源极其优越，同时作为最为开放的"政策高地"，其社会资源也十分丰富。自然资源和社会资源在自由贸易区更好地结合起来，有利于港口的发展，也有利于利用自由贸易区积极发展具有高附加值和高活力的第三产业，从而使自由贸易区的发展速度和发展水平得到较大幅度的提高。自由贸易区的人力资源具有比其他区域更大的能动性，在更加开放的环境下，会有更多的"智力人"被引进，各种科学技术、发明专利、社会科学、信息等会越来越成为占主导地位的资源或生产要素，而自由贸易区的经济效益、经济价值将会在很大程度上依靠这些资源创造出来。自由贸易区全面与世界接轨，有利于制度环境的优化。无论是政府还是企业，都难以在区域内形成垄断。区域集团更加容易形成，规模效应会逐渐成为区域竞争的主要模式，这使得交易成本在区域内得以最小化。更为重要的是，减少区域间地方政府的无序竞争，突破地方封锁和地方保护，从而降低区域交易成本，能使自由贸易区更容易向成熟阶段迈进。

（四）产业结构效应

自由贸易区产业结构升级效应是其促进区域经济发展的基本判断标准。自由贸易区产业结构升级应该包括：第三产业的比重不断提高；工业中深加工和技术密集型产业比重不断提高；第三产业中新兴的、现代化的服务业比重不断提高。自由贸易区的产业结构升级应该是以技术进步和技术创新为前提条件的，当技术层次更高的产业逐步成为经济发展的主要动力时，就意味着区域经济发展达到了一个新的阶段。由于自由贸易区具有保税和较为开放的政策环境和运作模式，适应跨国公司无国界经营策略下在全球范围内布局生产力和发展营销网络的需要，自由贸易区已逐步成为跨国公司高科技产业项目投资的理想基地。一些跨国公司产品研究开发部门的落户，更增强了自由贸易区在高科技产业全球布局中的吸引力。高科技企业的进驻，不但带来了先进的制造技术，还带来了先进的管理理念，这些技术和理念在当地企业与自由贸易区企业进行贸易往来时会被逐步消化吸收，从而对当地的企业产生长远的影响。服务性企业的兴起，大幅度减少了物流成本，改变了第二、第三产业的比重。

第三节 广东自由贸易区发展的经济效应实证研究

一、广东自由贸易区经济效应分析

(一)拓宽国际市场

当前,我国正处于经济转型期,经济增长速度换挡,经济增长方式由生产要素驱动转变为创新驱动。在这种情况下,我国对外贸易的增长速度、增长方式及增长动力也发生了一定的变化。目前,我国对外贸易外部需求环境并不乐观,我国的出口市场结构、经营主体、商品结构及贸易方式都发生了一些变化,有利于拓宽国际市场和提高我国的对外贸易水平。

(二)应对国际经贸新规则

美国重返亚太计划给我国的经济贸易带来了影响。以美国为主导的跨太平洋战略经济伙伴关系协定(简称TPP)将服务贸易、环保、投资、知识产权、劳工等内容纳入了传统的自由贸易体系;美欧跨大西洋贸易与投资伙伴协议(简称TTIP)削除非关税贸易壁垒,建立了一个高标准FTA试验区。而我国在短期内无法满足TPP所指定的高标准贸易条款,在对外贸易中缺乏竞争优势。同时,TPP自由贸易区的建立制约了我国对外开放的空间,大大提高了中国参与全球化的成本,对中国的战略挤压效应突出,不利于我国的对外贸易。加快广东自由贸易区建设,坚持"一带一路",不仅有利于广东自由贸易区的发展,而且能够加强我国与"21世纪海上丝绸之路"沿线国家的合作,建立利益共享关系。因此,加快广东自由贸易区建设有利于我国应对国际经贸新规则。

(三)平衡国内区域经济发展

广东地区是我国第一批实施对外开放的地区,有着较好的政策优势和灵活的对外开放措施,加快了广东及周围地区的经济发展。但是,广东等沿海地区的发展也导致我国出现了区域经济发展不平衡的局面。在当今经济转型时期,我国十分重视平衡区域经济发展,实现中、东、西部地区的优势互补。为此,我国必须构建区域平衡发展模式,促进区域经济协调发展。加快广东自由贸易区建设不仅有利于促进广东地区的经济发展,实现产业结构升级,充分发挥广东地区的经济带动作用,而且有利于促进与中、西部地区的经济合作,进而促进国内区域经济的平衡发展。

(四)实现基础设施产业全面升级

加快广东自由贸易区建设有利于实现基础设施产业的全面升级。因为自由贸易区对港口、物流等基础设施产业有着较高的需求,要求实现基础设施产业升级转型。面对这一要求,广东自由贸易区高度重视基础设施产业的发展,加快机制体制创新,并积极鼓励生产方式和技术创新,走品牌发展道路,积极研发具有国际知名度和国际影响力的品牌。同时,广东自由贸易区积极支持当地企业开展科学研发,加强专利保护和知识产权保护,实现现代化管理和商业发展模式,提高基础设施产业的附加值,进而实现基础设施产业的全面升级。

（五）有助于航运金融市场的发展

港口是城市的核心战略资源。珠三角自古以来就是港口城市，港为城用、城以港兴，建设国际航运中心是珠三角历史和现实的必然选择。随着国家加快自由贸易区战略的实施，广州国际航运中心建设将迎来难得的发展机遇。作为航运中心，有货物、有物流、有贸易，从而产生资金结算；通过保险、进出口、信贷、离岸金融、航运金融等一系列金融业务，从而发展成为金融中心。实际上，伦敦、纽约、新加坡、香港地区等真正有核心竞争力的国际航运中心，无一不是国际金融中心。

（六）促进粤港澳深度合作

为了促进三地协同发展，广东自由贸易区的建设相关事项计划纳入了粤港、粤澳合作联席会议制度，以加强沟通协作。广东自由贸易区在 CEPA 框架下实施对港澳更深度开放，重点在金融服务、商贸服务、专业服务、科技文化服务和社会服务等领域，并且暂停、取消或者放宽了对港澳投资者资质要求、股比限制、经营范围等准入限制措施。此外，通过依托港澳在金融服务、信息资讯、国际贸易网络、风险管理等方面的优势，将自由贸易区建设成为内地"走出去"的重要窗口和综合服务平台，支持国内企业和个人参与"21 世纪海上丝绸之路"建设，扩大对外投资。同时，加强与"21 世纪海上丝绸之路"沿线国家和地区的贸易往来，共同开拓国际市场。

二、广东自由贸易区对区域经济增长影响的实证分析

我国专家学者对自由贸易区对经济增长的影响进行了大量研究，大部分的研究表明，自由贸易区的成立对经济增长有一定的正向影响。谭娜、周先波、林建浩（2015）通过 31 个省、自治区和直辖市的面板数据运用反事实分析方法，对上海自由贸易区的短期经济增长效应进行了实证研究，研究结果表明上海自由贸易区对上海的经济增长有显著性的影响。陈琪、刘卫（2014）对上海自由贸易区成立的动因及经济效应进行分析，认为上海自由贸易区的成立有它自身的优势，会在产业聚集方面带来冲击，上海成立自由贸易区对周边地区既产生了辐射效应等正的经济效应，又产生了挤出效应等负的经济效应。田惠敏、熊超、田天（2016）就自由贸易区成立的战略意义及发展趋势进行了研究，认为国内自由贸易区应以国际物流为导向，发展国际贸易，促进经济发展。郭楚（2015）认为，广东自由贸易区应充分发挥在粤港澳合作中的作用，推动粤港澳深度合作，打造一个与国际接轨的营商环境。彭羽、陈争辉（2014）对上海自由贸易区投资贸易便利化评价指标体系进行了研究，并对投资贸易便利化指标体系进行了权重设定，认为自由贸易区需要成立一套协同高效的管理模型，促进进出口系统效率的提升。

从现有的文献来看，对于自由贸易区的经济效应进行分析实证研究的方法有很多种，常见的实证分析方法有一般均衡模型、联立方程组模型、DSGE 模型及 VAR 模型等，这些模型各有优缺点，如一般均衡模型取决于公式设定的准确性，联立方程组依赖于变量的基本假定，DSGE 模型则借助于模型设定的准确性。其中，VAR 模型可以反映变量的相互作用关系，用 VAR 模型研究自由贸易区的贸易投资对经济增长效应具有一定的经济意义。

（一）变量选取与数据来源

变量选取广东自由贸易区的数据代表广州、深圳与珠海三地之和的月度数据。广东自由贸易区于 2014 年 12 月 31 日批准设立，数据时间跨度为 2015 年 1 月至 2018 年 6 月，共 42 期。自由贸易区成立之前的对比数据跨度为 2010 年 1 月至 2014 年 12 月，共 60 期。自由贸易区的成立对经济的影响能够从数据上体现的主要在贸易和投资方面，变量取广东自由贸易区的规模以上工业增加值 IND 代表广东自由贸易区的经济。规模以上工业增加值是指大中规模工业企业生产活动的最终成果，是在生产过程中新增加的价值。这一部分价值在一定程度上反映了地区在一定时间内的经济增长情况。出口总额 EX 代表自由贸易区的贸易因素，实际外商直接投资额 FDI 代表自由贸易区的投资因素。两组原始数据均来自广州统计局网站、深圳统计局网站及珠海统计局网站。实证所用数据为三地原始数据的相加，为了保持数据的一致性，所有的数据均取它们的增长率。自由贸易区成立之前的规模以上工业增加值的增长率设为 BINDG，出口总额增长率设为 BEXG，实际外商直接投资额增长率设为 BFDIG，自由贸易区成立后的变量分别设为 AINDG、AEXG、AFDIG。经过 ADF 检验，在 10% 的显著性水平下，三组数据是平稳的。

（二）VAR 模型

为了估计出口总额 EX 和外商直接投资额 FDI 对广东自由贸易区规模以上工业增加值 IND 的影响，选择滞后项为 3 的 VAR 模型，进行 VAR 模型估计。经过检验，VAR 模型是显著的。检验发现没有点落在单位圆外，说明模型是平稳的，在 5% 的显著性水平下，两个模型中的变量出口总额 EX 和实际外商直接投资额 FDI 对于因变量规模以上工业增加值 IND 的影响是联合显著的。

1. 脉冲响应函数

脉冲响应函数可以分析自由贸易区成立前后规模以上工业增加值对出口总额及实际外商直接投资额响应的动态冲击关系，从脉冲响应函数曲线可以看出变量之间的动态响应趋势及效应。对两个模型设置 20 期的脉冲响应追踪时期数，分别追踪规模以上工业增加值对出口总额及实际外商直接投资额的响应（见图 8－1）。

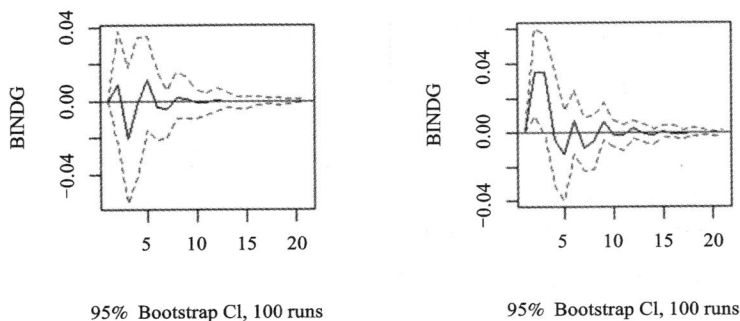

95% Bootstrap CI, 100 runs　　　　　95% Bootstrap CI, 100 runs

图 8－1　BINDG 对 BEXG 及 BFDIG 扰动的响应

从图 8 - 1 中可以看出，自由贸易区成立前，规模以上工业增加值 IND 对出口额 EX 的扰动没有立即做出响应，第一期响应为 0，且第 4 期响应几乎为 0；在第 2 期、第 5 期有正向的响应，且在第 5 期达到最大值；而在第 3 期、第 6 期、第 7 期有负向的响应，在第 3 期达到最小值；在第 10 期左右稳定趋于 0。这表明，在短期内 EX 对广东省经济增长有影响，当 EX 上升时对经济增长有带动作用，当 EX 下降时有负向作用，但到 10 期后几乎没有影响。规模以上工业增加值 IND 对实际外商直接投资额 FDI 的扰动也没有立即做出响应，前 3 期为正向影响，在第 2 期达到最大值，其后朝负向响应发展，在第 5 期达到最小值，此后，影响在正负之间往复并逐步消除。这表明 FDI 对广东省经济增长有一定的影响，在前期会对经济增长有正向的影响，随后波动慢慢减小，在第 13 期左右稳定趋于 0，逐渐没有影响（具体见图 8 - 2）。

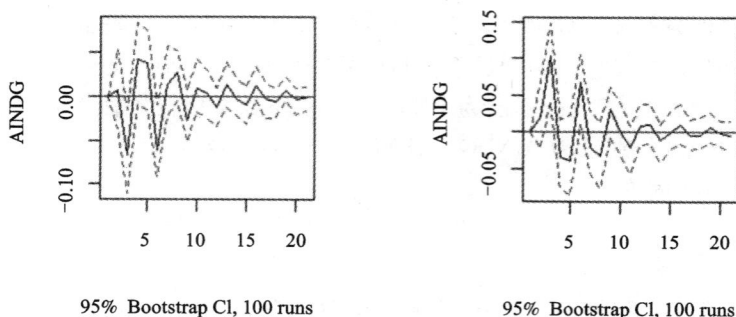

95% Bootstrap Cl, 100 runs   95% Bootstrap Cl, 100 runs

图 8 - 2   AINDG 对 AEXG 及 AFDIG 扰动的响应

从图 8 - 2 中可以看出，自由贸易区成立后，规模以上工业增加值 IND 对出口额 EX 的扰动在正向响应与负向响应之间交替，其中第 2 期、第 4 期、第 5 期、第 7 期、第 8 期等为正向影响，在第 4 期达到最大值，在第 3 期、第 6 期、第 9 期等有略微向下的负向影响，在第 3 期达到最小值；整个影响伴随着时间的推移逐渐减弱，但相比于自由贸易区成立之前，其影响更为持久。这说明在自由贸易区成立后，出口贸易对广东省经济增长的影响较持久，出口贸易的增长对经济增长有一定的刺激作用，出口贸易的萎缩对经济增长有一定的负向影响。规模以上工业增加值 IND 对实际外商直接投资额 FDI 的扰动也是正向响应与负向响应交替进行，正向影响相对较大较多，从第 15 期开始波动较小，并逐步减弱。总体来讲，其波动比规模以上工业增加值 IND 对出口额 EX 的波动要大些，说明自由贸易区的投资政策对经济增长的刺激较大。

2. 方差分解

方差分解分析主要是为了分析当规模以上工业增加值 IND 受到一个单位的冲击后，预测以方差百分比的形式反映代表贸易投资政策的出口额 EX 和实际外商投资额 FDI 的作用程度，反映 EX 和 FDI 对 IND 的重要性。取基数为 10 期，分别衡量广东自由贸易区成立前后的贸易投资政策对广东省经济效应的贡献率（具体见表 8 - 2 和表 8 - 3）。

表 8 - 2　BINDG 方差分解结果

期数	BINDG	BFDI	BEXG
1	1	0	0
2	0.916098	0.068151	0.015752
3	0.859171	0.113854	0.026975
4	0.859219	0.114252	0.026529
5	0.83415	0.111389	0.054461
6	0.833006	0.111261	0.055733
7	0.830794	0.110652	0.058554
8	0.829903	0.110945	0.059152
9	0.829899	0.110949	0.059152
10	0.829769	0.110957	0.059274

表 8 - 3　AINDG 方差分解结果

期数	AINDG	AFDI	AEXG
1	1	0	0
2	0.991833	0.00189	0.006277
3	0.658135	0.229959	0.111907
4	0.685645	0.196156	0.118199
5	0.663531	0.223179	0.11329
6	0.606054	0.287978	0.105969
7	0.60937	0.284966	0.105664
8	0.606876	0.288102	0.105021
9	0.576945	0.312115	0.110941
10	0.572291	0.315331	0.112378

　　从表 8 - 2 中可以看出，广东自由贸易区成立以前，第 1 期规模以上工业增加值 IND 只受到自身波动冲击的影响，这说明影响有一定的时滞性。从第 2 期开始自身影响逐渐下降，第 3 期到第 4 期自身影响保持在 85% 左右，FDI 的影响逐渐增大为 11% 左右，并开始一直大于 EX 的影响，至第 8 期开始各影响基本稳定，规模以上工业增加值 IND 中 83% 由自身扰动导致，11% 由实际外商直接投资额 FDI 扰动导致，6% 由出口额 EX 扰动导致，这说明在对规模以上工业增加值施加影响的因素中，贸易投资的影响还比较小。

　　由表 8 - 3 的方差分解结果可看出，广东自由贸易区成立后，从第 3 期开始，规模以上工业增加值 IND 中有 65% 是由自身扰动导致，FDI 的影响高达 23%，而 EX 的影响只有 11% 左右；从第 9 期开始，IND 自身扰动的影响降至 57%，EX 的影响保持在 11% 左右，FDI 的影响则持续增大为 31% 左右，两者合计对 IND 的影响高达 42% 。广东省自由贸易区成立后投资政策对经济效应的贡献有了显著的提高，贸易投资政策对经济增长的影响程度较大，可见实施贸易投资政策对广东省经济增长有较强的驱动作用。

以上分析表明：

首先，自由贸易区成立后，贸易政策尤其是出口贸易政策对广东省经济增长有一定的影响。在自由贸易区成立以前，出口额对规模以上工业增加值影响较小，且规模以上工业增加值对出口额的波动响应持续时间较短；而在自由贸易区成立以后，出口额对规模以上工业增加值影响有一定程度的增大，且持续时间较长。

其次，自由贸易区成立后，投资政策对广东省经济增长有显著的影响。由方差分解分析结果可以看出，在自由贸易区成立后，实际外商投资额对规模以上工业增加值的影响加大，在脉冲响应函数里，规模以上工业增加值对实际外商投资额的冲击虽然呈上下波动的趋势，但反应比较剧烈，说明投资政策对广东省经济增长有较大的影响。尤其在广东自由贸易区成立后，区内投资环境的不断优化和投资政策的不断放宽，很大程度上刺激了外国直接投资的增长，对广东省经济增长有明显的促进作用。

最后，从出口额和实际外商投资额的对比分析中可以看出，无论是自由贸易区成立前还是成立后，实际外商投资额对广东的影响都比出口大。这种影响的差异在自由贸易区建立之后，变得更大。这说明，实际外商投资是促进广东省经济发展的重要力量，需要善加利用。

本章小结

相关模型分析与实证探讨表明，自由贸易区的设立及运作有一定的静态及动态经济效应。通常情况下，设区国或地区，由于最大限度地采取了贸易与投资自由化的特殊政策，出口会明显增加。而且因为存在技术外溢，东道国（或当地）政府会对技术外溢做出积极响应，所以出口会增加，进而带动区域经济增长。广东自由贸易区的情况基本也如此。广东自由贸易区成立后，贸易政策尤其是出口贸易政策对广东经济增长有一定的促进作用，尤其是出口额对规模以上工业增加值的影响有一定程度的增大，且持续时间较长。此外，广东自由贸易区成立后，投资政策对广东省经济增长有显著的影响。其原因在于：自由贸易区成立后，区内投资环境的不断优化和投资政策的不断放宽，很大程度上刺激了外国直接投资的增长，进而对广东省经济增长有明显的促进作用。

思考与练习

1. 试分析自由贸易区设立的动态及静态经济效应并举例说明。
2. 试分析自由贸易区的设立及运作对广东省经济发展的影响。
3. 试分析上海自由贸易区设立的投资效应。

案例分析

案例1：辽宁建立自由贸易区的经济效应分析

（一）辽宁自由贸易区的建立背景及现状

1. 建立背景

2016年8月，中共中央、国务院决定设立第三批7个自由贸易区，由此辽宁省成为东北地区第一个拥有自由贸易区的省份。辽宁省是东北地区唯一的沿海沿边省份，是中华民族和中华文明的发源地之一和工业崛起的摇篮。该自由贸易区共涉及沈阳、大连和营口3座城市，沈阳市作为辽宁省省会、副省级城市、特大城市，位于东北亚经济圈和环渤海经济圈的重要交汇点，是北方地区的经济、文化、交通和商贸中心；大连市是副省级级城市，也是新一线城市，位于辽东半岛最南端，是东北沿海重要的经济、贸易、港口城市；营口市坐落在渤海之滨，辽东湾畔，是我国东北近代史上首个设立的外贸通商口岸。辽宁自由贸易区，位于辽宁省境内，属于我国自由贸易区的范畴。建立辽宁自由贸易区是新形势下国家做出的重要决策部署，旨在立足于全面深化改革、开放创新、真抓实干、扩大开放和推动经济社会回升向好，努力重振辽宁省及周边地区繁荣新局面。

2. 发展现状

2017年1—3月，辽宁省进出口贸易总值达到1670亿元，与往年相比增长了将近40%，贸易出口总额增加到750亿元，同比增长将近两成。1—3月，辽宁省的对外贸易延续了2016年7月以来的走势，表现出缓中趋稳、稳中向好的发展态势。2017年3月，辽宁省贸易总额约为602亿元，创造了2015年至2017年期间，单个月最高贸易总额，同比上升20%。

从贸易结构比例来说，2017年1—3月，辽宁省以一般贸易方式计算贸易总额达870亿元，同比去年上涨约38%，约占辽宁省对外贸易总值的52%。从交易方式来讲，一般贸易占进出口份额的提高，在某种角度上反映出辽宁省优化升级了进出口贸易的产业结构，进出口单位在不断提高发掘自我潜力的能力。通过这些年的研究发展，以综合保税区为代表的海关特殊监管区域，已逐步发展成辽宁省扩大开放的重要窗口和吸引境内外投资的重要载体。1—3月，辽宁省在特殊监管区域的进出口贸易总额达到322.9亿元，同比增长近一倍，占省对外贸易值的20%左右。

从经营企业比例来分析，外国企业贸易占辽宁省进出口贸易首位，国有企业和民营企业的对外贸易都呈现良好态势，与往年同期相比分别增长63.8%和28.4%。

从外贸产品结构分类来分析，辽宁省外贸出口商品主要集中在机电类商品、钢材等。2017年1—3月，辽宁省出口机电类商品290余亿元，同比增长16%左右，占辽宁省外贸总额的39%左右。

（二）辽宁自由贸易区的经济效应分析

1. 贸易效应

（1）商品进区和区内经贸活动自由化。

辽宁自由贸易区建立后，国际贸易活动均可在区内自由展开，商品可以买卖，海关一般不加干涉。同时，加大企业进出口经营活动权利，进出的货物不受数量限制，放开对进出口区的经营活动的灵活度。货物可以在自由贸易区内自由地买卖、存储，只有当自由贸易区的货物要进入境内非自由贸易区的情况下，才需要报关、交税等。

（2）通关、检验手续和运输手续简化。

辽宁自由贸易区实行统一监管，简化通关手续，海关根据对货物的种类和生产地等特点有的放矢地进行抽查检验。当相关货物的品质、形状等基本特性发生变化时，海关在监督管理过程中可以有针对性地核实备案记录，而且不必要求完全对应，只要大体上符合标准就可以了。

（3）税收优惠和人才吸引。

在出口退税方面，辽宁自由贸易区保税区与境外之间的货物流通实行真正的备案制度，货物、物品从非保税区进入保税区，视同办理出关手续，凭相关有效的单据即可办理出口退税，不必等到货物离境时再办理手续，大大简化了办理手续并提高了办事时效。实施刺激经济向好发展的相关决策，对自由贸易区内的企业高端人才和紧缺人才给予奖励，并积极探讨制定适应境外股权投资和离岸业务发展的税收政策。

（4）放松监管力度，同时实现区内金融自由化流通。

辽宁自由贸易区建立后，通过进行金融制度创新使得在自由贸易区内可以实现结算、人民币自由兑换以及国内外大宗商品的自由流转等。同时，自由贸易区还增强金融服务功能，推动金融服务业对符合条件的民营资本和外资金融机构全面开放，允许金融市场在自由贸易区内建立面向国际的交易平台。

2. 投资效应

自辽宁自由贸易区宣布成立以来，截至2017年第三季度，从新增注册的企业数量上来看，在第三批新增的7个自由贸易区中，辽宁自由贸易区新增注册企业数量最多，达到13319家。辽宁自由贸易区正在日益显现聚集放大效应。从企业资本注册总量来分析，辽宁自由贸易区以其众多的企业数量带动注册资本数量增加，注册资本也位居第一，达到1860亿元。从接到国家在辽宁省设立自由贸易区的决定后，辽宁省即设置了与自由贸易区相关的领导机构和自贸办，有条不紊地实施发布并有效推进国务院有关上海等4省市自由贸易区的100余项改革经验复制推广工作。同时，着力改善政府行政管理体系，使其发生职能的转变，从注重事先审批手续转为注重事中、事后高度监管体制机制。如今，辽宁省正在实施积极合理的措施，竭尽全力改革创新，努力营造一个更加明朗、透彻，更具国际视野的投资营商环境，让投资商有来的想法和留下来的意愿。

3. 产业结构效应

从产业结构来分析，登记注册的新企业大多分布在第二产业和第三产业，主要集中在第三产业，占新企业总数量的90%左右。从行业结构类型划分，登记注册的新企业主要为科研技术类企业和外贸进出口型企业。设立大批量的外贸类企业，一定会对提升辽宁省及周边东北老工业基地的经济发展张力和开放度起到巨大的推动作用。科技、研发机构的聚集，可对辽宁省自由贸易区整体科技实力的壮大、装备制造业科技含量的提升、经济结构的转型升级，以及形成东北地区的科技创新中心起到高效的促进推动作用。根据中共中央、国务院、辽宁省委省政府的指示和意见，辽宁自由贸易区围绕如何提升东北老工业基地整体竞争力、打造对外开放新引擎的定位等严峻问题，积极推动产业结构调整，通过创新发展进一步促进经济转型和培育新动能。通过金融创新开放，不断降低企业融资成本，为经济发展注入新鲜血液，积极探索发展新业务，积极探索与银行和社会资本合作。优化商业结构，加强城市商业面积监测预警，在创新发展方式方面，鼓励企业加快商业模式创新，加强市场需求研究，改变传统经营模式，实行深度联营和买断经营，提高自营和自主品牌商品的比例。在促进跨界融合方面，应鼓励线上线下融合，促进多领域协同和内外贸一体化，进一步构建零售新格局。以市场需求为导向，巩固加强第一产业，推进传统产业技术改造，加快发展战略性新兴产业，同时促进第二产业提质增效，适应需求新型结构变化趋势。着力提升传统服务行业的发展质量和总体水平，着力发展现代服务业，着力推动服务业向好向快发展，逐步形成以新兴产业为导向、农业为基础、传统工业为主要支撑、服务业全面发展的产业新格局。

4.社会效应

自由贸易区的开放具有重大意义。它的意义在于政府行政职能的剧烈转变，意味着行政改革必须与之匹配，而在这一层面，有可能遭遇巨大阻力。建立自由贸易区意味着在区域竞争过程中取得压倒性的政策优势而抢占先天优势，区内将推陈出新，按照国际化、法治化、市场化、便利化的要求，积极探索建立与国际高标准投资和贸易规则体系相适应的行政管理体系，突出政府管理由注重事先审批转为注重服务转型，提高政府审批制度的创新和综合效率提升等方面能力。

【资料来源：《国际经济合作》（《辽宁自由贸易区建设的经济效应分析》），2018年第4期；作者：刘杨特、李晓梅】

案例2：中国—东盟自由贸易区的经济效应分析

（一）中国—东盟自由贸易区经济效应的实证分析

1.中国—东盟自由贸易区的静态效应

（1）贸易创造效应。

自由贸易区建设以来，双边的关税水平不断降低。从2000年开始我国与东盟国家的关税水平不断降低，免税范围不断扩大，到2015年除部分敏感产品外，我国与东盟所有成员国的关税降为0。自由贸易区内关税水平的不断降低和免税范围的不断扩大削弱了双边在开展贸易活动过程中面临的关税壁垒。

根据商务部统计，2004年双边贸易总额为1058亿美元，所占比重为9.2%，而到了2014年，双边贸易总额达4804亿美元，东盟所占比重达到了11.2%。这说明自由贸易区产生了明显的贸易创造效应。

（2）贸易转移效应。

结合自由贸易区目前的双边经济贸易状况来看，自由贸易区成立产生的贸易转移效应并不明显。出现这种情况是因为双边相似的经济发展水平和产业结构，双边在国际贸易活动中所选择的主要贸易对象国以及对外贸易的产品结构上具有高度的相似性。从主要贸易对象来看，双边开展对外贸易活动的主要目标市场都集中在美国、日本、欧盟等发达国家和地区；从进出口商品结构来看，双边从美国、日本、欧盟等发达国家和地区进口的技术资本密集型产品在进口产品总额中所占的比重都很高，同样向这些国家出口的劳动力密集型产品在出口产品总额中所占比重也很高。所以，自由贸易区的贸易转移效应比较小。

2. 中国—东盟自由贸易区的动态效应

（1）投资效应。

对于自由贸易区区内的投资者来说，自由贸易区的成立扫清了双边互相投资的阻碍，优化了双边互相投资的环境，实现了双边投资的自由化，从而使得自由贸易区内的各个国家均能获得自由贸易区建立带来的投资增长效应。

随着自由贸易区不断加快建设进程和提高投资便利化水平，双边的投资规模呈现出不断扩大的态势。截至 2014 年底，我国与东盟国家之间的双向投资累计达 1300 亿美元，其中东盟国家来华投资累计达 917.4 亿美元。2014 年东盟对华投资 65.1 亿美元，成为我国仅次于欧盟的第二大对外投资伙伴。与此同时，我国也加大了对东盟的投资力度，我国对东盟的投资也呈现了快速增长的态势，截至 2014 年底，我国企业对东盟国家的累计投资额达 352.1 亿美元，占存量总额的 5.4%，仅次于中国香港（57.1%）和欧盟（6.1%）。

（2）竞争效应。

自由贸易区的成立使生产要素实现了自由流动，各国生产厂商面临着更大的市场，同时也面临着更为激烈的竞争和挑战。一国国内的垄断企业为了在激烈的竞争中获得相应的生存和发展空间，争夺相对有限的市场空间和原料来源地，会主动使用先进的生产技术，提升产品的生产效率，降低产品的生产成本。因此，自由贸易区的建立引入了竞争机制，打破了区域内成员国之间市场的垄断，促进了整个区域的技术进步和生产效率的提高。

此外，自由贸易区的建立促进了统一大市场的形成，双边企业通过相互间的充分竞争，实现了生产要素在自由贸易区内的自由流动，使生产要素向生产效率最高、生产成本最低的国家流动，优化了成员国的资源配置，使得生产要素能够获得收益的最大化。

（3）规模经济效应。

自由贸易区的成立促进了生产的规模化和专门化，降低了企业的生产成本，提高了企业的经济效益。自由贸易区的成立，降低了双边的进出口贸易的关税，削减了非关税贸易壁垒，使得生产要素可以在整个自由贸易区内自由流动，同时使得各国生产厂商面临着更广阔的市场。一方面，各成员国根据本国的比较优势，集中生产本国具有比较优势的产品，同时面对市场的扩大，为了满足自由贸易区更大的市场需求，扩大企业的生产规模，实现生产经营的专业化、规模化，从而提高劳动生产率，获得规模经济；另一方面，自由贸易区的成立可以形成新的产业分工，各国会积极调整本国的产业结构，使产业结构更为合理，实现产业结构的动态升级，减少在国际市场上的竞争。

（二）小结

中国—东盟自由贸易区建立以来产生了明显的正的经济效应。首先，双边关税的不断降低，扫清了贸易壁垒，扩大了双边的贸易总额，产生了正的贸易创造效应。其次，自由贸易区的建立也产生了明显的投资效应、竞争效应和规模经济效应。在新的国际经济背景下，双方应该继续加强合作，不断深化自由贸易区建设的广度和深度，积极进行自由贸易区升级谈判，促进自由贸易区的进一步发展。

【资料来源：《东南亚纵横》（《中国—东盟自由贸易区的经济效应分析》），2015 年第 10 期；作者：贺圣达】

第九章　广东自由贸易区拓展前景剖析

　　建立广东自由贸易区是党中央、国务院做出的重大决策，是在新形势下推进改革开放和促进内地与港澳深度合作的重要举措，对加快政府职能转变、积极探索管理模式创新、促进贸易和投资便利化以及为全面深化改革和扩大开放探索新途径、积累新经验，具有重要意义。从战略定位看，广东自由贸易区依托港澳、服务内地、面向世界，将自由贸易区建设成为粤港澳深度合作示范区、"21世纪海上丝绸之路"重要枢纽和全国新一轮改革开放先行地，因此，剖析和研究广东自由贸易区的拓展前景既有利于服务战略，又有利于当前发展目标的实现。

　　为了更好地分析广东自由贸易区拓展前景，我们先来梳理一下有关自由贸易区的研究。高健（2016）认为，自由贸易区与自由贸易区构成"一带一路"国家战略落地的国内国外两个战略支撑，强化三者之间的良性互动，将为中国新一轮对外开放提供有力支撑。包艳和崔日明（2009）认为，中韩两国自建交以来，经贸往来就日益加深，这为建立中韩自由贸易区（FTA）打下了坚实的经济基础。赵春明和刘振林（2002）认为，"中国—东盟自由贸易区"构想的提出及其实践，将对双方的经济与政治关系产生重大影响。张蕴岭（2003）认为，东亚地区合作虽然起步较晚，但进展较快，已经建立起一个行动框架，实现了四个轮子一起转，但应当承认推动东亚合作仍存在许多困难，对此要有足够的耐心和信心。菲德尔·拉莫斯和朱谨（2004）认为，在建设区域自由贸易和经济一体化、促进经济的共同发展的过程中，作为合作伙伴的中国和东盟，将面临各种各样的挑战、机遇、合作与竞争。郑一省（2005）认为，在中国—东盟自由贸易区的建设过程中，广东与东盟国家的经贸关系面临许多挑战。冯卓（2006）认为，东北亚各国应认清目前的国际环境和发展态势，用发展的眼光看待和解决面临的困难和问题，抓住历史机遇，东亚合作大有可为。张振江（2009）认为，广东应具有东盟战略意识，发挥传统优势，抓住中国—东盟自由贸易区的商机。马尧（2009）认为，广东应加快经济结构调整和实施"东盟战略"，直面挑战。张晓君（2016）认为，构建统筹和协调的"一带一路"自由贸易区网络面临着与重要经济体的利益分歧、高门槛的贸易壁垒、区域内法制和政治经济发展水平的差异等诸多挑战。

第一节 广东自由贸易区拓展的机遇与挑战

广东自由贸易区的拓展既存在机遇，也面临挑战。我们在充分发挥有利因素的同时，要共同致力于解决各方矛盾，清除障碍，实现高质量的发展。自由贸易区的建设使中国经济形成新的可持续发展的增长点。自由贸易区建设的目的，是在进一步扩大对外开放的基础上，实现政府职能与市场职能的有效分离和有机结合，使中国经济特别是沿海地区的经济获得持续的增长动力。改革开放以来，中国的经济总量做得非常大，但是市场改革不彻底，经济结构失衡日益严重。通过自由贸易区的建设探索经济体制改革的新方向，有助于实现资源的市场配置，提高经济增长的效益，重新激发改革的动力。自由贸易区对所在城市相关产业的发展，可起到极大的促进作用，拉动城市商贸、金融保险、房地产、交通运输、餐饮娱乐、信息和商业服务等服务业的发展。自由贸易区建设的重要的区域宏观经济意义，就是要通过自由贸易区的辐射机制，对腹地经济产生巨大的辐射效应，促进区域经济的协调发展。

在政策上，国家给予了广东自由贸易区更大的开放度和更多的自主权。从上海自由贸易区负面清单扩展到上海、广东、天津、福建四个自由贸易区统一新版负面清单，意味着中国以审批为主的投资管理制度正向更多区域推广。在数字方面，新版负面清单比上海自由贸易区 2014 版负面清单减少了 17 项特别管理措施，缩减率达 12%，其中制造业被大幅度缩减。广东自由贸易区必须紧抓政策红利，深化改革创新，有效对接国家"一带一路"倡议，推动"海上丝绸之路"建设，发展高端装备制造业，加快跨入工业 4.0 时代，提高产业技术核心竞争力，探索可复制、可推广的成功发展模式和市场机制。

一、广东自由贸易区面临的机遇

（一）广东自由贸易区在科技金融方面的发展机遇

广东自由贸易区的新型制度安排为科技金融的发展提供了机遇，不同于开发区以政策优惠作为发展路径所选择的改革逻辑，自由贸易区的发展是以制度变革作为基础，通过在自由贸易区实施制度变革和创新，实现政府治理方式的转变。从广东自由贸易区实施方案看，制度创新主要体现在两个方面，其一是对政府职能的重新诠释，要"按照权责一致原则，建立行政权责清单制度，明确政府职能边界"，通过采取负面清单管理模式，最大限度取消行政审批事项。也就是说，要通过政府治理强度的弱化，逐步建立以市场为主体的资源配置方式。其二是经济层面的制度变革，与国际贸易功能集成、粤港澳一体化以及金融领域创新等相关的议题是其中的重点。自由贸易区上述制度创新和安排，将从政策和资源两个方面对广东科技金融的发展产生积极的影响。首先，从政府层面看，经济治理方式的转变将降低行政干预对市场发展起到的阻碍作用，增强资本市场的活力，不仅会使要素资源流向广东省非自由贸易区区域，而且会通过其"先行先试"的改革效应，给其他地区政府的治理观念带来启发。其次，在自由贸易区发展过程中，投资领域的扩大开放、投资管理体制的创新以及港澳投资者要素交易平台的建立，将进一步促进贸易和投资的便利化，也会吸引更多的优质金融资源进入，为科技金融的发展带来新的契机。

粤港澳合作元素将推动广东科技金融的深入融合，事实上，进一步推动粤港澳的深度合作也正是广东自由贸易区的一个鲜明特色。例如,《中国(广东)自由贸易试验区总体方案》明确指出,要深化金融领域的开放,促进跨境人民币业务创新,为港澳投、融资者提供便利,从投资范围、资质要求、股比限制等方面放松准入限制。同时,要立足自由贸易区三个不同片区的特色资源禀赋,为港澳青年创业项目提供孵化器支持,在科技项目的申报、创业评估与服务等方面提供便利措施。单从香港来看,作为国际金融中心,香港的市场网络遍布全球,市场机制成熟完善,金融投资体系健全,各类资本市场繁荣发达。从广东科技金融的发展现状看,对港澳金融资源的利用仍然是远远不够的,科技金融制度体系的构建也很不成熟。随着自由贸易区建设的不断推进,自由贸易区建设与广东科技金融发展以及相关政策措施的深入实施,必将有助于广东自由贸易区规范、完善投融资环境,带动资本市场的快速发展,加速各类金融衍生产品的创新,而由此带来的新一轮粤港澳合作发展高潮,不仅将为广东科技金融的发展吸纳更多的金融资源,同时也能从制度构建和实务操作等层面提供符合市场规律的先进理念。

负面清单管理模式为科技金融发展带来了契机,自由贸易区采取的负面清单管理模式,进一步明确了政府和市场的边界,在规范了政府裁量权的同时,也扩大了市场开放程度。从清单上看,在总共涉及 15 个行业的 122 项管理措施中,对外商投资明确禁止的有 33 项,其中涉及金融业的 14 项均为限制性管理措施,放宽了对银行、证券和期货公司以及保险机构等在境内开展业务的限制,对金融领域的开放是未来的主要趋势。随着负面清单管理模式的实施,政策上的优势将推动新一轮的投资热潮,必将拓宽招商引资的领域,吸引更多的金融资本进入。因此,这种管理模式为科技金融发展带来的第一个机遇在于,可供利用的金融资源增多,为科技型企业的发展提供了资本支持。同时,由负面清单管理模式导致的政府职能转变,明确了市场的主体地位,能够显著提高金融资源配置和金融产品创新的效率,使更多优秀的科技成果能够得到必要的金融资源支持,促进科技与金融的融合。

自由贸易区贸易发展方式的转变有利于商业银行业务转型,根据广东当前科技金融的发展现状可以发现,科技型企业的融资渠道仍主要以银行类金融机构为主,而商业银行在支持科技成果产业化的过程中,存在支持力度不够、风险规避动机强的特征,以及银行经营业务转型力度仍不足,不能适应市场融资主体的需求等问题。例如,在政府的政策扶持下,商业银行已经逐步开展融资产品创新,包括知识产权质押、债权融资等业务。但是,由于处于初创期的企业科技成果产业化的市场前景不明朗,风险评估体系不完善,银行业务开展仍主要针对那些处在发展期和成长期的企业,对初创期的企业支持不够。广东自由贸易区实施方案明确提出,要推进贸易发展方式转变,培育贸易新形态和功能,探索自由贸易区离岸贸易发展模式,积极发展融资租赁等金融创新业务。自由贸易区实施方案还进一步提出,要通过金融创新更好地适应粤港澳服务贸易的发展,允许符合条件的港澳和国外金融机构在自由贸易区开展银行业务,放开保险中介机构的准入标准。这些政策的实施和推进,势必会增强自由贸易区资本市场的竞争力,并对银行发展提出新的挑战。特别是随着华南地区知识产权运营中心的建立,融资主体及其融资需求的多样化趋势更为明显,经营方式转变和业务创新是必经之路。而这一过程中银行面临的竞争的加剧,必将推动其经营理念的转变和业务转型的深化,由此带来的更为丰富的金融创新产品,也将促进广东科技金融的发展。

（二）广东自由贸易区在地理位置方面的机遇

地理位置对自由贸易区的发展至关重要，有一些学者专门研究了地域对经济发展的影响。高莉和迟连翔（1994）认为，图们江下游江口地区的地理位置十分重要，是东北亚所有国家进行经济交往的理想的几何中心。陈宪民（1995）认为，应以地理位置为依托，在数个国家之间酝酿或制定一体化的自由贸易协定，建立区域自由贸易集团，形成共同贸易市场。杨丽艳（2006）认为，广西的地理位置决定了它在中国东盟自由贸易区中有着特殊的优越地位。周运源（2008）提出了建立中国区域性特色自由贸易区——粤港澳自由贸易区的设想，以实现粤港澳的资源、优势互补互利，全面推进粤港澳区域经济一体化，提高区域经济竞争力的目标。梁权等（2011）认为，河北省是一个地理位置和经济发展状况都具有特殊性的省份，其正在进行的产业结构调整也不可避免地要受到中国—东盟自由贸易区的影响。徐世腾等（2015）认为，自由贸易区协定的签订对长三角地区企业的海外直接投资有着显著的促进作用。王艳红和孟广文（2018）认为，自由贸易港应具备优越的地理位置。

广东省地理位置优势明显。广东省位于华南南部，向西连接西南地区，向北辐射中南地区，是改革开放的前沿阵地。广东省经济发展程度高，经济腹地的发展水平也较高，特殊的地理优势使广东成为西南、中南地区"21世纪海上丝绸之路"建设的理想通道。周运源（2014）认为，以广东、香港和澳门三地现有的经济发展规模和水平，建立粤港澳自由贸易区符合区域经济一体化发展规律的要求。左晓安（2015）认为，粤港澳与东盟之间的经贸互补性非常强，双边政府部门都很重视提升相互合作水平，具备紧密对接的可操作性，前景广阔。广东毗邻港澳特别行政区，与香港特区和澳门特区的经济联系非常紧密。2008年，国家发展和改革委员会出台的《珠三角地区改革发展规划纲要（2008—2020）》（以下简称《规划纲要》）中明确将与港澳紧密合作的相关内容纳入规划范围。随着纲要的实施，作为对实施《规划纲要》的深化，2010年广东与香港签署《粤港合作框架协议》、2011年广东与澳门签署《粤澳合作框架协议》，2014年广东与香港澳门分别签署了《广东与香港澳门基本实现服务贸易自由化的协议》，更加强化了粤港澳之间的合作联系。香港和澳门一直是广东扩大开放的窗口。

杨琼（2017）认为，广东自由贸易区改革开放后依托港澳进行发展，具有良好的发展前景。在这种良好机遇下，广东自由贸易区要认清形势，掌握相关政策的福利，运用好地域优势，进行经济领域的改革创新。利用深圳前海靠近香港地区的地理位置优势，创设深港自由贸易区。由此可以吸引香港的服务业向我国北方发展，逐步打造成为机缘优厚的"第二中环"。在我国南沙、横琴以及深圳前海这三个合作平台的共同推动中，我国南海将会构建与香港合作的国际都会以及世界级都会圈，这不仅可以加深我国的改革开放进程，而且可以进一步促进珠江三角洲地区的经济发展与转型。

相比上海、天津、福建自由贸易区，广东自由贸易区最大的优势在于地理位置，深圳前海蛇口和珠海横琴新区分别与香港和澳门接壤，港澳一直是广东对外开放的桥梁和纽带，广东对港澳的进出口额占全省进出口总额的近60%，港澳投资占全省外商在广东投资总额的近60%，广东企业联合港澳企业"走出去"投资占全省对外投资的近60%。粤港澳合作是广东自由贸易区最大的特色，澳门地域总面积为32.8平方千米，珠海横琴新区总面积为28平方千米，两者大小相仿。珠海横琴自由贸易区的改革创新在诸多方面可以借鉴澳门的成功经验和模式，深圳是创新思维和创业者云集的殿堂，汇集了华为、中兴、腾讯等高新技术产业的龙头企业，前海是深圳最具"国际范"的区域，蛇口是深圳改革开放打响"第一炮"的地方，是特区中的特区，新老融合必将为"二次改革开放"注入新活力。

广东是对外贸易大省，出口规模大，具有雄厚的外贸基础，但是广东的贸易出口方式比较粗放，以出口工业制成品为主，耗能大，效益低，在人民币升值、出口退税政策调整等背景下，对外贸易呈现负增长态势，可持续发展面临巨大压力。广东自由贸易区的建立，有助于广东利用外贸传统，推动经济转型，借助港澳巨量的风投资本和完善的知识产权制度，发展环保、生物、材料和光电技术等高新产业，加快与信息技术和互联网技术的对接，推动"互联网＋"时代的全产业升级。

广东自由贸易区重点在于构建粤港澳金融合作新体制，增强粤港澳服务贸易自由化，并通过制度创新推动粤港澳交易规则的对接。同时，广东自由贸易区还将重点发挥跨境优势，有效对接国家"一带一路"倡议，推动广东与"21世纪海上丝绸之路"沿线国家和地区的贸易往来和投资合作，并着力打造"21世纪海上丝绸之路"重要枢纽。不过，由于广东自由贸易区自身涵盖广州南沙、深圳前海蛇口、珠海横琴三大片区，各片区发展程度、战略定位及资源禀赋各有差异，如何统筹协调管理，发挥政策叠加效应，也成为外界关注的焦点。分析人士指出，只有强化粤港澳之间区域企业及政府间的交流，放宽跨境投资准入限制，积极谋求金融领域创新突破，建立区域间联动机制，才能真正打好港澳牌，突出广东自由贸易区特色。业内人士认为，广东自由贸易区对接粤港澳深度合作有天然优势。前海管理局相关人士表示，在广东自由贸易区获批之前，前海已经围绕深港现代服务业合作进行金融改革、制度创新方面的探索，其中跨境人民币业务以及港资企业的入驻，加快了深港要素资源的流动。前海管理局投资推广处相关负责人表示，广东自由贸易区的三大园区需要发挥各自优势，实现区域差异化发展。"上海自由贸易区的辐射范围主要是日韩地区，而广东自由贸易区主要强调粤港澳合作，辐射东南亚，特别是前海要成为该地区的供应链管理中心。和货物贸易相比，前海的服务贸易需要承担更多职能。"该负责人表示，广东自由贸易区内南沙、前海蛇口、横琴三区各自对接的产业发展思路并不相同。南沙重点发展航运业；横琴主要依托生物医药、旅游等产业；前海则主要集中发展现代服务业、金融业跨境服务，同时依托深港合作；被纳入扩围范畴的蛇口工业区侧重在航运、邮轮经济、湾区经济上与前海互为补充。

广州南沙由于地处珠江三角洲的中心地区，通往珠三角各地的水路、陆路等交通网络发达，成为外资和港澳企业来广东投资设厂的首选之地。与此同时，南沙自由贸易区正依托其优越的港口区位环境，将南沙自由贸易区建设成为国际航运中心，相比港深地区，南沙航运业的发展具备后发优势。深圳前海蛇口紧邻香港特区，可借助香港国际金融中心和国际自由港的优势，在金融体制创新和人民币国际化等领域发挥不可替代的作用。其中，前海地区同时还属于深港合作区，因此除了具有自由贸易区的优惠政策之外，还具有深港合作区的政策优惠。珠海横琴紧邻澳门特区，可借助澳门在旅游休闲、高新技术研发和综合商业服务等方面的优势发展相应产业，除此之外，还可以拓展澳门作为国际性商贸平台的带动效应，鼓励港澳的商务服务优势向横琴拓展。因此，广东自由贸易区三个片区可形成错位发展态势，不仅给广东自由贸易区带来美好的发展前景，而且能促进广东自由贸易区和港澳地区共同参与"海上丝绸之路"建设，发挥粤港澳在"海上丝绸之路"建设中的独特优势。"海上丝绸之路"也是影响广东自由贸易区发展的一个重要契机。"海上丝绸之路"建设对广东自由贸易区的发展有直接影响和促进作用，"海上丝绸之路"战略的实施，将对中国与沿线国家和地区的经贸合作产生积极而深远的影响。从海上通道来讲，广东可以称为"21世纪海上丝绸之路"的桥头堡。首先，从发展的现状来看，广东的 GDP 和对外贸易在全国首屈一指。其次，广东在地理位置上和东盟比较接近，与东盟各国的经贸合作也最为紧密。最后，广东跟中东和欧洲国家的合作也较为紧密，合作领域涉及三大产业，并且以石油能源、制造业、海洋渔业等领域为主。广东要摆脱传统制造业发展的束缚，实现产业转型升级，全面提升产业的国际竞争力，就必须依靠自由贸易区的制度创新，并且将这种体制机制创新应用到广东其他地区。同时，广东也可以借助"21世纪海上丝绸之路"国家战略，全面提升自由贸易区建设水平。

（三）广东自由贸易区在制度改革创新方面的机遇

戴念龄（2000）认为，地区经济一体化的国际性制度安排具有强大的生命力。王丽荣（2005）认为，中国—东盟自由贸易区是东亚区域经济合作的又一次制度创新。王子昌（2006）认为，商业机会的扩大为落后地区的制度创新提供了一个重要契机和强大动力。刘辉群（2008）认为，天津港保税区应在渐进式和制度创新的原则基础上，建立适合自由贸易区特点的海关监督制度以及具有中国特色的自由贸易区管理体制。丁国杰（2014）认为，应从投资管理创新、贸易监管制度创新、金融制度创新和综合监管制度创新等角度进行自由贸易区制度改革创新。黄洁（2014）认为，应通过借鉴美国和新加坡的经验，对相关国内制度进行创新。张珉和钟双喜（2014）认为，上海自由贸易区的关键任务是改革开放、制度创新。申远（2014）认为，投资管理制度优化问题是国内经济转型升级尤其是转变政府职能的关键问题。裴长洪和陈丽芬（2015）认为，上海自由贸易区产业功能不强，业务功能仍嫌单薄，政策制度功能尚不完善，区内企业活力不足。杨爽等（2015）认为，自由经济区是发展中国家制度创新的重要平台。周汉民（2015）认为，在国家层面应进一步推动行政管理体制改革。孟广文等（2015）认为，应选用政策、市场、环境、产业、要素、效益和创新驱动力等七个要素，建立自由经济区发展演化动力机制评价模型和指标体系。刘晔（2018）认为，河南自由贸易区制度创新的五大发展路径为：深化行政制度改革，创新市场监管机制，推动金融机构与业态创新，构建多元化纠纷解决机制，推动多式联运物流监管体系建设。

广东自由贸易区自 2015 年挂牌以来，加快转变政府职能，投资贸易进一步便利化，各项配套支持措施渐成体系，高端产业聚集态势逐步显现，全方位深化改革开放，获取了丰富的、可分享的经验，并且可供其他地区借鉴。探索出了多个创新举措，如企业注册"一口受理、一照一码、虚拟注册、无偿帮办"，外商投资"一口受理、六证联办"；推行"商事主体电子证照卡"，创新国际转运货物自助通关新模式和国际贸易便利化"智检口岸"等。2016 年 6 月 1 日正式实施的《CEPA 服务贸易协议》，把与港澳基本实现服务贸易自由化的地域由广东省拓展到内地全境，以负面清单保留的限制性措施由 132 项减少为 120 项，新增 10 条仅适用于广东自由贸易区的开放性措施。跨境人民币贷款以及外债宏观审慎管理业务是广东自由贸易区创新开展的项目，现已在全国范围内得到普及，促进了贸易区经济的发展。经过改革实践，广东自由贸易区建设取得了重要的阶段性成果。2016 年 1 月至 11 月，自由贸易区新设立企业 7.06 万家，同比增长 42.9%。其中，外商投资企业 4070 家，同比增长 77.3%；合同外资 3661 亿元，同比增长 172.8%。自由贸易区吸引合同外资占全省同期总额超 60%。自由贸易区内累计跨境电商进口 37.9 亿元，同比增长 142.86%。截至 2016 年 12 月，广州南沙片区落户港澳投资企业 952 家，总投资额约 148.24 亿美元。2016 年南沙片区新设企业 1.42 万家，同比增长 87%；新增注册资本 1590.5 亿元，同比增长 65%，外贸进出口总值 1694.3 亿元，占广州市总量的五分之一，同比增长 10.7%。截至 2017 年 1 月，深圳前海蛇口片区注册的企业达 12.6 万家，其中有 4.93 万家企业开业运营，2016 年注册企业实现增加值 1410 亿元，同比增长 38%；实现税收收入 270 亿元，同比增长 55%，高于同口径深圳全市税收收入增速 41 个百分点；完成固定资产投资 370 亿元，同比增长 38%；合同及实际利用外资分别达到 537 亿美元和 38 亿美元，同比增长 146% 和 70%，各占全市的 85% 和 58%，分列全国第一、第二位。2016 年 1 月至 8 月，珠海横琴片区累计实现地区生产总值 93.4 亿元，同比增长 20.2%，完成固定资产投资 242.3 亿元，同比增长 22.84%，一般公共预算收入为 33.24 亿元，同比增长 16.2%；实际吸收外资直接投资 5 亿美元，同比增长 78.6%。

二、广东自由贸易区面临的挑战

(一)上海、天津等自由贸易区弱化广东自由贸易区的竞争优势

国内四个自由贸易区都处在中国经济最发达的区域，且发展各具特色。上海是我国金融中心，享有东方明珠的美誉，上海外高桥保税区是全国第一个规模最大、启动最早的保税区，特别是对金融体系改革的探索已具备一定经验，在自由贸易区建设方面初具规模，其龙头地位无可厚非。天津背靠北京，在政治上享有绝对优势，天津滨海国家新区、环渤海经济圈和京津冀协同发展，政策叠加保障了发展的连续性。相比上海、天津等自由贸易区，广东自由贸易区的竞争优势被弱化。粤港澳融合虽然是最大特色，但改革开放四十年来，广东已取得长足的进步，部分领域已同港澳看齐，正面临发展瓶颈问题，是否能找到新的发展着力点，又能达到何种程度，仍然是未知数。

(二)香港的"虹吸效益"压缩广东自由贸易区的发展空间

一方面，贸易自由化是香港的特色，低关税、零关税商品影响着居民的消费方式，吸引部分内地消费者赴港购物；另一方面，香港特区政府采取措施稳定经济增长，在金融和政策制定上的先天优势凸显。在金融方面的开放程度上，广东自由贸易区无法和享有世界金融自由港美誉的香港相提并论，香港的"虹吸效应"必然压缩广东自由贸易区的发展空间。

(三)广东自由贸易区面临监管方面的挑战

广东自由贸易区面临金融改革的难题，如何控制资本在自由贸易区和中国其他地区之间的流动是最大的挑战。如果实现资本账户自由化，自由贸易区与其他地区的利率和汇率不同，将造成贸易扭曲和套利交易。建立新的金融监管框架来管理在自由贸易区的金融是重大挑战。自由贸易区还面临负面清单管理的难题，负面清单基本明确了"法无禁止即可为"的管理原则，但是在自由贸易区重点发展领域，如金融、电信、文化等服务业，市场开放中的负面清单管理难度依然很大。同时，有关部门的监管思路面临转变，监管能力亟待提高。目前我国对特殊监管区域仍然实行的是"境内关内"政策，而自由贸易区则实行"境内关外"政策，即放开一线，二线安全高效管住，在自由贸易区域内免除海关通常监管，如何在发展的现实经济生活中既能让自由贸易区健康运行，又不对自由贸易区以外的经济造成负面影响，也是有关监管部门面临的重大挑战。

（四）广东自由贸易区来自 TPP 的挑战

经过多年的谈判，以美国为首的 12 个谈判国在 2015 年 10 月 5 日达成了《跨太平洋伙伴关系协定》（英文简称 TPP）文本。TPP 旨在形成一种区域性的高标准贸易和投资规则，逐步影响和推向区域外，并最终形成全球性的高标准贸易和投资规则，从而实际上取代现有的受到困扰的以世界贸易组织（WTO）为代表的多边贸易体制。中国自由贸易区是制度创新高地，应主动承担应对 TPP 影响的国家战略试验区任务，一方面，学习借鉴 TPP 的高标准开放措施，在规则制度上主动与 TPP 缩小差距；另一方面，探索本土规则，在新规则中彰显中国元素，主动应对 TPP 带来的挑战。

与现有一些多边自由贸易安排相比，TPP 协定文本体现出"全覆盖""高标准"和"排他性"的显著特征。一方面，从长远角度来看，这些要求符合中国深化改革按市场经济运作的理念；但另一方面，从短期现实来看，这些变革要求对中国来说难以承受或不确定性较大。以往大多数自由贸易协定主要限于降低商品关税、促进服务贸易，而 TPP 不仅规定取消或降低商品关税，还涵盖投资、竞争政策、技术贸易壁垒、食品安全、知识产权、政府采购以及绿色增长和劳工保护等。TPP 也体现了一些新的、正在抬头的贸易问题和交叉性问题，包括与互联网和数字经济相关的问题、国有企业参与国际贸易投资的问题、小企业利用贸易协定的能力问题等。TPP 的"高标准"事实上会涉及一国"关境之后"的国内措施，即一些传统上被认为是主权内政的领域。在货物贸易方面，TPP 协定的"原产地"规则采取"累积制"，促进缔约方之间的生产和供应链一体化发展，实现缔约方之间的"无缝贸易"，以提升贸易效率，支持工作岗位创造。因此，TPP 的实施还会造成中国的贸易转移和产业转移。

（五）来自"粤港澳大湾区"战略的挑战

粤港澳大湾区是指由香港、澳门两个特别行政区和广东的广州、深圳、珠海、佛山、中山、东莞、肇庆、江门、惠州等九市组成的城市群，是国家建设世界级城市群和参与全球竞争的重要空间载体，也是与美国纽约湾区、旧金山湾区和日本东京湾区比肩的世界四大湾区之一。粤港澳大湾区面积达 5.6 万平方千米，湾区人口达 6600 万，2017 年湾区 GDP 生产总值突破 10 万亿元、GDP 总量规模超过了俄罗斯国家，在世界国家排名中列第 11 位，与韩国持平，成为全国经济最活跃的地区。

建设粤港澳大湾区，是新时代推动形成全面开放新格局的新举措，也是推动"一国两制"事业发展的新实践。粤港澳大湾区建设已经写入十九大报告和政府工作报告，提升到了国家发展战略层面。推进建设粤港澳大湾区，有利于深化内地和港澳交流合作，对港澳参与国家发展战略，提升竞争力，保持长期繁荣稳定具有重要意义。广东自由贸易区的地位和战略优势将被粤港澳大湾区弱化，并在未来的拓展方面受到挑战。

第二节　加快对接上海自由贸易区的基本路径

要加快推广复制上海自由贸易区的成功经验，就要依据上海自由贸易区的特点和功能定位，理清思路、找准各地自身定位，加快与上海自由贸易区在制度创新、管理方式及产业发展等方面的对接，主动出击，密切与上海自由贸易区的多边合作。当务之急，就是要在加快政府职能转变、构建对外开放新平台、培育产业新业态、加强金融创新、加快国际化人才培养、谋划自由贸易港（园）区等方面实施多项举措。上海自由贸易区自 2013 年 9 月挂牌以来，正外部性日益凸显，尤其是面向政府的权力清单、面向市场的负面清单，推进投资自由化、贸易便利化、金融国际化等理念已经越来越被国际社会所接受，积极推广借鉴上海自由贸易区建设已经取得的成功经验，做好与上海自由贸易区的对接工作，借力发展本地经济，是全国各地目前面临的重大课题。

一、加快对接上海自由贸易区的基本路径

加快对接上海自由贸易区的基本路径，首先要研究上海自由贸易区的发展情况。对此，许多学者做了大量研究。张晔和秦放鸣（2009）认为，在上海合作组织框架下，建立中哈霍尔果斯国际边境合作中心、阿尔泰区域合作区以及中吉乌三国间的次区域经济合作区等三个次区域经济合作区将共同推动上海合作组织自由贸易区的建立。顾益民（2013）认为，应通过对"境内关外"的再认识，解决制约离岸金融业务的贸易自由的问题以及改革外汇管理体制，在制度建设上处理好金融机构准入和金融自由化的问题，助推人民币国际化战略目标的实现。杨维新（2014）认为，上海自由贸易区要从经济增长方式的转变与制度创新方面为中国经济确立新的标杆，为深化改革树立典型的学习范例并促进各类金融要素的高度融合，确立符合中国国情与国际金融发展要求的离岸金融监管体制等方面探索上海自由贸易区离岸金融的发展路径。沈战（2014）认为，上海要打造成为国际金融贸易中心，离岸金融是国际金融贸易中心的主要构成部分，它的构建和发展将对贸易中心起到强有力的促进作用。

在对接上海自由贸易区方面，也有学者进行了详细研究。刘圣勇（2014）认为，上海自由贸易区建设提升了上海承接国际服务外包产业转移能力，其"外溢效应"对南通承接上海服务外包产业转移和实现南通服务外包产业转型升级发展具有十分重要的影响。吉丹俊（2015）基于产业转移理论、全球价值链理论和贸易自由化理论对上海自由贸易区成立后的经济效应进行了分析，并对江苏加快对接上海自由贸易区提出了建议。刘洪昌（2015）认为，要加快推广复制上海自由贸易区的成功经验，依据上海自由贸易区的特点和功能定位，理清思路，找准各地自身定位，加快与上海自由贸易区在制度创新、管理方式及产业发展等方面的对接，主动出击，密切与上海自由贸易区的多边合作。叶文娅等（2016）认为，自由贸易区内的各项创新措施分别在不同的方面促进了自由贸易区内的产业结构优化发展，并且能够给全国产业升级带来机遇。田国杰和郭占苗（2016）认为，江苏有必要从产业层面对接上海自由贸易区建设，处理好相互间生产者服务业与制造业的互动关系并实现产业升级与有序转移，稳步实现全球价值链的攀升，借鉴其促进贸易便利的经验，释放市场活力，形成经济增长新动力。

（一）破除思维定式，加快制度创新的对接

加快制度创新是上海自由贸易区改革探索的根本大背景，要把党的十八届三中全会提出的要处理好政府与市场的关系这一根本改革，在自由贸易区里先行先试，探索出一条既能充分发挥市场在资源配置中的决定性作用，又能更好地发挥政府作用的新路子，探索出中国对外开放的新路径和新模式。

（二）推进政府职能转变，加快管理方式的对接

第一，要大力学习借鉴负面清单管理模式，促进外商投资管理模式由正面清单管理模式尽快向负面清单管理模式转变，加速提高行政透明度和投资开放度，并依据国家法律法规，尝试制定发布地方首份负面清单。第二，要深化贸易监管制度创新和金融制度创新，逐步提高贸易便利化水平，为实体经济发展提供更加便捷的服务。第三，要加强事中事后监管，不断创新政府管理方式。要改变过去以审批为主，特别是以前置审批为主的管理模式，大力学习借鉴自由贸易区已经建立起来的六项事中事后监管制度，尽快建立起新的事中事后监管模式，积极防范风险，维护公平的市场秩序。

（三）坚持错位发展，加快产业对接

上海正在积极建设经济、金融、贸易及航运四大国际中心，倾力打造总部经济，并将产业定位于国际化、高端化。广东自由贸易区应该主动出击，强化与上海自由贸易区的多边合作。目前，要重点做好以下两点：第一，要加强广东产业政策对招商引资的有效引导和支持，不断改革完善招商机制，积极策应上海自由贸易区"溢出效应"带来的诸多良机。第二，要充分利用好上海自由贸易区的"窗口效应"和"示范效应"，学习上海自由贸易区的做法，在拓展业务方面，加速与国际接轨，同时大力引进国际先进技术和人才，加速企业的国际化进程。

（四）立足制度创新，加快核心竞争力的对接

改革开放40年以来，对外加工贸易是支撑珠江三角洲地区经济发展的强大动力，然而，随着生产成本的不断提高，加工贸易的优势已渐渐失去，因此，广东自由贸易区的发展必须立足于机制体制的创新，并依靠技术和生产模式的创新，力争培育出具有国际影响和知名度的自主品牌。要支持区内企业开展科学研发、创建自主知识产权，实现管理和商业发展模式的现代化，逐步提升品牌影响力和产品、服务的附加值，最终使自由贸易区内企业由单纯的生产企业过渡到能提供一条龙产业服务的供应商，提升其产业价值。

二、广东自由贸易区产业升级路径选择

李琰（2016）从激励、约束和协调三个视角探索了我国自由贸易区内管理体制机制创新以及驱动我国产业结构优化升级的机制与路径问题。廖永泉（2016）认为，金融创新作为自由贸易区建设的重中之重，对我国产业升级产生的效应不容小觑。刘茜和姚正海（2017）从广东自由贸易区的设立、带动产业升级的定位和优势、税收优惠政策的作用、促进产业升级的政策建议几方面进行了论述。周焕月（2017）认为，区内逐步聚集了高端产业，并且完善了投资便利化体系，促进了对外贸易的自由化。

（一）实现工业化与信息化的融合

广东自由贸易区的三个战略定位之一是粤港澳深度合作示范区。港澳在金融服务、信息资讯、国际贸易网络、物流等方面优势明显，而广东正在进行的产业转移的目的就是转变经济发展方式，实现工业化和信息化的深度融合。广东省已拥有很好的现代制造业基础和很大的现代制造业规模，在制造业领域具有较强的竞争优势，但在人力资本和知识资本密集型的先进制造业和现代服务业发展方面相对滞后。粤港澳迫切需要从单纯的传统制造业合作转移至联合发展高新技术产业和现代服务业，从"前店后厂"的产业分工合作模式转向深度融合，借助港澳服务业的先天优势，提高珠三角地区现代服务业、先进制造业、金融业等高附加值产业的比重。为此，广东自由贸易区出台了一系列支持深入推进粤港澳服务贸易自由化的政策，进一步扩大了对港澳服务业的开放。

（二）深入推进粤港澳服务贸易自由化

根据要求，广州南沙新区作为现代产业新高地以及世界先进水平的综合服务枢纽，重点发展航运物流、高端制造等产业；深圳前海蛇口片区重点发展金融、现代物流及信息、科技服务业，力争成为金融业对外开放的试验示范窗口和服务贸易的重要基地；而珠海横琴新区则应依托当地优势，重点发展旅游休闲健康、商务金融服务、高新技术等产业，力争成为文化教育开放先导区和国际性商务服务休闲旅游基地。在充分发挥港澳在国际经济的突出地位和优势，推动更多高端资源向自由贸易区集中，使中區香港高端服务业的发展获得新空间和新平台，从而带动泛珠三角经济结构的战略性调整和经济质量的战略性提升，加快推进基础设施和基本公共服务等方面一体化，优化产业功能布局。要重视"在岸发展"，形成面向全球与国家的双重发展取向，加强创新驱动的产业发展，促进产业多元化，突破行政体制壁垒，推进粤港澳城市一体化。在打造世界级城市群过程中，应充分发挥综合性机场、港口以及宽带网络等基础设施的作用，构建起完善、便捷、统一的交通信息网络体系，建设"21世纪海上丝绸之路"的物流枢纽，促进粤港澳人流、物流、信息流、资金流加入全球体系的交换和互动。要积极对接港澳生产服务业，提高生产服务业国际化程度，实施"价值链整合提升"的产业发展策略，推动产业向价值链高端发展。

（三）开展金融创新

赵晓琪（2014）认为，利率市场化、汇率自由兑换、金融业对外开放和离岸金融中心等是上海自由贸易区先行先试的重中之重。严密（2015）认为，上海自由贸易区应该在金融方面不断改革、不断创新。当今时代的全球化发展促使各国境内金融交易的往来，在互联网迅速传播的带动下，我国的跨境金融平台在网络上获取了更多的融资来源。创新在如今的社会发展中扮演着领导者的角色，同时，对跨境金融的创新实施在促使我国自由贸易区的交易发展方向上也有着举足轻重的作用。因此，自由贸易区的进一步发展与金融的创新是分不开的。近年来，全球跨境金融贸易越来越多，广东自由贸易区就是一个成功的例子。

1. 采用负面清单的管理模式

它的限制性就是要求自由贸易区自身能合理利用，而且在金融监管模式上也要求创新。市场与政府的有效协调促进了自由贸易区的金融创新，同时创新的监管模式为广东自由贸易区建立了安全的交易环境，防范了跨境金融风险。在监管模式上的创新手段间接地影响着广东自由贸易区的交易的稳定有序进行，为新的金融交易创造新环境，对推动经济发展有重要作用。

2. 对人民币跨境流动的安全性做出创新

在人民币正式加入 SDR 后，广东自由贸易区抓住这个机会，开始进行实践，在对接"海上丝绸之路"各国的过程中，加强与他们的精诚合作，充分利用人民币跨境流动促进国际金融体系的改革，加快人民币国际化的进程。这一举措能够有效引进来、走出去，从根本上抓住经济发展的点。

3. 鼓励各式运营商建立交易平台

广东自由贸易区在塑造良好的交易网络环境的同时，也在自身的发展基础上做出了很大的创新，利用地区的产业化，支持制造行业发展。广东地区的制造业发展成果突出，且在互联网环境的推动下，其影响的范围也越来越广。制造业促进国家经济飞速发展的间接要素。如今，制造业借着互联网的飞速传播开始壮大成一股新的力量，带动当地以及整个国家经济迅猛发展。这番创新必给广东的制造业地区带来经济交易上的巨大收获，同时更好地促进世界各国与地区与广东自由贸易区的贸易往来和经济交流。

在自由贸易区设立之后，金融创新政策上的突破成为后续自由贸易区方案细则落地的核心内容。广东自由贸易区正积极促进以人民币作为自由贸易区与境外跨境大额贸易和投资计价、结算的主要货币，同时推动与粤港澳服务贸易自由化相适应的金融创新，推动自由贸易区与港澳投融资的汇兑便利化。由于对接港澳资本市场，广东自由贸易区在获批之前，便获得了国家层面的多项开放创新的金融政策，区内改革创新的突破力度较大。业内人士认为，广东自由贸易区的金融创新空间正不断放大，新型业务模式有望持续出现，企业在自由贸易区实现"增值"可期。据深圳某券商机构人士分析，以前海金融创新为例，在创新政策中，前海将为券商并报增服务中介、资本中介、资本投资三大完整业务链，包括直接股权投资、长期股权投资、新三板、跨境等系列业务。在具体业务中，证券公司将在前海金融创新的层层推进中，扩大业务规模，延长产业链条，拓展自身的盈利模式，使前海成为真正的利润增长点。

三、对接举例

基于上海自由贸易区金融改革经验，广东自由贸易区在金融改革方面进行了很多尝试。下面详细介绍广东自由贸易区金融改革的情况。

（一）广东自由贸易区金融改革的起源和过程

2012 年 7 月，国务院批准实施了《广东省建设珠江三角洲金融改革创新综合试验区总体方案》。2014 年 12 月，国务院决定设立广东自由贸易区；2015 年 3 月，中共中央政治局召开会议，审议通过《广东自由贸易区总体方案》。该方案明确指出，广东自由贸易区将依托港澳、服务内地、面向世界，实现粤港澳之间的深度合作，对"跨境人民币业务""粤港澳服务贸易自由化""投融资便利化"以及"建立健全金融风险防控体系"等四大任务进行深化。同时，各片区分别给定金融改革任务，由此可见，金融改革是广东自由贸易区建设的重要任务之一。有关三个片区涉及金融政策的规划如表 9 - 1 所示。

表 9 - 1　广东自由贸易区金融改革建设规划

片区	范围	发展重点	建设目标
广州南沙新片区	60 平方千米（含广州南沙保税港区 7.06 平方千米）	重点发展航运物流、特色金融、国际商务、高端制造产业	建设以生产性服务业为主导的现代产业新高地和具有世界先进水平的综合服务枢纽
深圳前海蛇口片区	28.8 平方千米（含深圳海湾保税港区 3.71 平方千米）	重点发展旅游休闲健康、商务金融服务、文化科教和高新技术等产业	建设我国金融业对外开放试验示范窗口、世界服务贸易重要基地和国际性枢纽港
珠海横琴新区片区	28 平方千米	重点发展旅游休闲健康、商务服务金融、文化科教和高新技术等产业	建设文化教育开放先导区和国际商务服务休闲旅游基地，打造促进澳门经济适度多元新载体

广东背靠祖国、毗邻港澳，地处太平洋、印度洋、大西洋航运交接处，是中国重要的海上交通枢纽、面向国外特别是东南亚的通道和主要通商口岸之一。广东自古以来就是中原地区南下出海的必经之地。随着中国改革开放、对外贸易、经济全球化以及海洋事业的发展，它的"南大门"地域区位优势更为明显。一方面，广东海岸线较长，有多个外贸港口，港口贸易非常繁荣。2012 年以来，广东坚持沿海港口"三大发展战略"（亚太中心战略、南北枢纽战略、珠江门户战略），全省港口总体运行较好，大部分港口生产指标呈现不同程度的增长。在广州港、深圳港以及其他港口的辐射带动下，广东自由贸易区拥有非常雄厚的货运贸易基础。

（二）广东自由贸易区金融市场的发展优势

第一，政策方面具有独特的优势。广东自由贸易区所在的珠三角是中国改革开放的前沿阵地。1980 年深圳经济特区成立之时，国务院和中国人民银行总行就给予了深圳四项金融特别措施，分别是信贷资金"切块"管理权、利率调控权、存款准备金率调节权以及机构准入审批权。随着这些特殊金融改革政策的实施，在深圳经济特区的影响和辐射下，周边地区的金融业开始进入全面发展时期。第二，广东的金融机构一直稳步发展，走在全国的前列，在中国的金融改革进程中有着不少创新之举，如国内第一家证券公司、国内第一家股份制保险公司以及国内第一家城市商业银行即成立于深圳（见表 9 - 2）。第三，广东金融市场发展状态良好，金融业已经从一般配套服务业转为支柱产业，成为第三产业的"龙头"。与此同时，广东的银行信贷市场、资本市场以及保险市场的规模也都位居榜首，主要人均金融指标均超过全国平均水平。同样，广东的证券市场的发展也位居全国前列，广东自由贸易区的金融改革有着良好的金融市场运行基础。

表 9 - 2　广东金融组织创新事件

时间	具体事件
1982 年	改革开放后全国第一家外资保险公司——民安保险公司在深圳成立
1985 年	国内第一家证券公司——深圳经济特区证券公司成立并试运行

续表 9 – 2

时间	具体事件
1985 年	改革开放后全国第一家法人外资银行成立
1987 年	我国第一家完全由企业法人持股的股份制商业银行——招商银行成立
1988 年	国内第一家股份制保险公司——平安保险公司成立
1995 年	国内第一家城市商业银行——深圳市商业银行成立
2004 年	全国首个由股份制商业银行并购城市商业银行——兴业银行收购佛山市商业银行
2005 年	全国首家外资控股的全国性股份制商业银行——美国新侨投资集团入股深发展银行
2006 年	广东发展银行重组成功,创造了当时国内中资商业银行股权转让比例的最高纪录
2014 年	国内首宗由地方国企完成的境外银行并购案例——广州越秀集团收购香港创兴银行 75% 的股份

(三)广东自由贸易区金融改革的具体举措

广东自由贸易区采取了一些措施进行金融改革,南沙片区、横琴片区和前海片区开展的金融措施分别如表 9 – 3、表 9 – 4 和表 9 – 5 所示。

表 9 – 3 南沙片区金融改革举措

序号	改革内容
1	内外资融资租赁行业统一管理体制改革试点于 2015 年 6 月正式启动,是全国首个试点地区
2	建设国际贸易结算中心
3	规划建设融资租赁产业园区,支持融资租赁业集聚发展
4	2015 年 3 月 23 日,广州航运交易有限公司成立,研究和开发航运交易、金融、保理、第三方支付结算等服务,推动南沙航运金融的发展
5	推动组建专业化地方法人航运保险机构
6	推动设立南沙航运产业基金及船舶产业基金
7	建设大宗商品期货保税交割仓库
8	研究设立以碳排放为首个品种的创新型期货交易所
9	积极推动港资机构在南沙按规定设立全牌照合资证券公司
10	开展贵金属(黄金除外)跨境现货交易试点
11	设立南沙境外投资股权投资母基金
12	开展外商投资股权投资企业试点(QELP)及合格境内投资者境外投资试点(QDIE)
13	深化跨国公司外币资金集中运营管理改革试点
14	培育互联网金融平台,探索出台网络第三方支付和众筹等互联网金融业态发展的专项政策,培育互联网银行、互联网证券公司和互联网保险公司等新业态

续表 9－3

序号	改革内容
15	大宗商品仓单登记交易中心，支持在区内设立大宗商品仓单登记交易中心
16	设立南沙科技支行，为金融科技服务
17	举办自由贸易区国际金融圆桌会议

表 9－4　横琴片区金融改革举措

序号	改革内容
1	推动开展双向人民币融资业务
2	开展银行业同业之间的跨境人民币业务创新试点
3	推进涉外商品房跨境按揭业务试点
4	推进澳门机动车进入横琴的跨境保险业务创新
5	设立中外合资银行，推动澳门国际银行横琴代表处转为合资银行
6	创新发展离岸金融业务，支持浦发银行、平安银行的离岸中心积极开展离岸业务
7	试行澳门元现钞小额消费，推进莲花大桥穿梭巴士受理金融 IC 卡刷卡付费项目
8	签署"琴澳通银联多币卡跨境支付业务"三方合作协议，落实相关便利化结算服务措施
9	探索开展跨境现货交易，支持和推动横琴交易平台探索开展跨境现货交易
10	实施外汇资本金实行意愿结汇试点，落实《关于横琴新区内企业委托银行办理外汇登记业务的指导意见》和《关于珠海实施资本项目改革创新的批复》
11	创建国际金融资产交易中心
12	开展大宗商品现货交易和国际贸易，推进横琴煤炭交易中心、石化交易中心建设

表 9－5　前海片区金融改革举措

序号	改革内容
1	加大金融创新开放试验力度
2	推广跨境贸易投资人民币结算
3	深化拓展跨境人民币业务
4	推动形成双向人民币融资渠道
5	深化外债宏观审慎管理改革
6	积极推动银行业对内外开放
7	促进深港两地保险市场融合发展
8	探索建设离岸证券交易中心
9	建设跨境金融资产交易中心
10	建立面向港澳和国际的新型要素平台

序号	改革内容
11	进一步拓宽跨境投资双通道
12	促进跨境支付服务创新发展
13	深化跨国公司本外币资金集中运营管理改革
14	加快创新型金融业态集群发展
15	构建具有国际竞争力的科技金融体系
16	进一步完善金融风险防控体系

(四)广东自由贸易区金融改革的思考

虽然四个试验区的改革内容各有侧重,但从中可以看出,如何提高人民币在国际经济上的地位、如何在人民币国际化的同时保障国内风险可控,是我国自由贸易区的最终任务,而推动外汇管理机制创新、创新金融服务方式和提高金融服务质量、探索如何更好地与国际标准接轨等改革内容则是实现最终任务的方式和手段。广东自由贸易区金融改革需要注意以下几个方面:一是在加强粤港澳深化交流合作的同时,加强与粤港澳进行发展理念上的沟通。正如中山大学港澳珠三角研究中心教授郑天祥(2015)所指出的,一直以来,香港都主导带动了广东发展,但随着广东经济总量的发展壮大,两者地位越趋于平等,香港可能会放不下架子又害怕"空心化",而广东可能会出现自满情绪,因此,如何同心协力才是关键。二是广东自由贸易区分为三个片区,虽然三个片区有不同的改革侧重点,但在同一试验区内开展三种各有特色的金融改革,会使各片区在改革效果上出现冲突,所以以整体统筹和片区间的协调发展尤为重要。三是虽然金融改革的重要内容是促进粤港澳之间的深度融合,但不能忽视港澳以外的区域,要在东盟、南亚、中东、非洲等国家和地区发挥自己的特长和优势。

第三节 广东自由贸易区扩展的制度保障

一、法律制度保障

在自由贸易区法律制度方面，很多学者进行了一系列研究，对广东自由贸易区法律制度的建设具有很大的启发作用。段晓红(2010)认为，中国—东盟自由贸易区要实现货物、人员、服务和资本等要素真正的全流通，还必须关注包括间接税在内的其他税收法律制度的协调。梁深(2015)认为，在CEPA的框架下建立粤港澳自由贸易区，无论是在国际法层面还是在国内法层面都不存在法律上的障碍。刘坤坤和杨娉(2015)认为，构建"自上而下，层级分明"的法律法规体系，明确监管体制，是发达国家自由贸易区成功的关键因素。欧阳天健(2016)认为，在法律工具主义思潮下，税收优惠的异化破坏了公平竞争的环境。李猛(2017)认为，过于偏重地方性立法在一定程度上制约了区内制度创新与日常管理的办事效率。廖柏寒(2017)认为，自由贸易区应在涉及争端解决机制上，鼓励仲裁国际化并试点临时仲裁制度，以及构建外国投资争端解决机制。管金平(2017)认为，我国的自由贸易区负面清单制度应实现内外资市场准入法律制度的联动改革，共同促进市场准入法的结构优化。李猛和黄德海(2018)认为，制度内容的国际化可以推动我国自由贸易区尽快融入世界经济格局并作为示范性对外开放窗口引领我国市场与国际接轨。

(一)自由贸易区扩展的法律制度具体内容

1.企业法律制度

目前，对于广东自由贸易区在投资方面的投资自由需要相应法律给予保障。在通常情况下，处于自由贸易区内部的企业应该遵循我国已经出台的《中华人民共和国合作企业法》《中华人民共和国公司法》《中华人民共和国三资企业法》《中华人民共和国独资企业法》等法律，但是由于自由贸易区的特殊性，在我国自由贸易区的相关法律中又可以特殊规定自由贸易区内部企业和外部企业遵循不同的相关企业法律制度。因此，要深化改革我国自由贸易区内企业登记制度，积极推行核准登记制，适度放宽关于自由贸易区内企业经营范围的相关规定。

2.贸易法律制度

自由贸易区管理条例应该赋予我国自由贸易区区内贸易公司进出口经营权，使得这些企业可以从事自由贸易区和非自由贸易区间、自由贸易区和其他自由贸易区间的相关进出口贸易，同时使得这些企业可以代理部分非自由贸易区企业相关的进出口贸易。此外，自由贸易区相关的法律法规制度要允许自由贸易区区内企业在自由贸易区区外设立一些非经营性的企业分支机构。从境外进入我国自由贸易区内部，或从自由贸易区内部出口相关货物时，自由贸易区应该积极免除在配额及许可证等方面的限制。

3.金融法律制度

在自由贸易区金融机构准入方面，我国相关政府部门可以根据目前我国自由贸易区的现状，积极制定适合我国自由贸易区发展的相对宽松的自由贸易区金融机构准入制度。我国应积极借鉴西方相关发达国家的做法，并结合GATS的具体要求及我国自由贸易区的实际情况，制定一套科学合理的金融机构准入法律制度。一方面，可以履行我国在加入世界贸易组织时做出的相关承诺；另一方面，也可以为在全国推行对外资开放金融市场进行积极的试点，同时还可以为我国自由贸易区积极开展离岸金融业务创造有利的外部环境及条件。在自由贸易区内部企业融资方面，特别是一些高新技术企业，我国政府可以及时设立一些信用担保机构，同时积极建立健全信用担保机构风险准备金制度及财政有限补偿担保代偿损失制度，从而为这些高新技术企业提供健全的融资制度及优越的融资环境，促进自由贸易区高新技术企业快速发展。

4.税收法律制度

在自由贸易区关税方面，相关政府部门可以规定商品从国外进入我国自由贸易区，然后又从我国自由贸易区出口到国外的，免缴关税；商品从国外进入到我国自由贸易区，然后流通到国内销售的，补缴相关的关税。在所得税方面，自由贸易区要以区内产业结构为导向，积极鼓励和支持自由贸易区内部的弱势产业。例如，目前我国自由贸易区内部普遍存在高新技术产业发展较为滞后的现象，因此，在所得税方面，相关政府部门可对这一部分产业在征收所得税时给予一定的税收优惠。在自由贸易区内部企业所得税征收上面，可将所得税直接优惠与间接优惠结合起来，以所得税税收间接优惠为主。同时，可以实施相关的税收减免、税前列支及先征后返等优惠制度。此外，我国政府在自由贸易区所得税收的优惠方面，还可以考虑将企业及个人所得税相结合的所得税综合优惠制度，即对企业的正常营业收入给予所得税税收的优惠，同时对于在自由贸易区进行投资活动所得及薪资等给予一定的个人所得税优惠，保障所得税优惠制度可以发挥最佳的效果。对于其他方面的税收，例如契税、房产税及车辆购置税等也可以考虑对区内企业给予一定的优惠制度，税收政策部分情况见表9－6。

表9－6　广东自由贸易区税收政策（以深圳前海、珠海横琴为例）

序号	财税名称	深圳前海	珠海横琴
1	营业税	注册在深圳的保险企业，经认定的技术先进型服务企业	区内享有征返条件
2	所得税		横琴旅游休闲、商务服务、金融服务、文化创意、中医按15%的优惠税率征收企业所得税，保健、科教研发和高新技术等产业符合条件的企业减按15%的税率征收企业所得税
3	增值税	区内享有征返条件	区内注册企业之间货物交易免征增值税和消费税
4	印花税	区内享有征返条件	区内享有征返条件
5	附加税	区内享有征返条件	区内享有征返条件
6	其他税	区内享有征返条件	区内享有征返条件
7	所得税	对在前海工作、符合前海优惠类产业方向的境外高端人才和紧缺人才，其在前海缴纳的工资薪金所得个人所得税已纳税额超过工资薪金应纳税所得额的15%部分，由深圳市政府给予财政补贴，且上述财政补贴免征个人所得税。认定名额原则上不设上限	外籍员工将每月工资减4800元人民币扣除额后，按54.5%超额累计税率纳个人所得税。香港、澳门、台湾同胞个人所得税参照上述政策执行。根据《中国（广东）自由贸易试验区管理试行办法》的规定，个税补贴的范围为按照《中华人民共和国个人所得税法》及其实施条例规定的11项应税所得在横琴实际缴纳的个人所得税税款与其个人所得，按照香港、澳门地区税法测算的应纳税款的差额。此外，纳税人取得的上述补贴免征个人所得税

5. 监管法律制度

我国自由贸易区在海关监管法律制度上应积极借鉴西方发达国家的做法,进一步简化海关相关的监管手续,充分体现自由贸易区的特色,争取做到"一线放开,二线管住,区内不干预",发挥自由贸易区的独特优势。我国海关有必要将监管的重点放在"二线"上面。

(二)法治与广东自由贸易区建设的关系

广东自由贸易区的建设离不开法制建设。王全兴和王凤岩(2014)认为,自由贸易区社会组织建设的制度创新重点在于:明确自由贸易区社会组织的法律地位;变革自由贸易区社会组织的管理模式;协调自由贸易区内与自由贸易区外的关系;促进自由贸易区社会组织的多元化。贺小勇(2014)认为,上海自由贸易区的法治建设体现了要主动与国际经贸新规则对接的特点。薛亚君(2014)认为,应将知识产权边境执法措施扩展到过境环节,为适应知识产权边境执法的国际新动向,树立自由贸易区良好的法治形象。彭凤莲(2015)认为,自由贸易区必须正确适用国内法与国际法并处理好二者的关系。李猛(2015)认为,自由贸易区策略的顺利实施需要有良好的法治环境做保障,法治的落实推广同样要以经济稳定发展为必要前提,两者之间是相互依存、互相促进的关系。臧志彭(2015)认为,上海自由贸易区下一步的制度创新应重点着眼于法治政府和服务型政府建设,通过法治政府建设与服务型政府建设的良性互动促进上海自由贸易区在改革深水区取得实质成效。李慈强(2016)认为,上海自由贸易区建设必须坚持法治思维和方式,处理好政策倾斜与法治统一、全局视野与区域定位、税收优惠与竞争中性的关系。

自由贸易区作为中国大陆开放度最大、开放层次最高,直接与国际市场接轨的"经济实验区",实行的是全新的运行机制和管理体制。其发展是和经济体制改革密切联系在一起的,设立自由贸易区是我国在开办经济特区、经济技术开发区之后的又一重大改革举措。与经济特区、经济技术开发区相比,自由贸易区的市场化程度更高,和国际接轨的要求也更高。现代经济是全球化的经济,又是法治化的经济。国际上主流市场经济的发展无不是由成熟的法治为保障的。自由贸易区建设与法治之间具有密切的关系。

1. 法治是自由贸易区建设的重要制度保障

法治是一种由法律作为社会最高统治权威的社会治理模式,具有突出的民主性、稳定性和合理性,对于推动社会生产力的发展具有重大的作用。自由贸易区作为现代社会发展中一种"境内关外"的特殊经济区域,其发展目标是现代市场经济中的自由贸易区,而现代市场经济无一不是高度发达的法治社会经济。因此,建设现代化的自由贸易区,没有高度发展的法治作为制度保障是不可能成功的。

2. 自由贸易区建设是法治的突破口

自由贸易区法治水平的提高有助于提升我国社会整体的法治水平。虽然党和国家提出了"依法治国"的治国方略,但是目前我国社会整体的法治水平还有待提升,自由贸易区作为我国经济体制改革的示范区,在法治建设方面,可以发挥其辐射和示范功能,促进我国社会整体法治水平的提升。具体来讲,自由贸易区发挥这种示范区和突破口功能的途径主要包括以下两个方面:

(1)自由贸易区高度的开放性和自由性为引进国外先进的法律制度提供了优越条件。

自由贸易区是高度开放的区域,对世界所有国家开放;自由贸易区是高度自由的区域,很少受海关的监管；自由贸易区是高度发展的区域，与世界经济高度接轨。这些优越条件使自由贸易区可以更加容易地借鉴和吸收国外法治建设的成功经验。自由贸易区法治建设的这种超前性和探索性必然会对全国的法治建设起到示范和引导的作用，而且自由贸易区的成功经验可以推广到全国，失败教训也可以为全国所避免。由此，自由贸易区充分发挥了我国法治建设实验基地和示范区域的重要作用。

（2）自由贸易区凭借其独特的优势地位可以成为我国法治建设的突破口。

由于我国与西方在基本社会制度、历史传统、地理环境等方面的不同，如何借鉴以及探索适合我国特殊国情的法治建设模式一直是困扰我国改革者和决策者的一大难题，而自由贸易区建设则很可能成为我国法治建设的一个突破口。首先，在自由贸易区进行借鉴和探索法治建设模式的实验，比全国直接借鉴和探索容易。其次，自由贸易区面积不大，进行实验的成本和风险相对较小，加上自由贸易区数量众多，可以分别探索不同的法治建设模式，从而为全国法治建设模式的选择提供参照和比较。再次，自由贸易区监管相对宽松，进行法治建设实验的阻力和障碍较小，更容易推陈出新、与时俱进。自由贸易区的这些得天独厚的优越条件完全可以担任充当我国法治建设突破口的重任，自由贸易区的法治实验将在我国法治建设的历史上写下庄严的一章。

（三）法治对于自由贸易区建设的保障作用

沈国明（2013）认为，法治创新是建设上海自由贸易区的前提和基础。陈立虎（2014）认为，上海自由贸易区不仅已在稳定而有效地运行，而且也已具有比较全面的法律依据和保障。何晶晶和李强（2016）认为，法治是自由贸易区建设顺利实施的重要保障。齐鑫卉（2017）认为，侦查机关应当在预防和打击经济犯罪方面全面提高侦查能力，规范侦查程序，确保侦查工作有效开展，为河南自由贸易区的发展提供法治保障，更好地服务于改革发展大局与自由贸易区建设。赵玄（2018）认为，任何改革都要于法有据，设立自由贸易区同样需要法律的保障，而自由贸易区法治保障的关键就在立法。

1. 从理论的角度来看

自由贸易区建设的方向可以从政治方向和经济方向两个方面来论述。从政治方向来讲，我们建立的自由贸易区是社会主义的自由贸易区，其最终目的是为建设社会主义市场经济服务，是为社会主义现代化建设服务，脱离了这个总的政治方向，自由贸易区建设就会走上邪路，就会发展到自己的反面。要确保自由贸易区建设的正确政治方向，可以采取多种方式，如行政的方式、道德说教的方式等，而最重要、最强有力的方式就是法治方式，即通过立法的方式把自由贸易区的政治方向予以明确，并通过各级立法和执法、司法活动把这一基本政治方向贯彻到自由贸易区建设的各个方面。

2. 从实践的角度来看

国外类似我国保税区的自由贸易区和出口加工区都是先由国家制定相关的法律，然后再予以设立，采取"先立法，后设区"的模式，这些经济区的运作比较规范，实际效果也比较明显。而我国的做法是在没有相关法律规定的情况下，先建立保税区，而且在保税区建立以后，也没有中央一级的权威立法对其予以规制，只有部委和地方省市一级制定的规范性文件对其予以调整。这样就使得保税区的运作不太规范，相关部门针对保税区制定的制度不尽协调，在管理体制、优惠政策、海关监管等方面各保税区的做法不尽一致，从而弱化了保税区在整个市场经济体系中应有的作用。

自由贸易区的建设需要法治的保障，需要健全的立法、执法、司法机制的保障。法治在国外自由贸易区的发展中发挥着重要的作用，如美国制定了《美国对外贸易区委员会通用条例》，土耳其制定了《土耳其自由贸易区法》，智利制定了《智利自由贸易区法》，韩国制定了《韩国自由出口区设置管理条例》，《欧共体海关法典》有自由贸易区的相关规定，《京都公约》也专门对自由贸易区做了规定等。因此，为了推进我国自由贸易区建设的进程，为了在世界贸易组织体制下更快地发展自由贸易区，我们必须加快自由贸易区法治建设的步伐，而最急迫的就是制定一部统一调整自由贸易区各种社会关系的中央级的行政法规或法律。

二、投资管理制度保障

广东自由贸易区的投资管理制度可以分为投资准入制度、商事登记备案制度和事中事后监管制度。

（一）投资准入制度和商事登记备案制度

《中国（广东）自由贸易试验区管理试行办法》中明确规定了相关的投资管理制度条例。该文件规定：自由贸易区对外商投资实行准入前国民待遇加负面清单管理模式。对负面清单之外的领域，外商投资项目实行备案制（国务院规定对国内投资项目保留核准的除外）；外商投资企业设立、变更及合同、章程实行备案管理。自由贸易区各片区管理机构负责本片区外商投资事项的备案管理，依法履行负面清单之外的外商投资事项的备案工作，备案后按国家有关规定办理相关手续。自由贸易区内投资者可以开展多种形式的境外投资。自由贸易区内企业境外投资一般项目实行备案管理，国务院规定对境外投资项目保留核准的除外。自由贸易区各片区管理机构组织实施企业准入并联审批，将外商投资项目核准（备案）、外商投资企业设立和变更审批（备案）、商事主体设立登记、组织机构代码证、税务登记证（国税、地税）、社保登记号、公章刻制备案等事项纳入"一口受理"机制实行并联办理，逐步推行工商营业执照、组织机构代码证、税务登记证等"多证合一""一照一号"。自由贸易区推进工商注册制度便利化，依法实行注册资本认缴登记制。投资者在自由贸易区设立外商投资企业，可以自主约定营业期限。在自由贸易区内登记设立的企业（以下简称区内企业），可以到自由贸易区外再投资或者开展业务，需要办理相关手续的，按照规定办理。自由贸易区实行"先照后证"。区内企业取得营业执照后，即可从事一般生产经营活动；从事需经审批方可开展的生产经营活动的，在取得营业执照后，应当依法向有关部门申请并取得批准文件、证件后，方可开展相关生产经营活动；从事需前置审批的生产经营活动的，应当在申请办理营业执照前，依法办理审批手续。

（二）事中事后监管制度

根据《外商投资企业设立及变更备案管理暂行办法》商务部令2016年第3号文件做出的相关规定，商务主管部门对外商投资企业及其投资者遵守本办法的情况实施监督检查。该办法规定，商务主管部门可采取抽查、根据举报进行检查、根据有关部门或司法机关的建议和反映的情况进行检查、以及依职权启动检查等方式开展监督检查。商务主管部门与公安、国有资产、海关、税务、工商、证券、外汇等有关行政管理部门应密切协同配合，加强信息共享。商务主管部门在监督检查的过程中发现外商投资企业或其投资者有不属于本部门管理职责的违法违规行为，应及时通报有关部门。商务主管部门应当按照公平规范的要求，根据外商投资企业的备案编号等随机抽取确定检查对象，随机选派检查人员，并对外商投资企业及其投资者进行监督检查。抽查结果由商务主管部门通过商务部外商投资信息公示平台予以公示。公民、法人或其他组织发现外商投资企业或其投资者存在违反本办法的行为的，可以向商务主管部门举报。举报采取书面形式，有明确的被举报人，并提供相关事实和证据的，商务主管部门接到举报后应当进行必要的检查。其他有关部门或司法机关在履行职责的过程中，发现外商投资企业或其投资者有违反本办法的行为的，可以向商务主管部门提出监督检查的建议，商务主管部门接到相关建议后应当及时进行检查。对于未按本办法的规定进行备案，或曾有备案不实、对监督检查不予配合、拒不履行商务主管部门做出的行政处罚决定记录的外商投资企业或投资者，商务主管部门可依职权对其启动检查。

商务主管部门对外商投资企业及其投资者进行监督检查的内容包括：

①是否按照本办法规定履行备案手续；②外商投资企业或其投资者所填报的备案信息是否真实、准确、完整；③是否在国家规定实施准入特别管理措施中所列的禁止投资领域开展投资经营活动；④是否未经审批在国家规定实施准入特别管理措施中所列的限制投资领域开展投资经营活动；⑤是否存在触发国家安全审查的情形；⑥是否伪造、变造、出租、出借、转让《备案回执》；⑦是否履行商务主管部门做出的行政处罚决定。

商务主管部门和其他主管部门在监督检查中掌握的反映外商投资企业或其投资者诚信状况的信息，应记入商务部外商投资诚信档案系统。其中，对于未按本办法规定进行备案，备案不实，伪造、变造、出租、出借、转让《备案回执》，对监督检查不予配合或拒不履行商务主管部门做出的行政处罚决定的，商务主管部门应将相关诚信信息通过商务部外商投资信息公示平台予以公示。商务部与相关部门共享外商投资企业及其投资者的诚信信息。商务主管部门依据前二款公示或者共享的诚信信息不得含有外商投资企业或其投资者的个人隐私、商业秘密或国家秘密。外商投资企业及其投资者可以查询商务部外商投资诚信档案系统中的自身诚信信息，如认为有关信息记录不完整或者有错误，可以提供相关证明材料并向商务主管部门申请修正。经核查属实的，应予以修正。对于违反本办法而产生的不诚信记录，在外商投资企业或其投资者改正违法行为、履行相关义务后 3 年内未再发生违反本办法行为的，商务主管部门应移除该不诚信记录。

三、土地规划制度保障

为加快推进广东自由贸易区建设，实现"三个定位、两个率先"目标，坚持保障发展、保护资源、保护权益并重，提高土地节约集约利用水平，提高自由贸易区土地资源保障能力，促进经济加快转型发展，广东省于 2016 年 1 月 28 日发布了《广东省国土资源厅关于中国(广东)自由贸易试验区用地保障的若干意见》粤国土资规划发〔2016〕18 号文件，规定了广东自由贸易区在开发过程中的三大原则，它们分别是：

首先，规划引领原则。要切实发挥规划对城乡建设用地规模、结构和布局的统筹管控作用，统筹自由贸易区生产空间、生活空间和生态空间，推进国土集聚开发、分类保护和综合整治，优化国土空间开发格局，合理控制国土开发强度。

其次，节约集约用地原则。在深入推进节约集约用地示范省的框架下，实行建设用地总量和强度双控行动，全面推进自由贸易区范围内城镇、工业项目、基础设施、农村建设节约集约用地，加大"三旧"改造（城市更新改造）工作力度，大力开发利用地下空间，加快盘活闲置土地和批而未供土地；结合实际完善建设用地标准体系，从严实施项目用地定额标准，促进各类项目节约用地；加强城乡统一的土地市场建设，加快完善土地税费制度，健全节约集约用地的激励与约束机制。

最后，生态保护原则。自由贸易区要严格执行土地用途管制制度，健全耕地保护长效机制，合理布局生态用地，保障山水林田湖等生态用地需求，统筹整合城乡土地利用，促进和改善生态环境，确保生态用地的生态保障功能得到保障，防止借"生态用地"之名盲目增加开发强度。

在该文件中个还规定了广东自由贸易区发展的几个土地规划保障原则：

（1）加强土地规划和计划保障，严格实施土地利用总体规划。

各市应严格按照土地利用总体规划所确定的用途，根据《中国（广东）自由贸易试验区建设实施方案》所确定的重点发展产业功能布局，合理确立不同功能建设项目用地的比例和结构，逐步进行开发建设。加强多规合一。各市以主体功能区为基础，统筹各类空间性规划，推进"多规合一"，严格执行土地利用总体规划，落实土地开发强度控制，加强自由贸易区相关规划的协调衔接，实现各类空间规划"一张图"管理，强化区域和城乡土地资源的统一规划和整合利用。优先保障用地计划指标。要重点保障自由贸易区内工业转型升级、产业集聚、创新驱动等重大项目用地需求。对于选址在自由贸易区范围内的省级以上交通、能源、水利、军事、矿山项目及当地保障性安居工程项目，其所需用地计划指标由国家和省实行应保尽保。省在下达各市用地计划指标时，要充分考虑自由贸易区的用地需求，专项下达自由贸易区用地计划指标。相关地级以上市要重点保障自由贸易区的用地计划指标，做到"省里有专项、市里有保障"，共同解决好自由贸易区建设的用地需求。

（2）加强用地审批保障。加快办理建设项目用地预审。

对于自由贸易区范围内省管权限的建设项目用地预审，除党政机关办公楼建设项目等规定须报国家发展改革委或省政府审批的项目外，均下放给自由贸易区各片区管委会实施。各地国土资源管理部门应提前介入，按规定加快办理建设项目用地预审手续，省厅继续做好业务指导。在对自由贸易区各类用地项目实行模板化组件、网上审批的基础上，省厅指导各级国土资源行政主管部门建立用地报批提前介入、现场办公、重大项目绿色通道和专人负责跟进等机制。由省人民政府批准、急需开工建设的线性工程项目用地，可以县（市、区）为单位组织用地报批。自由贸易区可比照县（市、区）享有同等用地报批批次限额。落实耕地占补平衡。在审核自由贸易区范围内项目用地预审和报批时，对于暂时不能实现占优补优、占水田补水田的，允许由市、县两级政府和建设用地单位出具书面承诺，保证实现"占水田补水田、占优补优"，确保自由贸易区范围内的建设项目及时落地。

（3）加强土地供应保障。

采取多种方式加强PPP项目用地保障。对自由贸易区中符合划拨用地目录的PPP项目，可按划拨方式供地，划拨土地不得改变土地用途。建成的项目经依法批准可以抵押，土地使用权性质不变，待合同经营期满后，连同公共设施一并移交政府；实现抵押权后，改变项目性质应该以有偿方式取得土地使用权的，依法办理土地有偿使用手续。不符合划拨用地目录的PPP项目，以租赁方式取得土地使用权的，租金收入参照土地出让收入纳入政府性基金预算管理。以作价出资或者入股方式取得土地使用权的，应当以所在市人民政府作为出资人，制定作价出资或者入股方案，经市人民政府批准后实施。积极鼓励工业企业节约集约利用土地。自由贸易区内企业申请使用工业用地的，如属于省确定的优先发展产业项目且符合集约用地要求，确定土地出让底价时可按不低于所在地土地等别相对应的《全国工业用地出让最低价标准》的70%执行；按规定可以协议出让的，执行协议出让最低价标准。鼓励工业企业在不改变土地用途的前提下进行升级改造，提高土地利用效率，对按照控制性详细规划提高容积率的，不再增收土地价款。鼓励工业企业采取"租赁为主，租让结合"的方式利用土地，减少用地成本，对大型工业项目探索采取分期供地方式，按照项目实际建设情况预留用地实施分期供地，定期对已供土地进行效益考核和开发利用评价，对达到合同约定开发利用的或当期用地达到合同约定投资强度等条件的，可采取协议方式供应后续土地，未达到的，不得供应后续土地或调整后续土地供应规模。利用新增工业用地开发建设科技企业孵化器，可按一类工业用地性质供地。工业用地建设的科技企业孵化器，在不改变科技企业孵化服务用途的前提下，其载体房屋可按幢、层等有固定界限的部分为基本单元进行产权登记并出租或转让。提高公共服务设施项目用地效率。优化各类公共服务设施尤其是基础设施建设布局，避免重复建设和不切实际的超前建设。加强交通等基础设施节地技术及模式研究，评选节地典型示范项目，促进各类工程节约用地。

四、财税制度保障

在税收方面，广东自由贸易区又有一些优惠政策和保障。根据国家税务局财政部《关于中国（广东）自由贸易试验区有关进口税收政策的通知》财关税〔2015〕19号文件，将选择性征收关税政策在自由贸易区内的海关特殊监管区域进行试点，即对设在自由贸易区海关特殊监管区域内的企业生产、加工并经"二线"销往内地的货物照章征收进口环节增值税、消费税，根据企业申请，实行对该内销货物按其对应进口料件或按实际报验状态征收关税的政策。在严格执行货物进出口税收政策的前提下，允许在自由贸易区海关特殊监管区域内设立保税展示交易平台。自由贸易区内的海关特殊监管区域实施范围和税收政策适用范围维持不变。

自由贸易区实施促进投资和贸易、金融发展和人才集聚的有关税收激励政策，并按照国家规定进行税收政策试点。遵循税制改革方向和国际惯例，完善不导致利润转移和税基侵蚀、适应境外股权投资和离岸业务发展的税收政策。推动实施启运港退税政策。符合条件的区域可以按照政策规定申请实施境外旅客购物离境退税政策。

五、金融制度保障

在金融制度管理方面，广东自由贸易区有很多额外优惠政策①。在外汇管理政策上，国家外汇管理局广东省分局制定了《进一步推进中国（广东）自由贸易试验区广州南沙新区、珠海横琴新区片区外汇管理改革试点实施细则》，在广东自由贸易区广州南沙新区、珠海横琴新区片区实行优惠的外汇管理政策。具体的外汇管理政策如下：

一是允许符合条件的融资租赁公司在进行融资租赁业务时收取外币租金。区内金融租赁公司、外商投资融资租赁公司及中资融资租赁公司在向境内承租人办理融资租赁时，如果其

---

① 如外汇管理、人民币贷款管理等。

用以购买租赁物的资金50%以上来源于自身的国内外汇贷款或外币外债，则可以外币形式收取租金。

二是支持试验区外汇市场业务发展。允许注册且营业场所均在区内的银行为境外机构办理其境内外汇账户(外汇 NRA 账户)结汇业务，结汇所得人民币资金应支付境内使用。具备人民币与外汇衍生产品业务资格的银行，可按规定为试验区相关业务提供人民币与外汇衍生产品服务。

三是放宽货物贸易电子单证审核条件。符合条件的银行可自主审慎选择区内企业，为其办理货物贸易外汇收支时审核电子单证。

四是支持发展总部经济和结算中心。放宽跨国公司外汇资金集中运营管理业务准入，允许符合条件且具备一定特征的区内金融租赁公司、资产管理公司，按规定备案开展外汇资金集中运营管理试点。

五是防范跨境资金流动风险。外汇试点业务应具有真实合法交易基础，银行应强化业务真实性和合法性审查。银行、企业须按照相关规定及时、准确、完整地报送相关数据信息。外汇局将进一步加强试验区外汇业务的管理、监测和统计分析，对异常或可疑情况进行风险提示，依法开展现场核查检查，切实防范跨境资金流动风险。

六、贸易制度保障

在贸易制度上，广东省商务厅制定了一系列制度来扶持广东省自由贸易区的贸易发展。如广东省商务厅印发的《支持广东自由贸易区创新发展实施意见》粤商务办字〔2016〕3 号文件规定，要进一步推进外商投资管理体制改革，实施外商投资准入前国民待遇加负面清单管理模式。支持自由贸易区对外商投资实施准入前国民待遇加负面清单管理，探索全面实施负面清单管理模式和新事中事后监管机制。支持自由贸易区开展外商投资企业联合年报工作，实施外商投资信息报告制度，依托外商投资信息公示平台和企业信用信息公示系统，强化外商投资企业日常经营信息管理。探索构建各政府部门信息共享、协同监管、社会公众参与监督的外商投资全程监管体系。探索对外商投资企业实施监督检查、诚信档案建设、经营信息报告、经营者集中申报等监管措施。扶持新业态加快发展，支持跨境电子商务行业发展，支持融资租赁行业发展。在南沙片区开展内外资统一的融资租赁业管理改革试点，建立事中事后监管体系，实现内外资融资租赁企业的经营范围、交易规则、监管指标、信息报送及监督检查等相关管理制度的统一。支持自由贸易区各片区规划建设融资租赁产业园区，打造融资租赁产业服务平台，加大对融资租赁业的扶持力度。支持融资租赁企业在自由贸易区内设立地区总部或项目子公司，在飞机、船舶、工程机械等领域培育一批具有国际竞争力的融资租赁企业。鼓励自由贸易区内企业通过融资租赁方式引进国外先进设备，将租赁贸易方式进口纳入我省进口贴息政策支持范围。支持建设融资租赁服务联盟，为"走出去"企业提供配套服务，对我省融资租赁企业的境外项目按照政策给予支持。

本章小结

当今，国际贸易领域的竞争日趋激烈。多边贸易的弊端、双边自由贸易的手段、国际高标准贸易新规则等，都在挤压我们的国际贸易空间。这些对我国都将带来巨大的挑战。建立自由贸易区是我国在改革开放新形势下顺应全球经贸发展新趋势，实施更加积极主动的对外开放战略的一项重大举措，重点任务是要加快政府职能转变、探索管理模式创新、扩大服务业开放、深化金融领域开放创新，打造中国经济的升级版。深圳（前海）作为整个广东自由贸易区的重要组成部分，使深圳经济特区再一次站到了改革开放的前沿。

广东是改革开放的排头兵，GDP多年排全国第一。广东自古以来就是通商口岸，对外贸易水平占比接近全国的四分之一。当前，广东自由贸易区正以欣欣向荣的趋势发展，以开放促改革、先富带后富的方式，将自身成熟的经济和金融制度推广至全国，其发展前景不可估量。

广东自由贸易区与其他自由贸易区相比，情况较为特殊，可谓是"特区中的特区"。三大片区中有两地都有特区的背景，深圳和珠海作为我国第一批改革开放的先行者，获得了不少政策红利，发展迅速，尤其是深圳，已经从一个边陲小渔村发展成为现代化国际大都市。经过四十多年的发展实践，经济特区已经成为一种区域发展模式。广东自由贸易区的建立负有新的历史使命，即以粤港澳一体化为宗旨，以CEPA协议为运作基础，加快粤港澳三地的融合进程。广东自由贸易区作为粤港澳大湾区的重要组成部分将引起更多的关注，在中央政府支持下，广东自由贸易区出台了一系列宽松政策，创造了良好的市场环境、创业氛围和发展前景，吸引了大批境内外优秀企业入驻。企业之间的来往联系更加密切，交通运输、现代物流、邮政通信等现代服务业的市场需求大幅度增加，这为广东自由贸易区物流业的发展带来了重大的市场机遇。广东作为中国大陆第一外贸大省，其物流业作为支柱产业之一，具备一定的发展基础。随着广东自由贸易区的发展，其引领作用会越来越大，无论是资本、信息还是人力与物流都会向自由贸易区聚集。而自由贸易区对于我国而言还是新鲜事物，是我国在改革开放发展道路中不断探索出的新政策。相对于其他国家，我国在这方面的发展还不成熟，制度政策也在不断发展完善中。广东自由贸易区肩负建设成为粤港澳深度合作示范区、"21世纪海上丝绸之路"重要枢纽的独特使命。广州南沙保税港区、深圳前海湾保税港区等海关特殊监管区域，实行"一线放开、二线安全高效管住"的进出境监管服务模式，整合优化海关特殊监管区域管理措施，并根据自由贸易区发展需要，探索口岸监管制度创新。广州南沙新区片区、深圳前海蛇口片区中的非海关特殊监管区域，按照现行模式实施监管。珠海横琴新区片区按照国务院确定的"一线放宽、二线管住、人货分离、分类管理"的原则实施分线管理，不断探索口岸查验模式创新。广东三个自贸片区都因地制宜地制定了相应的政策、目标和职能，总体而言，广东自由贸易区的发展前景非常好。

改革开放以来，我国对外经济贸易蓬勃发展。从最初的经济特区到保税区再到自由贸易区，都离不开国家政策制度的支持。从海关监管到投资管理，从金融政策到税收政策，作为市场的监管者和"服务者"，国家几乎从各方面都给自由贸易区提供了政策支持，从而推动了自由贸易区的高速发展。广东自由贸易区因毗邻港澳，有着特殊的地理优势，加上早期经济特区设立的经济基础，更加需要注重贸易自由化和便利化，例如区内的工业转型升级、产业转移、创新驱动等都是需要被重视的。同时，广东作为中国大陆与沿线国家经贸合作量最大、人文交流最密切的省份，在"一带一路"的带动下，在 2018 年的第一季度进出口总量达到了 15607.5 亿元，同比增长 8.2%，位居全国第一。可见，一个地区经济的蓬勃发展，离不开人们的共同努力和贡献，更加离不开国家政策的大力支持。

案例分析

1. 广东的地理位置有哪些优势？
2. 广东自由贸易区在金融创新方面有哪些创新点？
3. 广东自由贸易区的建设会带来哪些机遇和挑战？
4. 试论述法治对广东自由贸易区建设的重要性。
5. 广东自由贸易区在税收方面有哪些制度保障？

案例分析

案例 1：自由贸易区服务贸易发展模式的典型案例——以香港和新加坡为例

（一）香港：贸易起家的典型城市

香港经济高度发达，是亚太的国际大都会之一，同时也是我国走向境外的重要枢纽和亚太地区乃至全球性的海、空交通枢纽。弹丸之地的香港自由港以优越的区位优势为基础，借助内外部因素的综合作用，从 19 世纪下半叶的转口贸易到 20 世纪 50 年代制造业中心的转型，再到 20 世纪 80 年代中后期的经济发展多元化、贸易结构升级、服务贸易发展，已成为仅次于伦敦和纽约的世界第三大金融中心。

香港自由港服务贸易模式的形成与发展是建立在离岸贸易大力发展的基础上的。香港的进出口贸易历史非常悠久，拥有众多的进出口贸易公司和从业人员，其转口贸易非常发达，已成为香港产业的重要组成部分。由于中国大陆和东南亚地区具有非常明显的低成本优势，香港自由港的贸易公司增加了离岸进出口货物的采购活动，这些货品有的经过香港自由港的转运，有些则直接付运到世界各地。离岸贸易的蓬勃发展整合了各类商贸支持服务，促使一些提供高增值服务的贸易商逐渐发展壮大。这些负责贸易的公司在香港依据政策优惠，开展一系列贸易相关活动，为香港本地注入一股股的经济活力，并得益于香港的诸多优势和政策支持，还有法律制度等，而不断发展壮大，成为香港服务贸易的主流。

香港的服务贸易模式就从早先的仅依赖于船运、运输的发展模式，而逐渐发展成因离岸贸易而受益良多的典型港口城市贸易模式，并根据该类制度招商引资，大量引入外部资金来壮大自身，形成良性循环。其贸易核心思路是以离岸贸易发展增值商贸服务。在香港服务贸易出口各主要服务组别中，"商贸服务及其他与贸易相关的服务"所占的比重较高，地位也比较重要，是香港第三产业发展体系的支柱产业。其中，与离岸贸易有关的服务输出（即"商贸服务"和"与离岸交易有关的商品服务")占此类服务组别出口额的绝大部分，以至于在香港整个服务贸易出口中也占据重要的位置。

（二）新加坡：贸易中心模式

新加坡自二战结束以来实施出口导向型战略，以此为起点，大力发展和扶持国内服务业，并依托自身地理区位优势和金融服务业的雄厚基础，逐渐从劳动密集型的制造业基地转型升级为跨国公司总部的聚集地和区域运营中心。

新加坡采取服务业发展为先，利用外资的优势发展自身成为一个大型的、外贸型的营运城市主要的支付模式，两者总量占其服务贸易总量的90%以上，从而形成了新加坡特有的服务贸易模式。在这种模式下，新加坡本身的国土狭小、地缘政治复杂而力量较弱的小国特点，一下转变成其发展优势。在上述特点下，外资十分容易也十分乐意在新加坡开展一定的外贸。政府对于自身做出的区域营运总部和跨国采购中心的定位，使得其服务贸易发展迅速。

从20世纪90年代开始，大量的廉价劳动力涌入国际市场，新加坡逐渐丧失了低成本的优势，对外贸易开始转型升级。1994年，新加坡通过对世界形势的研究，得出要成为世界营运中心的战略发展目标。在此目标的指引下，新加坡积极改变发展策略，大力培养贸易、管理型人才，吸引外资、外国留学项目等，为长远发展打下基础。新加坡政府将国际化作为战略实施的重点，利用各种优惠条件和政策措施吸引跨国公司营运总部来此落户。首先，政府采取一系列措施大力支持营运总部的成立，包括大力度的税收优惠、加强公共设施建设、加强信息服务平台建设等。特别是对设立营运总部的税收减免政策，吸引了很多大型的跨国企业。其次，政府还致力于将金融业作为新加坡的代表企业向世界进行推广，并依赖于金融业在世界市场上举足轻重的地位，以此来带动新加坡后来的全球性企业的发展，使新加坡由此成为全球著名的金融中心，并且通过金融中心地位的确立奠定了其跨国采购中心的建设的基础。第三，新加坡主要服务贸易伙伴是欧盟、美国和日本，在贸易相关服务上，又有日本、韩国以及东南亚地区等较大的市场空间。作为一个不需要考虑过多因素的港口贸易、营运小国，新加坡致力于向其所在的亚太地区的贸易伙伴提供优质的营运中转口岸和外贸管理中心，由此，很多国家的企业因为新加坡的贸易优惠政策，都乐于在新加坡建立一个贸易基地，以此辐射基于本国辐射能力之外的区域市场，如日、韩，就能够凭借新加坡在亚太地区开展更大规模的市场活动。同样，新加坡的模式还吸引着更大的潜在的合作伙伴，例如美国与欧洲等，近年来也有企业在新加坡设立厂区，以此辐射一个全新的、基于新加坡的亚太市场。越来越多的企业和国家对这种模式重视了起来，这和新加坡模式的成功是分不开的。

（三）总结

新加坡和香港，作为小型的港口式贸易国家和贸易城市，其本身所拥有的不管是土地还是人力资源都十分有限，但是两者均能摒弃常见的发展桎梏，因地制宜地依赖于本身有利的、有着巨大利润的贸易活动来谋求发展，这也是新加坡和香港的成功所在。香港作为一个成熟的、经营了上百年的产品中转站，面对往来繁忙的航运船队，背靠生产力、生产水平越来越发达的中国内地，以贸易、采购促进自身的经济发展，在长时间的经营下成为亚洲最大的采购中心。新加坡则因地制宜，通过该国航运的巨大辐射能力，加之以新加坡政府对于跨国集团在本地设立营运公司的优惠政策，吸引了数量巨大的外国强力企业进驻，并由企业带动本地的经济发展，国家则大力发展金融业，为这些外企打下经营的坚实基础。两者的成功都值得借鉴。

【资料来源：《经贸实践》(《自由贸易区服务贸易发展模式的国际案例——以香港和新加坡为例》)，2017 年第 3 期；作者：易朝军】

案例 2：广东自由贸易区—前海发展情况案例分析

下面以深圳前海蛇口为例来分析一下制度改革与创新如何影响广东自由贸易区的拓展前景。成为中国东部沿海地区和珠三角地区的中央商务区是深圳前海自由贸易区未来的发展目标，该自由贸易区的侧重点在于全面升华深圳与香港的各方面合作，重点发展高端总部经济，把金融业的升级变迁作为促进自由贸易区发展的落脚点，构建区域经济发展核心，成为深圳与香港乃至于世界交互的核心功能区。前海自由贸易区的全面发展离不开金融的全面改革。目前，前海自由贸易区在金融改革方面主要表现在跨境贷款、离岸金融以及内地券商投资香港股市等方面。同时，国家部委对于深圳前海自由贸易区的金融政策支持也是显著的。2012 年 3 月，国家发改委正式印发《深圳前海深港现代服务业合作区产业准入目录》。以下是深圳前海自由贸易区的政策与制度优势：

(一) 金融政策

(1) 推动离岸人民币业务创新，在自由贸易区的金融市场和国际贸易中把人民币作为结算的主流货币。

(2) 支持外资银行等金融机构在前海自由贸易区内开展人民币贷款业务，人民币汇率浮动，进一步推动人民币的流通和交易。

(3) 支持境外投资机构在中国境内发行人民币债券，为前海蛇口发展提供资金支持。

(4) 支持民营互联网银行的探索。

(5) 支持外商投资股权投资试点。前海蛇口自由贸易区的外商企业可大幅度地利用自己的资本开展股权投资，开展投资咨询、资产管理等服务。

(6) 支持前海蛇口自由贸易区扩大对香港、澳口的开放。适当降低香港金融行业在前海蛇口开展业务和设立分公司的门槛。

(二) 财税政策

(1) 对前海符合条件的企业按 15% 的税率征收企业所得税。

(2) 对在前海工作、符合前海规划产业发展需要的境外高端人才和紧缺人才，取得的暂由深圳市人民政府按内地与境外个人所得税负差额给予的补贴，免征个人所得税。

(3) 注册在前海的符合规定条件的现代物流企业享受现行试点物流企业按差额征收营业税的政策。

(三) 法制政策

(1) 探索香港仲裁机构在前海设立分支机构。

(2) 进一步密切内地与香港律师业的合作，探索完善两地律师事务所联营方式，在 CEPA

及其补充协议框架下，深化落实对香港的各项开放措施。

（四）人才政策

（1）创新管理机制，研究制定相关政策措施，为外国籍人才、港澳台人才、海外华侨和留学归国人才在前海的就业、生活以及出入境等提供便利。

（2）将前海纳入经国家批准的广东省专业资格互认先行先试试点范围。

（3）允许取得香港执业资格的专业人士直接为前海企业和居民提供专业服务，服务范围限定在前海内，具体政策措施及管理办法由行业主管部门制定。

（4）允许取得中国注册会计师资格的香港专业人士担任内地会计师事务所合伙人，并在前海先行先试，具体试行办法由深圳市制定，报财政部批准后实施。

（5）支持前海建设深港人才特区，建立健全有利于现代服务业人才集聚的机制，营造便利的工作和生活环境。

【资料来源：《现代经济信息》（《广东自由贸易区金融改革现状及未来建议》），2017年第9期；作者：付聪】

案例3：广东自由贸易区—南沙发展情况案例分析

（一）政府政策支持

1. 中央政策

自2015年中央批复建立广东自由贸易区以来，中央各部委、广东省政府以及广州市政府及各级部门相继出台了一系列的政策，鼓励和支持南沙自由贸易区加快发展，将其打造成广东高水平对外开放的门户枢纽。南沙围绕门户枢纽的定位，全力推进"一城市三中心"建设，成为广州的"城市副中心"，支撑和引领全省新一轮的对外开放。广东与香港将在南沙自由贸易区建立"粤港深度合作区"，产业发展将紧紧围绕研发及科技成果转化、国际教育培训、金融服务、专业服务、商贸服务、休闲旅游及健康服务、航运物流服务、资讯科技等八大产业。

2. 广州市政策

广州市紧紧围绕加强南沙自由贸易区事中事后监管，坚持以制度创新为核心，合理界定综合行政执法（简称综合执法）事权的范围，研究解决有关机构设置和运行机制问题，切实建立与国际高标准投资贸易规则体系相衔接、与南沙自由贸易区功能定位相匹配的综合行政执法体制机制。新执法体制包括：第一，适应简政放权的要求。承接大量省级和市级管理事权的要求，综合执法体制改革必须更加注重事中事后监管，严格落实执法责任。2015年7月，广东省政府印发的自由贸易区建设实施方案明确规定，要进一步简政放权，向自由贸易区各片区下放或委托实施部分省级管理权限。目前，广东省政府、广州市政府已分别向南沙自由贸易区管委会下放了第一批管理事权，包括省级管理事权60项、市级管理事权58项，今后还会陆续下放部分其他管理事权。按照"谁审批谁监管，谁主管谁监管"的原则，这些事权下放到南沙自由贸易区后，相应的执法和监管工作就由南沙自由贸易区来承担，这就对南沙自由贸易区的执法和监管提出了更高的标准、更严的要求。第二，适应与港澳经贸合作、建设粤港澳深度合作示范区的要求。综合执法体制改革必须更加注重与港澳在市场监管执法标准方面的衔接。国务院印发的广东自由贸易区建设总体方案要求自由贸易区在内地与香港、澳门关于建立更紧密经贸关系的安排(以下称 CEPA) 及其补充协议框架下, 在广度上拓宽合作领域, 进一步取消和放宽港澳投资者准入限制, 在深度上创新粤港澳合作机制, 在规则标准对接、项目资金互通、要素便捷流动等方面先行先试, 打造粤港澳联手参与国际竞争的合作新载体。

(二)经济发展现状

据统计, 2016 年, 在自由贸易区政策的带动下, 南沙区的 GDP 同比增长达到了 13.8%, 在广州各区中最高, 各项指标都位于前列, 具体如表 9-7 和表 9-8 所示。

表 9-7　2016 年广州市各区经济增速

广州各区	GDP 总量(亿元)	占比(%)	GDP 同比增长(%)
荔湾区	1080.76	5.51	6.3
越秀区	2909.32	14.84	7.5
海珠区	1550.34	7.91	8.2
天河区	3801.18	19.38	9.0
白云区	1640.80	8.37	7.6
黄浦区	3005.68	15.33	5.6
番禺区	1753.98	8.94	8.3
花都区	1168.62	5.96	8.1
南沙区	1278.76	6.52	13.8
增城区	1046.83	5.34	8.5
从化区	374.68	1.91	7.5
广州全市	19610.94	100.00	8.2

表 9-8　2016 年南沙区经济增速

指标名称	金额(亿元)	同比增长(%)	在广州市占比(%)
地区生产总值	1278.76	13.8	6.52
规模以上工业总产值	3055.63	8.0	15.62
一般公共预算收入	69.18	1.7	4.96
科收总额	386.53	15.5	8.53
固定资产投资完成额	813.15	31.0	14.26
进出口总额	1694.28	10.7	19.78
进口总额	637.10	27.4	18.85
出口总额	1057.18	2.6	20.38

（三）交通发展现状

截至 2017 年 4 月，南沙区高快速公路已建成 169 千米，连通南沙至东莞的虎门大桥二桥主塔基础施工全面完成。在道路和机场建设方面，区内蕉门河"双桥"建成通车，凤凰一、二、三桥及凤凰大道全线贯通。在轻轨和地铁建设方面，根据广州市规划局 2013 年公布的总体规划，南沙未来将建成由 4 条国家铁路、4 条城际轨道、5 条城市地铁线路组成的轨道网络系统，以实现 30 分钟内直通广州中心城区以及深圳、东莞、中山、佛山等邻近城市，1 小时到达珠三角其他城市的目标。此举将有效地促进南沙新区国家战略的实施，实现南沙自由贸易区发展的迫切需求。

（四）项目投资现状

2016 年，南沙全年安排 156 个重点项目，完成投资 672.4 亿元，在建项目 371 个，涉及投资额 1557 亿元。主导产业之一的汽车制造业完成工业产值 852.43 亿元，广汽丰田三期项目开工建设。造船基地实现工业产值 124.29 亿元，同比增长 80.2%。截至 2017 年 4 月，南沙先后开工、奠基的项目共 95 个，总投资 1315 亿元。

通过上述分析，可以看出广州南沙的发展速度及质量均保持得较好，产业布局和区域定位在广州日益重要，这得益于广东自由贸易区政策的倾斜支持、广州南拓的发展需要和大额的固定资产投资。南沙的经济有望保持高速增长，尤其是在高端制造业、航运和国际贸易等行业会有较好的发展，这也会带动股权投资基金和融资租赁行业的持续兴起和发展。根据广州市的规划，未来 5 到 10 年，广州南沙的常住人口将达到 200 万，人口的流入，将催生居住、休闲、娱乐和教育等需求，也将带动生活氛围和商业氛围的旺盛。对于金融业而言，过去的 10 年，或许是广州失落的 10 年，尤其是与深圳相比。从金融行业增加值、券商基金信托总部数量、人民币本外币存贷款余额和金融业从业人员数量等角度，广州经历了一个被深圳逐步赶上、反超和拉开距离的历程。和北京、上海、深圳相比，广州整体金融资源集聚的不足和大型金融机构总部较少，也间接导致了南沙在金融业方面的表现与深圳前海存在较大差距。但是，广州南沙对此也有认识，故定位成创新型金融中心，全力打造特色金融，形成差异化优势和错位竞争。总体而言，凭借国家和广东省的顶层设计、持续的交通设施建设、大量的项目投资、充裕的土地储备和较好的产业基础，以及目前相对较低的租金房价，南沙的未来值得期待。

【资料来源：《现代经济信息》（《广东自由贸易区金融改革现状及未来建议》），2017 年第 9 期；作者：付聪】

参考文献

［1］包艳，崔日明.中韩自由贸易区：机遇、问题及前景［J］.国际经济合作，2009（1）：54－59.

［2］柴瑜，岳云霞，张伯伟，等.“中国—哥伦比亚自由贸易协定”研究［J］.拉丁美洲研究，2012（4）：3－13.

［3］陈德宁，高晓祥，高静雯.广东自由贸易区南沙片区与上海自由贸易区的开放措施比较研究［J］.城市比较，2017（4）：9－12.

［4］陈昊，王军.上海自由贸易区发展进程中的金融改革与银行业发展策略研究［J］.南方金融，2014（6）：86－91.

［5］陈继勇，刘燚爽.“一带一路”沿线国家贸易便利化对中国贸易潜力的影响［J］.世界经济研究，2018（9）：11－16.

［6］陈立虎.自由贸易试验区的特点和立法问题［J］.法治研究，2014（10）：23－27.

［7］陈万灵，王俊巧.广东自由贸易试验区服务业开放度评估——基于负面清单的研究［J］.广东外语外贸大学学报，2017（1）：19－22.

［8］陈雯.试析东盟5国区域贸易合作的局限性［J］.国际贸易问题，2017（3）：27－33.

［9］程风雨.广东南沙自贸片区税收政策的思考［J］.港口经济，2016（9）：39－42.

［10］丛超.南沙自由贸易区的SWOT分析［J］.对外经贸2016（12）：13－15.

［11］戴念龄.经济一体化与制度变迁——兼论APEC的制度创新［J］.学术月刊，2000（11）：50－55.

［12］丹尼斯·R·阿普尔亚德，小艾尔井雷德·J·菲尔德.国际经济学［M］.北京：机械工业出版社，1998.

［13］丁国杰.中国（上海）自由贸易区影响效应分析［J］.宏观经济管理，2014（6）：49－51.

［14］樊莹.国际区域一体化的经济效应［M］.北京：中国经济出版社，2005.

［15］菲德尔·拉莫斯，朱谨.中国—东盟自由贸易区：挑战、机遇与潜力［J］.世界经济与政治，2004（1）：61－64

［16］高健，王成林，李世杰.自由贸易区、自由贸易区与“一带一路”国家战略［J］.海南大学学报（人文社会科学版），2016（4）：41－47.

［17］顾益民.自由贸易区离岸金融市场模式选择、制度障碍和实现路径［J］.上海海关学院学报，2013（5）：1－11.

［18］管金平.中国市场准入法律制度的演进趋势与改革走向——基于自由贸易区负面清单制度的研究［J］.法商研究，2017（6）：50－59.

［19］韩永红.国外主要自由贸易区及其法律规制：评析与启示［J］.政法学刊，2015（4）：35－43.

［20］贺小勇.TPP视野下上海自由贸易区的法治思维与问题［J］.国际商务研究，2014（4）：28－37.

［21］胡婷婷.广东自由贸易区城市金融和经济发展的实证研究——基于2003—2016年的面板数据研究［J］.市场周刊，2017（9）：47－51.

［22］黄洁.上海自由贸易区争端解决机构的建立与相关国内法制度创新［J］.中山大学学报（社会科学版），2014（5）：176－184.

[23] 黄礼健，岳进.上海自由贸易区金融改革与商业银行应对策略分析[J].新金融，2014(3)：33－37.

[24] 黄齐东，黄丽，李春新，等.广西沿边金融改革综合试验区跨境人民币贷款业务研究[J].区域金融研究，2015(7)：78－83.

[25] 吉丹俊.江苏深入对接上海自由贸易区的路径及对策研究[J].江苏开放大学学报，2015(3)：80－84.

[26] 季卫东.金融改革与"法律特区"——关于上海自由贸易区研究的一点刍议[J].东方法学，2014(1)：86－91.

[27] 江若尘，余典范，翟青，等.中国(上海)自由贸易试验区对上海总部经济发展的影响研究[J].外国经济与管理，2014(4)：65－71.

[28] 江时学.对第三世界若干问题的认识[J].国际经济评论，2001(Z5)：24－28.

[29] 蒋邵衡，胡琳子.自由贸易区发展平行进口汽车相关问题的探析[J].检验检疫学刊，2018(8)：7－10.

[30] 匡海波，刘天寿，刘家国，等.基于 PCA－TOPSIS 的自由贸易区开放水平测度研究[J].科研管理，2018(3)：90－94.

[31] 李慈强.论上海自由贸易区税收征管制度创新与立法完善——兼论《税收征管法》的修订[J].税务与经济，2016(6)：81－87.

[32] 李恒.中国四大自由贸易区政策分析及展望[J].中国集体经济，2015(28)：74－77.

[33] 李猛，黄德海.中国自由贸易区法律制度构建路径探析[J].中国流通经济，2018(2)：115－126.

[34] 李猛.中国自由贸易区法律制度的构造及其完善[J].上海对外经贸大学学报，2017(2)：45－60.

[35] 李敏.上海自由贸易区法律体系的现状反思与完善路向[J].南都学坛，2016(1)：76－81.

[36] 李思敏.自贸试验区：基本原理、中国实践与金融创新[J].南方金融，2016(6)：3－9.

[37] 李文增.上海自由贸易区的金融改革问题研究[J].求知，2014(1)：53－54.

[38] 李晓锋.全面推进我国自由贸易区知识产权改革创新的对策与建议[J].中国发明与专利，2018(2)：13－14.

[39] 李新."上合"组织经济合作十年：成就、挑战与前景[J].现代国际关系，2011(9)：9－15.

[40] 李琰.自由贸易区制度创新推动中国产业升级的机制、路径与对策研究[J].经贸实践，2016(16)：28－30.

[41] 李玉明，王志玺，杨继成.着眼打造法治化营商环境 科学推进自由贸易区综合行政执法体制改革[J].行政科学论坛，2017(10)：15－20.

[42] 梁深.浅析粤港澳自由贸易区的构建[J].法制与经济，2015(2)：109－111.

[43] 廖柏寒.前海自由贸易区外商投资法律制度探索[J].开放导报，2017(04)：84－87.

[44] 廖永泉.自由贸易区金融创新对中国产业升级影响及对策研究[J].现代商贸工业，2016(32)：5－7.

[45] 廖梓添，陈梓杰等.中国自由贸易区负面清单探究——基于 4 个版本负面清单的分析[J].管理观察，2016(6)：38－42.

[46] 林江.我国税收征管体制改革探索与创新——以广东自由贸易区南沙片区为例[J].会计之友，2016(17)：41－43.

[47] 林涛，杜思贤.南沙自由贸易区创新指数设计与分析[J].城市观察，2018(8)：34－37.

[48] 凌一文.自由贸易区建设面临的瓶颈及进路[J].新疆师范大学学报(哲学社会科学版)，2018(6)：1－6.

[49] 刘洪昌.加快对接上海自由贸易区的基本路径探讨[J].商业经济研究，2015(24)：30－32.

[50] 刘辉军，白福臣，汤海霞，汪维清.负面清单制度嵌入与国际产能合作路径以广东南沙自由贸易区为例[J].资源开发与市场，2018(6)：66－68.

[51] 刘辉群.自由贸易区：天津港保税区的转型方向[J].经济体制改革，2016(04)：136－139.

[52] 刘坤坤，杨娉.金融改革下广东自由贸易区法律框架的构建路径[J].湖南科技学院学报，2015(8)：111－113.

[53] 刘天轶.上海自由贸易区权益保护政策[D].合肥：中国科学技术大学，2017.

[54] 刘晔.中国自由贸易区的制度创新路径分析——以河南自由贸易区为例[J].管理学刊，2018(3)：57－62.

[55] 刘征峰.负面清单、透明度与法治原则——兼评我国自由贸易区外资管理的路径改革[J].暨南学报（哲学社会科学版），2018(4)：72－75.

[56] 罗兰芳，叶宁.自由贸易区创新能力的比较评价——基于福建和广东的实证研究[J].绵阳师范学院学报 2018(4)：103－106.

[57] 罗清和，计明.前海经济发展的路径选择[J].经济视野，2015(1)：33－35.

[58] 吕大良.营商环境视角下，我国跨境贸易便利化政策思考[J].国际贸易，2018(7)：54－58.

[59] 吕福忠.中国自由贸易区建设的法律保障制度研究[J].辽宁经济，2016(2)：66－67.

[60] 马超平.广东自由贸易区对接"海上丝绸之路"面临的障碍、挑战与对策研究[J].问题研究，2016(12)：6－9.

[61] 马雪娇，张鑫."负面清单"模式成为我国制造业再造的新契机[J].中国商论，2016(6)：47－49.

[62] 麦均洪，金江.自由贸易区建设与广东科技金融发展[J].南方经济，2015(6)：126－134.

[63] 毛艳华.中国自贸试验区需以制度创新应对TPP挑战[J].深圳大学学报（人文社会科学版），2016(1)：33－35.

[64] 孟广文，王洪玲，杨爽.天津自由贸易试验区发展演化动力机制[J].地理学报，2015(10)：1552－1565.

[65] 欧阳天健.论上海自由贸易区税收优惠法律制度的完善[J].北京理工大学学报（社会科学版），2016(6)：140－145.

[66] 欧阳卫民.自由贸易区金融改革创新：目标、思路和对策[J].南方金融，2016(3)：3－6.

[67] 裴长洪，陈丽芬.中国（上海）自由贸易试验区功能扩区研究[J].学习与实践，2015(2)：5－16.

[68] 裴长洪，付彩芳.上海国际金融中心建设与自由贸易区金融改革[J].国际经贸探索，2014(11)：4－18.

[69] 彭凤莲.中国自由贸易区法律适用的基本问题[J].安徽师范大学学报（人文社会科学版），2015(2)：140－146.

[70] 漆莉.RCEP：中国推进东亚经济合作的机遇与对策[J].亚太经济，2013(01)：13－16.

[71] 秦晞，张健.上海自由贸易区金融改革与创新[J].技术与市场，2013(12)：291－292.

[72] 任春杨.中国自由贸易区投资制度优化研究[D].长春：吉林大学，2017.

[73] 厦门市地税局课题组.我国自由贸易区发展策略选择与税收政策构想[J].福建论坛（人文社会科学版），2015(1)：57－59.

[74] 申远.中国自由贸易区贸易和投资管理制度优化研究：基于粗糙集理论与方法[J].河海大学学报（哲学社会科学版），2014(4)：58－62.

[75] 沈国明.法治创新：建设上海自由贸易区的基础要求[J].东方法学，2013(6)：124－129.

[76] 沈骥如.欧洲共同体与世界[M].北京：人民出版社，1994.

[77] 沈战.上海自由贸易区离岸金融发展路径探析[J].生产力研究，2014(12)：43－46.

[78] 石佑启、朱最新、韩永红编译.自由贸易试验区国外相关法律文件编译[M].广州：广东教育出版社，2015.

[79] 宋晓燕.上海自由贸易区金融改革对宏观审慎监管的挑战[J].东方法学，2014(1)：91－97.

[80] 孙晶姝."一带一路"倡议视域下海关促进贸易便利化的路径探究[J].产业创新研究，2018(8)：35－37.

[81] 孙久文，彭芳梅，姚鹏.自由贸易区发展与经济特区的机遇和挑战[J].特区实践与理论，2015(4)：21－25.

[82] 孙元欣.2016中国自由贸易试验区发展研究报告[M].上海：上海人民出版社，2016.

[83] 陶珺,任春杨.中国(广东)自由贸易试验区制度创新研究[J].广东经济,2018(10):58-60.

[84] 陶立峰.对标国际最高标准的自由贸易区负面清单实现路径——兼评2018年版自由贸易区负面清单的改进[J].法学论坛,2018(9):49-51.

[85] 田丰.新版负面清单释放的金融开放新机遇[J].中国外资,2018(9):27-29.

[86] 王丹.制度创新和法治精神引领下的改革发展——论中国(上海)自由贸易试验区建设的制度和法治基础[J].中国浦东干部学院学报,2013(6):31-34.

[87] 王国刚.链接自由贸易区推进金融体制机制创新[J].上海金融,2013(11):13-17.

[88] 王华玲,苏建兰,陈忠.基于自由贸易区建设的福建林业产业升级战略途径探索[J].林业经济,2017(4):22-26.

[89] 王丽荣.关于中国—东盟自由贸易区的经济学分析[J].生产力研究,2005(2):24-26.

[90] 王利平.福建自由贸易区立法需要处理好几个关系[J].人民政坛,2015(9):9-10.

[91] 王全兴,王凤岩.我国自由贸易区社会组织建设的制度创新初探[J].上海财经大学学报,2014(3):4-11.

[92] 王艳红,孟广文.我国自由贸易港建设存在的难点和对策[J].经济纵横,2018(5):83-88.

[93] 王玉宁.自由贸易区金融改革与金融监管机制创新研究——以广东省自由贸易区为例[J].企业导报,2016(1):1-2.

[94] 吴大器,肖本华,殷林森.以金融自由化为背景的上海自由贸易区金融改革创新的思考[J].上海金融学院学报,2014(3):15-23.

[95] 吴汉民.进一步做好自由贸易区法治保障[J].上海人大月刊,2017(7):8-9.

[96] 吴健,徐金海.广州南沙自由贸易区发展对策研究[J].港口经济,2015(8):28-31.

[97] 西尔期.欧元(中文版)[M].北京:中国商业出版社,1999.

[98] 夏先良.当前深化负面清单制度改革的重大意义[J].人民论坛·学术前沿,2018(7):73-77.

[99] 夏小雄.自由贸易区建设需要完善法治保障[N].经济参考报,2015-05-19.

[100] 徐洪,祝然.建立中澳自由贸易区的机遇与挑战[J].当代经济,2013(3):70-71.

[101] 徐明棋.上海自由贸易试验区金融改革开放与人民币国际化[J].世界经济研究,2016(5):3-10.

[102] 徐世腾,汤西桥,陈有志.自由贸易区协定与长三角地区企业海外直接投资项目的区位选择——基于引力模型的实证分析[J].华东经济管理,2015(9):69-73.

[103] 徐蔚葳.中国(广东)自由贸易试验区贸易便利化绩效研究[M].北京:对外经济贸易大学出版社,2017.

[104] 许涛.浅谈广东南沙自由贸易区规划管理的问题及对策[J].四川水泥,2016(7):274.

[105] 薛亚君.上海自由贸易区过境货物知识产权执法问题[J].中国流通经济,2014(9):107-113.

[106] 阳建勋.论自由贸易区金融创新与金融监管的互动及其法治保障——以福建自由贸易区为例[J].经济体制改革,2017(1):50-56.

[107] 杨金花.天津保税区与巴拿马科隆自由贸易区比较研究[J].现代商贸工业,2016(16):27-30.

[108] 杨爽,孟广文,陈会珠,等.韩国自由经济区发展演化过程及启示[J].经济地理,2015(3):16-22.

[109] 杨维新.上海自由贸易区离岸金融发展:国际比较与路径设计[J].亚太经济,2014(4):129-134.

[110] 叶敏亮.中国广东自由贸易试验区金融改革设想[D].长春:吉林大学,2016.

[111] 叶文娅,廖永泉,陈月,等.自由贸易区建设下中国产业升级的机遇、风险与对策[J].金融经济,2016(6):33-36.

[112] 尹红,陈利强.破解中国自贸试验区国际贸易"单一窗口"制度难题研究[J].海关与经贸研究,2019(1):31-34.

[113] 袁倩,王嘉琪.行政改革的"内在悖论":一个解释框架——以中国(上海)自由贸易区"负面清单"为例[J].公共管理学报,2015(2):13-20.

[114] 臧志彭.法治政府、服务型政府建设与上海自由贸易区制度创新感知效能[J].经济体制改革,2015(3):27-37.

[115] 战明华.上海自由贸易区金融改革对浙江的影响及建议[J].统计科学与实践,2013(12):4-5.

[116] 张军旗.中国(上海)自由贸易试验区发展离岸贸易的法律及政策保障[J].法学,2013(12):75-79.

[117] 张萌.珠三角、长三角及环渤海地区金融发展比较研究[J].中国证券期货.2012(11):190-191.

[118] 张珉,钟双喜.我国自由贸易区的构建与发展展望——以上海地区为例[J].人民论坛,2014(35):232-235.

[119] 张宁.广东自由贸易区金融改革创新的几点思考[J].新经济,2015(34):17-23.

[120] 张松滨,黄晓玲.构建厦门离岸金融自由贸易区金融创新促收益[J].厦门科技,2018(2):1-4.

[121] 张晔,秦放鸣.上海合作组织自由贸易区实现路径探析——基于次区域经济合作视角[J].新疆大学学报(哲学·人文社会科学版),2009(6):95-98.

[122] 张逸超.广东自由贸易区若干法律问题研究[J].广东财经大学学报,2015(2):48-53.

[123] 张钰洁.浅析广州南沙自由贸易区跨境电商物流发展现状[J].财经界,2017(4):71-74.

[124] 赵春明,刘振林.论"中国—东盟自由贸易区"的前景与挑战[J].世界经济与政治,2002(11):32-37.

[125] 赵伟.欧盟自由贸易区的东扩、南展及其经济意义[J].浙江社会科学,1999(1):40-44.

[126] 赵玄.自由贸易区法治保障的地方立法比较与思考[J].南都学坛,2018(1):70-77.

[127] 郑杨.上海自由贸易区的金融改革[J].中国金融,2014(5):55-57.

[128] 钟瑜.广东自由贸易区的法律框架分析[J].中国律师,2014(12):60-62.

[129] 周汉民.我国四大自由贸易区的共性分析、战略定位和政策建议[J].国际商务研究,2015(4):36-46.

[130] 周宏达.上海自由贸易区试点揭开序幕金融创新有望先行先试[J].中国金融家,2013(8):105-106.

[131] 周焕月.自由贸易区建设给广东经贸带来的契机[J].北方经贸,2017(6):11-13.

[132] 周运源.粤港澳自由贸易区还是中国(广东)自由贸易区——基于新时期建设自由贸易区选择的判断[J].南方经济,2014(11):118-120.

[133] 周运源.中国(广东)自由贸易区建设发展再思考[J].广东经济,2015(10):34-38.

[134] 左晓安.粤港澳合作转型与中国东盟自由贸易区演进方向协同发展[J].广东社会科学,2015(4):92-100.

[135] Nicholas Ower. Economics of Scale, Competitiveness and Trade Patterns Within the European Community [M]. New York:Oxford University Press, 1983.

[136] Commission. Economic evaluation of internal market[J]. European Economy, 1996(4):226.

[137] (Holland) Sylvester·C·W. Infringer, Jakob De Haan. European Monetary and Fiscal policy[M]. New York:Oxford University Press, 2000:25.

[138] Nicholas Ower. Economics of Scale, Competitiveness and Trade Patterns Within the European Community [M]. New York:Oxford University Press, 1983:119-139.

图书在版编目（CIP）数据

广东自由贸易区概论／蒋满元主编. —长沙：
中南大学出版社，2019.6
ISBN 978 - 7 - 5487 - 3645 - 5

Ⅰ.①广… Ⅱ.①蒋… Ⅲ.①自由贸易区－概论－
广东 Ⅳ.①F752.865

中国版本图书馆 CIP 数据核字(2019)第 114157 号

广东自由贸易区概论

蒋满元　主编

□**责任编辑**	彭辉丽	
□**责任印制**	易红卫	
□**出版发行**	中南大学出版社	
	社址：长沙市麓山南路	邮编：410083
	发行科电话：0731 - 88876770	传真：0731 - 88710482
□**印　　装**	长沙市宏发印刷有限公司	

□**开　　本**	787×1092　1/16	□**印张** 17.5	□**字数** 445 千字	
□**版　　次**	2019 年 6 月第 1 版	□**印次**	2019 年 6 月第 1 次印刷	
□**书　　号**	ISBN 978 - 7 - 5487 - 3645 - 5			
□**定　　价**	45.00 元			

图书出现印装问题，请与经销商调换